Methods of Critical Discourse Studies
批判的談話研究とは何か

Eds. Ruth Wodak & Michael Meyer
ルート・ヴォダック＋ミヒャエル・マイヤー 編

野呂香代子・神田靖子 他訳

三元社

Methods of Critical Discourse Studies 3rd Edition

English language edition published by SAGE Publications of London, Thousand Oaks, New Delhi and Singapore,

©Ruth Wodak, Michael Meyer and contributors, 2016

Japanese edition published by arrangement through The Sakai Agency

Japanese edition ©Sangensha Publishers Inc. 2018

Printed in Japan

批判的談話研究とは何か

目　次

序 XII

第1章 批判的談話研究 001
―― 歴史、課題、理論、方法論

ルート・ヴォダック／ミヒャエル・マイヤー（野呂 香代子／訳）

　批判的談話研究とは何か？　002
　　　「研究仲間」の略歴　005
　　　共通基盤：談話、批判、権力、イデオロギー　007
　　　談話という概念　008
　　　批判の原動力　009
　　　イデオロギーと権力――絶えず変化する見方　011
　研究課題　018
　方法論的問題：理論、方法、分析、解釈　019
　　　理論的基礎と目的　023
　　　批判的談話研究の主なアプローチ　025
　　　データ収集　029
　まとめ　030

第2章 ディスコースの歴史的アプローチ（DHA）033

マーティン・ライジグル、ルート・ヴォダック（神田 靖子／訳）

　キー概念と用語の紹介　034
　　　「批判」「イデオロギー」「権力」　034
　　　「ディスコース」「テクスト」「コンテクスト」　038
　DHAの基本的考え方と分析のためのツール　044
　「気候変動に関するディスコース」の分析　048
　　　8つの段階を踏むDHA　048
　　　気候変動についてのオンラインニュース記事に関するパイロット・スタディ　051

ステップ1：先行する理論的知識の活性化および参照　051
　　　　ステップ2：データと文脈情報の体系的収集　053
　　　　ステップ3：詳細な分析のためのデータの選定と準備　055
　　　　ステップ4：研究課題の詳細な記述と仮説の定式化　055
　　　　ステップ5：質的パイロット分析　058
　　　　ステップ6：詳細なケース・スタディ　078
　　　　ステップ7：批判の定式化　079
　　　　ステップ8：詳細分析の結果の応用　080
　まとめ　080
　　　　もっと知りたい人のための文献案内　081
　　　　課題　081

　付録：24本の投稿　083

第3章　批判的談話研究　089
―――― 社会認知的アプローチ

テウン・A・ヴァン・デイク（嶋津 百代／訳）

··

　用語と定義　090
　談話―認知―社会の三角形　090
　　　　事例：2014年の欧州議会選挙における人種差別主義的プロパガンダ　092
　認知的構成要素　094
　　　　談話処理　095
　　　　知識　097
　　　　態度とイデオロギー　098
　　　　認知的構成要素の妥当性　099
　社会的構成要素　100
　　　　権力と支配　101
　談話の構成要素　103
　　　　談話の構造　103
　　　　談話のイデオロギー的構造　104

構成要素の統合　107
　　抵抗のディスコース：ブラジルにおける人種差別反対主義のディスコース　108
　　　　人種差別主義　109
　　　　人種差別反対主義　109
　　　　人種差別反対主義の理論　110
　　　　ブラジルにおける人種差別主義　111
　　　　ブラジルの人種差別反対主義の談話　112
　　　　人種平等法に関する討論　113
　　　　人種差別反対主義の談話の分析　114
　　　　　　自己提示　115
　　　　　　集団についての描写　116
　　　　　　イデオロギーの二極化：わたしたち対かれら　118
　　　　　　規範と価値観　120
　　　　　　論拠　121
　　まとめ　122
　　　　　　さらに知りたい人のための文献　123
　　　　　　課題　124

第4章　社会研究における批判的ディスコース分析の弁証法的関係アプローチ　125
ノーマン・フェアクラフ（髙木 佐知子／訳）

　理論と概念　126
　適用分野　131
　方法論　132
　　　　　　ステージ1　記号作用的側面における社会的不正に焦点を当てる。　133
　　　　　　ステージ2　社会的不正に取り組む際の障害を明らかにする。　136
　　　　　　ステージ3　社会的秩序がこの社会的不正を「必要としている」のかどうかを考える。　137
　　　　　　ステージ4　障害の克服可能な方法を見いだす。　138
　　　分析例：政治ディスコース分析　139

例証：政治テクストを分析する　143
　　　　ステージ1　記号作用的側面における社会的不正に焦点を当てる　143
　　　　ステージ2　社会的不正に取り組む際の障害を明らかにする。　144
　　　　ステージ3　社会的秩序がこの社会的不正を「必要としている」のかどうかを考える。　153
　　　　ステージ4　障害の克服可能な方法を明らかにする。　153
　まとめ　155
　　　　さらに知りたい人のための文献　157

　付録1：情報主導型経済の構築　157
　付録2：Brown and Coates（1996）からの抜粋　159

第5章　談話と装置を分析する　161
―――― フーコー派アプローチの理論と方法論

ジークフリート・イェーガー／フロレンティン・マイヤー（野呂 香代子／訳）

　はじめに　162
　談話分析、装置分析の理論的基礎　163
　　談話という概念　163
　　談話と現実　164
　　装置　165
　　談話と権力　171
　　批判および批判的談話分析の目的　174
　談話分析、装置分析のための方法　176
　　談話と装置の構造　176
　　　　特別談話（special discourses）と間談話（interdiscourse）　177
　　　　談話の束（discourse strands）　177
　　　　談話の限界、そして、談話の限界を広げたり、狭めたりするさまざまな技術　178
　　　　談話片（discourse fragments）　178
　　　　談話の束の絡み合い（entanglements of discourse strands）　179
　　　　集合シンボル（collective symbols）　179
　　　　談話レベルとセクター（discourse planes and sectors）　180

　　　　談話的出来事(discursive events)と談話のコンテクスト(discursive context)　181
　　　　談話のポジション（discourse positions）　182
　　　　全体的な社会的談話（overall societal discourse）とグローバルな談話（global discourse）　183
　　　　談話の束の過去、現在、そして未来　184
　　談話分析の完全性について　185
　　談話分析の小さな道具箱　185
　　　　研究テーマを選ぶ　185
　　　　談話レベルとセクターを選び、その特徴を記述する　186
　　　　資料の入手と準備　187
　　　　分析　187
　　　　　談話の束の構造分析（structual analysis）／典型的な談話片の詳細分析（detailed analysis）／総合分析（synoptic analysis）
　　　　装置分析に関するいくつかの考察　191
　　　　　非言語的に行われる実践に関する知　192
　　　　　物質化に関する知　193
　まとめ　195
　　　　さらに知りたい人のための文献　196
　　　　課題　197

第6章　社会的実践の再コンテクスト化としてのディスコース　199
―――― 1つの手引き

テオ・ヴァン・レーヴェン（木部 尚志／訳）

　序論　200
　理論的な背景　203
　ディスコースと社会的実践　206
　　　行為（Actions）　206
　　　遂行の様式（Performance modes）　207

　　　　行為者（Actors）　207

　　　　呈示様式（Presentation styles）　207

　　　　時間（Times）　208

　　　　空間（Spaces）　208

　　　　資源（Resources）　208

　　　　資格（Eligibility）　209

　　　　除外（Deletion）　209

　　　　代用（Substitution）　209

　　　　追加（Addition）　210

　社会的行為　216

　　　　行為と反応（Actions and reactions）　216

　　　　有形的な行為と記号論的な行為（Material and semiotic action）　217

　　　　客体化と記述化（Objectivation and descriptivization）　219

　　　　脱主体的行為化（De-agentialization）　219

　　　　一般化と抽象化（Generalization and abstraction）　220

　　　　過剰決定（Overdetermination）　221

　まとめ　225

　　　　さらに知りたい人のために　226

第7章　抑制と均衡　227
―― コーパス言語学がいかに CDA に貢献できるか

ゲルリンデ・マウトナー（梅咲 敦子／訳）

　はじめに　228

　中心的概念と一つの実践例　232

　　　　コンコーダンス作成ソフトウェア　232

　　　　コーパスデザインの問題　238

　　　　コーパスの種類とデータ収集　240

　　　　参照コーパスを使った解釈のサポート――二つ目の実践例　243

　批判　250

　　　　1. 技術的隔たりと標準化の欠如　251

    2. 組織上の壁　252
    3. データ収集における誘惑との戦い　252
    4. 脱コンテクスト化された（文脈と切り離された）データ　253
    5. 言語刷新　254
    6. 認識論的課題　255
  まとめ　259
      さらに知りたい人のための文献案内　260
      課題　261

第8章　視覚的・マルチモーダルなテクストの批判的分析　265
デニス・ジャンクサリー、マルクス・A・ヘレラー、レナーテ・マイヤー（石部 尚登／訳）

  はじめに　266
  マルチモーダルなディスコースとは何か　266
  マルチモダリティの批判的談話分析への適用可能性　269
    「批判的」の意味について　269
    批判的談話分析へのマルチモダリティの貢献　270
  先行研究と代表的研究　273
    マルチモーダルなディスコースに潜む権力や利害関係を「明るみに出す」　274
    周縁化された主体に発言権を与えるためにマルチモーダルなディスコースを用いる　275
  分析手順の紹介　278
    マルチモード分析の手法についての留意点　278
    方法論の紹介　279
    2つの代表的なマルチモーダルなテクストの分析　280
      第1段階　ジャンルを特定する　280
      第2段階　明示的な内容を捉える　286
      第3段階　潜在的な要素を再構築する　288
      第4段階　構成　291
      第5段階　結論と批判的評価　293
    大規模なサンプルを用いた分析へ　295

まとめ　296
　　さらに知りたい人のための文献　298
　　課題　298

第9章　批判的談話研究とソーシャルメディア　301
―― メディアの生態の変化における力、抵抗、批判

マジード・コスラヴィニック、ヨハン・W・ウンガー（義永 美央子／訳）

……………………………………

はじめに　302

CDSの原則とソーシャルメディア　305

コミュニケーションの力とソーシャルメディア　309

ソーシャルメディアへの批判的談話アプローチの緊急適用　312

ケーススタディ1：政治的な抵抗に関するフェイスブックの「フォーカスグループ」の実施　320

ケーススタディ2：電子的に媒介された抗議活動におけるテクノロジーと多言語主義の役割　330

まとめ　340
　　さらに知りたい人のための文献　343
　　課題　344

用語解説　345

参考文献一覧　353

訳者あとがき　376

索引　379

　　執筆者者紹介　394
　　訳者紹介　398

序

　Methods of Critical Discourse Analsys 第三版は、広汎な批判的社会科学の分野においてきわめて大きな功績を刻むものである（初版は *Method of Critical discourse Analsys*, 2001 邦訳『批判的談話分析入門』三元社、2010年）。

　私たちは、改訂版の作成、アップデート、さらには自分のアプローチの新しいバージョンの執筆に同意してくれたすべての執筆者（Teun van Dijk, Siegfried Jäger / Florentine Maier, Martin Reisigl / Ruth Wodak, および Gerlinde Mautner）に心から感謝する。とくに、新たな二つの章を本書に収めることができて大変喜んでいる。一つは、ソーシャルメディア、およびソーシャルメディアを批判的談話の視点から分析したもの（9章の著者 Majid KhosraviNik / Johann Unger）であり、もう一つはマルチモーダルというジャンルと、マルチモダリティ分析への批判的アプローチに関する章の改訂版（Dennis Jancsary / Markus Höllerer / Renate Meyer）である。新たな章や改訂された章のそれぞれに合わせて、執筆者紹介なども変更し改訂した。前の版と変更がないのは2つの章（Theo van Leeuwen / Norman Fairclough）だけである。さらに、原稿の段階で読んでくれたレビュアー、およびSAGE出版社のアドバイスなどを総合して、読みやすさの向上をはかり、新しい事例や新しいアプローチを加え、教育的な工夫を施した（原書第2版の邦訳はなく本書は第3版のものであるため、ほぼ全面的な改稿となっている）。

　匿名のレビュアーの建設的提案に感謝の意を表したい。また、SAGE出版社、Lily Mehrbod、Katie Metzler、Mila Steeleは、すべての章の原稿をそろえる難しい過程を通じて私たちを支えてくれ、改訂原稿の完成を忍耐強く待ってくれた。Gerard Hearneは英語の母語話者でないものの書いた原稿を校正してくれた。忘れてならないのはMartha Schroeberlで、彼女は原稿整理とともにすべての章の書式を非常に入念に整えてくれた。こうしたすべての人々の努力に感謝の意を表する。

　今まで、本書はスペイン語、日本語、アラビア語に翻訳されている。翻訳されたということは、本書が広く国際的に認められているということであり、批判的談話研究の複雑な理論、方法論、方法の典型例を示す教育的入門書が切望されていることを示すものである。

この新版は、前の版よりさらにわかりやすくなり、新しい教育的工夫もある。私たちは、これがCDSへの最新のよりよい入門書となることを期待する。なぜなら、CDSは、グローバル化された社会にみられる多くの複雑な現象を解体し、理解し、説明するための分野であり、数年前よりさらに必要性が増していると信じるからである。

　　　　　　2015年1月

　　　　　　　　　　　　　　　　　　ウィーンおよびランカスターにて
　　　　　　　　　　　　　　　　　　ルート・ヴォダック、ミヒャエル・マイヤー

第1章
批判的談話研究
歴史、課題、理論、方法論

ルート・ヴォダック／ミヒャエル・マイヤー

(野呂 香代子／訳)

キーワード

イデオロギー、権力、談話、批判、方法論、理論のレベル、批判的談話研究のアプローチ

批判的談話研究とは何か？

　批判的談話研究（critical discourse studies、以下、CDS）は、修辞学、テクスト言語学、人類学、哲学、社会心理学、認知科学、文学研究、社会言語学、また、応用言語学、語用論といったさまざまな分野にその源流をたどることができる。テウン・ヴァン・デイク（Teun van Dijk 2008）は、談話研究分野を概観し、以下のような発展を確認している。1960年代半ばから1970年代初頭にかけて、互いに密接に関連した新たな学問領域が人文科学と社会科学に出現した。学問的背景や調査方法やその目的が実にさまざまであるにもかかわらず、記号論、語用論、心理言語学、社会言語学、ことばの民族誌、会話分析、談話研究の新たな分野やパラダイム、新たな言語学上の下位分野のすべてにおいて、談話を扱う部分が現れ、それが現在も続いている。そして、それらに共通するのは少なくとも以下の7つの項目である（Angermuller et al. 2014も参照のこと）。

- （抽象的な言語システムの研究や作例ではなく）、実際の言語使用者による「自然に起きる」言語使用の特徴に関心を持つ。
- 孤立した語彙や文より大きな構成単位、したがって、新たな基本単位に焦点を当てる。たとえば、テクスト、談話、会話、発話行為、コミュニケーション事象などである。
- 言語学の範囲を、文文法から行為と相互行為の研究へと拡大する。
- 相互行為やコミュニケーションを非言語的（記号、マルチモード、視覚の）側面に拡大する。たとえばジェスチャー、イメージ、映画、インターネット、マルチメディアなどである。
- 動的な（社会）認知的、あるいは、相互行為的な動きやストラテジーに焦点を当てる。
- 言語使用の（社会的、文化的、状況的、認知的）コンテクストの機能を研究する。
- 膨大な数のテクスト文法と言語使用の現象を分析する。たとえば、首尾一貫性、前方照応、トピック、マクロ構造、発話行為、相互行為、発話交替、サイン、ポライトネス、論証、修辞、メンタルモデルやその他多くのテクストと談話のさま

ざまな側面である。

　ここに挙げた点以外にも、談話研究と批判的談話研究との明らかな違いは、後者の構成的、問題指向的、学際的なアプローチにある。つまり、CDSは言語単位それ自体を研究するのではなく、社会現象を分析し、理解し、解説することに関心を持つ。社会現象はどうしても複雑なため、それを分析するには学際的で方法が多岐にわたるアプローチを必要とするからである（Wodak 2012c; van Dijk 2013）。研究対象を、否定的な、あるいは、非常に「深刻」な社会的、政治的経験や出来事と関連づける必要はない。これは、CDSの目的と目標、そして、「批判的」という言葉に関してよく起きる誤解である。「批判的」という言葉は、無論、普段使われているような「否定的」な意味合いを持つものではない（以下を参照; Chilton et al. 2010）。どのような社会的現象も批判的に研究をすべきであるし、当然視せず、疑ってかかるべきである。ここで立ち返って、この重要な点と、批判的談話分析（CDA）についてよく生じる誤解を見てみたい。これに関するテウン・ヴァン・デイクの言葉を引用しよう（Teun van Dijk 2013）。

　　談話研究雑誌に掲載される論文には、CDAは批判的談話分析をする方法であると信じ、またそう主張するものが多く残念であるが、じつは方法ではないのである。逆説的に聞こえるかもしれないが、そうではないのである。考えてみてほしい。「批判的」分析を行うための体系的、明確で、詳細、かつ複製可能な手続きがあるとすれば、どのようなものだろう。そのような方法は存在しない。第一に、批判的であるということは、ある精神の状態、態度、異議を唱えるやり方等々であって、テクストやトークの構造やストラテジーを記述するための一つの明確な方法を指すものではない。したがって、こうした意味で、CDAを実践しようとする人は、たとえば、談話を通した権力乱用のような、何かに反対する立場からそうするものだと思われるかもしれない。(中略) 方法論から言えば、批判的談話分析は談話分析一般と同様に、それどころか、他の言語学の諸分野、心理学、あるいは、さまざまな社会科学と同様に、多種多様なのである。したがって、CDAは、一方では、とりわけ、文法（音韻論、形態論、統語論）、意味論、語用論、相互

行為の修辞学、文体論、ナラティブ、ジャンル分析に関して研究するものであり、もう一方では、実験、民族誌、インタビュー、ライフストーリー、フォーカスグループ、参与観察等々を通して研究するものである。良い方法とは、研究プロジェクトのさまざまな課題に対し、満足のいく（信頼性のある、関連性のある、等々の）答えを出すことができる方法のことである。それは、人それぞれの目的、専門知識、時間と目標、集めることのできる、あるいは集めるべきデータの種類などに、つまり、研究プロジェクトのコンテクストに依存するものである。（中略）そのような理由から、CDAには「唯一の」方法などなく、多くの方法があるということになる。ゆえに、私は批判的談話分析を行う人の理論、方法、分析、応用やその他の実践を含めて、批判的談話研究（CDS）という用語を用いることを推奨する。そして、まぎらわしい「CDA」という用語を忘れてほしい。だから、もう「CDAを適用しようと思う」などと言わないでほしい。意味をなさないからだ。批判的な目標を立てて批判的談話分析をしてほしい。そして、それを実現するために自分が求める独自の明確な方法によって、説明してほしい。（強調は追加）

　本書では、このヴァン・デイクの提案を真摯に受け止め、この本で紹介するそれぞれのアプローチは調査する個々の複雑な社会的問題や研究課題、研究上の関心から切り離すことができないことを強調したい。以下では、社会科学にとって、したがって、また、批判的談話研究にとって「批判」という概念は何を意味しているかを詳しく見ていきたい。

　テキストおよび談話という概念はこうしたコンテクストでじっくり考察しなければならない。この二つの概念は社会科学において、じつに数多くの使われ方がなされてきた。ミッシェル・フーコー（Michell Foucault）、ユルゲン・ハーバーマス（Jürgen Habermas）、シャンタル・ムフ（Chantal Mouffe）、エルネスト・ラクラウ（Ernest Laclau）、ニクラス・ルーマン（Niklas Luhmann）等々を引用しながら、ほとんどの論文や論説がこれらの概念について再考してきたといえる。したがって、談話は記念碑、記憶の場（a lieu de mémoire）、政策、政治戦略、広義および狭義のナラティブ、テキスト、トーク、スピーチ、一定のトピックに関連する会話から、言語そのものに至るまでのあらゆるものを意味する。談話の概念には、人種差別的談話、性

差（を表す）談話、雇用や非雇用に関する談話、メディア談話、ポピュリストの談話、過去を語る談話やその他諸々のものがあり、談話の意味はジャンルからレジスターやスタイルまで、建築物から政治綱領まで広がっている。このことが混乱を生んでいるし、混乱を引き起こさざるをえない状況となっている。そしてまた、多くの批判や一層の誤解を招いている（Flowerdew 2014; Hart and Cap 2014; Richardson et al. 2013; Wodak 2012a参照）。そのため、本書の著者はそれぞれのアプローチにおいてこの用語がどのように用いられているかを定義することになっている。

「研究仲間」の略歴

　CDSは、学者のネットワークとして1990年代初頭に現われた。その始まりは1991年1月にアムステルダムで開催された小さなシンポジウムであった。アムステルダム大学の支援を受け、テウン・ヴァン・デイク、ノーマン・フェアクラフ(Norman Fairclough)、ギュンター・クレス(Gunter Kress)、テオ・ヴァン・レーヴェン(Teo van Leeuwen)、ルート・ヴォダック(Ruth Wodak)が、談話分析、とくに、批判的談話分析（CDA：この用語は1990年代、2000年代に用いられた）の理論および方法について二日にわたって議論する機会をえた。この会合でじつにそれぞれ異なるアプローチを突き合わせ、互いにそれらについて議論することができた。無論、それらのすべては1991年からは大きく変わっていったが、多くの点では依然重要な意味を持つ。この研究仲間が形成される過程において、相違点と共通点が明らかになった。談話分析における理論と方法論に関しては相違があるが（Renkema 2004; Titscher et al. 2000; Wetherell et al. 2001; Wodak and Krzyzanowski 2008）、方向性という点では共通していた。その相違点と共通点をもって、理論的アプローチの範囲が示されたと言える（Wodak 2012a）。そのうち、以前はCDSの流れを汲んでいたが、後に、他の理論的枠組みを選び、CDSから離れていった学者（ギュンター・クレスやロン・スコロン(Ron Scollon)〔不幸にも2008年に逝去〕など）もいる一方で、新たなアプローチが生み出され、これまでのより伝統的な理論を統合したり、精緻化したりするという刷新的な方法が多く現われるようになっている（以下を参照）。

　　大きくいって、一つの学派あるいはパラダイムとしてCDSを特徴づけるの

> はいくつかの原則である。例を挙げよう。すべてのアプローチは問題指向的で、そのため、必然的に学際的、折衷主義的である。さらに言えば、CDSのアプローチは、(書かれたものであれ、話されたものであれ、ビジュアルなものであれ)記号論的データの体系的かつ追跡可能な調査を通してイデオロギーや権力を脱構築することに関心を抱くという点で共通しているのが特徴である。また、CDSの研究者は、それぞれ科学的な方法論を保持し、自身の研究プロセスの内省を維持し続ける一方、自らの立ち位置と関心を明らかにしようとしている。

　CDSのネットワークは、ヴァン・デイクの*Discourse & Society*（1990）というジャーナルが刊行され、偶然にも、というよりむしろ、ツァイトガイスト（Zeitgeist）、つまり、その時代精神によって時期を同じくして、同様な研究目標を掲げた書籍などが出版されたことにより、その始まりを告げることになる[1]。アムステルダムの会合が決定的な機会となって組織的なスタートが切られ、(3年間のエラスムス・プログラムのような)交換プログラム[2]やさまざまな国からの学者たちとの共同プロジェクトや協力体制を構築する試みが行われた。*Discourse & Society*（1993）の特集では、上で触れたアプローチが紹介されたが、それが最初の目に見える形での出版物となった。それ以来、いくつかの新たな雑誌が刊行され、多くの紹介がなされ、解説書や入門書の依頼が入り、今では、批判的談話研究は言語学における一つの確立されたパラダイムとなっている。現在、*Critical Discourse Studies*、*The Journal of Language and Politics*、*Discourse & Communication*、*Discourse & Society*、*Visual Communication*等々がある。また、CADAAD［*Critical Approaches to Discourse Analysis Across Disciplines*］など電子書籍による批判的研究の出版もある。(*Discourse Approaches to Politics*、*Culture and Society*などのような) シリーズ本も非常に批判的な方向性を持った研究にとって魅力的なものである。定期的にCDSの会合や会議も開催されており、学際的な共同プロジェクトも進められている。つまり、今やCDSは学問的に確立された分野となっており、世界中の多くの大学の学部やカリキュラムのなかで制度化されているのである。

共通基盤：談話、批判、権力、イデオロギー

　この研究プログラムのラベルを分解するなら、「批判的」や「談話」という用語を用いたCDSとは何を意味するかをどうしても最初に定義する必要がある。重要なことだが、CDSは、唯一の、また、特定の理論では決してないし、それを打ち出そうとしたことも、提供しようとしたことも決してないということを強調しておきたい。同様に、CDS研究に特徴的な、一つの特定の方法論というものもない。それとはまったく逆に、CDS研究は、それぞれまったく異なる理論的背景から来ており、さまざまなデータや方法論に目を向ける多種多様なものである。また、CDSの研究者は、さまざまな文法的アプローチを利用している。そのため、「談話」「批判的」「イデオロギー」「権力」等々の定義は多面的である。このような理由から、CDSを批判なり、批評する場合には、どの研究、あるいはどの研究者のことを指しているのか常に特定すべきである。したがって、CDSを表すのに「学派」や「研究プログラム」という概念を使うことを提案する。そうすれば、多くの研究者にとって有益で、身近なものとなろう。このプログラムあるいは一連の原則は、当然、時間とともに変化してきている（Fairclough and Wodak 1997; Wodak 1996, 2012aを参照のこと）。

　一つの学派がこのように異質なものの集まりであるとすれば、混乱する人もいるかもしれない。しかし、それにより、常に議論でき、目的、目標の変更、また、改革ができることにもなる。たとえばチョムスキー（N. Chomsky）の生成変形文法やマイケル・ハリデー（Michael A. K. Halliday）の選択体系機能言語学のような「閉ざされた」理論とは対照的に、CDSの研究者は、一つの教条主義的な「派閥」と呼ばれるような評判をえたことはなく、承知するかぎりではあるが、そのような評判を欲することもない。

　この研究分野において見られるこうした多種多様な方法論的、理論的アプローチについてヴァン・デイクの指摘、CDSおよび批判的言語学は、「せいぜい言語学、記号論、談話分析をする上での共有された見方にすぎない」は的を射ている（van Dijk 1993: 131; 上記も参照のこと）。以下では、CDSのこれらの基本的原則についてまとめたい。それはほとんどの研究者によって支持されているものである。

談話という概念

批判的談話研究は、「言語」を「社会的実践」と見なし（Fairclough and Wodak 1997）、「言語使用のコンテクスト」が重要だと考える。以下に、CDSの研究者の間で「非常に好まれる」ようになった一つの定義を引用する。

> CDSは談話、つまり、口頭や書面による言語使用を「社会的実践」の一つの形態とみている。談話を社会的実践と表現することには、ある一定の談話事象とそれを取り囲むさまざまな状況、制度と社会的構造の間の弁証法的な関係という意味合いが含まれる。談話事象は、それらによって形が与えられ、また、それらに形を与えるのである。すなわち、談話は社会的に条件づけられると同時に、社会的に構成されるのである。談話は状況、知の対象、人や集団の社会的アイデンティティおよび社会的関係を構成する。談話は、談話が社会の現状の維持、再生産に貢献するという意味において、また、社会の現状の変革に寄与するという両方の意味において構成的である。このように談話は、社会的に重大な意味を持つため、権力に関わる重要な問題を生じさせる。談話的実践は、非常に大きなイデオロギー的効果を持ちうる、つまり、談話的実践が一定の物事を表し、人々を一定の立場に配置するといった方法で、（たとえば）社会階級間、男女間、あるいは、民族的、文化的な多数派と少数派の間の不均衡な権力関係を生産し、再生産することに一役買っているからである。(Fairclough and Wodak 1997: 258)

このように、CDSのアプローチは談話を、社会生活を組織し構築する比較的安定した言語使用と理解している。しかし、ドイツおよび中央ヨーロッパにおける流れからすると、テクスト言語学における伝統および修辞学と関連して「テクスト」と「談話」が区別されている（Angermuller et al. 2014; Wodak 1996参照）。一方、英語圏では、「談話」はよく、書面および口頭のテクストに用いられる（Gee 2004; Schiffrin 1994参照）。また、さまざまな抽象性のレベルで両者を区別している研究者もいる。たとえばレムケ（Lemke 1995）は「テクスト」を抽象的な形の知（「談話」）の具体的な実現と定義している。これはフーコー派アプローチ（本書5章も参照のこと）を支

持するものである。本書のヴァン・レーヴェン (van Leeuwen) は、談話という概念の実践的な次元を強調するのに対し、談話の歴史的アプローチでは「談話」を知識が構造化されたものと見なし、「テクスト」は具体的な口頭の発話や書かれた文書を指している（本書2章）。

批判の原動力

　CDSに共有された見方やプログラムは「批判的」という語と関係する。何人かの「批判的言語学」研究者の論文ではフランクフルト学派、そして、ユルゲン・ハーバーマスの影響を受けていることがわかる（Anthonissen 2001; Fay 1987: 203; Thompson 1988: 71ff.）。フランクフルト学派の意味における「批判理論（critical theory）」は、1937年にマックス・ホルクハイマー（Max Holkheimer）が書いた、多大な影響力を持った論文を主な基盤としている。これは伝統的な理論が単に社会を理解し、あるいは説明する方向に向かっているだけなのに対し、社会理論は社会全体を批判し、変革する方向に向かうべきだとするものである。このような意味の「批判理論」の核となる考え方は、以下の通りである。(1) 批判理論は、歴史の具体的状況のなかで社会の総体へ向かうべきである。(2) 批判理論は、経済学や社会学、歴史学、政治学、人類学、心理学等々を含む、あらゆる重要な社会科学を統合することによって、社会に対する理解を深めるべきである。

　批判についてのこうした理解にほとんど反映されないのが、分析者の立場そのものである。研究と科学が社会に埋め込まれていること、研究体制自体、したがってCDSもまた社会構造に依存しているという事実、そして、批判は決して外にある立場を利用することはできず、それ自体社会のさまざまな場のなかに深く組み込まれているという事実は、ピエール・ブルデュー（Pierre Bourdieu 1984）によって強調されてきた。研究者や科学者、哲学者たちは、権力や地位の社会的ヒエラルキーの外側に位置するのではなく、こうした構造に依存しているのである。そのような人たちは、社会において往々にしてどちらかといえば有利な地位を占めてきたし、今も占めているのである。

　言語学において、「批判的」という語が初めて用いられたのは、批判的言語学と呼ばれたアプローチを特徴づけるためであった（Fowler et al. 1979; Kress and Hodge 1979）。

なかでもこれらの学者が主張したのは、言語使用は社会的事象の神話化を導きうるので、それを体系的に分析することで解明できるのではないかということであった。「たとえば、英語の受け身構造で、〜によって、という部分が欠けていれば、動作主への言及を隠す、あるいは「神話化する」イデオロギー的な手段と見ることができるであろう」(Chilton 2008)。CDSの最も重要な原則の一つは、言語使用は、社会構造により決定されるが、同時に、その構造を安定させ、また、変化させるのにも寄与する「社会的実践」であるという重要な見解である。

　批判理論、したがって、そこに含まれるCDSも願っていることは、人々が内省することによって、さまざまな形の抑圧から自身を解放することができるという批判的知を生み、伝えることである。つまり、「啓蒙と解放」を生み出すことを目指している。このような理論は、特定の形の思い込みを単に記述し説明するだけに終わるのではなく、根絶することを模索する。批判理論は、それぞれのイデオロギーの把握の仕方が異なっているにせよ、自分自身が持つ要望や関心を引き起こす主体への気づきを促そうとするのである。これはもちろんピエール・ブルデューの「象徴的暴力」と「誤認」という概念によって取り組まれたものでもある (Bourdieu 1989)。

　かつての批判理論の研究者と同様、CDSも、言語が知の構築や伝達、社会的制度の組織化、つまり、権力の行使にどのように機能しているかを適切に理解するため、学際的研究の必要性を強調している。いずれにせよ、CDSの研究者は自身の研究が、あらゆる研究がそうであるように、社会的、経済的、政治的動機によって進められるということを、また、自分たちがいかなる優位な立場にも立っていないということを意識しなければならない。自らを「批判的」と呼ぶことは、特定の倫理規範があることを意味するにすぎない。それは、自分たちの研究の批判的な姿勢を弁明する必要を感じることなく、自分たちの立場、研究上の関心、価値観を明確にし、そして、それらの基準を可能な限り透明にしようとする意図なのである (van Leeuwen 2006: 293)。

　アンドリュー・セイヤー (Andrew Sayer 2009) に基づくと、社会科学における批判にはさまざまな捉え方がある。

> 端的に言えば、批判とは、社会研究のこれまでの他のアプローチに対する批判的な姿勢を指すにすぎないだろう。したがって、あらゆる社会科学は批判的

> であるべきだということになる。さらに言えば、社会現象を説明する上で影響力を持つ概念のなかには正しくないものや、重要な事柄を無視しているものがあることが批判により明らかになる。こうした意味で批判的研究は社会そのものの<u>錯覚の減少</u>を目指している。「支配的な知」に対する「被支配的な知」を支持するのである。この種の批判は、<u>必要最低限の規範的な立場</u>を含んでいる。説明的批判という考えは、さらに進んで、特定の誤った認識や概念が持たれる理由の説明を行うことになる。

こうした意味における批判は、社会現象はさまざまでありうるし、変更しうるという意味合いも含んでいる。社会は変えうるし、人間は意味を付与する者である。そして、批判的な主体は社会から切り離された観察者ではなく、新鮮で懐疑的な目で社会を見るのである。つまり、批判的な主体は、自身が省察する (reflect) 談話の外側にいるわけではない。こうした観点から再帰性 (reflectivity) はますます注目を集めている。

とはいえ、今日では、明確に批判的な立場をとることが多くの学者の間で困難になっている (Sayer 2009)。これは本質主義や自民族中心主義に関する懸念だけではなく、さらに深く、近代思想の事実と価値、科学と倫理、実証と規範という二元論にまで進むのである。「批判の危機は、善の構想そして倫理という問題の忌避に端を発する」(Sayer 2009: 783)。

イデオロギーと権力——絶えず変化する見方

CDSの批判の原動力は、啓蒙 (Horkheimer and Adorno 1991 [1969; 1974]) という遺産である。通常、批判とは権力構造を明らかにし、イデオロギーの正体を突き止めることを目指すものである。イデオロギーは実証主義的には理解されない。つまり、イデオロギーは、反証のプロセスを踏めないのである。また、それは、CDSが特定の関心を抱く、経済の下部構造・上部構造という二分法に基づくマルクス主義的タイプのイデオロギーでもない。

> 政治学者はイデオロギーの核となる特徴を4つ挙げる。

> 1. イデオロギーは認識を支配する権力を有しなければならない。
> 2. イデオロギーは個人の評価を誘導することができる。
> 3. イデオロギーは行為を通した誘導を提供する。
> 4. イデオロギーは論理的に一貫していなければならない。(Mullins 1972)

　イデオロギーとは一貫した、比較的安定した一連の信念あるいは価値観であるという、イデオロギーについての核となる定義は、政治学においては長らくほぼ変化していないにもかかわらず、この概念に伴う意味合いはさまざまな変容を遂げてきた。ファシズムや共産主義と冷戦の時代には全体主義的イデオロギーは民主主義と対立した、つまり悪と善が対立したのである。「新資本主義的イデオロギー」について語るなら（本書4章参照）、イデオロギーはまたもや「悪い」意味合いを持つことになる。イデオロギーを一つの信念体系として捉え、同時にその概念をネガティブな意味合いから解放することが容易でないのは疑いもないことである（Knight 2006: 625）。

　しかし、CDSが関心を持つのはこうした明示的な形のイデオロギーではない。CDSはむしろ、日常的な信念のなかに隠れている潜在的な固有のイデオロギーに関心を持っている。それらは、往々にして、概念メタファーやアナロジー（例示）といった見せかけの形になって現れるため、言語学者の注目を集めるのである。たとえば「人生は旅だ、社会組織は植物だ、愛は戦争だ」等々である（Lakoff 1987; Lakoff and Johnson 1980, 1999）。日常的な議論のなかで、特定の発想が他の発想より頻繁に現われたりする。じつにさまざまな背景や利害関係を持つ人々が驚くほど似たような考えを持つこともしばしばある。支配的なイデオロギーは、「中立的な」ものとして現れるが、ほとんど揺るぎのないという前提と結びついている。社会の大多数がある事柄について、非常に似通った考えを持っていたり、現状に取って替わる別の可能性があることすら忘れていたりすると、グラムシのいう「ヘゲモニー」という概念に行き着く。このイデオロギーというキー概念について、ヴァン・デイク（van Dijk 1998）は、「社会的認知」を構築する「世界観」と見ている。つまり、「社会の一定の側面に関するスキーマ状に構造化された表象および態度の複合体、たとえば白人が黒人に対して持つ（中略）一定のスキーマのようなものだ」（van Dijk 1993: 258）と言っている。

さらに、CDS研究者の関心を引きつけるのは、日常生活においてイデオロギーがいかに機能しているかということである。フェアクラフはイデオロギーについて、どちらかと言えばマルクス主義に近い見方を取っており、特定の視点からの実践の構築と考えている。

　　イデオロギーとは、権力、支配、搾取関係の確立、維持に寄与する、世界の諸相の表象である。相互作用（したがってジャンル）という形をとって現れ、アイデンティティ（したがってスタイル）という形で植えつけられる。テクストの分析は、（中略）イデオロギーの分析および批判の重要な側面である。(Fairclough 2003: 218)

　イデオロギー（あるいは、その他よく使われる、スタンス、信念、意見、世界観(Weltanschauung)、ポジショニングなどという語）と談話を区別することが重要である（Purvis and Hunt 1993: 474ff.）。パーヴィス／ハント（Purvis and Hunt）は、これらの概念は「孤立しているのではなく、他の諸概念、そして、さまざまな理論の伝統とも関連づけられている」という。まさにその通りである。したがって、「イデオロギー」は、通常、（多かれ少なかれ）マルクス主義的伝統と密接に関連しているが、「談話」の方は近代社会理論の言語論的転回のなかで大いなる意義を勝ち取ったのである。「言語およびその他のさまざまな形の社会的記号が社会的経験を伝えるだけではなく、それらが社会的対象（主観性およびそれに関連したアイデンティティ）を構築し、それら相互の関係性、それらが存在する場を構築する上で大きな役割を果たすやり方を把握するための用語を提供したためである」（Purvis and Hunt 1993: 474）。このように「イデオロギー」と「談話」が結びついたことで、この二つの概念がインフレ状態で使われるようになったと思われる。それらは、信念体系、知識構造、社会的実践、ならびにテクスト、ポジショニング、主観性をも同時に示す空虚な記号となる傾向にある（Wodak 2012a参照）。CDSのアプローチの、多様で学際的な認識論的基盤に関する議論は本書の各章の要となっている（Wodak 2012c, Hart and Cap 2014も参照）。

　権力はCDSにとってもう一つの中心的な概念である。CDS研究者は通常、いかに談話が社会的支配を（再）生産するかに関心を持つ。それは、主に、ある集団の

他の集団への権力の乱用として理解される。また、被支配集団がそのような乱用に対していかに談話的に抵抗しうるかにも関心を持つ（たとえば本書3章）。このことはCDSが権力をどのように理解するか、どのような規範的な立場をとれば、権力の使用と乱用の違いを見極めることができるかという問題を提起する。この問題はいまだに答えられていない（Billig 2008）。

　権力とは社会科学で一番中心となる、そして、異論の多い概念である。権力という特有の概念を含まない、あるいは示唆しない、含意しないような社会理論はほとんどないのである。

> 　それについて、マックス・ウェーバー（Max Weber）の権力概念が、共通項となろう。つまり、それはある社会的関係にある個人が他者の抵抗に反してさえも自身の意図を達成しうる機会としての権力（Weber 1980: 28）である。
> 　権力の源泉に関して、少なくとも3つの概念を区別しなければならない。
>
> 1. 個々の行為者に固有の<u>資源</u>の結果としての権力（たとえば、French and Raven 1959）。
> 2. 異なった行為者間の資源の関係に依存する、それぞれの相互作用における<u>社会的交換</u>に固有の属性としての権力（たとえば、Blau 1964; Emerson 1962, 1975）、
> 3. 社会の広範囲にわたる、目に見えない、体系的で構成的な性質としての権力（それぞれ非常に異なった視点からだが、たとえば、Foucault 1975; Giddens 1984; Luhmann 1975）。

> 　権力の結果について言えば（マックス・ウェーバーの見方にしたがうと、それは<u>支配</u>と呼ばれる）、さらに、三つの次元を区別しなければならない（Lukes 1974, 2005）。
>
> 1. <u>明白な権力</u>は、概して意思決定という状況で対立が存在するときに現われるが、そうした状況では権力は勝利、つまり、相手や他者より優勢ななかにある。

2. <u>隠れた権力</u>は、決定事項に対する支配にある。それは抗議の存在を無視したり、ゆがめたりすることによる。
3. <u>願望や信念を形成する権力</u>。これによって対立と抗議を締め出す。

　このような観点から見れば、談話は両面的である。権力と支配の結果でもあり、権力を行使する一つのテクノロジーでもある。
　権力と談話のつながりに着目したミッシェル・フーコーは、「権力のさまざまなテクノロジー」に焦点を当てている。<u>規律</u>は、18世紀から19世紀にかけて発展した一連の複雑な権力テクノロジーの束である。権力は意図をもって行使されるが、それは個人の意図ではない。フーコーは、権力の行使の方法についてどのような知が受け入れられているかに注目する。これを行う一つの方法は、誰かあるいは何かに対し力づくで脅迫することである。しかし、この商品を手に入れれば、どんなに幸せになるでしょうと勧められると、それもまた権力行使の一つだと感じる必要があるだろう。現代のマーケティングは強力な技術に関する多くの知を提供している。フーコーもやはりウェーバーの伝統に則り、権力と支配の概念を結びつけたが、彼は主に、構造的な次元に焦点を当てた。つまり、支配は、一人の人間が他者に行使する明白な圧力のことだけではない。社会において同時に、多種多様な支配の形がさまざまな行為者によって、しかも主体がこのことを知らないで行使されているかもしれないのである (Foucault 1975)。現代では、権力と支配は談話のなかに埋め込まれており、また談話を通して伝えられる。談話とは、口頭や書面で伝えられる、意味の通じるまとまったものを指すだけではない。談話の編成体として、社会における権力と支配を伝え、実行することにおいて重要な役割を果たすのである (Hall 1992など)。その結果、談話と装置 (本書5章参照) は、目に見えないクモの巣のように社会に広がる「権力のミクロ物理学」(たとえば、Foucault 1963, 1975, 2004; Sauvêtre 2009) の核となる要素なのである。
　最近では、ホルツシャイターが権力と談話の相互作用という、有益で、楽観的かつ解放的な構想を紹介している (たとえば、Holzscheiter 2005, 2012)。彼女は、談話を、非物質的な機能に基づく、効果的な社会的および言語的実践と定義している。彼女の、国際関係分野のNGO関連の研究では、従属している側の行為者が、非物質的な権力資源を探求するなかで、権力的地位を生みだす談話を処理することができう

ると主張する。従来の権力理論は、「間主観的な権力関係を確立し、持続する上で、言語は一方で、コミュニケーションの手段として、他方で、集団で共有する意味体系としての役割を担っているが、そうした言語の役割を十分に考慮に入れていない」(Holzscheiter 2005: 723) ので、あまり役に立たないという。

上で述べたような権力のさまざまな概念の大部分を統合することができる枠組みを提供したのは、ピエール・ブルデューで、言語と権力との関係に関する多面的な見方を提示した（たとえば、Bourdieu 1982, 1991）。ブルデューにしたがえば、あらゆる社会的場 (social field) は権力と支配の関係によって構造化されている (Bourdieu 1977, 1980)。社会的場は、当該の場のなかの行為者間の資源の配分をめぐる闘争を特徴とする動的システムである。闘争とは、当該の場における地位、そして権力の帰属を説明するものである。さらには、社会的場という概念は、実践の、他とは区別される論理、さまざまな規則や信念、実践の一定の配置状況に相当する。

このようにブルデューは、資源および相互作用を重視した立場をとっている。社会的場における重要な資源は、経済的、文化的、社会的資本であり (Bourdieu 1986)、それらは、遺産あるいは闘争により獲得される。そして、社会的場は、それらがいかに行為者の資本の備えを評価、あるいはランクづけするかという点で異なってくる（たとえばBourdieu and Passeron 1977）。行為者の資本は、一部は制度化されており（財産、学位、集団成員）、一部は、それらが身体化されたものである。

資本の「身体化」を説明するために、ブルデューは、彼の一番魅力ある概念である「ハビトゥス (habitus)」を紹介している。ハビトゥスとは、潜在的にいつでも利用できる状態にあり、一定の社会的場にうまくいけばぴったり適合する、持続的な、しかし、進化もする傾向をもったシステムとされる。一定のハビトゥスにより、当該の場の法則にしたがって行為者が行動し、感じ、思考することになる。そして、それぞれのキャリアの場のなかでの行為者の行動は「自然」な形で現れる。行為者は「意図せず、意図的に」行動する (Bourdieu 1987; 1990: 12)。行為者は特定の社会的場にとって意味をなす談話ゲームの法則にしたがった談話に参加する。行為者には、言語的ハビトゥスが備わっているが、それは、その者の資本に基づく言語能力から成る。この規範的な枠組みの範囲内で、方略的に行動したり、また、権力関係を変えたりすることができるなど、行為者にはある程度の自由が存在する。こうした意味で、行為者は上に挙げたような談話の解放的な機能を用いることもできうる。

CDSにおいては、権力は通常フーコー的な意味で理解され、談話は、広く、社会構造によって決定されると同時に構造を強化したり弱体化したりする社会的行為の表明とみなされる。したがって、CDSの分析にとって重要なのは、個々人の資源でも個々の相互作用の詳細でもない。重要なのは、社会的場、あるいは、社会の全般的な構造的特徴である。権力は、現代社会の（行動の）支配の力学や詳細を理解するための中心を占めるが、権力は未だほとんど可視化されていない。しかし、CDSにおいては言語的に現れるものは分析される。社会的権力と言語の間の相互依存性は、CDS（Fairclough 1991; Wodak 1989）だけではなく、社会学（Bourdieu 1991）や社会言語学（Talbot 2003; Young and Fitzgerald 2006など）においても絶えず扱われるトピックである。

　談話上の差異は多くのテクストのなかで交渉される。それらは部分的には談話およびジャンルで記号化され、決定される、権力における差異から影響を受けるのである。したがって、テクストはしばしば、支配を求めて競い、闘争するさまざまな談話やイデオロギーの手がかりを示す闘争の場となる。

　要約すれば、CDSを特徴づけるのは、社会生活における一つの中心をなす様相としての権力に対し関心を抱いていること、この現象を大前提として組み込んだ言語理論を発展させようとしていることである。また、権力と支配を求める闘争という概念だけでなく、さまざまな公的空間やジャンルにおいて競合する談話の間テクスト性と再文脈化も重要だと考えている（Iedema 1997; Iedema and Wodak 1999; Muntigl et al. 2000; 本書の2章、4章、6章も参照のこと）。権力は差異の関係性であり、とりわけ社会構造における差異の効果である。言語は社会的権力のなかにさまざまな形で絡みあっているのである。

・言語は権力の指標となり、権力を表現する。
・言語は権力闘争や権力への挑戦が存在するところに深く関与している。
・権力は必ずしも言語から派生するものではないが、権力への挑戦や転覆、短期的および長期的な権力の分配の変更に言語が使われうる。
・言語は、階層的な社会構造における権力の差異を表現するための、精巧に繋げられた伝達媒体を提供する。

> CDSは、根本的に、言語に現われた支配、差別、権力、管理の、隠れた、不透明な、あるいはまた可視化された構造の分析に関心を抱くと定義できる。言い換えるなら、社会的不平等は、言語使用によって（あるいは談話のなかで）表現されたり、構成されたり、正当化されたりするので、CDSが目標とするのは、そうした社会的不平等を批判的に研究することである。したがって、ほとんどの批判的な談話分析者なら、ハーバーマスの「言語は支配と社会的勢力の媒介でもある。言語は組織化された権力の関係を正当化することに寄与する。権力関係の正当化が（中略）明確に示されないかぎり、（中略）言語もまたイデオロギー的である」(Habermas 1967: 259) という主張を支持するだろう。

研究課題

　この節では、最近のCDSを特徴づけている重要な研究課題を手短に述べる。無論、膨大な量の研究、また、多くの方法論的、理論的アプローチおよび提案もあるが、主な6つの領域とそれに関連した課題に限定することにする。

・<u>ネオリベラリズム</u>と<u>知識集約型経済</u> (knowledge-based economy :KBE) が私たちの社会のさまざまな領域へ及ぼす影響、これに関連して、知識集約型経済の、世界の他の領域や他の社会への再文脈化（たとえば、Drori et al. 2006）を分析し、理解し、解説する。
・私たちの生活のほとんどの領域にある<u>グローバル化</u> (globalization) の影響、また、グローバル化とは相反する傾向、世界の多くの地域で観察できるグロカリゼーション (glocalization) と再国有化 (renationalization) を分析し、理解し、解説する。興味深いことに、私たちは今、かつてないほどの速さを備え、すべてを包括するコミュニケーションやそれと関連した24時間休みなしのネットワーク (Hassan and Purser 2007) と向かい合っているが、同時にまた、均質なコミュニティという時代錯誤の国粋主義的な、さらには移民排斥主義的な発想が世界の至るところで強まりつつある。
・気候変動と、代替エネルギーの生産などをめぐる多くの論争を分析し、理解し、

解説する。
- デジタルで伝えられるコミュニケーションの使用、および、以下のものへの影響を分析し、理解し、解説する。すなわち、従来のコミュニケーションの様式と、新しい参加様式や新しい公共空間が広がるような新たなコミュニケーションの様式に対する影響である。しかし、こうした新たな研究では、これらの最新のコミュニケーションネットワークが実際に社会的、政治的変化にどのように影響しているのかを体系的に詳しく調査する必要があろう。
- 認知科学からのさまざまなアプローチをCDSに統合する。それには、複雑な認識論的考察および新たな理論、方法論、ツールの開発が必要となる。
- 複雑な歴史的プロセスと支配的なナラティブとの関係を分析し、理解し、解説する。あらゆるレベルのアイデンティティに関わる政治には、生活の多くの領域における過去の経験、現在の出来事、将来の展望の組み合わさったものが常に含まれている。

方法論的問題：理論、方法、分析、解釈

　CDSの研究者は、理論がしっかりとしていると自身では見ている。しかし、いくつかの有力な理論というものはなく、むしろ折衷的なアプローチをとる。それぞれの方法はどの理論に基づいているのだろうか。ミッシェル・フーコーの流れを汲む社会と権力に関する理論から、社会認知論、機能文法理論、また、より大きな理論的な伝統から借用した個々の概念に至るまで、実に多様な理論があることに気づく。この節では、まず、これらのさまざまな理論的な影響の体系化を試みる（図1.4も参照）。
　次に、理論的概念の操作化の可能性を探る。ここで重要なのは、CDSのさまざまなアプローチがどのようにして、理論的主張を分析の道具や方法に転換できるのかを理解し、またその正当性を疑ってみることである。とりわけ強調すべき点は、社会に適用される大理論（Grand Theories）と、（分析する）テクストに現われた社会的相互作用の具体例との間をつなぐ媒介である。方法論に関しては、CDSにはいくつかの考え方がある。主に解釈学からの流れと言えるものに加え、それぞれ強調

点が異なった、解釈的な見方のものもある。しかもそのなかには量的手続きをとるものさえある（本書7章参照）。

　とりわけ議論に値するのは、どのようにCDSにおいてサンプリングが行われ、正当化されるかである。ほとんどの研究は「典型的なテクスト」を分析している。何がどのような社会的状況において典型的なのか、また、社会的問題のどの側面にとって典型的なのかについては、あいまいなままになっていることが多い。分析の特定の単位に関する可能性や制約については、理論的なサンプル抽出法というコンテクストのなかで論じることにする。論者のなかには、明確にフィールドリサーチという民族誌的なやり方に言及する者もいる（たとえば、本書2章）。

　CDSの理論と談話のつながりについては、図1.1で示されている理論的、方法論的な研究手続きのモデルのように説明できる。このように理論は、データ選択、データ収集、データ分析および解釈を導く研究課題を形成するために必須であるばかりでない。実証的分析の事前解釈の基礎となるべきものでもある。したがって、CDSは、理論と談話の間に循環的（circular）で帰納的／再帰的（recursive）―仮説推論的（abductive）な関係があることを示唆している。

　CDSでは、他のあらゆる社会研究と同様、理論、方法、分析が密接に関連しあっており、一つの決定が別のさまざまな事項に影響を与える。データは、CDSの場合は、談話とテクストだが、決して理論に中立的でありえない。どのようなデータが集められ、どのように解釈されるかは理論的な観点によって異なってくる。理論、概念、経験的指標は体系的に関連している。つまり、理論において、私たちは諸概念を、たとえば、機能的な関係、あるいはまた、日常よく見られるような関係によって関連づけている。これらの概念を観察し、操作化するために、私たちは経験的指標を用いるのである（Gilbert 2008: 22）。

　図1.2は実証的社会研究における研究プロセスの典型的な諸段階を示している。発見のコンテクスト（context of discovery）において、研究目的を決め、選択する。研究目的には理論的アプローチの展開も含まれる場合があるが、実証的カバレッジ（empirical coverage）や結果の適用可能性も含まれる。その際、調査からえられる知見や解釈／解説が当該の分析単位に関してのみ有効か、それとも、それ以外のところでも有効かを決めることになる（一般化可能性（generalizability））。

　質的研究においても量的研究においても、操作化（operationalization）のプロセ

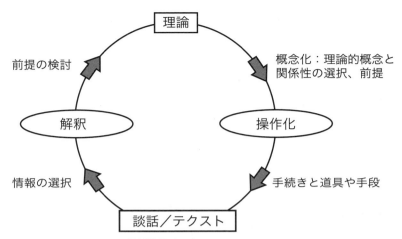

図1.1 循環プロセスとしての批判的談話研究

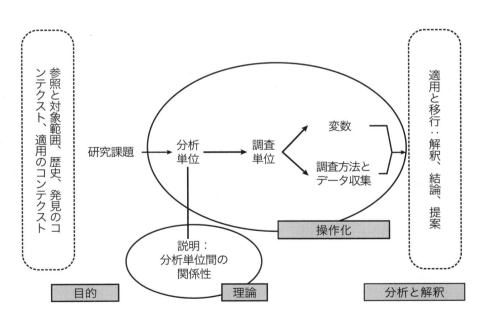

図1.2 研究プロセス（Titscher, Meyer and Mayrhofer 2008: 308より）

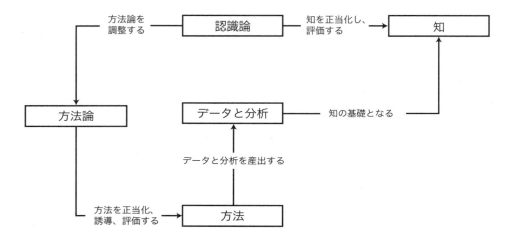

図1.3　認識論、方法論と方法との間の関係略図（Carter and Little 2007: 1317より）

スはCDSの妥当性（validity）を証明するためにきわめて重要であるばかりでなく、CDS研究の監査可能性（auditability）および、正当性（justification）という点でもきわめて重要である。分析単位は何か（たとえば、内集団／外集団の差異化、差別、話し手の社会的地位）、調査単位は何か（たとえば、グループミーティング、インタビュー、新聞）、どのような変数が集められるか（たとえば、内集団／外集団の差異化の指標、差別の指標、話し手／書き手の学歴）、どのような方法が取られるのか（内容分析、修辞学的分析、世論調査など）などである。最後にデータが分析され、その結果の解釈が行われることになる。

　図1.3は方法論と認識論と方法の間の関係略図である。これら3つの概念は、文献では相いれない説明で定義されたりしている。本書では、簡略かつ正確な定義を取り入れることで、こうしたあいまいさを明確にしたい。

・認識論（Epistemology）は知と正当化の本質を探る研究で、人間の知の歴史や条件、境界を明らかにしようとするものである。たとえば、社会現象というものが実際に存在するのか、単に観察者の構築物なのか、実在するなら、この社会的現実を的確に観察することができるのかといった疑問に答えるのである。

> - <u>方法論</u>（Methodology）は、知を生みだすために、どのように研究を行うべきかについての（規範的）理論と定義される。これは、研究がどのように進められるべきかを示す。つまり、方法の研究（記述、解説、正当化）を扱うが、方法そのものを示すわけではない。たとえば、方法論は図1.2に示されているようなプロセス・モデルとなって現れる。
> - <u>方法</u>（Methods）は、たとえば、データ（事例、分析単位）の収集および選択など、証拠を集めるための技術であるが、また、（たとえば、独立変数による従属変数など）関係性を説明するための技術でもあり、透明で追跡可能な（retroductable）方法で解釈を行うための技術でもある。「方法はリサーチ・アクションとも考えられる」（Carter and Little 2007: 1317）。

　図1.3で示したように、特定の方法論が、データを産出し分析する特定の方法を示し、正当化する。この分析が解釈の基礎となり、知を生み出すことになる。たとえば、構成主義的か実在論的かなど、特定の認識論は方法論を調整する影響力を持つ。しかし、また、知を正当化し、評価もする。通常CDSは、社会構成主義の側に立っている。そして、談話とは協働で構築した世界の意味の結果だと考える。理解や意義、意味は個人の内部で別々に発展してきたのではなく、他者との協働作業のなかで発展してきたと見なすのである。支配的な流れがあるが、それとは異なる対立する視点もある。このように、談話は社会的構成物として現れるが、社会構造に「実際の」結果をもたらすのである（たとえば、移民差別）。

理論的基礎と目的

　本書で紹介するアプローチにおいて、研究者はそれぞれ「自分のCDSの城を築く」ために、由来の大きく異なる理論的礎石を用いている。また、すべてのCDSにおいて、一貫して用いられる指針となるような理論的観点は一つもなく、CDSの主唱者がいて、常に特定の理論分野から談話の領域へ進み、また理論に戻るということもないのである（図1.3を参照）。
　本書で紹介するCDSのアプローチのなかに見いだせるのは、さまざまな理論レベルの社会学と社会心理学理論である（さまざまな理論レベルという概念は

Merton（1967: 39-72）からのものである）。

- **認識論**：人間の認識一般の、とりわけ科学的認識の条件や偶発性、限界に関するモデルを提供する理論である。簡潔に言えば、これらの理論は、実在論と構成主義という両極の間に位置する。
- **一般社会理論**：これはしばしば「大理論」と呼ばれるもので、社会構造と社会的行為間の関係を概念化する、したがって、ミクロとマクロの社会学的現象をリンクさせるものである。このレベルのなかでは、より構造主義的なアプローチとより個人主義的なアプローチに区別される。前者はどちらかと言えば、決定論的なトップダウン式（構造→行為）の説明をするのに対し、後者はボトムアップ式（行為→構造）の説明を好む。ほとんどの近代理論は、両者に折り合いをつけて、社会的行為と社会構造の間に一種の相互関係があることが示唆される（たとえば、ピエール・ブルデュー（Pierre Bourdieu）、アントニー・ギデンズ（Antony Giddens）、ニクラス・ルーマン（Niklas Luhmann））。
- **中間域理論**：特定の社会現象（対立、認知、社会的ネットワークなど）、あるいは、社会の特定の下位組織（経済、政治、宗教など）に焦点を当てる。
- **ミクロ社会学理論**：社会的相互作用の解明と解説を目的とする。たとえば、二重偶発性の問題（double contingency problem）の解決（Parsons and Shils 1951: 3–29）や、社会の成員が自身の社会的秩序を生み出すために用いる日常の手続きの再構築（エスノメソドロジー（ethnomethodology））などである。
- **社会心理学理論**：感情や認知の社会的条件に焦点を当てる。ミクロ社会学と比べて、意味の解釈学的理解よりも因果関係にのっとって説明する方を好む。
- **談話理論**：一つの社会的現象としての談話を概念化することを目的とし、その生成と構造を説明しようとする。
- **言語学理論**：たとえば、意味論、語用論、文法論、修辞学などは、言語体系や言語コミュニケーションに特有のパターンを記述し、解説する。

CDSにはこれらすべての理論レベルが見られるため、CDSの統一的パラメーターは、理論的な立ち位置ではなく、むしろ、（<u>批判</u>という）研究課題の具体的な内容であるようである。以下では、本書に挙げたCDSアプローチの理論的立場と方

法論的な目的についての概略を紹介する。

批判的談話研究の主なアプローチ

　CDSと他の談話分析（DA）や語用論的、社会言語学的アプローチとの相違は、CDSの一般原則を見れば、最も明確になるだろう。まず第一に、CDSが関わるさまざまな問題の性質が、研究の関心を前もって明言しない他のアプローチとは大きく異なる。一般に批判的談話研究は、いろいろな研究課題を持っている。CDSの研究者のなかには、社会的に差別されている集団に対する擁護者的役割を果たしている者もいる。社会科学研究は、知的で追跡可能であるべきものだが、本書のCDS論文を眺めると、その社会科学研究と政治的論争の間の区別が時にあいまいになってくることも明らかになる。

　ここでは具体的に、演繹的（deductive）に進めるアプローチと、より帰納的な（inductive）視点を選ぶアプローチを区別する。この区別につながっているのが、研究する対象の選択である。より演繹的な理論は、一つの閉じた理論的枠組みの提案もしているのだが、どちらかと言えば、自らの主張にうまく合うように見える少しの事例を示して、自らの仮説の説明をすることが多い（たとえば本書3章、4章）。より帰納的なアプローチは通常「メソレベル（訳注：マクロとミクロの間）」にとどまって、自分が「関心をもつ」問題を選ぶ。そして、徹底した事例研究と広範なデータの収集を通して新たな知見を発見しようとする（たとえば本書2章、5章、6章、7章）。無論、すべてのアプローチは仮説推論的（abductive）に進められる、つまり、理論とデータ分析の間を追跡可能なやり方で（retroductive）、行ったり来たりするのである。しかしながら、連続体ではあるが、理論の要点部分やテーマを選択するうえで、明らかな優先度を区別することができる。

　図1.4は、本書で紹介するすべてのアプローチを扱ったものではない。マウトナー（Mautner）のコーパス言語学に関する章、コスラヴィニク／ウンガー（KhosraviNik/Unger）のソーシャルメディアについての章、ジャンクサリー／ヘレラー／マイヤー（Jancsary, Höllerer and Meyer）のマルチモーダルテクストに関する章は、特定の理論に強く依存することなしに、具体的な一群のデータを分析するための方法論と方法を提供しているためである。

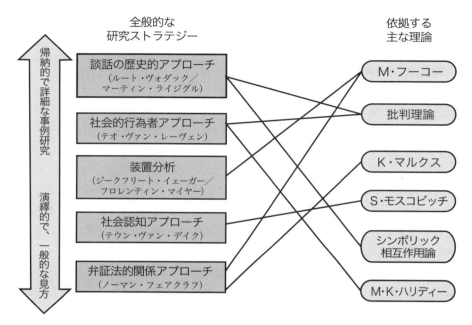

図1.4 研究ストラテジー全般と理論的背景

　さまざまなアプローチをそれぞれ体系化する際に特定のアプローチ間の相関性がどうしても軽視されるという批判を受けてきたが、至極もっともな批判である（Hart and Cap 2014の序文）。CDSは社会理論と言語理論の混合したものとして出現し、また、ハリデーの体系的機能文法からも大きな影響を受けた。さらにHart and Cap (2014) が、CDSは多様な言語理論に依拠していると述べているのも正しい。たとえば、ハリデーの体系的機能文法（Halliday 1985）、語用論、認知言語学、コーパス言語学、そしてまた、ポスト構造主義や認知心理学のような一般理論と言えるようなものまである。手短に言おう。CDSのさまざまなアプローチの地図を描くのはますます複雑になってきている。というのも、さまざまな研究者が自分たちの具体的な関心と研究課題にしたがって、どちらかと言えば折衷的な方法で、理論の要点部分を使っているからである。

　トピックの選択に関連して言えば、より「マクロ」なトピック、あるいは「メソ」トピック（たとえば、「グローバル化」や「知識」と「（非）雇用」や「右翼ポ

ピュリズム」など）があるが、選択したトピックや研究対象の評価において、さまざまな意見に突き当たる。マクロなトピックはそれぞれの国内の、あるいは国際的な学問のコンテクストにおいても比較的受け入れられやすい。しかし、メソトピックには、それぞれの研究者が属する国内の共同体の核心部分に触れるものがある。たとえば、具体的な反ユダヤ主義的、外国人差別的、自民族中心主義的な出来事は一定の学問的、国家的コンテクストにおいては論争を引き起こしやすい。そして、時に「愛国心のない」、つまり、敵対的だとみなされることがある。このことは、このような微妙な領域に敢えて踏み込んだ批判的な研究者が経験した深刻な問題の説明にもなる（Heer et al. 2008）。

いずれにせよ、批判的談話分析は、諸問題に対しさまざまな批判的アプローチを取っているという事実に変わりはない。しばしばあいまいで隠れている権力関係を可視化して、実践的な適用可能性をも持つ結果を引き出そうと努めているためである。

さらに、すべての談話は歴史的であり、それゆえ、それぞれのコンテクストを考慮してはじめて理解することができるという一つの重要な前提が、いくつかのCDSアプローチの特徴となっている。つまり、コンテクストという概念はCDSにとって非常に重要なもので、それは、明らかにコンテクストが社会心理学的、政治的、歴史的、イデオロギー的要素を含むことを意味するため、学際的手続きを前提とするのである。

学際性は本書のCDSのアプローチにおいてじつにさまざまに組み入れられている。学際性が理論的枠組みの特徴となっているもの（装置分析、弁証法的関係アプローチ、社会認知アプローチ）もあるし、チーム研究およびデータ収集、分析に適用されているもの（社会的行為者アプローチ、談話の歴史的アプローチ）もある。さらに、CDSのアプローチは間テクスト性や間談話性という概念を用いて、他のテクストとの複雑で込み入った関係を分析する。まとめると、批判的談話研究は意味付与に影響をおよぼす非常に広範囲のさまざまな要素を進んで取り入れると結論づけられそうである。

CDSは、言語と社会との関係性について構成的な捉え方をしているという点においても他の談話分析とは異なっている。CDSは、両者の関係を決定論的には捉えず、媒介という概念を用いる。弁証法的関係アプローチはハリデーの多機能的な

言語理論（Halliday 1985）とフーコーの考えにしたがった談話の秩序という概念を利用する。一方、談話の歴史的アプローチと社会認知アプローチは社会認知論を利用している（Moscovici 2000など）。言語と社会構造の媒介に関する省察は、会話分析など、他の多くの言語学的アプローチには欠落している。これは社会の集合体のレベルと少なからず関係している。CDSのアプローチはイデオロギーや権力といった社会的な現象に焦点を当てるのだが、研究者によって選ぶ分析単位はさまざまである。つまり、個人（あるいはグループ）が談話を知的に（認知的に）感じとる方法から、社会的構造が談話を決定する方法までを選ぶのである（図1.5を参照）。言い換えれば、たしかにおおざっぱな区別と言わざるをえないが、より認知的、社会心理的なアプローチと、よりマクロ社会的、構造的アプローチとに分けられる。

　さらには、ほとんどの研究者は言語学的カテゴリーを自身の分析に組み込んでいるが、その範囲も焦点も程度もさまざまである。批判的談話研究は、必ずしも広範囲の言語的カテゴリーを一つ一つの分析には含まない。そのため非常に限られた言語学的装置が関連しているという印象を受けるかもしれない。たとえば、多くのCDSの研究者は、常に、代名詞、属性や性質を表す限定語句、動詞の叙法、時や時制に焦点を当てながら、社会的行為者分析を用いる。ハリデーの過程構成分析（transitivity analysis）と<u>トポス</u>（複数形topoi）の分析は社会科学者がよく援用する。まったく誤った考え方なのだが、これらの概念はさほど言語学的知識を持ち合わせていなくとも容易に応用できるように見えるからである。それに対する異議がここで唱えられ証明されるのだが、ライジグル／ヴォダック（本書）とヴァン・デイク（本書）は、マクロおよびミクロ言語学、語用論、議論学上の実に広範囲にわたる特徴が運用可能であり、テクスト分析に統合されうることを示している（図1.5を参照）。

　一般的にCDSは、自分たちのとる手続きを<u>解釈学的プロセス</u>だと理解している。もっとも、それぞれ論者が立場を紹介するなかで常にそれを明確にしているわけではない。自然科学の（因果関係にもとづく）説明に対するものとして、解釈学は意味関係を理解し、産出するための方法と考えることができる。<u>解釈学的循環</u>とは、一部の意味は全体のコンテクストのなかでのみ理解できるが、逆にまた、全体のコンテクストは、その構成要素である部分からしか理解できないというもので、これは、解釈学的解釈の明瞭さという点における問題を示している。このことから、解釈学的な解釈はとりわけ詳しい文書の作成を必要とするのである。実際、解釈学

```
                    行為者性
                      ↑
                      │
          ┌───────────────────────┐
          │   社会的行為者アプローチ   │
          │   (テオ・ヴァン・レーヴェン) │
          └───────────────────────┘
  ┌─────────────────┐
  │ 社会認知アプローチ  │
  │ (テウン・ヴァン・デイク)│
  └─────────────────┘
大                                    詳
ま  ┌─────────────┐                   細
か  │  装置分析     │                   な
な ←│(シークフリード・イェーガー/├──────→言
言  │ フロレンティン・マイヤー)  │       語
語  └─────────────┘                   学
学                                    の
の           ┌───────────────────┐   操
操           │  談話の歴史的アプローチ │   作
作           │  (ルート・ヴォダック/  │   化
化           │  マーティン・ライジグル) │
             └───────────────────┘
  ┌─────────────────┐
  │ 弁証法的関係アプローチ │
  │ (ノーマン・フェアクラフ)│
  └─────────────────┘
                      │
                      ↓
                    構造
```

図1.5　言語学的関与と集合体のレベル

的解釈の手続きの詳細は、多くのCDSの研究で常に透明にされているというわけではない[3]。分析の方法を「テクスト拡張型」と「テクスト縮約型」におおざっぱに区別するとすれば、CDSは、非常に明確な形式的特徴に焦点を置き、分析の間、それに関連するテクストの要約を行うという点で、「テクスト縮約型」と言えるであろう。

データ収集

　CDSは、明確に定義づけられた一つの実証的方法という性格のものではなく、理論上の類似性と特定の研究課題をもった多くのアプローチの集合であると述べた。しかし、また、データ収集におけるCDS法というものもない。データ・サンプリングの方法について言及さえしない論者もいれば、社会言語学の領域外にある伝統に強く依拠する研究者もいる[4]。いずれにせよ、グラウンディド・セオリー（Glaser and Strauss 1967）のように、データ収集は、それが完成して初めて、分析に着手しう

るような特定の段階だとは考えられていない。つまり、最初のデータ収集の後、最初の試験的な分析を行って、特定の概念の指標を見つけ、概念をカテゴリーに広げ、この最初の結果に基づいて、さらにデータを集めるのである（<u>理論的サンプリング</u>）。こうした手続きにおいては、データ収集は決して完結することも、排除されることもない。そして、新たな疑問が生じると、新たなデータが必要になってきたり、前のデータの再吟味が必要になったりするのである（Strauss 1987; Strauss and Corbin 1990）。

　ほとんどのCDSのアプローチは、データ・サンプリングの手続きを明確に説明したり、推奨したりしてはいない。言うまでもなく、コーパス言語学はとくにテクストの大規模なコーパスに言及している。本書で紹介する他のアプローチは、マスメディアコミュニケーションや組織の文書といった既存のテクストを利用している。さらに、いくつかのアプローチ、とりわけ談話の歴史的アプローチは、可能なら、フィールドワークと民族誌との協力も提案している。それは、研究の対象をさらなる分析と理論化の前提条件として詳しく調査するためである。しかしながら、既存のテクストに焦点を当てることが科学的強み（非反応性データ〔訳注：インタビューやアンケート調査などのような被験者の反応を必要とするデータではないデータ〕の使用など〔Webb et al. 1966を参照〕）を意味しているとともに、必要なコンテクストに関する知識とテクスト産出と受容の条件についての情報という点では限界を示すものでもある。

まとめ

　この章の目的は、CDSアプローチのまとめを提供し、その類似点と相違点を論じることであった。CDSは多様であること、また、常に発展し精緻化していることがその特徴である。したがって、この章がCDSについて完璧な概観を提供していると主張するものではない。もちろん本書に収録されたアプローチを中心に述べたのであるが、この多様ななかでもいくつかの一般的な点を指摘することができる。

・理論的背景に関しては、CDSは多くの点で折衷的に取り組んでいる。それ

> それのアプローチはさまざまなレベルを強調しているが、大理論からミクロ言語学理論に至るまでのすべての範囲に言及されている。
> ・データ・サンプリングの手続きにおいて、一般的に認められた基準はない。実際、多くのCDSのアプローチでは、既存のデータ、つまり、それぞれの研究プロジェクト用に特別に産出されたものではないテクストを用いている。
> ・操作化と分析は、問題指向型で、言語学的専門知識が必要とされる。

　もっとも明らかな類似点は、権力、受け入れ、排除、従属の社会的プロセスに共通の関心を持っているという点である。批判理論の流れのなか、CDSは社会の格差や不平等の談話的側面に光を当てることを目指している。批判的談話研究は、社会の不平等を強化し、増大させるためにエリートが用いる言語手段を研究することがしばしばある。これには、細心かつ体系的な分析、自らの研究のあらゆる地点での内省、そして、調査中のデータから距離をとることを必要とする。<u>記述、解釈、解説</u>は別々に離しておくべきで、それにより、それぞれの分析の<u>透明性と追跡可能性</u>が保証されるのである。無論、これらすべての助言に常にしたがう必要はない。また、時間的制約や構造的束縛などから、常に細部に至るまで実行できるわけではない。

　そのため、CDSは今後も、社会研究なのか政治的活動なのか、どっちつかずであるという批判が絶えないであろう（Widdowson 2004a; Wodak 2006a）。また、CDS研究は言語学的すぎる、あるいは言語学としては不十分だなどと非難する者もいる。私たちの考えでは、こうした批判により、この分野は生き続けると考える。批判により否応なく内省が深まり、新たな反応が促され、斬新なアイデアが生まれることになるからである。

注
1　Fairclough 1991; van Dijk 1984; Wodak 1989を参照。
2　エラスムスネットワークはデュースブルクのジークフリート・イェーガー、リンショーピングのパー・リネル（Per Linell）、ランカスターのノーマン・フェアクラフ、アムステルダムのテウン・ヴァン・デイク、ロンドンのギュンター・クレス、ロンドンのテオ・ヴァン・レーヴェン、ウィーンのルート・ヴォダックの間の協力から成

った。
3　解釈学的プロセスを透明かつ理解しやすいものにすることがそもそも可能かという問いにはまだ答えがない。ただし、明確に定義された手続きと規則をもつ解釈学的な方法を開発した研究者（Oevermann et al. 1979）もいる。
4　サンプリングとテクスト選択の問題に関する全般的な概説はTitscher et al.（2000）で紹介されている。

第2章
ディスコースの歴史的アプローチ（DHA）

マーティン・ライジグル、ルート・ヴォダック

(神田 靖子／訳)

キーワード

論証、気候変動、コンテクスト、ディスコースの歴史的アプローチ、ディスコース・ストラテジー、行動の場、オンラインニュース記事、投稿、トポス、妥当性要求

＊本章においてdiscourseの訳は「ディスコース」に統一している。

キー概念と用語の紹介

　私たちはこの章を「批判」「イデオロギー」「権力」という概念の紹介から始める。この3つの概念は、CDSあるいはCDAのいずれのアプローチにも共通する構成要素であるが、アプローチによっては違った意味で用いられる場合がある。そのため、まずディスコースの歴史的アプローチ（DHA）において、どのように概念化されているかを明らかにすることが重要である。次に、「ディスコース」「ジャンル」「テクスト」「再テクスト化」「間テクスト性」「間ディスコース性」といった重要な用語の定義へと進む。

　第2節では、DHAの分析ツールと一般原則について簡単にまとめる。

　第3節では、「気候変動に関するディスコース」に焦点を当てながら、段階を踏んでDHAの方法論を説明する。

　第4節では、DHAの強みと限界について述べ、この分野の将来の課題について述べる。

「批判」「イデオロギー」「権力」

　批判、イデオロギー、権力という3つの概念はCDSのすべてのアプローチに共通する概念である。「批判」という語は多くの異なる意味を担っている。たとえば、フランクフルト学派の理論にしたがうものもあれば、文学批評での概念に沿うものもあり、マルクス主義理論を踏襲しているものもある。「批判的」なスタンスを守るということは、データにより近づくこと（往々にして批判は「状況に応じた批判 (situated critique)」であるという事実があるけれど）、データを社会的コンテクストに埋め込むこと、ディスコース参与者の立ち位置を明確にすること、調査をしながらも常に自省をすること、と理解されるべきである。さらに、批判とは、その研究結果が、さまざまな形、たとえば教師、医師、官僚などの実践セミナーであれ、専門家の意見書、教科書制作といった形であれ、そうしたものに利用されるべきだとも考えている。

批判とは、規範という観点からは、人間、モノ、行為、社会制度等を調査し、判断し、評価することを意味する。批判は、真実の追及、特定の価値と倫理、適切なテクストの解釈、自省、啓発と解放、社会変化の特定の側面、生態の保護、美的志向などと関わりうる。カントにしたがえば、「批判」は知識の条件や可能性にいたるまでの入門的な（「予備的な」）調査のことをも意味している。この用語はフランス革命の間に政治的観点から注目され始め、マルクス主義の台頭とともに政治における重要性を獲得してきた。それ以来、社会批判は欠点や矛盾を診断するという目的のために、一つの理想的基準あるいはそれに代わる別の基準（alternatve）という観点から、政治や社会の現状を判断し評価してきた（Chilton, Tian and Wodak 2010）。この点で、批判は抵抗と一体化しているといえよう。批判とは「いかなる犠牲を払っても、このような方法で統治されないための技術である」（Foucault 1990: 12）（訳注：訳文は中山元訳『わたしは花火師です　フーコーは語る』ちくま学芸文庫、2008より引用））としたフーコー（Foucault）の批判の概念を思い起こさせられるものである。

DHAは批判理論の社会哲学志向を踏襲している[1]。それゆえDHAは、3つの関連する側面を統合する社会的批判という概念に従っている[2]。

1. テクストやディスコースの内部をみる批判は、テクスト内、あるいはディスコース内の構造における一貫性の欠如や（自己）矛盾、パラドックスあるいはジレンマの発見を目的とする。
2. 社会診断的批判は、ディスコース的実践の、とりわけ表には現れない、説得的あるいは「操作的」性格を明らかにすることに関心を向けている。ここでは、ディスコース事象を解釈するために、背景的知識を利用し、社会理論や他のさまざまな学問分野から得た理論的モデルを活用する。
3. 将来に関する予知的批判は、コミュニケーションの改善を模索する（たとえば、性差別的な言語使用に対するガイドラインを精緻化する、あるいは病院や学校における「言葉の壁」を低くすることなど）。

批判について私たちが理解するところでは、DHAは調査中の対象や分析者自身

の立ち位置を透明にし、次に一定のディスコース事象の解釈や読みが、なぜ他の解釈より妥当かを理論的に正当化するはずである。

　Thompson（1990）は、イデオロギーという概念および、イデオロギーと他の概念との関係、とりわけマス・コミュニケーションの側面との関係を細部にわたって議論している。彼は、イデオロギーという概念は、18世紀後半にフランスで初めて使われて以来、幅広い機能や意味を与えられてきたことを指摘している。Thompsonにとって、イデオロギーとは、その範囲において、あるいはそれを手段として、ヘゲモニーの象徴的な形式が社会を循環するような社会形態や過程のことを指すものだという。

　　イデオロギーとは、DHAの考えるところでは、一つのパースペクティブ（しばしば一方的なものでもあるが）とみられている。つまり、関連するメンタルな表出、説得、意見、態度、価値や評価から成る世界観およびシステムであり、それぞれの社会的グループの成員によって共有されているものである。共産主義、社会主義、保守主義、自由主義のような十分に発達したイデオロギー（しばしば「グランド・ナラティブ（grand narrative）」と呼ばれる）には3つの相互に関連する仮想のもの（imaginaries）がある。それは以下のようなモデルである。
　(1) 社会がどのようなものであるかについての表象モデル、つまり現状モデル（たとえば資本家が搾取的な社会という共産主義的モデル）。
　(2) 社会が将来どのようなものになるべきかというビジョン的モデル（たとえば、階級のない社会という共産主義的モデル）。
　(3) 思い描く社会は現在から未来への「途上において」どのように達成されうるかという計画遂行的モデル（たとえば、プロレタリアート革命という共産主義的モデル）。

　　イデオロギーは、ディスコースを通して、共有される社会的アイデンティティを創り出し、不平等な力関係を構築したり維持したりするための重要な手段として役立つ。それはたとえば、ヘゲモニー的アイデンティティ・ナラティブを創り出したり、あるいは特定のディスコースや公共空間へのアクセスを統制したりすること（「ゲート・キーピング（gate-keeping）」）によって行われる。さらに、イデオロギーは力関係の転換の手段としても機能する。

私たちは、言語的実践や言語以外の記号論的実践が、社会制度の範囲内においてイデオロギーを伝え、再生産する方法にとりわけ関心がある。DHAの目的の一つは、支配を固めて浸透させるために役立つイデオロギー、あるいは支配に抵抗するために役立つイデオロギーを解読することによって、それぞれのディスコースがもつヘゲモニーを脱構築することである。

　DHAにとって、言語はそれ自体では力をもたないものである。言語とは権力を有する人々が利用する用途や力関係の表現を経由して権力を獲得し維持する一つの手段である。

> 　<u>権力</u>とは、社会的地位が異なるか、あるいは異なる社会的グループに属する複数の社会的行為者の間の非対称的関係とかかわりがある。Weber（1980）にしたがえば、「権力」とは、社会的関係性のなかで、他者の意志や関心に反して自分の意志を強化する可能性と定義されうる。さらに、権力は、社会的関係とその属性、たとえば「相手との相互依存的結びつき」（Emerson 1962: 32）という観点から説明できるが、また、力のネットワーク、たとえば「二つ以上の力依存関係」（Emerson 1962: 32）という観点からも説明することができる。権力が遂行される基本的な方法は「動作による力（actional power）」（物理的な力や暴力）、脅しや約束による人々のコントロール、権威への執着（権威の行使と権威への服従）、さらには、生産手段、交通手段、武器などといったモノによる技術的コントロールである（Popitz 1992）。

　権力は社会的にどこにでも見られるものである。それは生産的とも言えるが、往々にして破壊的でもある。権力はディスコースにおいて正当化されたり、正当ではないと主張されたりするが、力関係もさまざまなコントロールの手続きによってディスコースを制限したり規制したりする。テクストはしばしば社会的闘争の場である。というのは、テクストが、支配やヘゲモニーを求めるさまざまなイデオロギー闘争がどこまで広がっているかという証拠を明らかにするからである。私たちは、言語形式が権力のさまざまな表現や巧みな操作においてどのように使われるかに焦点を当てる。権力は、ディスコースという点ではテクストのジャンルによってだけではなく、特定の公共空間へのアクセスの規制や、人との交際の機会を人為的に規

制することによっても、具現化されるのである。

「ディスコース」「テクスト」「コンテクスト」

　DHAを援用して私たちが調査するのは、社会における多面的な現象である。このことは（話された言語、書記言語、あるいは視覚的言語であれ）、言語使用の研究は研究企画全体の数多くの局面の一つにすぎないということを示唆している。それゆえ、私たちの研究は学際的なのである。さらに、調査中の対象の複雑さを<u>分析し、理解し、説明する</u>ために、数ある分析のためのパースペクティブからえた、数多くの異なった入手しやすいデータの情報源（常に、そのために使える時間や資金といった外的制約によって決まるが）を考慮する。私たちが拠り所とするのは「<u>三角法の原則</u>（principle of triangulation）」で、これは広範な経験的観察や、種々の学問分野や方法からえた理論、ならびに背景情報を考慮に入れることを意味する（たとえば、Heer et al. 2008; Wodak 2011b, 2015b; Wodak et al. 2009を参照のこと）。具体的にどのディスコースを選択するかは具体的な問題によって決まる。この章では気候変動についての議論を扱うこととする。

> 私たちは「ディスコース」を以下のように考える。
> ・特定の社会的行為の領域内に位置するコンテクスト依存的な記号的実践の集まり。
> ・社会的に構成されており、社会の構成要素となりうる。
> ・マクロ・トピックに関連する。
> ・異なった見解をもつ複数の社会的行為者を巻き込んでいる真実や規範的妥当性といった、妥当性要求についての論証とリンクする。

　このように、私たちは、ディスコースの構成要素は、(a) マクロ・トピックと関連していること、(b) パースペクティブが複数にあること、(c) 議論を求めること、と考えている。CDSの他のアプローチでは、「ディスコース」を一つのマクロ・トピック、あるいは二つ以上のパースペクティブと明確に関連づけてはいない (Reisigl 2003, 911ff.; 2014, 71ff. 参照のこと)。つまり、「ディスコース」は「イデオロギー」ある

いは「スタンス」と同一視されることもしばしばあるのである（Wodak 2012bの論考を参照のこと）。

　ディスコースの境界とは何か、またどのように境界を定めるか、そしてどのように、ある一定のディスコースと他の別のディスコースとの区別をつけるかを考慮することは重要である。たとえば、地球温暖化のディスコースと気候変動に関するディスコースのように、ディスコースの境界はある程度、流動的である。ディスコースを分析のための構造体として考えるなら、ディスコースは常にディスコース分析者が総体をどう見るかということに依存する。調査の対象としては、ディスコースは閉じられたものではなく、むしろ再解釈や継続に対して開かれたダイナミックな記号論的存在である。

> 　私たちは、「ディスコース」と「テクスト」とを区別する。すなわちテクストはディスコースの一部である。テクストは発話行為を、時間を超えた耐久性のあるものにし、それによって言葉によって述べられた二つの発話の状況、つまり発話産出の状況と発話受信の状況との橋渡しをするのである。言い換えれば、テクストは、視覚化されていようと、書かれたもの、あるいは話されたものであろうと、言語行為を客観化するものである（Ehlich 1983）。テクストは「ジャンル」の下位に位置するといってよい。「ジャンル」とは、特定の社会的文脈において一定の社会的目的を満たすようなコミュニケーションの、社会的に慣習化されたタイプおよび様式とみなされうる。それに加えて、ジャンルは、特定のテクスト機能やテクスト産出、分配、受容についての一定の手続き的知識を意味するメンタル・スキーマとみなすこともできる。

　以上の結果として、地球温暖化対策に関する宣言は、社会慣習にしたがった一定のルールと期待とを提案しており、一定の社会的目的を持っている。気候変動に関するディスコースは、さまざまなジャンルやテクストによって具現化される。たとえば気候変動に関するある政権の政策についてのテレビ討論、あるいはエネルギー消費を削減するためのガイドライン、気候学者によるスピーチや講演、新聞記事についてのオンライン上のコメントなどである。

　DHAはまた、発話、テクスト、ジャンルとディスコースの間の間テクスト的、

間ディスコース的関係を調査するとともに、言語外の社会的／社会学的な変数、組織あるいは制度の歴史と状況的枠組みの間の間テクスト的、間ディスコース的関係をも調査する。これらすべての関係に焦点をあてながら、私たちはディスコースやジャンル、テクストが社会政治的変化との関係において変わっていくさまを探求するのである。

- 「間テクスト性」とは、テクストが、過去および現在の両方において、他のテクストと結びついていることを意味する。こうした結びつきはさまざまな方法で作り出される。つまり、主題や主たる行為者への明示的な言及、あるいは同一の事象への言及、ほのめかしや喚起、主たる論拠を一つのテクストから次のテクストへ移すことなどによって生み出される。ある要素を新しいコンテクストへと移す過程は「再文脈化」と名づけられている。一つの要素がある特定のコンテクストから取り出されると、「脱再文脈化」の過程が観察される。そのそれぞれの要素が次に新しいコンテクストに挿入されると、再文脈化の過程を見ることができるのである。要素は部分的に新しい意味を獲得する。というのは、意味というものは使用されているうちに作られるものだからである（Wittgenstein 1989[1952]を参照のこと）。たとえばある政治的なスピーチと、その同じスピーチについて伝えるさまざまな新聞の記事を比較してみると、再文脈化を観察することができる。記者は記事の一般的な目的（たとえば論説）にぴったり合うような特定の引用を選ぶものである。その引用はこうして脱文脈化され、再文脈化される。つまり新しい枠組みが与えられるのである。そして、それらの引用は、新聞記事という特定のコンテクストのなかで、新しい意味を獲得するのである。
- 「間ディスコース性」とは、ディスコースがさまざまな方法で相互につながっていることを意味する。「ディスコース」をもっぱらトピックに関連するもの（「Xに関するディスコース」のように）と考えるなら、たとえば気候変動に関するディスコースが、しばしば国際競争あるいは健康といった、他のディスコースのトピックや下位トピックに言及しているのを観察することができる。ディスコースは他のトピックを受け入れやすく、異なるトピックを含むことがよくある。したがって多くの点で新しい下位トピックが生まれやすいといえる。
- 「行為の場（field of action）」（Girnth 1996）とは、一つのディスコースの（部分的な）

「枠組み」を構成する社会的現実の一コマを指す。さまざまな行為の場は、ディスコース実践のさまざまな機能をその特徴とする。たとえば、政治的行動という領域においては、8つの異なった場としての8つの異なった政治的機能の違いを区別する（図2.1参照）。一定のトピックについての「ディスコース」は、その出発点を一つの行動の場のなかに見出し、別の場を通して続いていくのである。ディスコースはそうして別の場へと「拡散」していき、別のディスコースと関連したり重なったりするのである。

図2.1[3]で、政治的行動の領域における行動の場、ジャンルおよびマクロ・トピックの間の関係を示しておく。

図2.2はさらに、ディスコース、ディスコース・トピック、ジャンルとテクストの間の間ディスコース的関係および間テクスト的関係を表している。この図では、間ディスコース性は、二つの重なり合う大きな楕円で表されている。間テクスト的関係は太線の矢印で表されている。テクストがどのジャンルに属するかは細線の矢印で示されている。テクストが言及するトピックは小さい楕円で示され、細い点線のついた矢印がついている。それぞれのテクストに共通するトピックは、小さな楕円の重なりで示されている。最後に、あるテクストが別のテクストをテーマの点で参照するという特定の間テクスト的関係が破線矢印で示されている。

図2.2に示されたこのような関係のいくつかは、私たちのケース・スタディにもみられる。それはイギリスのデジタル・タブロイド新聞『デイリー・スター（*Daily Star*)』において大々的に報じられた地球温暖化に関するマス・メディアのディスコースである。これから分析していくのは *Daily Star* の2014年8月8日付オンライン版に掲載されたDave Snelling記者の執筆による「**世界の終わりか？　一流の科学者が「私たちはもう＊＊＊＊＊だ」と暴露する**」というタイトルの記事である。タイトルは、おそらくは記者によって考えられたものではないと思われるが、そこから明らかなように、このテクスト（＝テクストyz）は、地球温暖化（＝ディスコースA）と世界の終わりについての終末論的ディスコース（＝ディスコースB）の両方について述べている。構成は、テクストとともに画像（＝ジャンルz）を使用するというマルチモーダルなもので、リアルに描写されたセンセーショナルなオンラインニュースの記事（＝ジャンルy）と、終末論的で恐怖を呼び起こす暴露記事を

行動の場：立法手続き	行動の場：一般市民の態度、意見、意志形成	行動の場：態度、意見、意志の政党内形成	行動の場：態度、意見、意志の政党間形成	行動の場：国際関係組織／州間関係の組織	行動の場：政治広告	行動の場：行政府および政権	行動の場：政治的統制
政治的（サブ）ジャンル	政治的（サブ）ジャンル	政治的（サブ）ジャンル	政治的（サブ）ジャンル	政治的（サブ）ジャンル	政治的（サブ）ジャンル	政治的（サブ）ジャンル	政治的（サブ）ジャンル
法律、法案、修正条項、議会演説や議員の発言（対立政党のヤジや質疑）、大統領（米大統領）の演説、開会の辞演説、一般の教書演説、規定、提案書、時効、指針など	プレス・リリース、記者会見、インタビュー、トーク・ショー、大統領演説、議員演説、開会の辞演説、ラジオやテレビでの演説、首相演説、閣僚演説、選挙演説、（米大統領の）一般教書演説、会議での講演や発表、（新聞）記事、論評、書籍など	政党計画、宣言、党大会における演説、行動指針の演説、周年記念行事演説	連立交渉、連立計画、連立、政党間あるいは閣僚での文書／契約／協定、（連立政府の場合の）就任演説、記念演説など	公式訪問における演説、就任演説、超国家的組織の会議／サミットでの演説、宣戦演説、ヘイト・スピーチ、平和演説、記念演説（国際条約の覚書など）	選挙計画、選挙スローガン、選挙演説、選挙パンフレット、告示、ポスター、チラシ、ダイレクト・メール、記念演説、議員演説、（米大統領の）一般教書演説	採決（承認、却下）、首相演説（就任演説など）、閣僚演説、重要演説、退任演説、送別挨拶、指名演説、（米大統領の）一般教書演説、議会での質疑への答弁など	対立政党宣言、議会での質疑、議員演説、抗議演説、記念演説（とりわけ論評や非難の演説）、選挙演説、国民投票の請願など

ディスコース・トピック1　ディスコース・トピック2　ディスコース・トピック3　ディスコース・トピック4　ディスコース・トピック5　ディスコース・トピック6　ディスコース・トピック7　ディスコース・トピック8　ディスコース・トピック9　ディスコース・トピック10　ディスコース・トピック11　ディスコース・トピック12

図 2.1　政治的行動と政治的ジャンル、およびディスコース・トピックの場 (Reisgle 2007: 34-5 参照)

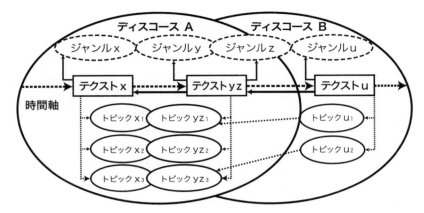

図2.2　ディスコース、ディスコース・トピックおよびジャンルの間の間ディスコース的、間テクスト的関係

混ぜ合わせている。さらに気候学者であり、デンマーク・グリーンランド地質調査所（Geological Survey of Denmark and Greenland）の教授であるJason Boxのツイート（＝テクストx）にも言及している。ツイートとは140字の短いメッセージで、マイクロ・ブログツイッター（＝ジャンルx）を通して投稿されるものである。このBox氏のツイートは2014年7月29日に掲載されたもので、地球温暖化についてのディスコース（＝ディスコースA）に言及しているが、これは地球温暖化のもたらす結果についての間接的警告という語用論的形式をとっている。

　とりわけ、テクストz（訳注：図にはない。uの誤りか）とテクストyzは、ともに地球温暖化がもたらすであろう結末について言及している。テクストyzについての24の投稿のなかでも（これらの投稿は付録に再掲されている）コメンテーター3によるものは数多くの「世界の終わり」宣言について抗議しており、一見、避けがたいようにみえる世界の滅亡に関しては快楽主義的態度をとっている（「生活を楽しめ、みんな」）。2014年8月8日に掲載されたこのテクストuは、もともと世界の終わり（＝ディスコースB）についてのディスコースであるが、テクストyzおよびテクストuは、とくに、世界の滅亡可能性を予告するトピックにも言及している。

私たちのアプローチは4つの側面を持つ「コンテクスト」という概念に立脚

している。
1. 言語またはテクストの内にある共テクスト、および共ディスコースそのもの。
2. 発話、テクスト、ジャンル、ディスコースの間の間テクスト的、間ディスコース的関係。
3. ある特定の「状況のコンテクスト」の社会的変数と制度的枠組み。
4. より広範な社会的、歴史的コンテクスト。それにはディスコース実践が埋め込まれており、かつ関連する。

　本章の分析において、繰り返し、コンテクストの4つの側面のすべてに対する自身の位置を確認していく（Wodak 2007, 2011bを参照のこと）。

DHAの基本的考え方と分析のためのツール

　DHAが生まれることとなった最初の研究は、クルト・ワルトハイム（Kurt Waldheim）による1986年のオーストリア大統領選挙の運動における、公共ディスコースのなかの反ユダヤ主義的なステレオタイプ・イメージの台頭を分析したものである。氏は前国連事務総長であったが長い間ナチ党員であった過去を隠していたのである（Wodak et al. 1990）[4]。この研究プロジェクトにおいて初めてDHAを端的に特徴づける諸点が確立された。それは（1）歴史的な埋め込みに特別に焦点をあてる学際的研究、（2）研究対象に対する種々のパースペクティブを組み合わせる方法論的原則としての複合三角法。これは、さまざまなデータ（データ三角法）、さまざまな理論（理論三角法）、さまざまな方法（方法三角法）、チームワークを行うさまざまな研究者（研究者三角法）を取り入れることによって行われる（Flick 2004）、（3）研究成果を実践に応用しようとする姿勢、の3つである。学際的な研究は、言語分析を歴史学、社会学的なアプローチと結びつけた。さらに、研究者たちは1987年春にウィーン大学において、研究プロジェクトで行われた多くのジャンルやテクストの分析に基づいた「戦後反ユダヤ主義」の展示も行った。
　DHAはさらに数多くの研究、たとえば1989年のいわゆる鉄のカーテンの崩壊後、

ルーマニアから移民してきた人々に対する人種差別に関する研究や、オーストリアにおける国家と国民アイデンティティについてのディスコースの研究 (Matoushek et al. 1995; Reisgle 2007; Wodak et al. 2009) などによって、より精緻化されていった。ウィーンにある「ディスコース・政治・アイデンティティ」(DPI) 研究センターは、ヨーロッパのアイデンティティおよび過去のヨーロッパ政治の研究に関連する比較学際的、超国家的プロジェクトへと移行することも考慮にいれている (Heer et al. 2008; Kovács and Wodak 2003)。

このアプローチの特徴となるさまざまな基本的考え方は、オーストリアの戦後反ユダヤ主義に関する研究以来、時間とともに進化してきている。ここで、最も重要な10の原則をまとめておく。

1. このアプローチは学際的なものである。学際性とは理論、方法、方法論、研究実践および実践への応用を含むものである。
2. アプローチは問題指向型である。
3. 統合することが研究対象を適切に理解し説明することにつながるなら、さまざまな理論と方法を結びつけることができる。
4. 徹底した分析と調査中の対象の理論化のために、フィールドワークと民族誌(「内部」からの研究)が必要となれば、それらを組み入れる。
5. 研究は必然的に理論と経験的データとの間の往還を繰り返す。そのため、仮説的推論(データを観察し、暫定的にそのデータを過去の理論モデルに関連づけることによって解説のための仮説を構築する)、帰納的手続き(こうした仮説の強さを経験から検証する)と、もし可能なら、演繹(理論を基礎として予見的結論を引き出す)とを結びつけるような、複合的研究ストラテジーをも認める。
6. 無数にあるジャンルや公共空間、ならびに間テクスト的、間ディスコース的な関係を考察する。
7. テクストとディスコースを解釈する際には、歴史的コンテクストを考慮する。歴史を考慮に入れると、再文脈化が間テクスト的に、あるいは間ディスコース的に、テクストとディスコースを結びつける重要なプロセスとして機能する道筋を再構成することができる。

> 8. カテゴリーと方法は一度決めたら変更しないというわけではない。それらは、分析のたびに、調査中の特定の問題に応じて精緻化されなければならない。
> 9. 「グランドセオリー」は基礎として役立つことが多い。しかしながら、特定の分析では「中間域理論」が、よりよい理論的基礎を提供することもよくある（Weick 1974）。
> 10. 研究結果の応用は重要な目的である。研究結果は、専門家が入手して応用できるようにし、一般の人に伝えられなければならない。

　DHAは三次元的である。つまり、(1) 特定のディスコースにおける特定の内容あるいはトピックを決定したうえで、(2) ディスコース・ストラテジーを調べる。その次に (3) 言語的手段（タイプとして）および、コンテクスト依存の言語的実現（トークンとして）を調査する。

　特定のディスコースを分析する際（以下のステップ5を参照のこと）、特別に注目に値するストラテジーがある。DHAの枠組みで分析する際これらのストラテジーに当たろうとすると、よく以下の5つの疑問にぶつかることがある。

> 1. 人物やモノ、現象／事象、過程および行動はどのように言語的に名づけられ、言及されているだろうか。
> 2. 社会的行為者、モノ、現象／事象およびプロセスの特徴、質および特性はどのように表現されているか。
> 3. 問題となっているディスコースに、どのような論拠が採用されているか。
> 4. このような名づけ（指名）、形容や論拠はどのような観点から表現されているか。
> 5. それぞれの発話は包み隠すことなく話されているか、あるいは強調や緩和がされていないか。

　これらの疑問にしたがって、5つのタイプのディスコース・ストラテジーについて詳しく述べていく。

> 「ストラテジー」というのは、一定の社会的、政治的、心理的あるいは言語的ゴールを達成するために採用された、ある程度意図的な実践プランを意味する。ディスコース・ストラテジーは、さまざまなレベルの言語組織や複雑なものに見出される。[5]

表2.1　ディスコース・ストラテジー集

ストラテジー	対象	装置
指名ストラテジー	社会的行為者、モノ、現象、事象、過程と行為のディスコース的構成	・成員のカテゴリー化装置、直示語、人名、など。
		・隠喩、換喩、シネクドキーなどの比喩的用法（パルス・プロ・トト pars pro toto（訳注：モノや場所、概念などの「部分」を成す名称が、そのモノや場所、概念などの「全体」を代表するような表現の仕方。換喩のような表現法）、トゥトゥム・プロ・パルティ totum pro parte（提喩のような表現法））
		・過程、行為などを示すのに用いられる動詞、名詞
叙述ストラテジー	社会的行為者、モノ、現象、事象、過程および行為のディスコース的資質（肯定的あるいは否定的）	・（ステレオタイプな）否定的あるいは肯定的といった評価的属性（形容詞、同格語、前置詞句、関係節、接続詞句、不定詞節、分詞節またはそのようなまとまり）
		・明示的述語あるいは叙述的名詞／形容詞／代名詞
		・連語
		・比較、直喩、隠喩およびその他のことばの彩（換喩、誇張、緩徐法、婉曲法を含む）
		・ほのめかし、喚起、前提／含意　など。
論証ストラテジー	真理性要求および規範的公正さの主張の正当化と問題視	・トポス（形式的な、あるいは、より内容に関連した）
		・ファラシー（誤謬）
観点化ストラテジー	書き手または聞き手の観点の位置づけおよび、関わり involvement や距離を表現すること。	・直示
		・疑問符、ディスコース・マーカー／ディスコース・パーティクル
		・隠喩
		・活気を与えるプロソディ
強調と緩和	・発話効力、ひいては発話の認識的、義務的な度合を調整する（強調あるいは緩和）	・指小辞あるいは拡大（モーダル）辞、付加疑問、仮定法、言いよどみ、曖昧表現など。
		・誇張表現、あるいは緩徐法、間接発話行為（たとえば断定の代わりの疑問文）
		・発言、感情、思考を表す動詞

「気候変動に関するディスコース」の分析
8つの段階を踏むDHA

完璧で理想的なDHAの分析を行うなら、8つの段階計画にしたがうべきである。通常、繰り返し、次の8つの段階を踏む。

> 1. 先行理論に関する知識を活性化し、参照する（つまり、過去の研究を再検討し、再読し、討論する）。
> 2. データとコンテクストについての情報の系統的な収集（研究課題によって種々のディスコース、ディスコース事象、社会的場（social fields）ならびに行為者、記号的メディア、ジャンルやテクストを収集）。
> 3. 特定の分析のためのデータの選定と準備（関連する基準にしたがったデータの選択と縮小ならびに録音の文字起こし）。
> 4. 研究課題の特定と仮説の定式化（文献の書評やデータの最初のスキミングに基づく）。
> 5. コンテクスト分析やマクロ分析、ミクロ分析を含む質的パイロット分析（カテゴリーや最初の仮説を検証し、さらにその仮説の具体的な内容を検証することができる。次節以下のパイロット分析を参照のこと）。
> 6. 詳細なケース・スタディ（主に質的。ただし部分的には量的分析も行う）。
> 7. 批判の形成（関連する背景知識を考慮し、批判の3つの側面を参照しつつ、解釈し説明する）。
> 8. 分析結果の実践的応用（可能なら社会的なインパクトを狙って、分析結果を実際に応用したり、提案したりしてもよい）。

理想的かつ典型的なリストがうまく実現されるのは、時間、人員および資金という形で十分な資源を有する大規模な学際的プロジェクトにおいてである。資金や時間あるいは他の制約がある場合、当然小さい規模で行うのが有益であり合理的である。いずれの場合にせよ、徹底した総合的研究計画を意識するのは当然であるので、PhD論文のような個人的なプロジェクトを考えている場合は、曖昧さのない選択を

するのもよいだろう。PhD論文を書くという目的のためには、数例のケース・スタディしかできず、データ収集の範囲も必然的にいくつかのジャンルだけに制限されることがありうる。時にはパイロット研究がより大規模なケース・スタディに拡大することもありうる。そうすると、当初予定していたケース・スタディをフォロー・アップ・プロジェクトのためにとっておかなければならないといったことも起こるだろう。

以下に、8つの研究段階のうちの4つに焦点をあてる（1、2、4および5）。

表2.1で挙げたディスコース・ストラテジーのうち、このパイロット・スタディでは、論証の分析について述べる[6]。その理由は、指名や叙述のような別のストラテジー（それについても考慮はするが）は論証のなかに統合され、以下で分析するテクストがもつ説得という目的の下位に置かれるからである。私たちの論証分析に関する観察は、純粋に言語的な地平を超えた標準的な中間域理論がいかに具体的分析に応用されうるかの例証となる。

> 論証とは、問題解決の言語的、認知的パターンである。それは、複雑で、ある程度まとまりのある陳述のネットワークを形成している一連の、程度の差はあれ安定した発話行為のなかに現れる。論証は、真実や規範的な公正さの妥当性要求に秩序立て／系統立てて挑戦したり正当化したりするのに役立つ（Kopperschmidt 2000:59f.）。その目的は納得させる（健全な）論拠および／または示唆に富むファラシー（誤謬）を用いて受け手を説得することにある。真理の妥当性要求は知識、確信の程度と理論的識見に関連し、規範的公正さの妥当性要求は、何がなされるべきで、何がなされてはならないか、あるいは何が推奨されて、何が禁止されるかといった問題、つまり実践的規範あるいは倫理的、道徳的規準の問題に関連する。[7]

包括的な論証分析には、少なくとも以下のような領域がある。

a. 機能的カテゴリー（例：主張、論拠／前提、結論規則、モダリティ）
b. 形式的カテゴリー（定義のスキーマ、権威のスキーマ、比較のスキーマ、例のスキーマといった形式的トポス／ファラシー。以下の「トポス」「ファラシー」

という概念の説明を参照のこと）

c. 内容に関連するカテゴリー（無知のスキーマ、自然のスキーマ、（人心）操作のスキーマといった内容に関連するトポス／ファラシー）
d. 論争的なメソ構造およびマクロ構造の記述のためのカテゴリー（たとえば論証の段階、論証の複雑さ、論拠の［相互］依存性）。ここでは、とりわけ内容に関連するトポスやファラシーに焦点を当てる）

> 「トポス」（ギリシャ語で「場」という意味。単数形はtopos、複数形はtopoi。［訳注：本章ではいずれの場合もトポスという訳語を用いる］）は、必要な前提に属する論証の部分と理解される。トポスは形式や内容を保証するもの、あるいは「結論規則」であり、論拠と結論すなわち主張とを結びつけるものである。そのような点で、トポスは、論拠が結論へと至る過程を正当化するものである（Kienpointer 1992: 194）。トポスは社会的に慣習化されていて、常に繰り返し現れる。必ずしも明示的に表現されることはないが、「もしxなら、yである」あるいは「yである。なぜならxだから」といった、条件節または因果関係を表す文に言い換えて、明示的に表すことができる（詳細はReisigl 2014; Reisigle and Wodak 2001, 69-80; Rubinelli 2009; Wengeler 2003; Wodak 2014, 2015を参照のこと）。

トポスは理にかなっている、あるいは虚偽に満ちている。後者の場合はファラシーと呼ばれる。トポスとファラシーを峻別するための理性的かつ建設的な議論には、10の規則がある（Van Eemeren and Grootendorst 1992; Van Eemeren et al. 2009の語用弁証法アプローチを参照のこと）。

1. 議論の自由——参与者は、お互いが主張を前に進めたり、主張に異論を唱えたりすることを妨げてはならない。
2. 理由を述べる義務——主張を前に進める参加者は、理由を求められれば、その主張を弁護することを拒否してはならない。
3. 対立する側は先行ディスコースについて正確に言及すること——主張に対する攻撃は、実際には相手側からまだ出されていない主張に言及してはいけない。
4. 「事実に即する（matter of factness）」性の義務——主張は、論証でないもの、ある

いは主張に関連のない論証によって弁護されてはならない。
5. 非明示的な（暗黙の）前提への正確な言及——参与者は、言葉にされていない前提を不当に相手側のせいにしたり、あるいは言葉にされていない前提に対する責任が自分にあることを認めなかったりしてはならない。
6. 共有する出発点の受容——参与者は、あることを不当に受容された出発点として提示したり、あるいは、あることが受容された出発点であることを、不当に否定したりしてはならない。
7. 説得力ある議論のスキーマの使用——正しく用いられた適切な論証のスキーマによっても弁護がなされないなら、主張を最終的に弁護されたものとみなしてはならない。
8. 論理的妥当性——明示的かつ完全に提示された論証は論理規則に矛盾してはならない。
9. 議論の結果の受容——結論の出ない弁護は、その主張が続くように導いてはいけないが、得心のいく決定的な主張の弁護は、この主張に関してなおも疑念が収まらないように導いてはならない。
10. 表現の明確さと正確な解釈——参与者は、曖昧で明瞭さに欠けたいかなる定式化も使用してはならず、別の参与者の定式化に故意に誤った解釈を与えてはならない。

　こうした規則が破られると、ファラシーが生じる。しかしながら、正しいコンテクストについての知識なしには、論証スキーマが、合理的なトポスあるいはファラシーとして援用されているかどうかを見極めることは常に容易とは限らない。

気候変動についてのオンラインニュース記事に関するパイロット・スタディ

ステップ１：先行する理論的知識の活性化および参照

　「地球温暖化」についての包括的な研究課題には、さまざまな方法で取り組むことが可能である。

a. 既存の（科学的）文献において、「気候変動」とはどのようなことを意味するか、

つまり「気候変動」はどのように定義されているか。
b. 関連文献は、「気候変動」と現代社会との関係、つまり「気候変動」に対する人間行動の影響をどのように伝えているか。

こうした課題に取り組むために、まず関連文献に当たらなければならない。どの文献が重要かは、どのような研究に関心があるかによる。上の2つの課題は科学的知識（気候学の文献が重要である）や、気候変動と社会との関係（社会科学の文献が重要である）についての知識にかかわっている。さらに、「気候変動」の意味についての言語学的アプローチも、「通常の言語使用（あるいは「常識」）」ではどのような意味かを議論するべきである。それぞれの文献をまず参照してみると、次のような解答が得られる。

a. 「気候変動」は「日常」の言語において、「気候変動」に違った意味も見つけることができるが「地球温暖化」を意味することが圧倒的に多い。つまり、「気候変動」とは、ときに「新氷河期に向かう地球冷却」を指すこともあり、また「一時的に温暖化あるいは冷却を引き起こす自然の気候変動」を意味する場合もある。科学用語では、「気候変動」とは長期（たとえば30年）にわたる年間平均気温の変化を指すが、降雨量の変化、海面上昇、異常気象の増加、オゾン層破壊などを含むその期間のさまざまな気候の変化も指す。歴史的に振り返ると、この言葉は科学的、政治的にも意味が拡大されてきたことが明らかになる。気候変動に関する政府間パネル（IPCC）によれば、「気候変動とは、平均値の変化、および／あるいはその特性の変動性によって特定する（たとえば、統計的テストの使用によって）ことが可能であり、長期にわたって、通常は数十年以上にわたって続く気候状態の変化を指す。気候変動は自然内部の変化によるか、あるいは太陽周期の変調、火山噴火、大気組成や土地使用における絶えざる人為的改変といった外的な力によって引き起こされるといってよい」とされている。こうした広い概念とは対照的に、1992年の国際連合気候変動枠組み条約（UNFCCC）第1条では、「気候変動」は「地球の大気の組成を変化させる人間活動に直接または間接に起因する気候の変化」のみを指す狭い理解になっている。一方、同程度の期間にわたる観測可能な自然の気候変化（交代）は「気

候変動性」と名づけられている（NN2013: 1450)。
b. ほとんどの科学者は「気候変動」と現代社会との関係には因果関係があると考えている。これは、自然はますます人間文明に左右されるようになっており、地球温暖化は──たいていの場合──、世界規模で増えている二酸化炭素や他の温室効果ガス排出によって引き起こされた温室効果の人為的結果であるという意味においてである[8]。

　このように最初に方向づけをすると、ディスコースに関連した、より一般的な研究課題を組み立てることが可能になる。すなわち、私たちが重視している特定の公共のディスコースにおいて、「気候変動」とはどのような意味をもっているかということと、そのディスコースにおいて、気候に対する人間の影響がどのように表され、議論されているかという課題である。

　こうした課題に関する仮説はたとえば、ディスコースは気候変動の（存在すること、起源と結果という）「姿」、あるいは気候と文明との関係、および気候変動に対してとられるべき可能な手段について、さまざまな、おそらくは矛盾する解釈が含まれているというものである。もしこれが事実であるなら、そうした気候変動についてのさまざまなディスコースにおける説明や態度は、政治的決定をするための前提条件として、政治的妥協に至るのを難しくしているかもしれないと想定する。歴史的観点からみると、ディスコース（あるいはディスコースのいくつかの側面）は私たちの分析で特定されるべきさまざまな要素によって、時間とともに変化すると思われる。

ステップ２：データと文脈情報の体系的収集

　どのようなデータが入手しやすいか（観察、録音・録画、インタビュー、アーカイブの調査、インターネット資源など）、あるいはそれぞれの研究プロジェクトの期間内にどの程度のデータが分析しうるかによって、さまざまな経験的データを収集することが可能である。その際、以下の基準を考慮する。

- <u>特定の政治的単位</u>（たとえば、宗教、国民国家（nation state)、国際労働組合）あるいは<u>言語共同体</u>。

- 重要なディスコース事象に関連する特定の期間。これらは問題になっている論点、たとえば気候サミットや気候変動に関する政府間パネルから出されたレポートや公開討論の出版物などと関連がある。
- 特定の社会的、とりわけ政治的、科学的行為者（個人および「集合的」行為者や組織。たとえば、さまざまな政党に所属する政治家、環境問題専門家、気候学者、気候変動に関する国内会議、国際会議、石油会社、自動車会社など）。
- 特定ディスコース　本章の場合は、気候変動とりわけ地球温暖化についてのディスコース。
- 政治的行動の特定領域（図2.1参照）とりわけ、一般市民の態度、意見および意志の形成（たとえば、メディア報道）、国際関係の運営管理（たとえば、国際サミットや国家間協約）、政治的コントロールの場（たとえば、環境問題専門家）、政治的広告（たとえば、エネルギービジネスの振興）、政党間での態度、意見、意志の形成（たとえば、環境政策の政党間協調）、立法手続き（たとえば、炭素排出量に関する税法）および、環境政策、エネルギー政策、経済政策、保健政策、移民政策といった特定の政治的領域。
- 気候変動の科学的研究や環境政策等に関連する特定の記号論的メディアとジャンル（専門家の報告、選挙マニフェスト、議会の内外における政治討論、科学記事、新聞記事ならびにコメント、テレビインタビュー、テレビ討論、パンフレット、自動車広告、一般的な科学テクストなど）。

　この章では、上で説明した広範な研究課題を以下のように限定する。すなわち、「「気候変動」は、目下調査中の、一連の特定の公共ディスコースの断片（新聞記事や投稿記事）において、どのような意味を持つか。人間が気候に及ぼす影響は、このようなディスコースの断片にどのように描かれ議論されているか」ということである。言い換えれば、私たちは一つのディスコースの断片（ジャーナリストであるDave Snellingによって書かれたマルチモーダルなオンラインニュース記事。2014年8月8日付の*Daily Star*紙に掲載されたもの）、およびそれに対する読者の反応（2014年8月8日以降の24の投稿）に焦点を当てる。私たちがこの記事とそれに関連する投稿を選んだ理由は、記事や投稿は比較的簡潔に書かれており、容易にインターネットで入手できるということと、また、インターネットというメディアの使

用（投稿も含めて）は、気候変動というトピックに関しては重要な情報源であると考えられること、さらに新聞記事と、投稿を経由した記事の受容との間のディスコースのダイナミクスは、批判的受容および新しいメディアの対話能力に関心を持つ（熟議的）CDA2.0（訳注：SNSなどのウェブ上のコミュニケーション手段を用いたテクストを対象とする「新しいCDA」）のための興味深い資源であることである。Angouri and Wodak（2014）、Dorostkar and Preisinger（2012, 2013）、KhosraviNik and Unger（本書9章）を参照されたい。ステップ5では、オンライン記事とそれぞれの投稿のディスコース的特徴を細かく見ていく。

ステップ3：詳細な分析のためのデータの選定と準備

分析のためのコーパスを準備する際、収集したデータは、頻度、代表性[9]、（プロト）タイプ性、間テクスト的・間ディスコース的スコープ、顕著な特性、独自性、冗長性といった特定の基準にしたがってダウンサイズする。必要ならば、話された言葉のデータは研究課題によって決まっている慣習にしたがって文字起こしもしなければならない。本章が重点を置いているのは一つのテクスト連鎖（ニュース記事と関連する投稿）である。したがってこのステップについてこれ以上議論を続ける必要はないだろう。

ステップ4：研究課題の詳細な記述と仮説の定式化

研究課題は、以下の点について、より詳しく指定することができる。つまり、

a. 地球温暖化は、ディスコース参与者によってきちんと把握されているか、また異論が出ていないか。
b. 気候変動は自然の過程とみなされているか、あるいは人為的行為も加わっているとみなされているか。

さらに、研究課題は、権力の悪用や人心操作という相手を負かすための挑発的な政治的非難や、それに対抗する行動を促す別のアピールもまた考慮すべきであろう（Gore 2007, 268f; Oreskes and Conway 2010, 169-215. Klaus 2007, 79, 95, 97fとは対照的である）。そうしたことから、研究課題をさらに練り上げるための出発点として、上のような

論争の種である矛盾した立場の分析が挙げられよう。批判的ディスコース分析に携わるものとして、私たちはそうした矛盾する立場や、自分の立場へと導くために相手を説得しようとする性向を、上に述べたような理性的な論証という原則を基にして、かつ、根底にある操作ストラテジーにも目を向けながら、記述し評価していく。

　2番目の出発点は、メディア報道および、地球温暖化についての科学者による発言とメディアの受け手の持つ知識との関係の分析であろう。実はAllan Bell（1994）が数年前にすでにこうした問題に重点的に取り組んでいる。彼は、ニュージーランドにおける気候変動についてのディスコースのケース・スタディのなかで、科学的説明のメディア報道と、その報道についての素人の理解の関係を分析している。Bellの研究は、社会的に恵まれない立場にあるメディア・ユーザーよりも、社会的に恵まれた人々のほうが、気候変動についての知識をより多く持っていたということを説明しており説得力がある（Bell 1994）が、これを2015年の状況と比較することもできよう[10]。DHAはこうした時間の経過を追った比較にとくに注目している。

　これらすべての点を考慮しながら、気候変動についてのディスコースを総合的に研究するならば、私たちの研究課題はさらに詳しい課題に細分化することができると思われる。

- 気候変動に関する特定のディスコースにおいては、どのような社会的行為者が参加しているか。政治的行動におけるさまざまな分野において、どのような立場がとられているか。(私たちは行為者が違えば追究するものもそれぞれ別の、しばしば対立する関心事であると想定している)。
- 科学者は、科学、政策／政治およびマス・メディアの公共空間という三角形のなかでどのような役割をはたしているか。彼らは、専門知識を素人のためにどのように「翻訳する」か、つまり再文脈化するか。知識や行動の義務に関して影響力を持つ権威（epistemic and deontic authorities）としての科学者の発言はどの程度信頼できるものであるか。科学者は、現代の民主的社会においてどのように「コントロールされて」いるか。素人の人々は、どのような基準を基にして、科学的意見を判断するのか。(私たちはこの点で、科学者は専門家として政治的意志決定の過程と、人々の態度・意見・意志の形成の

両方において重要な役割を果たしていると想定している)。
- マス・メディアは、素人のための専門知識の「翻訳」においてどのような役割を果たしているか。メディアはどの専門家を選ぶか、メディアにおいて聞かれないのはどの専門家の声か。民主的社会においてメディアはどのようにコントロールされているか。気候変動についてのマス・メディアのテクストは理解するのが難しいか。どのような社会的行為者がメディアにアクセスできるのか(私たちはメディアは、人々の態度・意見・意志の形成において、また政治的コントロールの場において、重要な役割を果たしていると想定している)。
- 調査中のディスコースにおいて、どのような真実と規範的公正さの妥当性要求が、はっきりと打ち出され、前提とされているか。こうした主張は、政党政治的──そして広義には──イデオロギー上の連携関係とどのように関わっているか(私たちは、気候変動に関するディスコース参加者はそれぞれ違った、しばしば矛盾するイデオロギーに依存した主張をすると想定している)。
- ディスコースの主なトピックは何か。人間が地球の気候に及ぼす影響は表現されているか、その場合、どのような議論がされているか。より言語学的な用語を使うなら、前提となる妥当性要求を支持するために、気候変動の起こり、現状の診断、今後の予測および回避について、どのような記述、説明、論証やナラティブで表現され、報告されているか。受け手を説得するために、どのような記号的(とくに言語的、視覚的な)手段がとられているか。ディスコースにおいて、どのような矛盾が生まれているか。(私たちは基本的には、おびただしく多様な表現や論証が見つかるだろうと想定している)。
- 時間とともに変化するのはディスコースのどのような側面か。その変化の理由は何か(私たちはこうした疑問には、部分的な継続や、新しい発展を含めた通時的変化があると想定している)。
- このディスコースと接点を持って関連しているのは他のどのようなディスコースか。(私たちはこの特定のディスコースが他のディスコースと間ディスコース的なつながりを持っていると想定している)。

当然のことながら、本章では、こうした疑問のすべてに適切な答えを出すことができない。大規模な学際的研究プロジェクトを立ち上げてはじめて、上述の複雑な内容を総合的に調査することができると思われる。より小規模なプロジェクトやパイロットスタディなら、必然的にいくつかの側面を厳選してそれに焦点を当てることになろう。

ステップ5：質的パイロット分析

　私たちのパイロット・スタディの目的は上に述べた仮説の検証である。したがってその質的研究を、Dave Snelling記者が*Daily Star*オンライン版のために書いた一つの記事に限定する。また、このオンライン記事に対して書かれた24の投稿コメント（付録に再録されている）も簡単に検討する。まず、この記事を再録しておこう（図2.3を参照のこと）。

世界の終わりか？ 　　一流の科学者が「私たちはもう＊＊＊＊＊！」(We're f*****!)と暴露する。**恐るべき発見──わずか数年のうちに地球温暖化は衝撃的なレベルに達するかも。**
Dave Snelling ／ 2014年8月8日掲載。

これは、おそらく気候変動に関して主導的立場の人物から聞きたいとは思わない言葉であろう。しかしデンマーク・グリーンランド地質調査所の教授であるJason Boxは「私たちはもう…おしまいだ（We're f**ed.）」と考えている。
彼は、憂慮すべき発見をした科学者チームに続いてツイッター上でこう発言した。北極圏の海底から膨大な量のメタンガスが漏れており、大気圏へ上っているようである。

（写真のキャプション）地球温暖化：地球は驚異的な速度で温暖化している。（GETTY）地球温暖化の図

メタンガスは、二酸化炭素のような他のガスよりもはるかに多くの熱を閉じ込めるため、最も危険な温室効果ガスの一つである。

そして、この温度上昇が驚異的な速度で地球各地が温暖化するのに一役買っているのだ。

Boxはマザーボードというウェブサイトに次のように書き込んでいる。「北極圏の炭素がごくわずかでも大気圏に漏れ出したら、私たちはもうおしまいだ（we're f**ked.)」

「メタンガスは自然温室効果の一部として赤外線を取り込む点で、二酸化炭素ガスの20倍以上もの威力がある。」

「メタンガスは海面へ近づいている。——これは影響力の強い物質である」

「これまでは、泡状のものは海面に届くまでに消えてしまうだろうと考えられていた［ママ］

「しかし、もしプルーム（訳注：マントル内の上昇流・噴気）が海面に到達するなら、それは懸念すべき全く新しい温室効果ガスの発生源となろう。」

このニュースでさらに気がかりなのは、北極圏が地球の他のどこよりも急速に温暖化しているということである。

そして、海の温度が高くなればなるほど、より多くのメタンガスが大気圏に流入してくるのである。

こうしたことがみな急速に起こっているので、Boxは、事態は急速に変化しうると考えている。「私はこの事態から逃れることができるが、私の娘はできないだろう。3歳なんだから」。

このニュースは、シベリアで発見された複数の巨大な陥没穴が地球上の気温変化に関連しているということと符合している。

陥没穴は、長らく凍っていた永久凍土が上昇する熱のために解凍したために

> できたもので、その周りの土地は崩壊している。
> 　そして、もし条件が整っていれば、地球上の別の場所でも同様のことが起こる可能性があると憂慮する科学者たちもいる。
> 　アメリカ地質調査研究所のガスハイドレート・プロジェクトの長であるCarolyn RuppelはNBCニュースに対して「地球温暖化は今進行中で、北極圏では悪化している［ママ］(訳注：引用の括弧閉じるが欠落)と語った。
> 　「もしこの陥没穴が永久凍土の解凍と関係があるなら、それは今、地球上で起こっていることのまさに目に見える証拠だ」。

図2.3　Dave　Snellingの記事。*Daily Star* オンライン版　2014年8月8日付

　私たちはこの記事を、マクロ構造（マクロ分析）、ミクロ構造（ミクロ分析）、コンテクスト（コンテクスト分析）の観点から分析していく。分析を始める前に上に挙げた仮説形成的問題とストラテジーを適用して、気候変動についてのディスコースの詳細（ミクロ）分析をするための基本的分析ツールの概観をしておく。表2.2はそれらをまとめたものである（表中の右欄はオンライン記事と投稿からの抜粋の記述である）

表2.2　気候変動に関するディスコース分析のための重要なカテゴリー

ディスコース・ストラテジー	目的
指名ストラテジー：気候変動に関する人、モノ、現象、事象、過程は、言語的にどのように名づけられ、言及されているか。	**社会的行為者のディスコース構成** ● 固有名詞：Jason Box/Dr.Box, Carolyn Ruppel, Svante Arrhenius ● 直示表現およびその疑似表現：私、私たち、あなた、彼ら ● 概括的人間語彙：人間、人々 ● 職業的人間語彙：教授、科学者 ● 関係的人間語彙：私の娘、あなた方の子ども、母なる自然 ● イデオロギー的人間語彙：石油億万長者、同郷人 ● メトニミー的地名を含む集合名詞：人、人類 (our species)、人類 (human race)、化石燃料産業、活性炭会社 ● 経済に関する呼び名：納税者 ● 地政学的単位に関する人名：ヨーロッパ人、ロシア人 **モノ／現象／事象のディスコース構成** ● 具体的：世界／地球／惑星、海底、海洋、北極圏、氷山　シベリア、メタンガス、泡、二酸化炭素、温室効果ガス、大気（圏）、永久凍土、太陽光、太陽の爆発活動、津波、噴火、隕石、海面 ● 抽象的： 　○自然／環境：自然、気候、物質、温室効果 　○精神的対象／感情：思考、脅威、恐怖、心配 　○経済的なこと：農業経済、農業社会、炭素税スキーマ、化石燃料産業、クレジットカード 　○政治的なこと：環境税（訳注：温室効果ガス排出量に応じて課す税）、規制／方策、予防原則、排出削減計画、福祉 　○イデオロギーなこと：幻想的宗教、啓蒙、世界の終わり宣告 **過程と行動のディスコース構成** ● 物質的： 　○自然／環境的：気候変動、地球温暖化、地球温暖化、温室効果、排出、メタン放出、平衡、崩壊 　○経済的：返済、消費 ● 精神的：発見、理由づけ、思考、信念 ● 言語的：宣言、リツイート、なんとかかんとか（重要でない部分の省略）
叙述ストラテジー：社会的行為者、モノ、現象／事象や過程にはどのような性質、特性が与えられているか。	社会的行為者、モノ、現象、事象の過程および行為のディスコース的特徴づけ／**資格**（肯定的あるいは否定的に） ● 社会的行為者、例）私たち（＝人間）：おしまいだ、みな死ぬんだ、無知、こんな環境税なんか払い続ける必要はなくなる、地球に生きる価値なんかない、運命共同体です、何ができるかなんて絶対わかりっこない ● 自然／環境の過程　例）気候変動：世界の終わり／壊滅へと導く (leading to the end of the world/to collapse)、壊滅的影響を持つ (having a devastating effects)、驚異的なレベルに達する (reaching an alarming rate)（訳注：これらの語句は記事や投稿における語句を忠実に再録していない）

論証ストラテジー：気候変動に関するディスコースにおいて、どのような論拠が用いられているか。	読者に、特定の真理性要求および規範的正当性要求を納得させる： ● 真理性要求——気候変動の存在、原因、影響、回避に関して ● 正当性要求——気候変動に関する人間の行為に関して
観点化ストラテジー：こうした指名、属性および論拠はどのような観点から表現されているか。	話し手あるいは書き手の観点の位置づけおよび関わり（involvement）や距離の表現： ● イデオロギー的観点：ネオリベラルと資本主義的消費者主義、終末論的（終末論志向）
緩和ストラテジーと強調ストラテジー：それぞれの表現は明示されているか、強調されているか、緩和されているか	認識的あるいは義務的な度合に関する発話の発話内効力の調整 ● 認識的 　○緩和：科学的不確実性というファラシー 　○強調：北極圏の海底炭素がごくわずかでも漏れ出したら、私たちはもうおしまいだ。（ただし同時に、四文字語のスペルの省略による緩和もみられる） ● 義務的： 　○緩和：「北極圏は過去において幾度となく解氷期を迎えていたが、それでも今、私たちは生きています、そこまで心配することはないでしょう。」 　○強調：早まった一般化（「もし今のレベルが続かなかったら、そう、私たちはみな死んでいくんだ」）

　まず初めに、テクストの主要なディスコース・トピックがどのようなものかを見る。これらの多くは地球温暖化の過程と（起こりうる）影響と関係するものである。すなわち、

・世界の終わり
・膨大な量の北極圏メタンガスという恐るべき科学的発見
・最も危険な温室効果ガスの一つとしてのメタンガス
・大気圏の温暖化
・北極圏の急速かつ人を不安にさせるような温暖化
・北極圏の海底から漏れ出すメタンガス
・大気圏へ流入するメタンガス
・海洋の温暖化
・長期にわたって凍っていた永久凍土の解凍
・地球温暖化の影響からの逃避（科学者とその娘）

　これらの主要なディスコース・トピックは相互に密接な関係をもっている[11]が、

目に見える形で政治的行動の場には結びついていない。というのはこのテクストのなかには、どこにも政策や政治についてはっきりとした言及がないからである。しかし、Jason BoxやCarolyn Ruppelといった科学者（気象学者）の発言に言及しているため、政治的意味合いを帯びている。それはBoxやRuppelたちが自身の科学研究の結果を根拠に政治的な目的を追及しているからで、人為的な地球温暖化がもたらす起こりうる悪影響に対して、すべての人に警告を発することを望んでいるのである。政治的な意味合いがあることは、運命論的なSnellingのテクストにもはっきりと表れていないが、間テクスト的、間ディスコース的経験に基づく読者の背景的知識から推論することができるうえ、この記事の後に続く投稿からも読み取ることができる。

　このテクストは主として一般市民の態度・意見・意志の形成の場、および、政治的コントロールの場に見出されるものである。ここでの「政治的」とは、職業的政治の域を超えた広義の意味での「政治的」である。つまり、モノを消費して特定のライフスタイルを作り上げる個人の「プライベート」な生活にまで入り込んでいることを指すが、これは新聞のようなマス・メディアの機能がもたらした結果であるといえよう。マス・メディアは、意見の交換や討論をすることができる一般市民を生み出すのに役立つうえ、政治的コントロールや抗議行動、批判のためのプラットフォームを作り出すからである。さらに、この点が本章の事例に関連しているのであるが、マス・メディアの「論理」というのが、ニュース・バリューという独自の「論理」、つまりセンセーショナルかつ否定的で予想もしていなかったような事象を提供したり、あるいは情報に娯楽性を混ぜたりすることによって注目を受け、注目され続けることだからである (Street 2001)。

　この記者が問うのは世界の終わりが近づいているかどうかである。地球温暖化（＝ディスコースA）を、世界の終わりについての黙示録的ディスコース（＝ディスコースB）と結びつけ、より専門的な用語を用いれば、科学用語やタブロイド版の煽情的で大げさなメディア言語、あるいは口語体の非常に野卑な俗語というレジスターを混用している。

　この記事のマクロ構造は、記述と解説および論証の組み合わせから成っている。記述と解説は、（トピックから分かるように）詳しくかつ明快な科学的表現を目指してはおらず、どちらかと言えば、誇張した、価値観を強く示した情緒的な報告を

伝えている。論証も同様に、健全な結論へと導く明快な論拠の流れから成っているのではなく、虚偽に満ちた一般的な主張（「世界の終わり」）へと導く類似の論拠を列挙している（以下も参照のこと）。

　総合的マクロ構造に関していえば、この新聞テクストはマルチモーダルで次の8つの要素を持っている。

- 2文に分かれたタイトル
- 一行のリード（書き出し）
- 発行日付とフルネームで明記した著者名
- 読者のための6つのハイパーリンクのついた囲み枠（フェースブック、ツイッター、google+上でのシェア、12のメディア（アイコンで示されている）の一つでのシェア、メール、プリントにリンクする）
- 地球の半球のカラー写真（北極圏を表していると思われる）、および半球の上から蒸気の立ち上る大気圏
- パラグラフに分割されていない19の文からなる主なテクスト部分
- テクストへの挿入その1：小さな顔写真のついたツイートの挿入（カラー）
- テクストへの挿入その2：（この挿入は図2.3には入っていない）赤字での引用と引用された人物（科学者Jason Box）の職業に関するデータの挿入

　この記事は機能別の8つのセクションに分かれており、コミュニケーション・ポータル上でハイパー機能を持つ新聞オンライン版のレイアウトのなかの一部となっている。テクストの周囲には左（訳注：「右」の間違い。実際の画像では右にある）に一連の広告があり、のぞき見的な写真（半裸の女性であることが多い）や明快な短い見出しのついた「もっと読む」コーナーもある。スレッドは24の投稿からなっている。

　テクスト自体（上の2つの挿入を除く）は370語から成り、テクストの37.5%、つまり139語は引用である。このディスコース表現は直接話法の割合が高いが、それは、とりわけ、科学的権威によってテクストの妥当性を認めさせる働きをしている。引用部分がどれかは、発話を示す動詞（訳注：たとえばsay、tellなど）で明示されていないが、次々と続いている。引用符の括弧閉じがないのが二度もあるが、間テ

クスト的研究からみると、引用は必ずしも文字通り再現されないということを示唆しており、ジャーナリストとしての正確さに欠けることを示している。この最後の観察は、マクロ分析をミクロ分析とコンテクスト分析へとつなぐものである。

ミクロ構造の分析（ミクロ分析）
　このパイロット・スタディでは、テクストのミクロ構造について述べる。テクストと画像に関する指名、叙述、観点化については少し触れ、論証全体については全般的にみていくことにする。
　この写真は地球の半球を示している。すなわち視覚的に「指名している」。白い氷で覆われた北極圏で、左手はグリーンランドと思われる。地球のこの部分が、──視覚的叙述によって──大気が蒸気となって立ち上る温度上昇のひどい地域であることがわかる。温度上昇のプロセスは、──これも比喩的に──大気圏のほとんどを覆う赤色とオレンジ色で象徴されている。社会記号論（Kress and van Leeuwen 2006）にしたがうと、青い惑星を含む左部分は「既知 (the given)（現在）」を表しており、「未知 (the new)（未来）」へと展開している。未知 (the new) は、赤色とオレンジ色の大きな部分と、ほぼ垂直に真上へ海面から立ち上る明るいオーラと放射状に発散する線によって表されている。この写真が表しているのは、北極圏は劇的に温度上昇しつつあるということであり、**地球温暖化**：地球は驚異的な速度で温暖化している」というキャプションがそれを強調している。これをテクスト内容とつなげると、放射状に発散する蒸気は、北極圏の海底から大気圏へと流入する温室効果ガス、とりわけメタンガスと二酸化炭素を象徴していると考えられる。見逃せないのは、この写真がいかなる科学研究というコンテクストにおいて作成されたものでもないことである。小さなキャプションが示しているように、映像会社Gettyの既成の写真から非常に思わせぶりなものが意図的に選ばれている（リンク先アドレス http://cache3.asset─cache.net/xt/174694000.jpg?v=1&g=fs1|0|EPL|94|000&s=1, 2014年8月22日閲覧）。コンテクスト分析をするにあたって重視すべきなのは、昨今の記者がGettyのような、グローバル化しつつあるメディア会社から提供されたクレジットの入っていない写真を用いることがよくあること（Machin and van Leeuwen 2007）だが、このような既製品はニュースとは初めて見聞きすることという潜在的な価値観と明らかに矛盾しており、記者の信頼性をひどく損なう恐れがある。

都合のよい信頼性（propos credibility）：「**世界の終わりか？** 一流の科学者が「我々はもう　＊＊＊＊＊！」と暴露する」という見出しを見ると、一般的に記者とは信頼できるものだという信念が揺らぐように感じられるかもしれない。ここで言及されているのは、このテクストで最も重要な二人の社会的行為者である。つまり、肯定的に一流科学者だと紹介されている科学者Jason Boxと世界中の（生きている）人間すべてを含むほど広い範囲まで指していると思われる「私たちグループ（we-group）」である。というのは「私たち」がタイトルの冒頭にあるように「世界」と結びついているなら、共テクスト的に世界規模に拡大した解釈が考えられる。「世界」は、「メタンガス」とともに、このテクストにおいてディスコース的に構築される最も重要な対象の一つとなっているのである。さらに、2つに分かれたタイトルのなかには、3つの叙述が認められる。すなわち、この「科学者」は修飾語によって「一流」という属性を与えられており、「世界」には終末期に近づいているという特徴を付与されており、「グローバルな我々」については、もうおしまい、つまり不幸で避けがたい境遇の真ったださなかにいるとされている。いったい、この記者は信頼できるのだろうか。というのは「おしまいだ」（being fucked）という下品な叙述（下品さは、四文字語が5つのアステリスクに置き換えられているため緩和されている）は、記事本文では「〜たら」という条件節に埋め込まれているが、この「〜たら」節は見出しからは省かれている。さらに、科学者の言葉が世界の終わりが差し迫っているかどうかに結論を下すところまできていないのは明らかである。科学者が実際に書いたこと（下記参照）から、そのような擁護しがたい主張を導くのは、ずさんなジャーナリズムだけであろう（この主張は大文字の、しかもボールド字体で強調されている）。こうした意味で、このタイトルには、「一流の科学者」に言及して人を惑わすような「権威に訴える論証」が含まれている。換言すれば、<u>権威に訴える論証</u>（*argumentum ad verecundiam*）というファラシー、つまり、「科学者が「もうおしまいだ」というので、世界の終わりが近づいているのではないかという疑念が生じる」というファラシーをつきつけられているのである。この論証は、先行するコンテクストを正しく参照する規則、ならびに妥当な論証スキーマを使用する語用弁証法的な規則に違反している。理由は科学者の立場が誤って伝えられている、つまり過度に単純化されているからである。論証の構造は以下のように展開することができる。

> 論拠：一流の科学者が「私たちはもう＊＊＊＊！」と暴露する。
> 結論規則：もし一流の科学者が「私たちはもう＊＊＊＊！」と言うなら、世界の終わりが近づいているのかという疑念が生じる。
> 真理性要求：世界の終わりが近づいているかを問わなければならない。

　この論証では、結論規則は最初の前提（論拠）から主張へと至る移行を保証していない。結論規則は科学者の陳述によって裏づけることができないが、そのことをこの記者はディスコース表現のなかで歪曲してしまっている。主張自体は、断言という発話行為ではなく、疑問という発話行為によって緩和されている。

　この記者が、Jason Boxを引用する主な理由の一つは、科学者が発した卑俗な言葉（「我々はもうおしまいだ（we're fucked）」）の使用である。「おしまいだ（to be fucked）」という性的なメタファー（訳注：fuckは元来「性交する」という意味の俗語である）は、文字通り性的支配を意味し、比喩的には「広範囲に影響をおよぼす深刻な事態にあること」を表すものでもあるが、科学的言語（用語）使用というレジスターには属していない。そのため、「まじめな」科学的言語との対比はゴシップ紙の記者にとってうまく機能しているようにみえる。同様に、「おしまいだ」という語の意味的曖昧さと、学術用語は内容を正確に表すという期待との間にもこうした比喩と「普通の」科学的言語使用との対比がみられる。

　「四文字語」の意味に関してはおおいに解釈の余地がある。動詞は意味的には限定されておらず、とくに、北極圏の温室効果ガスが大気圏へと上昇していく可能性があるとも述べていない。このディスコースの強調ストラテジーには、劇的効果はあるがなんとなく下品さが感じられる。俗語を使ったのは、この問題の重要性とその解決策を見出すことが急務であると強調するために、「普通の」人々の共感を呼ぶ日常語を使いたいと願った結果と考えられる。もちろんその動機は理解できる。気象学者たちは、地球温暖化のもたらす悲惨で命にかかわる影響について、長年警告し続けてきたからである。しかし、こうした過激な比喩を用いると、代償として意味をはっきりと限定できないことになり、どうすれば科学的知識を一般大衆に伝えられるかという問題に直面することになる。より適切な伝達法を考えるなら、高度に複雑な科学情報と、誤解や本章での事例にみられる大げさな誇張とに影響されやすい単純化された表現との間の折り合いを考慮すべきであろう。

大げさな誇張は、「恐るべき発見——わずか数年のうちに地球温暖化は壊滅的なレベルにまで達するかも」という短いリードにもみられる。ここでは、「恐るべき」という、評価的で不安をあおる叙述を大文字で書くことによって誇張がさらに強調されている。興味深いことに、「発見」は、壊滅的な影響をもたらしうる近未来の地球温暖化を感覚的に受け止める人として擬人化されている（訳注：原文は以下の通りである。'TERRIFYING discovery could see the Earth warming to devastating levels in just a few years.' 直訳すると「恐るべき発見はわずか数年のうちに地球温暖化が衝撃的なレベルにまで達するのを目の当たりにするだろう」）。そのため、この発見とされることの背後にいる社会的行為者はみな、言語的に背景化しており、結果として、記者が科学者たちに言及する必要はなくなっている。つまり、誇張が仮定法（'could'）と中程度の義務を表す法動詞（'can'）で緩和されているとはいえ、科学者たちがこの内容を承認することはほぼないからである。

Gettyの暗示的な映像の後にある（訳注：オリジナルではテクストは映像の前後にある）本文は19の文からなっている。記事の初めではまず、テクストで最も重要な社会的行為者であるJason Boxに焦点を当てて、最も重要な科学者と紹介している（「気候変動に関する一流の人物」という叙述によって）。彼に焦点を当てると、タイトルのなかの「権威に訴える論証」がさらに強化される。科学者の主導的役割の強調は、「権威に訴える論証」の強化を狙った裏づけとして機能するからである。次に科学者が選んだ下品な言葉が繰り返され、それがツイッター上のツイートであることが明かされる。第5文のあとで、このツイートはマルチモーダルな挿入図1として視覚化されている。2014年7月29日付のツイートを分析してみると、この記者がツイートの挿入図の前の記事で、ツイートの原文にあった「〜たら」部分を2回削除したことがわかる。原文の「北極圏の海底にある炭素がごくわずかでも大気圏に漏れ出したら（…）(If even a small fraction of Arctic sea floor carbon is released to the atmosphere [...])」という部分である。しかしこの「〜たら」節は第7文にも再録されているが、正確にではない。原文と記者によって再現された直接話法とを比較するのがDHAにおいては情報を与えてくれる重要な手続きである。原文は次のようである。「たとえ北極圏にある炭素のごくわずかでも大気圏へ漏れ出したら、私たちはもうおしまいだ」(Even if a small fraction of the Arctic carbon were released to the atmosphere, we're f**ked.)。このツイートの再文脈化のなかには明らかに5つの相違が観察され

る。(1) 最初の2つの語の順番が逆になっている (2) 定冠詞 'the' が挿入されている (3) 炭素についての詳細（「海底 (sea floor)」）が削除されている (4) 法（訳注：文法用語で仮定法、命令法などの話者の心的変化を表す語形変化）が直説法（訳注：事実を表す書き方）('is') から仮定法 ('were') に変更されている。(5) 婉曲的な省略 'f'd' が部分的に無効にされ ('ke' が挿入されている) たり、部分的に記号で表され ('**') たりしている。さらに驚くべきことは、記者たるものがこのような短い直接引用のなかで多くの言葉を変えるということである。それも、読者なら誰でも、挿入図1に再現された文字通りの言葉づかいと、記者の言葉づかいとを比べられるような文脈においてである。記事を急いで書いたらしいことは、第10文と第18文において、引用符の閉じが抜けていることからも察せられる。

　記事のなかの8つの直接引用はすべて「権威に訴える論証」を支えるのに役立っている。しかしながら、Boxはこの論証を発展させるために別の権威についても言及している。その情報源は第3文で言及されている。Boxは「ある科学者チームが驚くべき発見をした後に」下品な発言をしたのである。第5、6、7文ではこの発見が何であるか詳しく述べられている。温室効果ガスのなかで最も影響力の強いメタンガスが、大量に北極圏の海底から漏れ出し大気圏へと流入していると思われ、驚異的な速度で地球の他の地域における温暖化を促進しているというのである。この結果が非常に深刻なものになるかもしれないことは、第7文のすでに分析したBoxの引用のなかに表れている。つまり、この記者は、第7文で、自身の引用の情報源が「マザーボード (Motherboard)」であると示している。この間テクスト的な言及にしたがうと、読者は第8、9、10、11、14文の引用も Brian Merchant が書いたテキストからとられたものであることに気づくであろう (http://motherboard.vice.com/read/if-we-release-a-small-fraction-of-arctic-carbon-were-fucked-climatologist 2014年8月27日閲覧)。第8、9、10、11文における4つの引用は、発言を表す動詞をつけずに連続して挙げられている。これらの引用のなかで、気象学者のBoxは、「マザーボード」紙のインタビュアー Brian Merchant に対して、メタンガスは二酸化炭素の20倍も温室効果が高いため、メタンガスのプルーム（噴気）という新しい発生源が海面に届き、ついで北極圏の大気圏へ流入していることを「私たち（=グローバルな私たち）」は憂慮しなければならないと説明している。第12、13文は、この論拠が直説法で書かれていて、一見事実を伝えているようにみえるため、この憂慮をさらに増幅させ

ている。これらの論拠が強調するのは、北極圏は地球上の他の地域より温暖化の速度が速く、そこの海洋温度が上昇しつつあるので大気圏により多くのメタンガスをもたらすだろうということである。第14文では、記者はふたたびBoxに言及している。これらのプロセスの進行速度が速いためBoxはすべてが急速に変化する可能性があると考えているとされる。時間に関する点にも相変わらず注意が向けられており、個人的性質を持った引用によって詳しく説明されている。つまり、Box自身はこうした多くの変化やその結果に左右されることはないが、3歳の彼の娘は直面せざるをえないだろうという内容である。この発言をリードの内容と結びつけると、時間の叙述に関するある相違に気づく。Boxは生物学的な世代（「私の娘」）という時間の基準を持ち出しているが、リードは数年のうちに起こる地球温暖化の衝撃的な段階について述べている。このテクスト内の矛盾は小さなものではない。そのことに注目すると、大げさなリードとタイトルがもつ虚偽に満ちた性格が浮かび上がってくるのである。

　第15、16文では、これまでの北極圏をターゲットとした「例にもとづく論証」が別の例にまで拡大されている。まず、長い間凍っていた永久凍土が地球温暖化（および温室効果ガスの漏出）のために解けて永久凍土周辺の土地が崩壊しているせいで、シベリアにおいて巨大な陥没穴ができつつあることに焦点が移っている。こうした変化は将来、地球の温度上昇を加速するとされている。この2つの文には、認識的な権威、つまり科学的知識の源泉として引用される可能性のある専門的行為者が現れないままである。第15文では、「ニュースは符合」（発話の自律化（autonomization））し、陥没穴が「発見され（discovered）」、「関連している（have been linked）」（二重の受身化）。第16文の解説は、議論の余地のない真実の立場から説明されている。そして、第17文で、「例にもとづく論証」が続けられ、科学者が知識の源として再び関わってくる。地球上の別の地域でも同様のことが起こることを憂慮している人たちは「科学者たち」と曖昧な形で示されている。科学者についても別の地域についても具体的な名前は挙げられていない。最後の2つの文（第18、19）は、Carolyn Ruppelという名の、二番目に登場する気象学者（climatologist）の記述に使われている。この地質学者（geologist）はアメリカ放送ネットワークNBCで語ったことが2回引用されており、それがこの記事の主なトピックに専門家が総まとめをするものとして機能している。

以上を簡単にまとめておく。このテクストにおけるもっとも重要な現象は、温室効果ガスが大気圏へ流入することによって起こる「地球温暖化」、とりわけ北極圏やシベリア、またおそらく世界の別の地域においても二酸化炭素はもとよりメタンガスが大気圏に流入することによって起こる「地球温暖化」である。この複雑なプロセスは主に、「危険な」「異常な」「わずか数年のうちに壊滅する」「速まっている」「まもなく自然の臨界点に達する」（訳注：この表現は記事のなかにはない）「北極圏では深刻な状態になりつつある」、また「私の娘」によって代表される将来の世代にとって避けることができない」などといった叙述で形容されている。このテクストは、地球温暖化が、実際にはどの程度、人為的行為によって引き起こされるかについては述べていない。またこの問題の政治的側面や考えうる解決法についても述べていない。

　このミクロ分析で特定されたさまざまな叙述や指名は、テクストの論証構造の重要な要素である。これらは論証スキーマにつながっており、その基礎をなしている。論証に関しては、このテクストは、とりわけ冒頭部分、タイトルやリードで、非常に大げさに誇張されている。

>　論証の全体的構造は、「権威に訴える論証」や「例にもとづく論証」によって支えられた因果関係の論拠の混合体である。それは、要するに、*argumentum ad consequentiam*（訳注：結果に訴える論証（appeal to consequence））と呼ばれる虚偽の因果関係スキーマを形成している。つまり「<u>一流の科学者Jason Box並びに他の科学者たちが我々に、北極圏の海底、および世界の他の地域から、膨大な量の温室効果ガスが漏れ出し、大気圏へと流入し、地球温暖化を促進していると警告しているため、世界はまもなく壊滅の危険にあるか否かが問われなければならない</u>」というものである。

　この因果関係のファラシーは、論理的妥当性の語用弁証法的規則に違反する潜在的な「構成のファラシー」と、適切な（因果関係の）論証スキーマを使用するという規則に違反する「滑りやすい坂道のファラシー」との組み合わせから成っている。一般化した「構成のファラシー」とは、もし何か（崩壊）が世界のいくつかの地域で真実であるなら、世界全体にとっても真実である、というものである。「滑りや

すい坂道のファラシー」とは、ある原因が初めに起こると、連鎖反応が引き起こされ、あらゆるものを取り込む結果へとつながる（つまり、影響力の強い有害な温室効果ガスの新しい発生源が地球温暖化を加速しているなら、世界全体は壊滅するであろう）というものである。

論証スキーマの全体的構成は以下のように定式化することができる。

1．権威に訴える論証（一般的パターン）

論拠：一流の科学者たち（Box, Ruppelなど）がXと言う。
結論規則：もし一流の科学者たちがXと言うなら、Xは真実である。
要求：Xは真実である。

タイトル（「権威に訴える論証」というファラシー）
論拠：一流科学者が「私たちは＊＊＊＊＊」と暴露する。
結論規則：もし一流科学者が「私たちは＊＊＊＊＊」と言うなら、世界の終わりが差し迫っているのではないかという疑念が生じる。
真理性要求：私たちは世界の終わりが差し迫っているかを問わなければならない。

第1〜3文
論拠：科学者による北極圏での発見があり、それに続く深刻な結果の叙述にBoxはわいせつなメタファーを使用している。
結論規則：一流の科学者が自身のトピックについて語る時は否定的な卑俗表現を使わないものだという予測とは反対の行動をとるなら、彼が語るそのトピックは非常に深刻なものに違いない。
真理性要求：そのトピックは非常に深刻である。

2．因果関係のスキーマ（Xの部分）

論拠：原因C。
結論規則：もし原因Cがあるなら、結果Eがある。

要求：結果E。

第4文と第5文
論拠：膨大な量の北極圏のメタンが大気圏に流入している。
結論規則：もし膨大な量の北極圏のメタンガスが大気に流入しているなら、それは地球温暖化を促進するであろう。
真理性要求：膨大な量の北極圏のメタンガスは地球温暖化を促進するであろう。

第5文と第8文
論拠：メタンガスは二酸化炭素のような他のガスよりはるかに多くの熱を閉じ込める。
結論規則：もしメタンガスが二酸化炭素のような他のガスよりはるかに多くの熱を閉じ込めるなら、メタンガスは最も危険な温室効果ガスの一つである。
真理性要求：メタンガスは最も危険な温室効果ガスの一つである。

第4文と第11文
論拠：北極圏のメタンガスが海面に漏れ出して（leak into）いるようだ。
結論規則：もし北極圏のメタンガスが海面に漏れ出しているなら、それは新しい温室効果ガスの発生源になる。
真理性要求：北極圏のメタンガスは温室効果ガスの新しい発生源となったようである。

論拠：北極圏のメタンガスが海面に到達しつつある（making it to）かもしれない。そして新しい温室効果ガスの発生源となるであろう。
結論規則：もし北極圏のメタンガスが海面に到達し、新しい温室効果ガスの発生源となるなら、それを憂慮しなければならない。
正当性要求：私たちは北極圏のメタンガスが（おそらく）大気圏へ到達していることを憂慮しなければならない。

第12文
  論拠：北極圏は世界の他のどの地域より速い速度で温暖化している。
  結論規則：もし北極圏が世界の他のどの地域より速い速度で温暖化しているなら、北極圏のメタンガスに関するこのニュースはよりいっそう憂慮すべきものである。
  真理性要求：北極圏のメタンガスに関するニュースはよりいっそう憂慮すべきものである。

全体的なファラシー（「すべりやすい坂道のファラシー」および「構成のファラシー」）

  論拠：地球上のいくつかの地域において最近新たに発見された大気圏に流入する多くの温室効果ガスが地球温暖化に拍車をかけている。
  結論規則：世界のいくつかの地域において大気圏に漏れ出している多くの温室効果ガスが地球温暖化に拍車をかけているなら、私たちは世界全体の終わりが差し迫っているかを問わなければならない。
  真理性要求：私たちは世界全体（whole）の終わりが差し迫っているかを問わなければならない。

3．説明に役立つ例にもとづく論証

  結論規則：もしXが世界の多くの地域で起こる事例であれば、結果Eは大きい。
  論拠：Xは北極圏での事例である。Xはシベリアでの事例である。Xはまた世界の別の地域での事例でもある。
  要求：結果Eは大きい。

  結論規則：もし世界の多くの地域で温室効果ガスが海面に達し（reach）、大気圏へと漏れ出しているなら、温室効果ガスの影響は大きい。
  論拠：温室効果ガスが北極圏において大気圏に漏れ出している。温室効果ガ

> スはシベリアにおいて大気圏に漏れ出している。温室効果ガスは世界の他の地域において大気圏に漏れ出している。
> 要求：温室効果の影響は大きい。

　これを概観してみてわかることは何だろうか。もしDave Snelling記者が「権威に訴える論証」、「滑りやすい坂道のファラシー」、一般化した「構成のファラシー」という、3つのファラシーを避けていたなら、この記事は健全な論証構成を持っていたことであろう。

コンテクストの分析（コンテクスト分析）
　これまでのマクロ分析、ミクロ分析はいくつかの点で、ディスコースの断片のコンテクストに焦点を当てざるをえなかった。これは、とりわけ論証分析に関する間テクスト的、間ディスコース的な関係の分析に当てはまる事例だったからである。つまりマクロ分析、ミクロ分析、コンテクスト分析は相互に依存しているとみなすべきなのである。

　DHAの枠組みのなかでの系統だった論証分析は、たとえば気候変動についてといった同一ディスコースに属する一連のディスコースの断片における論証内容にも焦点を当てる。コンテクストに関する典型的なトポスとファラシーの分析は、ディスコースのマクロ・トピックに依存している。さまざまなディスコースにおける場およびコンテクストに関する論証スキーマを扱った文献は、おびただしく存在する（たとえば、Kienpointner1996; Kienpointner and Kindt 1997, Kindt 1992; Reeves 1983; Wengeler 2003）。本章では、すでにどこかで議論された数種のトポスに言及するが、私たちのデータに新しいトポスやファラシーが出現した場合は、それについても新しいトポスやファラシーを表す言葉を作りださなければならないだろう。

　オンライン記事に対する24の投稿をみると、気候変動に関するマス・メディアを介したディスコースに繰り返し採用された論証スキーマを見ることができる。ここでは、そのうちの2つに絞って述べることにする。

● 自然に訴える論証（argument from nature）（自然のトポスまたはファラシー）が、懐疑的な見方から頻繁に取り入れられている。気候変動には人為的操作があるとし、

地球温暖化がもたらす負の影響に反論するためである。自然には気温の上昇や下降が周期的に、あるいは繰り返し起こるという性質があるため、「私たち」は（それほど）心配する必要はないという。そのため「北極は過去に何度も解氷期を迎えていたが、それでも私たちは生きています。私は心配しすぎません」と書いたコメンテーターもいる。

● <u>無知に訴える論証</u>（argument from ignorance）（無知のトポスあるいはファラシー）は、議論されている問題への（科学的な）理解が欠如していることを強調するものである。この論証スキーマの特別バージョンが比較による論証とともにある懐疑的な投稿に取り入れられているが、それは以前から言われてきた予想や予言は正しくなかったことを強調している。すなわち「もう「世界の終わり」宣言にはうんざりだ！　我々は、前から超級の太陽嵐がこの世界に終わりをもたらすと聞かされてきた。科学者たちが、やれ、隕石が世界を壊滅させるだの、津波や、火山噴火だの何だのといって警告し、我々をひどく怖がらせてきた。<u>あげくにこの世界の終わりだという</u>」という投稿である。

徹底的なケース・スタディをするなら、問題になっているトピック（「気候変動」）においてどの論拠が重要であるかを調べるために、オンライン投稿の詳細分析の結果を利用し、受容研究を行うのがよいだろう（Angouri and Wodak 2014を参照）。本章の事例では、コメンテーターのなかには、この記事の終末論的な論調を受け入れている人もいる。とりわけ最も積極的に投稿した人は、6つの（非常に長いものもある）コメント（そのうちの一つはすでに削除され、ウェブサイトでは閲覧できない）をしている。彼らはいわゆる定められた運命を甘受しているようにもみえる。そのうちの二人は、迫りくる破局に立ち向かう最も良い方法は、「わざわざ無理をしている」なら、何が起ころうと気にしないことであるという、快楽主義的な結論に至っている。(たとえば、「できるだけたくさんのクレジット・カードを作るよ！　みんなが温室効果ガスの窯のなかで煮立てられて死んでしまうとしたら、返済（rapament［ママ］）なんか問題じゃなくなる！」「だから、人生を楽しめ、みんな。──どうせ科学者のやつらがおれたちみんなをお陀仏にしようとしているんだ!!」)。別の2人の投稿者はこれ以上に宿命論的で、人間同士が互いに何をやっているかを見ろ、人間は生きるに値しないと主張している。しかし、Snellingのテクストに

ある虚偽に満ちた論拠を少なくとも部分的にでも打ち崩そうとする声も数本ある。(1)（温暖化の）進行で世界の終わりが来ることはないが、「我々の文明」は恐ろしく後退するということを強調する、あるいは(2)「母なる自然は自ずと回復するので、自然はいつも勝利する。そして何百万年もかけて進化する」と強調する、あるいは(3)予想される否定的な結果はこの記事に書かれているほど急速には現れないと主張する、のいずれかである。一人の投稿者だけがはっきりと敗北主義的発言に反論している。それは「私はもう若返ることはないかもしれないが、やろうともしないで**何**ができるかなんて絶対わかりっこない。最も大事なことは決してあきらめてはいけないということだ」（付録参照のこと）。

　ページ数の制約のため、これ以上分析を続けることはできない。しかし、より大規模な研究調査をする場合の要点を示しておきたい。たとえば

- 間テクスト的、間ディスコース的関係、たとえば：
  - このテクストは、新聞の別刷版にみられる別のテクスト、および*Daily Star*紙における「地球温暖化」についての以前のテクストとどのように関連しているか。
  - このトピックに関して、他のどんなディスコースの断片が発表されているか。この記事に出てくる社会的行為者やコミュニケーション・プラットフォーム（Snelling Box、Ruppel、マザーボード（Motherboard）など）、あるいはオンライン・コメンテーター（少なくとも一人のコメンテーターは地球温暖化というトピックについて定期的に投稿しているようだ）によって発表されているか。
  - この新聞のオンライン版に掲載された別の人が書いた地球温暖化に関するテクストとこのテクストはどのような関連があるか。それらのテクストのうち、印刷版として刊行されたことがあるのはどれ（どの部分）で、刊行されなかったのはどれか。
- 新聞のタブロイド版（新聞のインターネット上にマルチモーダルに、あるいはマルチメディアの形で表される定期的、あるいは不定期的な連載記事）[12]
- タブロイド版のジャンルとその位置づけ（この分析から、このタブロイド版はいつも明確な政治問題には無関心で、取り上げないことがわかるだろう。

運命論的なトーンが支配的なのはおそらくそのためであると思われる）。
- 新聞の印刷版とオンライン版の発行部数。
- 英国における他の新聞と *Daily Star* 紙との関係。
- このテクストの執筆者（たとえば、同じ執筆者による地球温暖化を扱ったテクストは他にもあるか）。
- 一つのジャンルとしての投稿から導かれる結果（バーチャル・アイデンティティ、限られたスペースでの回答、相互作用的機能、節度のタイプ、投稿の階層構成のタイプなど）。Dorostkar and Preisinger（2012）を参照のこと。
- 英国内、EU内および世界的レベルにおける地球温暖化についてのディスコースの、より広い社会的、政治的、経済的、心理的、歴史的コンテクスト（NN 2013）。

しかし、ここでこのパイロット分析を中断しなければならない。要するに、Dave Snellingの論証はファラシーであるという結論になる。もっとも、もし権威に訴える論証（*argumentum ad verecundiam*）や滑りやすい坂道のファラシー、構成のファラシー（fallacy of composition）が健全な論拠に置き換えられたなら、ある程度健全な論証に簡単に変換することができるのである。

ステップ6：詳細なケース・スタディ

このステップは、マクロレベル、メソレベル（訳注：中間レベル）、ミクロレベルの言語分析、ならびにコンテクストのレベルについての詳細なケース・スタディからなっている。このステップを踏むと、検討中のディスコースの解釈が、社会的、歴史的、政治的コンテクスの範囲内でそれぞれ違った結果となることもありうるだろう[13]。

本章の事例では、このステップを踏めば、次の点に関する気候変動についてのディスコースの一般的記述ができるようになると思われる。

- 社会的行為者と政治的行動の場。
- コミュニケーションの障害と誤解。
- 政治的、思想的志向によって色づけされた矛盾する妥当性要求。

- 際立ったトピックとディスコース的特性。
- 歴史的変遷の諸側面。
- 間ディスコース的関係、とりわけほかのディスコースとの重なり（グローバリゼーション、移民、経済、自由／自由主義といったこと）。

　より拡大した全般的解釈をするなら、たとえば、気候変動と地球温暖化に関するマス・メディアを介した1つあるいは複数のディスコースが、2005年までのアメリカでみられたディスコースに類似しているかという疑問についても考察することになろう。当時のアメリカでは、企業のロビイングがしばしばメディア報道における「偏向としてのバランス」を導いたからである。つまり、地球温暖化には人為的影響があるというコンセンサスが広まりつつあったが、メディアにおいては適切に表現されなかったのである。逆に、メディア報道は、科学者たちはこの問題に関して意見が一致していないと言おうとしていたようであった[14]。

　拡大した全般的解釈をしようとするなら、さらに進んで、気候変動に関するさまざまなディスコースについてのヴァインガルト（Weingart et al. 2008）やフィーヘーファー（Viehöver 2003/2010）の研究に言及することもできよう。フィーヘーファーは、この包括的なケーススタディを基に、地球規模の気候変動についての6つの「問題ナラティブ（problem narrative）」と、その定義、原因、（道徳的な）結果および起こりうる反応とを区別している。フィーヘーファーによれば、これらの「ナラティブ」は、その時々において、重要性が異なるという。つまり、現在普及している「ナラティブ」は、「地球温暖化物語（global warming story）」であるようだという。この「ナラティブ」と競い合う「物語（story）」は、かつて「地球冷却物語（the global cooking story）」や「気候的に最良の楽園物語（the story of a climate paradise）」あるいは、「周期的黒点の物語（the story of cyclical sunspots）」「科学フィクションやメディアフィクションとしての気候変動の物語（the story of climate change as scientific and media fiction）」そして「核の冬物語（the story of nuclear winter）」であったし、今もそうであるという（Viehöver 2003/2010を参照）。

ステップ7：批判の定式化

　私たちの「批判」は、民主主義的規範や人権、社会的に不利な立場に置かれた

集団への共感の原則、そして合理的論証の基準といった倫理的原則に基づいている（Reisigl 2014）。それは表象（とりわけメディア報道）における意図的なバイアスや、ディスコースと権力構造の間の、矛盾に満ちた操作的な関係を指している。

理論的な意味では、批判は「集団」学習と意志決定が問題となっている公共の政治的ディスコースの「質」を評価する分析のパラメーターを提供する。実証的分析とディスコース的／討議民主主義の理論に基づいて行う分析のパラメーターである。

実践的な意味では、批判は、地球温暖化について流布しているディスコースに影響を与え、関わっている社会的行為者の、この問題と虚偽に満ちた論証スキーマについての意識を高めることができると期待する。

ステップ8：詳細分析の結果の応用

分析結果の応用は批判の定式化に基づく。応用とは、結果を学術論文として出版することだけに終わってはならない。さらに、私たちがえた識見は「一般大衆」が手に入れやすいようにするべきである（たとえば、提案書、新聞の書評欄、トレーニング・セミナー、ラジオ放送あるいは政治指導などを通して）。このような知識の「移動」は、理論、方法論、方法（method）および経験的結果を他のジャンルやコミュニケーション実践へと再文脈化することを要求している。これは、大学教員にとって当然、手慣れた方法で論文を書くときには用いられない手腕を発揮する絶好の場となるタスクである。

まとめ

ディスコースの歴史的アプローチの強みには以下の点がある。

- 学際的志向。一定の分野内の制約を避けることができる。
- 三角法の原則。研究対象に対する万華鏡に似たアプローチであるという意味でもあり、調査中の対象のいろいろな局面を把握することが可能になる。
- その歴史的分析。ディスコースの変化についての通時的再構成と解説に焦点を当てることができる。

・<u>実践的応用</u>：解放という目的、および民主的な目的のために研究結果を実践に応用する。

　DHAには、他のあらゆる学際的、多分野的な研究と同様、理論的に両立しえないアプローチを混用することは避けるべきである。これは主要な理論的課題の一つにも当てはまる警告である。さらに、（この章で議論した現象のような）多くの複合した社会現象も、将来、より系統立てて詳細に研究する必要がある。

もっと知りたい人のための文献案内

Reisigl, M. (2014) Argumentation analysis and the Discourse—Historical Approach: A methodological framework. In: C. Hart and P. Cap (eds), *Contemporary Critical Discourse Studies*. London: Bloomsbury. pp. 67–96.

Reisigl, M. and Wodak, R. (2001) *Discourse and Discrimination: Rhetorics of Racism and Antisemitism*. London: Routledge.

Wodak, R. (2011) *The Discourse of Politics in Action: Politics as Usual*, 2nd rev. edn. Basingstoke: Palgrave.

Wodak, R. (2014) Political discourse analysis—distinguishing frontstage and backstage contexts: A discourse—historical approach. In: J. Flowerdew (ed.), *Discourse in Context*. London: Bloomsbury. pp. 522–49.

Wodak, R. (2015) *The Politics of Fear: What Right—wing Populist Discourses Mean*. London: Sage.

Wodak, R., De Cillia, R., Reisigl, M. and Liebhart, K. (1999/2009) *The Discursive Construction of National Identity*. Edinburgh: Edinburgh University Press.

課題

1. 「緊縮経済についてのディスコース」を調査するパイロット研究を計画しなさい。重要新聞の社説をいくつか選び、さまざまな論拠（トポスやファラシー）、および記事を特徴づける基調となっているイデオロギーを詳細に分析しなさい。

2. あなたの国における安全保障や移民の問題に焦点を当てた最近の議会での討論を選びなさい。移民に関する賛成反対のさまざまな論拠を分析し、また、それらが声明や演説、反論や論戦のなかに表れている多様な方法を分析しなさい。こうした論拠（内容に関連するトポス）はさまざまな政党や

論者とどのような関係にあるのだろうか。それぞれのディベートを特徴づける最近の社会政治的コンテクストを調査しなさい。

3. テレビのゴールデンタイムに放送される重要な政治家への最近のインタビューを選び、質疑応答の流れを分析しなさい。どのようなディスコース・ストラテジーが認められるだろうか。さまざまな「非難と非難回避」のストラテジーが見つかるだろうか。インタビューする人とされる人は主にどのような論拠を出していくか。インタビューをそれぞれの政治的論点やディスコースと関連づけなさい。

付録：24本の投稿

1	コメンテーター1 人間が皆死んでしまうのを見たいもんだ。地球に生きる価値なんかないんだから。考えてもみろよ、我々が地球をどう扱っているか、互いに何やってるかを。 <u>1に対するリプ（返信）3通あり。</u>
2	コメンテーター2（1に対するリプ1） ということは、基本的にあなたも自分が死ぬのをみたいと言っていることになりますが。
3	コメンテーター3（1に対するリプ2） コメンテーター11［著者によって匿名化］ あなたが言うように人間は地球には相応しくないかもしれないけれど、私たちはこの惑星でしか生きてゆけないのだよ。もし大災害に見舞われたら、私たちはみんないわば運命共同体だから、私だけじっと身を潜めているつもりはないよ!! もう若返ることはないかもしれないが、やろうともしないで**何**ができるかなんて絶対わかりっこない——最も大事なことは決してあきらめてはいけないということだ）
4	コメンテーター4（3に対するリプ3） 勝手なこというな。俺は、幻想の宗教をめぐって同胞を殺すような輩とは違うんだ。あの誰とは言えないが、あの人たちとは違ってね。(訳注：原文では一人称Iは小文字iで書かれている)
5	コメンテーター3 もう「世界の終わり」宣言にはうんざりだ！ 我々は、前から超級の太陽嵐がこの世界に終りをもたらすと聞かされてきた。科学者たちが、やれ、隕石が世界を壊滅させるだの、津波や、火山噴火のなんだのといって警告し、我々をひどく怖がらせてきた。あげくにこの世界の終わりだという。<u>我々はどうすればいいのだ。恐怖に縮こまって、自分たちではどうすることもできないことを心配して過ごすのか。</u> もし終末が来るのなら、来るだろう——これから起こることを防ぐ<u>手立ては何一つない</u>のだ。だから人生を楽しめ、みんな。——どうせ科学者のやつらが我々みんなをお陀仏にしようとしているんだ!! <u>5に対するリプ1通</u>
6	コメンテーター5（5に対するリプ1） そんなことはない——太陽嵐が起きても電子システムの大半を破壊してしまうだけだ。でもそれだけでなく、我々の文明は大きく後退し、恐らく何十億という人が死ぬだろう。コンピュータと電話なしでは世界の農業経済を立ち行かせるのは難しいだろうから。しかし、人類が皆死んでしまうわけではないだろうし、やがて社会も復活するだろうとは思う。また、もちろん、いつなんどき隕石が衝突するかわからない——実はこれは仮定の話ではなく、「何時起こるか」の問題なのだが。5000万年たっても起こらないかもしれないし、1世紀以内のことかもしれない。誰にもわからない。あなたにもきっとわからないだろう。——それだけははっきりしている。 しかしメタンハイドレート（訳注：原文はmethane cathrateとなっているが、methane clathrateのミススペル）に関しては——私たちにはまさに選択の自由が<u>ある</u>のだ。人間らしくできるだけ速やかに、無炭素エネルギー源へと転換することができるのだ。気候に何が起こっているかが初めて明らかになってきた40年前に、すでに始めるべきであったことだ。実際、Svante Arrheniusが二酸化炭素の増加が地球温暖化を招くだろうということを初めて示したはるか昔の1896年に遡って考えておかなければならなかったことなのだ。 だから、特にこの脅威には確実に対処できるのだ。人類に生き残ってほしいと考える以上に化石燃料を使いたいと思うかどうかは私たち次第だ。といって私は別にどちらでもよいのだが。(原文中のミススペル wan't = want)

7	コメンテーター6 母なる自然は自ずと回復するので、自然がいつも勝利するという話を信じるよ。 そして何百万年もかけて進化するが、人間は恐竜と一緒に今の姿で存在するのを見ることはないだろう。（訳注：原文中のミススペル　I be-lieve＝I believe、it self＝itself）
8	コメンテーター7 ［このコメントはウェブ上で常に閲覧できるわけではなかった。著者］ 政治家たちは二酸化炭素ほぼゼロ計画を検討しようとさえしない。温暖化を防ぐことができるのに。その種のものの一番手は自己資金で年あたり10億自家発電するというものだった。次のサイトで閲覧可能。＊http://www.kadir-buxton.com/page2.htm
9	おれたちはみな死ぬんだ　隊長。だが、パニックになるな、パニックになるな、パニックになるなワッハッハ。（訳注：原文では文の切れ目のカンマが欠落） 9に対するリピ2通あり
10	コメンテーター3（9に対するリプ1） おはよう——笑ってしまうよ、ワッハッハ。
11	コメンテーター5（9に対するリプ2） うん、私たちはみな死ぬんだ。うーん、人類のだいたい90％ぐらいはどっちみね。メタン漏出によってとめどない温室効果が起こるか、また、だいたい今のレベルの横ばいが続くかによるよ。率直にいって、まったくわからない。もし今のレベルが続かなかったら、——そう——私たちはみな死んでいくんだ。幸いなことにほとんど皆あまりにも知らなすぎて、これに気づきさえしていないよ。世界の壊滅を目にするようになるには、あと30年はいると見積もるね。——でもそれでもまた——誰にもわからないんだ。（訳注：原文中のミススペル　ot＝out）
12	コメンテーター9 できるだけたくさんのクレジットカードを作るよ！　みんな温室効果ガスの窯の中で煮たてられて死んでしまうとしたら、返済なんか問題じゃなくなる。（訳注：原文中のミススペル　Im＝I'm、repament＝repayment、wont＝won't） 12に対するリプ2通あり。
13	コメンテーター3（12に対するリプ1） Ron007　——カードは溶けないのか。
14	コメンテーター5（12に対するリプ2） 世界の広い範囲で人が住めなくなるには、少なくともあと20年かそれ以上はかかるだろうし、人類のほとんどが死に絶えるには少なくとも1世紀はかかるだろう。だから私は急いでクレジットカードを作るつもりはない。
15	コメンテーター10 これは起こりうることだろう、というのは人間がこの世界に対してやったことなんだから。人間同士がどんなことをやっているか見ろ、人間は生きるに値しないんだ——だからもし自然が人間を支配するようになったら、みんなうまくいって人間は生きるに値するようになる。そうなると、人間はまた聞く耳を持たなくなって、自分たちのやり方を変えないだろう。
16	コメンテーター11 いいよ、そしたらもうこんな環境税なんか払い続ける必要もなくなる。楽しめなくなる前に全部返してくれ。 （16に対するリプ1通あり）
17	コメンテーター5（16に対するリプ1） 個人的には、化石燃料業界を助成するための年間5200億ドルのうちのいくらかでももらいたいよ。でも私だけがね。

		ところで、炭素税は財政的にはいいとも悪いとも言えない。オイルマネーの億万長者でない限り、炭素税の図式のもとでは本当なら払い戻しが受けられるはずだ。これが肝心な点である。――しかしもちろん、炭素関連の企業はそのことを知られたくないと思っているのだ。(訳注：原文中のミススペル。例 personaly = personally, fiscaly = fiscally,)
18	コメンテーター12	それでも、少なくともそれ（地球壊滅）はあんな人食い蜘蛛だとか、ネズミ、人食い蜂や、嫌な病気なんかも滅ぼしてくれるだろう…といってまあ、そんなことも起こらないだろうけど。
19	コメンテーター13	[このコメントは常に閲覧できるわけではなかった。著者] もしこれが真実で裏付けがあるなら、この記事は大見出し付きで第一面に載っているだろう。しかし、これは鳴り物入りで人の気を引くための典型的な *Daily Star* の記事だ… この主張を支持する信頼できる科学的証拠はない。
20	コメンテーター14	これについて本当に悲しいのは、Box博士が、終末が近づいていると本気で信じていることです。ああ、北極圏は過去に幾度となく解氷期を迎えていたが、それでも今、私たちは生きています。ですから、個人的にはそこまで心配することはないでしょう。
		気候変動のせいで無常の世から解放されるより、シャワーで滑って転んで死ぬという可能性のほうが高いんじゃないでしょうか。 20に対するリプ1通あり
21	コメンテーター5（20に対するリプ）	[このコメントは削除されている。著者] いや、――Bos博士が実際に言ったことは――それは注意してみたら、ちゃんと目の前にはっきりと書かれているだろう――「たとえメタンのごく一部でも漏れ出したら、私たちはもう＊＊＊＊＊だ」ということだ。 そしてこれは絶対に本当のことなんだ。おっしゃる通り、信じられないことだ。しかし、シベリアのはるか北方の海の温度が上昇し、シベリアの北方の海は何十年にもわたって徐々に温度上昇を続けているように、この瞬間にもメタンは漏れ出し続けているんだ。だから近いうちに突然この流れをひっくり返すなどということはおおよそあり得ないのだ。 実際、北半球の海面は今では、すでに暖かかった1980年から2000年（訳注：原文では200年になっている）の平均気温（訳注：原文では平均気温 the average の前の the が2度繰り返されている）を1.47度も上回る新記録であり、スカンジナビアより北方の海はその平均より3度高くなっている。そして上昇し続けている。もちろん北極が解氷期だった最後は12万年前であり、そのころは主に海抜20フィート（訳注：約6m）以下の土地に住む何十億という人間による地球規模の文明は存在していなかったのだ。だから、――そこに大きな違いがあるんだ。可能性に関するあなたの推測は全く的外れだと思う。この10年に限ってもヨーロッパ人とロシア人だけで10万人以上が、気候変動の結果として死んでいる。主に2003年と2010年の間に起こった熱波で死んでいるんだ。きっとあなたは、その事実に対する反応として「あらららら、よく聞こえないんですけど」と叫ぶのだろうが、それでも事実は変わらない。物理学の法則は、あなたが誰に投票するかとか、あなたが考え信じていることなんか関係ない。 二酸化炭素のレベルは上がっている――地球の気温は上昇している。 いつもそうだったし、これからもそうなっていくだろう。 何十億という人々が死んでいくことを重大なことと考えようが考えまいが――物理学の法則では人がどう思うかなどどうでもよいのだ。(訳注：原文中のミススペル dont = don't)

22	コメンテーター5
	いや――それは「世界に終わりをもたらす」のではなくて、文明の象徴のほとんどを破壊するだろう。実際、かなり明白なことだ。
	我々の文明は、過去7000年の比較的安定した気候のもとでの農業技術の進歩によって築き上げられたが、それに数千年を要したのである。
	もし地球が今世紀の終わりまでに3度以上の気温上昇をみるなら、今の農業システムでは約十億人しか養えなくなるだろう。
	そのときには私はこの世にはいないだろうからまったく気にしていない、でも私たちの子孫が（もし生きていたなら）何十億という人の死や、農業社会の崩壊を目撃するだろう。たぶん、あなたにとってはそれほど大事なことではないかもしれないが、あなたの子孫にとっては重大なことだろう。間違いなく――このメタンガスの漏出はおそらく今日のこの惑星での最も重要なニュースであろう。もしこうしたことが続くなら――それを防ぐメカニズムは思いつかないのだが――彼の言うことは全く正しいことになる――私たちは＊＊＊＊＊！
23	コメンテーター15
	私が住んでいるところは、氷河期には氷山（iceberg）でいっぱいだった。今は！！！！Goldgerg, Bloomberg, Mossberg, Sternbergなどでいっぱいだ！！！！！！
	（訳注：Goldgergはミススペル。Goldbergはプロレス選手、Bloombergは金融情報を発信する情報企業、Mossberg'sはモスバーガー、Sternbergは映画監督。すべて氷山のスペルと同じbergがついている）
24	コメンテーター16
	知ったことか！！

注

1 Horkheimer and Adorno (1991 [1969; 1974]); Habermas (1996) を参照のこと。
2 さらに進んだ論考を見るにはReisigl and Wodak (2001: 32–5), Reisigl (2003: 78–82), Reisigl (2011: 483–7) を参照のこと。
3 8つの分野のうち、態度、意見および意志を区別する。この区別は情緒的、認識的、意志的な側面での相違を強調する。
4 DHAの発展に刺激を与えた最初の批判的研究は、オーストリアにおける戦後ユダヤ人排斥主義に関するプロジェクトであった（Wodak et al. 1990）。
5 ストラテジーの多くはReisigl and Wodak (2001) で説明されている。この章では、主に指名ストラテジー、叙述ストラテジー、論証ストラテジーを重視する。
6 Forchtner and Tominc (2012), Boukala (2013), Reisigl (2014) and Wodak (2014, 2015b) も参照のこと。
7 「妥当性要求（validity claims）」という概念はすでにHabermas (1972: 137–49) において議論されている。彼は妥当性要求の4つのタイプを紹介している。それらは、真理性要求（the claim of truth）、規範的正当性要求（the claim of normative rightness）、誠実性要求（the claim of sincerity）、および理解可能性要求（the claim of understandability）である。
8 IPCC (2013: 13–19) を参照のこと。またRahmstorf and Schellnhuber (2012) とLatif (2012) も参照のこと。

9 「代表性（representativity）」という問題は扱いにくいものである。一般的には、データ全体の構造（社会科学においては範囲を定めることなどできそうにない）を反映しているランダム・サンプルの能力を指す。ディスコース研究の多くはこのような「代表性」の統計的基準には依存していない。むしろ、ある程度明確に定義されたコーパスの範囲内での「典型的ケース」という意味での「代表的データ」を指す。結局のところ、「代表性」という概念は明快な方法で運用できるものではない。したがってディスコースについての経験的研究の多くにとって重要性は少ないと言えよう。本章のケーススタディにおけるデータは代表的なものではない。
10 たとえばBoykoff (2011), Carvalho (2005, 2008), Carvalho and Burgess (2005) を参照のこと。
11 「ディスコースのトピック」という概念についてはvan Dijk (1980: 44ff.) を参照のこと。
12 気候変動についてのディスコースにおける視覚的、マルチモーダルな論証は批判的ディスコース分析においてますます重要になっている。たとえば、Sedlaczek (2012, 2014) を参照のこと。
13 このような総合的研究としては、たとえばMuntigl et al. (2000), Reisigl and Wodak (2001) およびWodak et al. (2009) を参照のこと。
14 Boykoff (2011), Boykoff and Boykoff (2004), Oreskes (2004) およびOreskes and Conway (2010) を参照のこと。

第3章
批判的談話研究
社会認知的アプローチ

テウン・A・ヴァン・デイク

(嶋津 百代／訳)

キーワード

談話、批判的談話研究、社会認知的アプローチ、認知、メンタルモデル、イデオロギー、知識、コンテクスト、人種差別主義、人種差別反対主義、ブラジル

用語と定義

　本章では、批判的談話研究（Critical Discourse Studies、以下、CDS）における社会認知的アプローチを紹介する。CDSは、伝統的にCDAと呼ばれてきた、批判的談話分析（Critical Discourse Analysis、以下、CDA）のことであるが、私はCDAという用語の使用を避けている。なぜなら、CDAという用語は、人文科学や社会科学のさまざまな方法を用いて行われる談話研究（Discourse Studies、以下、DS）分野での批判的な視点や態度ではなく、談話分析の1つの方法であるかのように取られうるからである。

　CDSの批判的アプローチの特徴は、その方法論よりもむしろ、その研究者にある。CDSの研究者、そしてかれらが行っている研究は、社会政治的に見ると、もっぱら社会的平等性と公平性に関心を寄せている。とくに、権力の乱用が談話で（再）生産されることや、そのような支配に対する抵抗に関心がある。かれらの目標、理論、方法論やデータ、その他の学術的な実践は、そのような抵抗に対して学問的に貢献するために選択されるものである。CDSは、学問志向型というより問題志向型の研究であり、学際的なアプローチが必要とされる。

　談話の批判的アプローチは、倫理的価値観を前提としている。批判的アプローチの研究では、人権や社会的権利を侵しているという理由などで、ある形式の支配的なテクストやトークが不当で不正なものであると結論づけることもある。たとえば、性差別主義者や人種差別主義者の談話が、ジェンダーや民族の平等性や公平性に関する基本的な規範や価値観を軽視していることが明らかにされる場合もある。

談話−認知−社会の三角形

　批判的談話研究のより広範囲な枠組みで見れば、私の行っている談話の社会認知的アプローチの特色は、談話−認知−社会の三角形であると言える。

　CDSのアプローチはすべて談話と社会の関係を研究するものであるが、社会認知的アプローチは、談話と社会の関係が認知的に媒介されていることを主張する

ものである。談話構造や社会構造はそれぞれ異なる性質を持っており、個人として、また、社会の成員としての言語使用者の心象を通して関連しているにすぎない。

このように、社会的相互行為、社会状況や社会構造は、そうした社会環境に関する人々の解釈を通してテクストやトークに影響を与えているだけなのである。そして逆に言えば、談話が社会的相互行為や社会構造に影響を与えることができるのは、同様にメンタルモデル、知識、態度やイデオロギーなどに関する認知的インターフェイスを通してのみである。

ほとんどの心理学者にとって、そのような認知的媒介は基本であると同時に、自明のことである。しかしながら、談話の相互行為的なアプローチの多くは、何十年も前に行動主義がそうであったように、今日、いまだに、反認知主義的な傾向にある。そして、かれらの分析対象は、直接「観察可能な」もの、あるいは社会的に「利用可能な」ものと考えられている事象に限定されている。そのような経験主義的な制限をかけることによって、文法構造やその他の談話構造、とくに意味論的、語用論的、相互行為的な構造というものは決して観察できるものではなく、言語使用者の認知的表象、あるいは実際に生じた談話や行為からの推論であるということが見落とされてしまう。現に、言語使用者は単に行動する（コミュニケーションする、話す、書く、聴く、読む、など）だけでなく、行動するときに考えているわけである。

人種差別主義の談話についての三角形に基づいた社会認知的説明

三角形に基づいた社会認知的アプローチの有用性を、人種差別主義的談話の研究を例に示してみたい。まず、その理論の談話の構成要素は、人種差別的なテクストやトークの多くの構造に関わっている。「わたしたち」対「かれら」というイデオロギーの二極化を表す構造は多数あるが、たとえば、特定のトピック、少数民族や移民についての否定的な記述、否認、語彙やその他の文法的構造、トポス、論証もしくはメタファーといった、人種差別主義的なテクストやトークの構造である。第二に、そのような談話構造は、潜在的に、社会で共有されている民族の偏見や人種差別主義的イデオロギー、それらが言語使用者個人のメンタルモデルに影響を与える様子といった観点から解釈され説明されている。第三に、そのような談話やその基層にある認知は、社会的かつ政治的に、白人の支配集団が少数民族や移民に対して行う民族的支配と不平等の

> （再）生産において機能する。その談話やその基層になる認知は、権力を持つ象徴的なエリート層や組織によってコントロールされている。たとえば、公的な談話に特権的にアクセスできるような政治やマスメディアや教育にかかわるエリートや組織である。理論や分析のこれらの構成要素はそれぞれ、社会に見られる人種差別主義の談話について説明するのに必要である。以下では、人種差別主義と人種差別反対主義の研究に、同じような三角形のアプローチが必要であることを示す。

事例：2014年の欧州議会選挙における人種差別主義的プロパガンダ

　2014年の欧州議会（EP）の選挙では多くの政党、極右政党でないものまでが、選挙に勝つために、多少あからさまに人種差別的で外国人排斥的なプロパガンダに携わった。英国では、連合王国独立党（UKIP）が、たとえば、図3.1にあるような選挙広告を用いた。

　この選挙広告を批判的かつ社会認知的に分析するとすれば、まず最初に、その**談話記号的な構造**を分析することになる。たとえば、数字（2600万人の人々）の戦略的な使用や、修辞疑問（かれらはだれの仕事をねらっているのか？）、命令や提案（取り戻せ、投票せよ）、所有代名詞の使用（わたしたちの国）などがあり、また、一方で読者を指差した画像、そして、異なる色が用いられた部分がある。そうした談話記号的な分析は、このプロパガンダの暗示的かつ含意的な意味を研究することでもある。つまり、ヨーロッパ（英国にとっては、欧州大陸を意味する）の失業者が英国での仕事を当てにしているということを意味し、英国の選挙広告を見ているあなたを指差すことによって記号的にその含意が表現されているということになる。同様に、わたしたちの国は、コンテクストを考えると、英国を指しており、取り戻せという言葉は「わたしたち」が「わたしたちの」国をコントロールできなくなったということを前提としているのである。

　選挙広告についてのこのような簡単な談話分析であっても、このメッセージを正確に解釈しようとすると、さまざまな**認知構造**が必要となる。たとえば、共有された社会文化的知識がないと、メッセージは意味を持たない。例を挙げると、英国における現在の失業状態や、（ほとんど）東ヨーロッパからの移民労働者が数多く到

図3.1　2014年の欧州議会選挙でUKIPが用いた選挙広告

着していることについての知識であり、同様に、移民に関する継続中の論争や、このような移民は手に負えないという右派の主張などに関する知識である。この選挙広告はまた、UKIPの外国人排斥の<u>態度</u>を表現している。つまり、多くの規範や価値観があるなかで、英国人労働者は外国人労働者より優先されるべきであるという主張を行っているのである。このような態度は、より基本的な人種差別的<u>イデオロギー</u>に基づいている。それは、内集団と外集団を対立させ、(民族的)内集団の優位性と優越性を高めているものであり、他の多くの社会的政治的領域においても見られるものである。そして、移民や少数民族を犯罪と関連づけるといった、多くの外国人排斥的あるいは人種差別的態度において明らかにされるイデオロギーなのである。

　最後に、これらの談話認知的な構造がそのように機能するのは、UKIPと選挙広告を目にする人々、とくに<u>わたしたちの</u>(<u>国</u>)という直示表現で呼びかけられている(白人)英国国民との間のコミュニケーションの**相互行為**においてである。その相互行為は、参加者のコンテクストモデル(以下参照)に基づいているが、コンテクストモデルは場面背景(時間：選挙日によって表現―<u>5月22日</u>；場所：<u>わたしたちの国</u>によって表現)、参加者(かつその人たちのアイデンティティ：UKIP、英国国民)、行動(選挙宣伝と<u>取り戻せ</u>という命令)、そして、目的(UKIPのために票を集めること)を特徴づけている。選挙看板を見ている英国の人々のコンテクストモデルはまた、怒りや怖れのような感情を特徴づけてもいる。このようなUKIPの宣伝活動は、**社会的かつ政治的なマクロ構造**のレベルでは、一方で、政治システムの一部である政党としての組織化されたコミュニケーション行為(プロパガンダ)の形態の一つであり、国(イギリス)、国々の組織(欧州連合)、そしてその機関(欧

州議会）の一部としてのコミュニケーション行為の形態の一つでもある。他方、たとえば恐怖政治という観点においては、英国やヨーロッパにおける白人支配による人種差別主義の形態の一つなのである。

（<u>社会認知的な批判的談話分析のやり方</u>についてまとめた）このような非常に簡単な分析の後は、より詳しく談話の社会認知的分析の3つの異なる側面を検討していこう。

認知的構成要素

一般的にはその重要性があまり認識されておらず、それはCDS研究においてもそうであるが、談話の社会認知的アプローチの認知的構成要素に、とくに注目してみよう。こうした構成要素は心理や記憶、とりわけ談話の生産と理解にかかわる認知過程や表象に対応している。

認知構造

記憶：記憶は、脳の働きによるもので、通常、作業記憶（WM）——短期記憶（STM）とも呼ばれる——と、長期記憶（LTM）に分けられる。長期記憶（LTM）には、主としてエピソード記憶（EM）に貯蔵されている自伝的な経験や知識の記憶、および意味記憶（SM）のなかにある、より一般的で、社会で共有されている知識や態度やイデオロギーが含まれている。

メンタルモデル：わたしたち個人の経験は、作業記憶において処理されると、主観的で独自性のある、<u>各個人のメンタルモデル</u>として表されて、エピソード記憶に貯えられる。こうしたメンタルモデルは、時間的、空間的な場面背景、参加者（および、そのアイデンティティ、役割、関係）、行動／事象、目標といった、標準的なヒエラルキー構造を持つ。そのようなカテゴリーはまた、そうした経験を描写する文の意味構造のなかに現れる。メンタルモデルはマルチモーダルで、かつ具現化されたものである。メンタルモデルの特徴となるのは、経験のそれぞれが脳のさまざまな部位で処理された、視覚的、聴覚的、感覚運動的、評価的、感情的情報である。

社会的認知：メンタルモデルが個人的で独自性がある一方、人にはまた、さまざまな形態の社会的に共有している認知がある。それゆえ、わたしたちは皆、世界に関して、一般的かつ抽象的な<u>知識</u>を持っており、同じ認識コミュニティ（epistemic community）の成員とそれらを共有している。そして、特定の社会集団の成員として、わたしたちはまた、**態度**（たとえば、妊娠中絶、移民、死刑に関するもの）、あるいは、より基本的な**イデオロギー**も共有している。たとえば、人種差別主義、性差別主義、軍国主義あるいは新自由主義などのイデオロギー、またはその反対の、人種差別反対主義、フェミニズム、社会主義、平和主義、環境保護主義などのイデオロギーである。わたしたちの個人的経験は、このようなさまざまな形態の社会的認知に基づいて解釈される、つまりは、メンタルモデルとして解され、表象される。そのようなわけで、独自で個人的なメンタルモデルが、同じコミュニティや集団の他の成員のメンタルモデルと多少なりとも類似しているのはありうることである。人の認知のこうした重要な特色によって、人との協力や、相互行為やコミュニケーションが可能になり、それゆえに談話もしかり、なのである。

談話処理

　談話は、このような認知構造に基づいて、戦略的に生産され、理解される。談話の単語、句、節、文、段落、ターンなどは、順次、作業記憶（WM）において処理され、長期記憶（LTM）にあるメンタルモデル、知識（そして、しばしばイデオロギー）によって表象され、コントロールされる。

　談話処理におけるメンタルモデルを2種類に区別しておきたい：

a. **状況モデル**は、談話が<u>必要とし</u>、注意を向けている状況を表象する。それゆえ、**意味論的モデル**とも呼ばれる。上で述べたように、UKIPのポスターは、来たるべき欧州議会選挙に関するものである。こうした状況モデルは、談話の個人的な意味や解釈を説明し、その価値や意義、（ローカルかつグローバルな）一貫性を明らかにする。メンタルモデルというものは、談話に明示的に表現されている意味よりも、より複雑で完璧なものである。なぜなら、言語使用者は共有

知識を用いて、状況モデルが関連する側面を察することができるからである。
b. **コンテクストモデル**とは、言語使用者が継続して携わっているところの、ダイナミックに変化するコミュニケーションの状況や経験を現在進行形で表すものである。メンタルモデルがすべてそうであるように、コンテクストモデルも主観的なものである。ゆえに、コンテクストモデルは参加者各々がコミュニケーションの状況をいかに理解し表現しているかを表象する。そして、コミュニケーションの状況という点から談話の適切性を規定するがゆえに、**語用論的モデル**と呼ばれることもある。コンテクストモデルは、状況モデル（たとえば個人的経験）についてのどのような情報が適切に語られうるか、あるいは語られるべきかをコントロールするだけでなく、とくにどのように語られるべきかをもコントロールする。事実、同一の経験（したがって同一のメンタルモデル）、たとえば、不法侵入などについて話すとき、友人と警官とでは違った方法（あるいはスタイル）で説明するのである。

　これまでプロパガンダの選挙広告の参加者（UKIP、英国国民）が持つであろうコンテクストモデルにはどのようなパラメーター（場面背景など）があるかについて見てきた。同時に、このようなコンテクストモデルは、政治選挙向けプロパガンダの形態の一つとしての看板というジャンルを明確にしているのである。談話の参加者が持つコンテクストモデルのこれらのパラメーターは、このコミュニケーション状況の場面背景、参加者、行為、目的に言及している指標的表現（UKIPのテクストにおけるわたしたちの国、5月22日、UKIPに投票を）や発話行為（命令やアドバイス：投票を！）の分析によって、また、そのような政治的プロパガンダが働いている、関連性ある社会政治的構造（選挙など）の分析によって、立証できるのである。

　これが、テクストやトークの理解が戦略的なプロセスをともなう理由である。文や談話の単位は、エピソード記憶に内在する状況モデルに関連する意味構造という観点から、作業記憶において逐次的に分析され解釈されるというプロセスである。逆に言えば、個人の経験についての談話の生産は状況モデルで始まるが、語用論的に関連した状況モデルの情報は、談話の意味構造を作るため、コンテクストモデルのコントロールのもとで選択される。コンテクストモデルはさらに、そのような意

味がどの程度適切に、また、どのような談話のジャンル（会話、メール、講義、ニュース報道や警察調書）において組み立てられるかをコントロールするのである。

知識

　すべての認知、すなわち、すべての思考や知覚、理解、行為、相互行為、談話の基盤は、わたしたちが生きている間に蓄積され、また、認識コミュニティの成員によって共有されてきた知識体系である。知識体系の正確な全体的な組織はいまだわかっていないが、おそらく階層的に分けられる諸概念のカテゴリーや異なる種類のスキーマによって、局所的に組織化されていると推測できる。具体的に言えば、それらは日常のエピソードのスクリプト、物や個人や集団のスキーマ、その他にも多くのものがあると思われる。そして、知識は、信頼できる知覚、談話、推論というように、それぞれのコミュニティの（歴史的に発展してきた）認識基準を満たす信念として定義されるのである。

　社会的に共有される一般的知識とは、個人的経験や知覚、出来事や状況などの解釈を表象する個人的なメンタルモデルが構築される際に「事例を挙げて証明される（応用される）」ものである。共有知識は、部分的にメンタルモデルを一般化したり、抽象化することによって、獲得されたり拡大されたりする。具体的には、経験（物語やニュース）についての談話、あるいは親子間の談話、教科書やマスメディアでの談話といった共有知識が直接的に表現される教育的で説明的な談話によって一般化されたり抽象化されたりするのである。

　知識と談話の関係は、双方にとって重要である。つまり、経験に基づかない知識のほとんどは談話から得られるのであり、また、談話を作り出したり理解したりするためには、社会で共有される知識が大量に必要となるからである。多くの談話構造は、認識という点から記述や説明を必要とする。たとえば、主題に焦点を当てる文の構成、（不）定冠詞、（わたしたちの知識の源泉を示す）証拠となるもの、ほのめかし、含意、前提、論証など、その他多くのものがある。

　参加者の知識は、相互行為でのトークの場合だけでなく、あらゆる談話処理にとって必須であることから、知識を用いることはコミュニケーション状況の一部と言える。したがって、コンテクストモデルには特定の知識装置（K-device）が備わって

おり、どの知識が受け手によって（すでに）共有されているか、それゆえ前提とされる共通基盤は何であるか、また、どの知識あるいは情報が新しい（と思われる）か、それゆえ強く主張される必要があるかを談話処理の一瞬一瞬に「算定する」。このような知識装置は、上で述べたような、認識に関連する膨大な談話の構造をコントロールしているのである。

　とくにCDSに関連するのは、知識が権力の供給源となっていることである。社会には、専門知識に特権的にアクセスできる集団や組織がある。それゆえかれらは、公的なディスコースとその結果としての他者の行動を操作、もしくは、コントロールすることも可能なのである。ここからわかるように、先に分析した選挙広告では、UKIPはEUにおける失業率の統計に関する知識を利用して、たとえば、この何百万人という失業者がすべて英国に来て仕事を得たいと思っているかのようにほのめかすことによって、英国国民を操作しているのである。

態度とイデオロギー

　社会的知識というものが、認識コミュニティあるいは文化の成員のすべて、あるいはそのほとんどが共有している信念として定義できる一方で、特定の集団によってのみ共有されている社会的な（しばしば評価的な）信念もある。すなわち、態度とイデオロギーである。上で述べたように、妊娠中絶や移民が何であるかはほとんどの人が知っているだろうが、これらについて、たとえば、良いか悪いか、または、禁止すべきか許可すべきかというように、基盤とするイデオロギーによって、集団の態度が異なる場合もあるだろう。

　社会で共有されているそのような態度の心的構造はいまだ正確にはわかっていないが、それらもまた、わたしたちの信念のほとんどがそうであるように、おそらくスキーマ的に組織化されているということも大いにありうる。たとえば、移民受入についての態度は、移民のアイデンティティ、出自、特性、行動や目的、「わたしたち自身」の集団との関係についての信念を表すものであり、それぞれが規範や価値観に基づいた肯定的あるいは否定的な評価と関連している。こうして、UKIPのプロパガンダは、「わたしたちの仕事を奪う」外国人失業者に対する、外国人排斥主義的な態度を取っているのである。

態度というものは、より根本的なイデオロギーを基盤としていたり、それによって組織化される傾向がある。そのイデオロギーが、特定の態度を習得したり、その態度を変えたりすることをコントロールしているのである。したがって、人種差別的イデオロギーは、移民、アファーマティブ・アクション（訳注：マイノリティ優遇措置）、人種別割当、民族的多様性、文化交流、その他多くの事柄に対して否定的な態度を取らせるようにコントロールしうるのである。

　社会的認知に関してはよくあることだが、イデオロギーの正確な心的組織化について、わたしたちはいまだに十分に取り合っていない。しかしながら、その一般的なカテゴリーのなかには、イデオロギーに基づく談話にしばしば登場するものがある。たとえば、アイデンティティ、活動、目標、他の集団との関係、富や利害関係などである。これらはすべて、集団の社会的定義にとって重要であるが、とりわけ「わたしたち」と「かれら」の定義、あるいは権力の乱用、支配、グループ間の競合と協力をコントロールする二極化された構造、ならびにイデオロギー的談話のすべての定義にとって重要である。

　一般的なイデオロギーは、より特定の態度と同様、個人の経験をもコントロールしている。それがすなわち、イデオロギー的集団成員のメンタルモデルなのである。そして、これらの（偏った）モデルが談話をコントロールすると、談話は、しばしば二極化したイデオロギー的談話構造で表されることになる。したがって、そのようなイデオロギー的談話のなかに「わたしたちの」集団に対する肯定的な表象、そして「ほかの人々」に対する否定的な表象を観察することができるのである。それらは常に、コミュニケーションの状況、すなわち、わたしたちのコンテクストモデルを拠りどころとしており、あらゆるレベルのテクストやトークに観察できる。すなわち、トピックや語彙、記述、論証、ストーリーテリング、メタファーなどにおいてである。UKIPの選挙宣伝看板は、まさにこのことを示している。「ほかの人々」が「わたしたち」に対する脅威として描かれているのである。

認知的構成要素の妥当性

　これまで個人的認知と社会的認知を簡単にまとめてきたが、認知的構成要素は、談話理論一般にとって、そして、とくに批判研究にとって重要であると、もはや結

論づけてもいいだろう。権力と権力の乱用、支配と操作は、他のあらゆる不法な談話や相互行為やコミュニケーションと同様、社会構造や社会集団間の関係に根ざしたものである。しかしながら、そのような複雑な社会構造がいかにテクストとトークの実際の構造に影響を与えているか、あるいは逆に、社会構造が影響を受けているかを説明するためには、認知的な媒介が必要である。そのような媒介は、集団の成員が共有している知識やイデオロギーの点から、また、これらがいかにメンタルモデルに影響を与え、結局は個人の談話の構造をコントロールしているかといった点から明らかにすることができる。談話が（個人と社会の）認知的表象を媒介しているのではなく、直接的に社会構造に依存するものであれば、同じ社会状況における談話はすべて同じものになるであろう。このように、意味論的モデルと語用論的モデルが、すべてのテクストとトークの独自性を明らかにするのである。

　さまざまな形の根底にある認知構造は、談話構造のなかで表現されたり、あるいはそれをコントロールするため、詳細な談話分析は、逆に、認知心理学や社会心理学、社会科学といった分野における認知構造を評価するための効果的で精度の高い方法として用いられることになろう。そうした方法が両者の間で堂々巡りにならないのは、根底にある認知構造は談話に現れるだけでなく、差別や排除、暴力などその他の社会実践においても現れるからである。また、そのような認知構造が（多くの知識の場合と同様）明示されないままであるか、あるいはテクストやトークに変換されるかは、参加者のコンテクストモデルに依存している。たとえば、人種差別的イデオロギーと態度は、必ずしも談話に表現されるわけではなく、特定のコミュニケーションの状況において、戦略的に採用されたり否定されたりするのである。たとえば、否認する言い方のように（私は人種差別主義者ではないけれど…！）。

社会的構成要素

　談話の批判的研究は当然のことながら、重要な社会的構成要素も必要とする。わたしたちが扱うのは、支配集団の権力乱用や被支配集団の抵抗、また、多くの社会的なマクロ構造、とりわけ組織や機関、企業や国民国家などである。CDSは、直接的あるいは間接的に公共の談話をコントロールしている集団や組織にとくに関心

表3.1 談話の社会認知的アプローチの構成

構造のレベル	認知	社会
マクロ	社会で共有されている知識、態度、イデオロギー、規範、価値観	共同体、集団、組織
ミクロ	社会の成員の個人的な（経験の）メンタルモデル	社会の成員の相互行為／談話

があるが、同時にそれらのリーダー、たとえば、政治やマスメディア、教育、文化、法人企業などにおける象徴的エリートにも関心がある。

　談話にみられる支配や抵抗に関する社会的な説明は、一部、社会組織の成員が共有する特定の知識や態度、イデオロギーといった社会的認知の観点からなされてきた。

　より社会学的な立場を採るアプローチは、ミクロレベルにおいては社会の成員による日常の相互行為に、マクロレベルにおいては集団や組織の全体的な構造や関係に焦点を当てる。たとえば、新聞で読んだりテレビで見たりする情報の多くは、一方では、メディア機関内でニュースを制作する内部組織に拠るものであり、他方では、そのような企業と、政府や政党や社会集団との関係に拠るものでもある。

　そのような高いレベルでの社会のマクロ構造は、実際は、社会秩序の基本的なミクロレベルにおける社会の成員の日常的な行動や相互行為によって実践され再生産されていくものである。そして、そのようなローカルな（相互）行為の多くは、テクストとトークによってなされるのである。

　そこで、談話・認知・社会の関係を社会認知的な観点から説明するための全体的な構造をまとめたものが、表3.1である。

権力と支配

　CDSはとりわけ、談話による権力乱用や権力支配に関して批判的に分析を行うことに関心があるため、この理論の社会的構成要素のもつ複雑な概念を簡潔に定義する必要がある。

　ここでは、権力と支配を、社会集団間あるいは社会組織間のコントロールという特定の関係と定義しておく。対人関係的性質を持つものとは捉えないのである。ここで示したシステム全体と矛盾することなく、そのようなコントロールは、社会的

で認知的な側面を持っている。つまり、一つは被支配集団とその成員の行動（したがって、談話）のコントロールであり、もう一つは個人的にも社会的にも共有されている認知、すなわちメンタルモデル、知識、態度、イデオロギーなどのコントロールである。

談話は、権力の行使において中枢的な役割を担っている。被支配集団（の成員）をコントロールすることができるのは、他の社会行動と同様である。たとえば、法律、命令、禁止という行為、ならびにそのような談話によってコントロールするのである。しかし、談話はまた、社会的認知を表現するものであり、それゆえ他の集団やその成員たちの「心を繰る」こともありうるのである。

集団の権力というものは、財産や資本などの物質的な権力資源に基づくものであり、また、知識や地位や名声、そして公共の談話へのアクセスといった象徴的な権力資源に基づくものでもある。民族的な関連で言えば、そのような象徴的な権力資源となるものは、皮膚の色や出自、国籍や文化などである。

権力という重要な概念を定義するにあたって、この理論における3つの主要な要素が再び必要となる。(1) マクロレベルでは集団や組織のコントロールという点から、ミクロレベルでは成員および相互行為のコントロールという点から定義される社会、(2) 成員の個人的なメンタルモデルの点からの認知、あるいは集団や組織が共有している知識やイデオロギー、そして (3) さまざまな形式で相互行為をコントロールするものとして、また個人そして社会の根底にある認知を表現し伝えるものとしての、集団や組織の成員の談話である。

たとえば、民主社会において、あるいは家庭における親と子供の間においては通常、権力を正当なものとして捉えることもありうるが、CDSはより具体的に、**権力の乱用や権力支配**に関心がある。権力のこうした「否定的な」社会的関係は、合法性という点、および社会的規範の違反や人権侵害という点からも明らかにすることができよう。これには概して、コントロールというものは、権力を持つ集団の利害に存するもので、権力を持たない集団の利害には反するものであるという意味が含まれている。つまり、人種差別主義は、白人（ヨーロッパ人）の利害には有利に働くが、非白人（非ヨーロッパ人）の利害には反する支配という社会システムなのである。

談話の構成要素

　ここで紹介している理論の認知的および社会的構成要素については、心理学者や社会学者の協力を得て、詳しく具体的に説明されなければならないが、談話の構成要素に関しては明らかに、批判的談話分析を行う者の主な務めである。批判的談話分析を行う者もまた、他の構成要素との関係を確立する必要が多々ある。すなわち、心理言語学や社会言語学研究を行っている言語学者の場合と同様である。

　批判的談話分析を行う者は、談話の構造に関する独自の理論は必要とせず、たいていは他の談話分析者と共通の理論を用いることができるだろう。しかしながら、談話の構造に関する理論以上のことを行うのが一般的である。談話がいかにして、社会における権力乱用の（再）生産や、あるいは支配への抵抗に関わっているかを記述し、説明もする。ここで紹介するアプローチには、そのような談話の支配における知識、態度、イデオロギーの役割を説明するのに必要な認知的構成要素も含まれている。

談話の構造

　CDSに限定的なものではないが、談話の構造について簡単に説明しておこう。当初は、音韻論、形態論、統語論、意味論の観点からみた文の構造に関して、構造主義文法や機能文法、生成文法の延長線上で説明がなされていた。たとえば、文の持つイントネーションや統語的側面は、テクストやトークにおいて先行する文やターンの構造に依存しうることが示されてきたわけである。

　より具体的に言えば、そのようなテクストや談話の文法は、談話の持つローカルまたはグローバルな意味論的一貫性を説明するものであった。たとえば、一つは（一般化や特定化などの）命題間の機能的な関係からの説明で、もう一つは意味論的なマクロ構造からの説明である。しかしながら、後に、一貫性のような基本的な概念は、命題（意味）間の関係性からだけでは説明できず、談話が何を伝えているかという心的表象、すなわちメンタルモデルの点から捉えられる必要があることが明らかになったのである。たとえば、メンタルモデルには、出来事間の因果関係や

時間的な関係が表象される場合があるが、それらの関係性がこうしたモデルに基づく談話のローカルな一貫性の基礎を与えるのである。

　文レベルを超えた談話構造に関するこの初期の文法解説に続いて、他の多くの談話理論によって、通常の言語学的な文法範疇からは説明できない数多くの構造やストラテジーが紹介されてきた。そのようなわけで、談話の多くのジャンルが、それ自身のスキーマ的な全体組織（あるいは上部構造）を持ち、それぞれ具体的なカテゴリーに分けられている。物語や新聞記事や学術論文の場合、ジャンルによって次のように分類されている。たとえば、要約（見出し・タイトル・要旨・発表など）、序論あるいは方向づけ、複雑な内容・興味深い出来事・実験、そして解明部・コメント・結論・終結部、などである。同様に、日常の討論、科学論文や論説などの論証的なジャンルも、さまざまな種類の論拠や帰結を持つという特徴がある。

　会話分析（Conversation Analysis）によって、相互行為のトークにおける特定の単位や構造やストラテジーが紹介された。たとえば、ターンやサイドシークエンス、トピック、さまざまなトークの組み立て（例：会話の開始や終了の仕方、トピック転換の方法）の他、トークやセグメントのそれぞれが、たとえば（不）賛同、調整、準備の場合、先行のターンやセグメント、あるいは後に続くターンやセグメントとどのように関連するかが紹介された。

　こうした各分野では、過去10年の間に、伝統的な言語学の文文法をはるかに超える、テクストとトークの構造面からの高度な説明がなされるようになってきたのである。

談話のイデオロギー的構造

　CDS研究で特異なことは、とくに権力乱用の（再）生産に関わる談話構造の分析である。権力や権力乱用というものは、社会集団間や社会組織間の関係性から定義されるため、そこでの談話は概してイデオロギーに基づくものになろう。そこで、支配的な社会集団の根底にある態度やイデオロギーを示す傾向にある、これらの談話構造に焦点を当てて簡単に見ていくことにしよう。

　先述したように、イデオロギーに、社会集団のアイデンティフィケーション、特性や関係（味方か敵か）、ならびに利害のための基本的なカテゴリー（アイデンテ

ィティ、活動など）のスキーマ的な構造があるとするなら、そのようなカテゴリーが語用論的にコントロールされた表現を特徴とするイデオロギー的談話を期待することができよう。ここで、このイデオロギー的な談話の構造をいくつか挙げておく。

- **二極化**

  根底にあるイデオロギーは、内集団についての肯定的な表象と、外集団の否定的な表象を二極化する。そのような二極化は、すべてのレベルの談話に影響を与える。

- **代名詞**

  言語の使用者（組織等の集団も含む）がイデオロギー的集団の成員として話す場合、自分たちとその仲間の集団成員を指す際に、概して「政治的な」代名詞である<u>わたしたち</u>（同じく、<u>わたしたちを</u>、<u>わたしたちのもの</u>）が用いられる。同様に、競争相手や被支配集団などの他集団の成員を指すときは、<u>かれらは</u>（<u>かれらのもの</u>、<u>かれらを</u>）という用語が用いられる。内集団と外集団には総じて二極化が見られるという事実を考えると、それを表す代名詞表現は「<u>わたしたち対かれら</u>」というセットになる。外集団との距離、あるいは外集団に対する否定的な考えは、「<u>あの人たち</u>」のような所有格表現においても見られる。

- **アイデンティフィケーション**

  集団イデオロギーの最も主要なカテゴリーは、集団のアイデンティティである。イデオロギー的集団の成員はいつも「自分たちの」集団と一体化し、そのようなアイデンティフィケーションをさまざまな言い方で表わす。たとえば、<u>フェミニストとして、わたし／わたしたちは…平和主義者として述べると、わたし／わたしたちは…</u>などである。

- **肯定的な自己描写と否定的な他者描写の強調**

  イデオロギーは肯定的な自己スキーマによって体系化されることがよくある。イデオロギー的な内集団と外集団の二極化の影響によって、自己描写の強調（例：国粋主義者による談話には「わたしたちの」国に対する賛美がよく見られる）、または、たとえば、人種差別主義者や外国人排斥主義者による談話においては、他者描写の強調が予測できよう。一方で、「わたしたちの」否定的なもの（例：「わたしたちの」人種差別主義）は、「かれらの」肯定的なものと同じく、無視さ

れるか緩和される傾向にあると言えるだろう。内集団と外集団の優点と劣点を誇張して強調したり緩和したりする、このようなレトリック的な組み合わせは**イデオロギーの四角形**（Ideological Square）と呼ばれる。

・活動

イデオロギー的集団は、集団が行っていること、つまり、集団の通常の活動によって、その集団が同定されたり、自己同定したりすることがよくある。このように、イデオロギー的な談話は概して、たとえば集団（あるいは国家）を擁護したり保護したりするために「わたしたち」は何をし、何をしなければならないか、あるいは外集団をいかに攻撃し、軽視し、統制するかを扱うのである。

・規範と価値観

イデオロギーは、（良い）行いの規範や何を求めるべきかという価値観の上に築かれるものである。自由・平等・正義・独立あるいは自治の場合と同様である。それらは談話において、とくに集団について評価的に述べる場合は常に、さまざまな形で明示的あるいは暗示的に表現されうる。また、わたしたちが到達したい目標に現れることもよくある。

・利害

イデオロギー的な闘争とは、権力と利害に関するものである。したがって、イデオロギー的な談話は、わたしたちの利害への言及が多いのが、典型的な特徴である。たとえば、基本的な資源（食物・住居・健康）ならびに知識・地位・公的な談話へのアクセスというような象徴的資源である。

このような談話のイデオロギー的な構造やストラテジーには、談話のジャンルによって、それらを表現するローカルな単位やムーブが多くあるだろう。たとえば、「わたしたちの」良いところと「かれらの」悪いところを強調するために用いられるものには、見出し、前景化、話題の語彙や段落の順番、能動文、繰り返し、誇張法、メタファーなど、その他多数ある。逆に言えば、「わたしたちの」悪いところを緩和するためには、婉曲な言い回し、受動文、背景化、小文字体、暗に伝えられる情報などが用いられる。

構成要素の統合

　CDSにおける社会認知的アプローチは、談話・認知・社会の構造を、それぞれ独立した要素としては扱わない。理論においても分析においても、重要なことはそれらの統合であるが、これは学際的研究の重要な特徴の一つでもある。したがって、それぞれの談話構造にとって、関連する理論について明確に記述することや、同じレベル、あるいは異なったレベルの他の構造との関連を記述することだけが必要なのではない。同時に、その構造は、言語使用者の実際の産出や理解の一部として、メンタルモデル、知識やイデオロギーなど、根底にある心的表象の点から記述し、説明する必要がある。そして最後に、その構造とその認知的基盤は、支配あるいは抵抗の（再）生産のように、コミュニケーションや社会的なコンテクストにおける、社会政治的あるいは文化的な機能の点から説明するのである。

実例：波（WAVE）のような移民

　社会認知的アプローチの3つの要素の統合を示す具体的な例を挙げよう。

　政治やメディアでの移民に関する公的な談話の多くには、たとえば「波（WAVE）」のように、数多くの移民が到着することについての否定的側面を強調したメタファーが溢れている。そのような語彙項目は、メタファーとみなされ記述されるが、メタファーはそれぞれ、同一談話内の他のメタファー（**雪崩、津波**など）や、移民に関する他の否定的な描写と関連づけられたりする。これが意味分析あるいはレトリック分析の一部となるのである。

　次に、そのようなメタファーは、たとえば、その談話を支配しているマルチモーダルなメンタルモデルで表象される「大量の人々」のように、根底にある概念を表現しているものとして認知的に解釈される。ただ、同時に、こうしたメンタルモデルはメタファーの重要性を説明するものである。というのも、このモデルは、押し寄せる移民の海に溺れてしまうという恐怖を具体化し、強調しているからである。「波」というメタファーは、このようにして、大量の移民というより抽象的な概念を認知的に具体化しているのである。

　最後に、そのようなメタファーの使用や受け手に対する認知的効果は、社

> 会的にあるいは政治的に言えば、無害ではない。逆に、それらが実際に多くの人々の間に移民に対する恐怖心を抱かせるのであれば、たとえば、移民の属性とされるその他の好ましくない特性という具体的なメンタルモデルを一般化することになり、結果として、反移民的な態度を高じさせることになるであろう。過去数十年にわたって、ヨーロッパでは、とりわけ2014年の欧州議会選挙がそうであったように、そのような恐怖心や否定的な態度は、票を集めるために、また移民を抑制するために、多くの政党によって戦略的に用いられる。こうして、わたしたちは、経験のメンタルモデルを通して、ローカルレベルの談話におけるメタファーの使用と、社会的なマクロレベルにおける党や議会の移民政策や制度的実践、外国人排斥主義や人種差別主義の再生産を結びつけるのである。

　このように、談話分析を行う者は主に、談話構造に関連する側面に焦点をあて、その談話上の関連性と機能、その心的な基盤と社会政治的な機能を探るであろうが、社会科学の研究者は、主に社会現象や社会問題、たとえば、社会生活のさまざまな領域における民族的差別などに重点を置くであろう。次の段階として、日常的な差別の詳細や、差別と他の社会行動とのつながりを記述しながら、多くの人々が共有している、根底にある民族的偏見の点から説明するよう模索することもできよう。そして最後に、そのような偏見の原因を研究し説明するために、最終的には、白人集団の成員間の談話を記録し分析するかもしれない。では、人種差別主義の複雑なシステムが、社会においてどのように、どのような段階と局面を経て、談話的に再生産されるのか、その詳細も見ていこう。

抵抗のディスコース：ブラジルにおける人種差別反対主義のディスコース

　私の過去30年を振り返ると、初期の研究の多くが、ヨーロッパやアメリカ大陸における人種差別の談話を系統的に分析したものであった。この章では、CDSは意見を異にする反主流の談話も扱うということを強調するために、具体的な分析例

として、人種差別反対主義の談話に焦点をあてよう。より明確に言うと、ブラジルの人種平等法案に関する議会審理に寄与している、人種差別反対主義の談話のストラテジーのいくつかを検討する。

人種差別主義

　これまで見たように、私は人種差別主義を人種的あるいは民族的支配の社会システムと定義する。このシステムは、主に二つのサブシステムで成り立っている。すなわち、人種差別の実践（差別）と、その根底にある人種差別的な社会認知（偏見、人種差別的イデオロギー）である。人種差別主義の談話は、数ある差別的な人種差別の実践の一つで、同時に、人種差別的な偏見とイデオロギーが獲得され再生産されるための主な源となる。そこで、わたしたちは社会認知的アプローチにしたがって、談話・認知・社会の三角形の関係から、人種差別主義を説明していく。

　人種差別主義の理論を構成する社会的な要素は、ミクロレベルでは、それが談話的であれ、非談話的であれ、日常の相互行為における差別の実践の説明に限定されない。より広く、移民や少数民族に関する公的な談話をコントロールしている集団や組織、つまり、人種差別的な態度やイデオロギーを再生産するための主要な源が挙げられる。このようなコントロール、すなわち支配は、象徴的なエリート層によって遂行されるが、かれらは、政治やメディア、教育やビジネス企業で影響力を持つ公的な談話に特権的にアクセスすることができるのである。

　ヨーロッパやアメリカ大陸における人種差別は、何世紀にもわたる支配的なシステムであり、過去には植民地主義と奴隷制度を合法化してきた。そして、今日のほとんどのヨーロッパ諸国における反移民的な政策や、外国人排斥主義、人種差別的な政党を正当化するにまで至っている。

人種差別反対主義

　支配システムは、ほとんどではないにしてもその多くは、異議や抵抗や対立を引き起こす。まずは被支配集団のなかで、そして次に、支配集団の反対派メンバーのなかから起こる。こうして、様々（また経済的な）理由で、奴隷制廃止運動によ

って奴隷制度は反対にあってきた。植民地主義は、独立運動によっても反植民地主義の反対派によっても、そして植民地においても本国自体でも、不信を買い反対された。

今日、ヨーロッパにおける人種差別反対の運動、行動、政策には、人種差別的で外国人排斥的な権力乱用に対する抵抗という長い伝統がある。そのような運動や行動や政策は、英国の「人種平等委員会（Commission for Racial Equality: CRE）」や欧州評議会の「人種主義と不寛容に反対する欧州委員会（European Commission against Racism and Intolerance: ECRI）」などの公的な組織から、フランスやスペインにおける「SOSラシズム（SOS-Racism）」のような、膨大な数の草の根運動に至るまで多種多様である。人種差別反対主義の目標と価値観は、ヨーロッパだけでなくアメリカ大陸においても、多くの公式文書や政策、多くの国々の憲法に見出すことができる。

しかしながら、このような人種差別反対主義の公的な組織や談話、草の根運動にもかかわらず、人種差別反対主義のシステムがヨーロッパやアメリカでは支配的であると明言するのは、差別の実践や人種差別的偏見が広範囲に及んでいるという事実とつじつまが合わない。人種差別に反対する談話が公式に発せられているにもかかわらず、ヨーロッパのほとんどの国では反移民的な法案がますます手厳しいものになっており、外国人排斥主義と人種差別主義を掲げる政党は、地方選挙や国政選挙、欧州選挙において25％程度の票を得ている。また、人種差別主義の極右政党と常に競い合おうとする保守政党や新聞も同様に、難民申請者や移民に対する偏見を表明したり促進したりしているのである。

アメリカ合衆国では、人種差別主義はしばしば過去のものであると明言されてきたが、反移民政策やその実践は顕著に見られ、同様に、アフリカ人やラテンアメリカ人に対する日常的な差別が多数、さまざまな形で行われており、白人ヨーロッパ人のヘゲモニーを再生産し続けている。

人種差別反対主義の理論

人種差別反対主義が抵抗と対立のシステムであるならば、その理論は、人種差別主義システムを補完する形で成り立っていると言えるだろう。つまり、人種差別反対の社会システムもまた、人種差別反対の社会認知（人種差別反対のイデオロギー

と反人種差別的態度）のサブシステムに基づいた、人種差別反対の社会実践（抗議活動など）のサブシステムから成り立っているのである。もう一度言うが、人種差別反対主義の談話は、人種差別反対の主な実践となる。それはまた、反人種差別の認知が獲得され再生産される方法である。じつに、人種差別反対主義は、人種差別主義と同様、生まれながらにあるものではなく、学習が必要となる。つまり、主としてテクストとトークによって学習されるものなのである。人種差別反対のイデオロギー、「そしてその態度と談話もまた」二極化しているが、この場合、外集団は「人種差別主義者」と定義されるのである。しかしながら、人種差別反対主義を持つ内集団に結びついているのは、国連のような国際機構である。その目的は、人種差別主義と戦うことであり、その規範や価値観の特徴は、平等、正義、民主主義などである。対立のシステムとして、人種差別反対主義が持っている資源は、平等についての価値観のように一般的に認識されている価値観の正当性と、公的談話への限られたアクセスだけである。

ブラジルにおける人種差別主義

　ラテンアメリカにおける民族の実践や偏見は国によって異なるが、たとえば、先住民やアフリカ出身者のコミュニティが存在することによって、ヨーロッパから輸入され、現地で採用され再生産されている白人の人種差別主義が支配的である。ラテンアメリカの黒人と先住民は、どのような権力の基準をもってしても、経済的にも社会的にもかつ文化的にも、ヨーロッパ系の人々と平等ではない。

　同じことが、ブラジルにおいてもあてはまる。そこでは、人口の半分がアフリカ系である。ブラジルの奴隷制度は、アメリカ大陸で最も過酷なものの一つであった。というのは、奴隷の所有者には膨大な数の奴隷の供給があったため、数年のうちに死に至らしめるほど働かせることができたのである。リオデジャネイロは、世界で最も巨大な奴隷市場であった。

　その結果として、今日まで、アフリカ系ブラジル人は低所得で劣悪な仕事しかなく、ひどい住居に住み、保険医療や教育が十分でない。かれらが、市町村議会、州議会、連邦議会に選出されることはほとんどなく、裁判官や教授、企業のエリートもほとんどいない。どこででも見られるテレビ番組のテレノベラ（訳注：主にメキシ

コや中南米で放映されている連続メロドラマ）では、主役を演じる黒人はほとんど登場しない。一流の公立大学の学生のほとんどが白人で、その大抵が私立の（つまり学費が高い）高校出身であるが、黒人学生の親のほとんどは子供を私立学校に行かせる余裕がないのである。そうしたアカデミックな不平等を改善するための公式の定員割当は、おそらく人種差別反対主義が公の形になったものとみられるが、報道陣や大学関係者の多くから強い反対にあっている（たとえば、「逆人種差別」として、あるいは「国を分断している」として）。「麻薬撲滅戦争」の一環として、警察や軍隊は黒人が多く居住しているスラム街を「制圧し」、死を招く結果に終わることもしばしばある。要するに、ブラジルは基本的に、社会階級によって不平等な国であるだけでなく、植民地時代や奴隷制の時代から今日に至るまで、人種による不平等が浸透しているという特徴もある。

ブラジルの人種差別反対主義の談話

　ブラジルは世界で最も遅れて奴隷制度を廃止した国の一つであり、奴隷制度廃止は1888年のことであった。同様に、20世紀の人種差別反対主義の談話も「人種の違いに基づく民主主義」や「思いやりのある人種差別主義」といった神話の正当性を否定するのに苦戦していた。この神話は広く浸透していて、「人種の混合」の特性が賛美されたり、さまざまな形の人種的不平等や差別が無視されていたのである。1970年代に入ってようやく、幾分アメリカの市民権運動に触発されて、黒人運動が始まり、最初は文化的領域において、後に政治や経済の領域において、黒人の権利が主張されるようになった。同時に、定量的な社会調査も始まり、遅ればせながら人種不平等が存在する多くの領域の事実関係が文書に記録されるようになった。しかし、それでも、政府や公的な組織や機関が不平等を抑制する政策、たとえば黒人学生のための大学定員割当を強制的に設けるといった政策を打ち立て、施行するようになるには、1990年代後半まで待たなければならなかった。

人種平等法に関する討論

　2007年11月26日、連邦下院議会（Câmara dos Deputados）は、人種平等法案のための特別総会を開催した。与党の労働者党（Partido dos Trabalhadores-PT）、サンパウロ州下院議員であったアルリンド・キナリア（Arlindo Chinaglia）は、当時の議長で、その全体議会を一般委員会としたため、下院議員や招聘された専門家が人種平等法について討論することができた。

> [a] luta do movimento negro; políticas públicas afirmativas nas áreas econômica, social, educacional, da saúde etc.; necessidade de aperfeiçoamento da legislação; mercado e relações de trabalho; sistema de cotas nas universidades públicas; regularização fundiária das comunidades quilombolas; resgate e preservação da memória e da cultura do povo negro no Brasil.
> 　黒人運動の闘争、経済や社会、教育や保健などの分野における差別是正の公共政策など。法令を改良する必要性。市場と労働の関係。公立大学の定員割当制。マルーン・コミュニティ（訳注：アメリカ大陸へ連れてこられ、逃亡した奴隷の子孫たちのコミュニティ）の土地利用規制。ブラジルの黒人の記憶、黒人文化の復興と保持。

　この討論は、81ページの議会特別出版として、約27,000語のテクストで2008年に公開されたが、これが私たちのコーパスとして役立っている。討論の参加者には下院議員だけでなく、招聘された専門家や（その他）アフリカ系ブラジル人団体組織の代表者もいた。
　総会および委員会討論での公式的な焦点は、2005年の連邦上院の法案第6.264号で、それは人種平等法を制定するためのものであった。その法案は、2005年11月11日、上院に提出された。それを提出したのは、有名なアフリカ系ブラジル人上院議員（リオグランデ・ド・スル州選出）、パウロ・パイン（1950年生まれ）だった。彼は、アフリカ系ブラジル人コミュニティを支援する多くの政治的請願書の立案者であり、与党である労働者党の党員であり、そして、当時の大統領、ルイス・イナシオ・ルラ・ダ・シルヴァのように、もとは冶金産業の労働組合幹部であり労働者

であった。

　法案そのものは、最終的な修正によって元来の意図や形式が若干弱められているが、人種差別反対主義の談話の一つの形として捉えることもできるだろう。法案の最終版は、2010年7月20日付法律第12.288号として制定され、他のさまざまな法律に取って代わることになり、ルラ大統領によって署名された。（第1章の）第1条は以下の通りである。

> [1] Esta lei institui o Estatuto da Igualdade Racial, destinado a garantir à população negra a efetivação da igualdade de oportunidades, a defesa dos direitos étnicos individuais, coletivos e difusos e o combate à discriminação e às demais formas de intolerância étnica.
>
> 　この法律は人種平等法を制定し、黒人国民のために機会均等を実現し、民族の個人的、集団的、拡散的権利の保護を保障すること、および民族的差別やその他の民族的な不寛容と闘うことを目的とする。

人種差別反対主義の談話の分析

　社会認知的な枠組みにおいて、このような討論での一部の参加者の談話を分析するには、まず、人種差別反対主義の談話構造の特徴、とりわけ、トピックやトポス、論拠、語彙やメタファーなどに焦点を定める。第二に、根底にあるメンタルモデルという観点、および反人種差別を支える態度とイデオロギーという観点から、人種差別反対主義の談話の構造を解釈し説明する。そして最後に、そのような談話と認知の社会的条件と社会的機能を、ブラジルの反人種差別のシステムに貢献するものであると、明確に述べる。

　ここでは、議会でのほとんどの討論や公聴会の特徴である形式上の談話構造は取り上げないことにする。たとえば、議長が行う型通りの発言者紹介、発言者の挨拶、相互の謝辞、その他、政治的儀礼のやりとりなどである。関連するところで、発言者の自己提示は検討する。自己提示は、社会の成員として、かつ発言者としてのアイデンティティの指標となるからである。

　わたしたちの分析のほとんどは意味論的なものであり、トピック、出来事や状況

の部分的な描写、また、アフリカ系ブラジル人たちの経験、言外の意味、前提やメタファー、とくに根底にある態度とイデオロギーに関連するものに重点を置くことになるだろう。

　一般的にいって、発言者の語用論的なコンテクストモデルは、多少なりとも同じになると思われる。すなわち、議会の空間時間的な共有、当時の日付、参加者とかれらのアイデンティティ、役割や関係、談話の目的、そして、かれらが参加している進行中の行動である。また、重要なのは、ブラジルにおける人種差別と不平等についての発言者の豊富な社会的知識でもある。ただし、そうした人種差別に関するイデオロギーや態度には、さまざまなものがあるだろう。実際、発言者のなかには、理由はそれぞれ異なるが、現行の法案に反対しているものもいる。しかし、ここでは、ほとんどが法案を支持している、人種差別反対主義の発言者にのみ焦点をあてる。

自己提示

　発言者のほとんどは自己提示でスピーチを始めるが、その際、自身が持つさまざまな社会的アイデンティティに重点を置く傾向にある。コンテクストを考えると、そのような自己提示は、討論への参加者という立場での、今、課されている役割、すなわちブラジルの人種差別というトピックについての知識の豊富な専門家としての役割を正当化するという重要な機能がある。暗示的であれ明示的であれ、最初に専門家であると自分を定義することは、同時に肯定的な自己を提示することになり、信頼性を高める。そのような正当化は最終的には、組織の代表者として、したがって民主的な公聴会の参加者として、たとえば、アフリカ系ブラジル人コミュニティの声として、あるいはその支持者としての役割にまで拡大される。そのような自己提示をいくつか、ここに挙げる。

> [2]... tenho bastante prazer de estar aqui representando o governo federal, na condição de ministra da Secretaria Especial de Políticas de Promoção de Igualdade Racial.（Ministra Matilde Ribeira）
> 　連邦政府を代表し、人種平等推進政策特別局大臣として、ここにいることを非常にうれしく存じます。（マチルデ・リベイラ大臣）

[3] Sou negro, ferroviário há 27 anos, militante do movimento operário e poderia começar a minha intervenção dizendo que estou extremamente feliz hoje porque estou vindo de Curitiba...（Roque José Ferreira）

　私は黒人、勤続27年の鉄道労働者、労働運動の活動家です。最初に述べさせていただきたい。今日は最高に幸せです、クリチバからまいりました...（ロッキ・ジョゼ・フェレイラ）

[4] Sr. Presidente, é uma grande honra poder representar a Universidade de Brasília...（Timothy Mulholland）

　大統領閣下、ブラジリア大学の代表を務め、大変光栄でございます。（ティモシー・マルホランド）

　そのような自己提示は、通常、丁寧な定型句（〜光栄であります、〜うれしく存じます、など）で表現される。そして、一方で重要な職務（大臣、大学講師）、もう一方で民族（黒人）、職業（鉄道労働者）、政治思想（活動家）、年齢（27歳）［訳注：正しくは「勤続年数（27年）」］といったアイデンティティに焦点をあてる。3名の発言者は全員、関連組織（政府、労働者運動、大学）の公式の、あるいは非公式の代表者であると自分を紹介している。発言者は、なお欠けている部分、つまり一時的に聴衆であるというコンテクストモデルにおける参加者カテゴリーのアイデンティティを明確にするのである。それによって、聞き手は発言者の談話を理解し解釈することになる。つまり、大臣や講師、あるいは黒人、若い活動家の労働者からは、それぞれ異なる談話が期待できるのである。

集団についての描写

　「ボトムアップ」的な人種差別反対主義の談話において重要なのは、アフリカ系ブラジル人によって説明されているように、集団についての（自己）描写である。それは集団に共通した根底にある知識を表すものである。語用論的には、そのような談話の断片は新しい知識を提供していない。参加者はみな、奴隷制度の歴史などを事実として知っているからである。むしろ、それは、現在審議中の法が必要であることを喚起したり強調したりするものとして機能している。したがって、そのよ

うな談話の断片は、意味論的（ブラジルにおける人種関係の歴史についての記述）であり、語用論的（進行中の討論での立ち位置を明確にすること）でもある。アフリカ系ブラジル人コミュニティの成員（「わたしたち」という代名詞で示されている）である黒人の発言者が簡単にまとめた後、ブラジリア大学の（白人）講師も、より学術的な形で（<u>資料が示しているのは…排除を特徴とする…～の実効性ある享受</u>…）、そのような集団記述に貢献している。

[5]… o racismo não foi criado por nós, mas pelos brancos. Quando disseram que tínhamos de ser escravos, criaram o racismo.（Luiz Oscar Mendes）
…人種差別は、わたしたちが作ったものではなく、白人によって作られたものである。わたしたちに奴隷にならなければならないと言ったとき、かれらが人種差別を作り出したのだ。（ルイス・オスカー・メンデス）

[6]Dados apontam com clareza que os brasileiros negros, descendentes de escravos africanos, historicamente foram os mais marcados pela exclusão, sendo mais acentuada a das mulheres negras. Há quase 120 anos da Lei Áurea, ainda temos muito o que fazer para garantir o efetivo gozo da igualdade assegurada pela Constituição Federal.（Timothy Mulholland）
　資料が明確に示しているのは、アフリカ人奴隷の子孫である黒人ブラジル人は、歴史的に見て、まさしく排除を特徴とするものである。とりわけ黒人女性がこれに該当する。およそ120年前、レイ・アウレア（Lei Áurea、奴隷制度廃止）が採択された。しかし、憲法に保証された平等の実効性ある享受を確実なものにするには、いまだに多くの課題が残されている。（ティモシー・マルホランド）

例［5］では、発言者が「人種差別はわたしたちが作ったものではない」と否定していることに、相互行為の機能があるという点に注目してほしい。つまり、否定することによって、法案に反対する人たちに応えているのである。反対する人々は、人種差別主義に反対することと、黒人と自分を同定することは、「人種」を政策上重要なものとして認識していることであり、そのような認識は人種の対立を生むこ

とになると主張している。それに対してこのように応えることで、発言者は、「人種」の点から法案によって引き起こされると想定される衝突ではなく、重要なこと、すなわち人種差別主義、およびヨーロッパの白人の子孫の責任に焦点を当てているのである。

イデオロギーの二極化：わたしたち対かれら

例 [5] の発言者は、人種差別反対主義の談話が二極に分裂していること、とりわけ、この談話は人種差別に関与している、あるいは容認している人、あるいは人種差別に反対する行動を拒否する人に向けられていることを述べている。同じ二極化現象と、法案に反対する意見の否定は次の発言者も述べている。例 [7] では、現在、どんな都市にも「アパルトヘイト」が見られることから、分断はないと否定することに対して、**経験に基づいて明確に反論**している。

> [7] Em absoluto, não fomos nós que criamos o racismo; não fomos nós que dividimos nada – a sociedade brasileira é dividida. Qualquer pessoa séria que andar por qualquer cidade do país vai constatar a cisão, vai constatar onde estão os negros e onde estão os brancos. E isso foi promovido pelo Estado. (Paulo César Pereira de Oliveira)
>
> 　人種差別を作り出したのは、決してわたしたちではない。わたしたちはどんな分断も生み出さなかった。しかし、ブラジル社会は分断されている。真面目な人なら誰もが、この国のどの都市を歩いても分断があることを目にし、黒人がいる場所と白人がいる場所が分かれていることに気づくだろう。そうすることを国が奨励したのだ。(パウロ・セザール・ペレイラ・デ・オリヴェイラ)

他者に「人種差別主義者」という「烙印を押すこと」は、通常、人種差別反対主義に反対する人からも強い抵抗を受けるものであるし、また、人種差別反対主義者によっても、説得方法としては戦略的にほとんど効果がないと抵抗されるが、ここでは、ほのめかしと含意によって、同じことを伝えるのにさまざまな方法があることがわかる。

[8] Fomos arrancados da África, mulheres foram estupradas, fomos roubados, mutilados, e hoje dizem que não temos de falar em raça, senão vamos dividir o Brasil. Que falácia! Que falácia! O Brasil já foi dividido há muito tempo, desde que nos arrancaram da África e nos trouxeram para cá. Essa é a divisão, e agora não querem pagar a dívida secular que têm conosco（Luis Osmar Mendes）

　わたしたちはアフリカから引き裂かれた。女性はレイプされ、わたしたちは物を盗まれ、不具にされた。そして今、わたしたちは人種について話すべきではないと、かれらは言う。さもないと、わたしたちがブラジルを分断しかねないからだと言う。なんという間違った考えだろう！　ブラジルはとうの昔に分断していたんだ。かれらがわたしたちをアフリカから引き離し、ここに連れてきたからだ。これが、分断なんだ。今になって、かれらは、わたしたちに負っている長年の債務を返済したくないのだ。(ルイス・オスマル・メンデス)

　このように、奴隷制の恐怖についての非常に具体的でドラマティックな描写によって、審議中の法案に反対する人々は、単に**かれら**という代名詞で記述され、法案に対する立場は、奴隷所有者のイデオロギー的子孫というように否定的に記述されている。一方、アフリカ系ブラジル人の内集団は、奴隷制度の犠牲者あるいは生き残りとして、また、現代においては、法案が人種間の分断を推進するからといった理由をつけて、法案に反対する反対勢力の犠牲者、あるいは生き残りであると暗示されている。人種差別主義と人種差別反対主義、黒人と白人という根底にあるイデオロジカルな二**極化**の表現に加え、このような談話の断片は、法案（法によって生じるであろうとする分断）の論証における主要な**反対論拠**を与えるのに寄与している。さらに、この論拠は法案に反対する人々の**前提**を批判している。つまり、この法案が提出される前、あるいは政府による現行の反人種差別政策が実施される前には、人種的分断はなかったという前提である。同時に、この論拠は、この法案に反対する人は現代ブラジルにおける人種差別を否定していると**ほのめかし**、反対する人々は人種差別主義者であることを**含意している**。結局のところ、このような介在は、反対派の**正当性を認めない**という語用論的機能があるのである。

規範と価値観

　人種差別反対主義の談話には、人種差別反対主義のイデオロギーの根底にある**規範と価値観**が露呈している。したがって、法案のまさにその名前は、ひとつの主要な目的として、平等という非常に重要な価値観を特徴とする一方で、ブラジルの現況が人種的あるいは民族的な不平等を示していることを**前提とし**記録しているのである。

> [9]　O movimento negro brasileiro transformou em uma ferramenta de luta aquilo que foi a causa da sua opressão. Imputaram-nos a pecha de seres inferiores por sermos negros, e o que fizemos? Dissemos: 'Somos negros. Somos negros e somos seres iguais, somos seres diferentes, somos portadores de valores, somos portadores de uma história'. A partir desses valores e dessa história é que vamos reconstruir nossa existência no mundo. Vamos lutar por igualdade, estamos lutando por igualdade. Estamos lutando hoje aqui, estamos construindo essa igualdade.（Edna Maria Santos Roland）
> 　ブラジルの黒人運動は自分たちの抑圧の原因となったものを武器にした。かれらは、わたしたちに劣った人間だという汚名を着せた。わたしたちが黒人だからって。それで、わたしたちが一体、何をしたと言うのか。わたしたちは、こう言った。「わたしたちは黒人です。わたしたちは黒人ですが、対等な存在です。異なった存在で、価値観の担い手。わたしたちは歴史の担い手ですよ」。このような価値観から、またこのような歴史から、わたしたちは世界にわたしたちの存在を再構築するだろう。平等のために闘おう。わたしたちは平等のために闘っている。わたしたちは今日ここで闘い、この平等を築いているのだ。（エドナ・マリア・サントス・ローランド）

　こうした介在によって、人種差別反対主義の談話のイデオロギーを基盤とするさまざまな要素が結びつけられる。たとえば、アイデンティティの価値の強調、社会集団の迫害の記憶、皮膚の色から見たコミュニティの自己アイデンティティ、現在の行動の目標や未来の計画などである。闘争に関する説得のレトリックは、同時に、通常の**メタファー**を特徴とする。たとえば、議論は武器であると表したり、集団の

未来を建造物として表したりすることである。

　規範と価値観は、根底にあるイデオロギーが持つ、一般的で抽象的な構成要素である。より厳密に見ると、それらの要素は、より具体的な目的と価値観に言い換える必要がある。論争の的になっている定員割当に関する政府の政策を弁護している、以下の断片のように。

> [10] Com efeito, os objetivos das cotas raciais são: a) reduzir as desigualdades raciais quanto ao acesso dos negros (as) ao ensino superior; b) promover a igualdade de oportunidade entre brancos e negros no mercado de trabalho formal; c) concretizar a democracia substantiva; d) dar oportunidade a negros (as) que serão modelos para outros negros das gerações futuras; e) corrigir os eixos estruturantes da reprodução da desigualdade social, isto é, de raça e de gênero.（Antônio Leandro da Silva）
>
> 　たしかに、人種別大学定員割当の目標は、a）黒人男女が高等教育にアクセスする場合の、人種別不均衡を減じること、b）一般の労働市場における黒人と白人の間の機会均等を促進すること、c）実質的な民主主義を達成すること、d）後世の黒人のモデルとなる黒人男女に機会を与えること、e）社会不平等、すなわち人種不平等や男女不平等の再生産の構造上の軸を正すことである。（アントニオ・レオンドロ・ダ・シウバ）

　このように、平等とは、アクセスの格差を減じること、（将来の）労働市場における学生の平等、機会を生み出すこと、また民主主義を強化することと規定されている。他の箇所で見た人種差別反対主義の談話のように、こうした議論に必ず使われる前提は、現在、アフリカ系ブラジル人の平等も、平等なアクセスも機会も民主主義も存在しないということである。

論拠

　議会における討論は、概して論拠に重点が置かれているものである。発話者はさまざまな論拠でもって自らの立ち位置を守り、反対論拠で反対勢力を攻撃し、かれらの正当性を認めない。すでに見てきたように、この法案に反対する論拠（すなわ

ち、多民族国家において黒人と白人を区別することは、分断と衝突をもたらすということ）に対する一つの主な反対論拠は、ブラジルはすでにそうであったし、今も人種的に分断されているということである。

討論を最初から最後まで通して見れば、もちろん、他にも多くの論拠のムーブがある。例えば、以下のものが挙げられる。

- **数のゲーム**。黒人が人口の50%を占めているという事実の繰り返し。大学に在職する黒人教授がいかに少ないかを示す数。黒人学生の参加数の点からみた定員割当システムの成功。
- **国際比較**。定員割当制度が成功したアメリカ合衆国および他の諸国との比較。

まとめ

批判的談話研究における社会認知的アプローチでは、談話的、認知的、社会的構成要素を統合して、テクストとトークを学際的にそして三角形の分析法で分析することを提唱している。CDSのさまざまなアプローチで、談話と社会をリンクさせる一方、社会的に共有されている知識や態度、イデオロギーに立脚する個人の経験や解釈についての個人的なメンタルモデルを考慮しないのは問題である。これまで述べたように、根底にあるイデオロギーが持つ、二極化されカテゴリー化された構造はまた、社会的態度の特徴となるが、その社会的態度によって今度は、個人のメンタルモデルや意見が影響を受け、最終的に、談話によって表現され、再生産されるのである。

このように、英国のUKIP（連合王国独立党）による外国人排斥主義的なプロパガンダの実例や、たとえばブラジルの政策に見られるような、人種差別主義の支配に対抗するシステムとしての人種差別反対主義を簡単に分析すると、わたしたち対かれら（黒人対白人）という二極化が、基本的なカテゴリー（アイデンティティ、行動、目標、規範、価値観、味方／敵、資源）同様、定員割当についての特別な態度に、そして最終的には一連の談話構造に現れていることがわかる。UKIPの選挙宣伝看板の分析の概要は、<u>社会認知的な談話分析のやり方の簡易版として用いられ</u>

てもよいだろう。

　談話と社会の認知的インターフェイスを詳細に分析することによって、さまざまな談話構造のための方法論的基盤が提供されるだけでなく、談話が社会における支配と抵抗の再生産にいかに関わっているかが説明できるのである。

さらに知りたい人のための文献

本章の関連文献はあまりに多いため、この章で扱ったテーマの参考文献を若干紹介するに留めておく。(CDSに関する基本的な文献やCDSの他のアプローチについては、本書の他の章を参照。)

van Dijk, T. A. (2008) *Discourse and Power*. Houndmills: Palgrave–Macmillan.
　　　　この論文集は、社会認知的アプローチの入門書としてよくできており、主に、政治談話や政治的認知に主眼を置いている。人種差別主義的な政治談話やイデオロギー、権力や権力乱用の定義に関する批判的分析の例を多く挙げている。

van Dijk, Teun A. (ed.) (2009) *Racism and Discourse in Latin America*. Lanham, MD: Lexington Books.
　　　　この編著書は、メキシコ、コロンビア、ベネズエラ、ブラジル、アルゼンチン、チリ、ペルーにおける人種差別と談話に関する論文を特集している。執筆はそれぞれの地域の専門家である。ラテンアメリカの言語学者や社会科学者によって執筆された、ラテンアメリカにおける談話と人種差別に関する唯一の英語の（スペイン語とポルトガル語からの翻訳）研究である。

談話分析の社会認知的アプローチ

van Dijk, T. A. (1998) *Ideology: A Multidisciplinary Approach*. London: Sage.
van Dijk, T. A. (2008) *Discourse and Context: A Sociocognitive Approach*. Cambridge: Cambridge University Press.
van Dijk, T. A. (2008) *Discourse and Power*. Houndmills: Palgrave–Macmillan.
van Dijk, T. A. (2009) *Society and Discourse. How Social Contexts Influence Text and Talk*. Cambridge: Cambridge University Press.
van Dijk, T. A. (2014) *Discourse and Knowledge: A Sociocognitive Approach*. Cambridge: Cambridge University Press.

英国、ヨーロッパ、ブラジルの（反）人種差別と談話に関する文献

Bonnett, A. (2000) *Anti-racism*. London, New York: Routledge.
Guimarães, A. S. A. and Huntley, L. (eds) (2000) *Tirando a máscara. Ensaios sobre o racismo no Brasil*. São Paulo, SP: Paz e Terra.
Twine, F. W. (1998) *Racism in a Racial Democracy: The Maintenance of White Supremacy in Brazil*. New Brunswick, NJ: Rutgers University Press.

van Dijk, T. A.（1993）*Elite Discourse and Racism*. Newbury Park, CA: Sage.
van Dijk, T. A.（ed.）（2009）*Racism and Discourse in Latin America*. Lanham, MD: Lexington Books.
Wodak, R. and van Dijk, T. A.（eds）（2000）*Racism at the Top: Parliamentary Discourses on Ethnic Issues in Six European States*. Klagenfurt, Austria: Drava Verlag.
Wodak, R., KhosraviNik, M. and Mral, B.（eds）（2013）*Right-Wing Populism in Europe: Politics and Discourse*. London: Bloomsbury Academics.

課題

　あなた自身の国のある政党（とくに右派）を取り上げ、2014年の欧州議会選挙でその政党が掲げたマニフェストとプロパガンダを収集しなさい。そして、移民政策や移民、コミュニケーションのコンテクスト、根底にある態度やイデオロギー、そして、それらの社会政治的機能について論じている、関連する構造の談話の断片を体系的に分析しなさい。

注
1　これらの例の翻訳は、どうしても完全に正確とはいえないが、できる限り原本に近づけたものではある。適切に翻訳しようとすれば、ブラジルの社会的および政治的状況についての詳細な知識が必要であろう。

第4章
社会研究における批判的ディスコース*分析の弁証法的関係アプローチ

ノーマン・フェアクラフ

(高木 佐知子／訳)

キーワード
弁証法的関係、説明的批判、構造とストラテジー、政治分析、領域横断的研究

＊本章においては、discourseの訳は「ディスコース」で統一している。

第4章では、領域横断的な社会研究におけるCDAの<u>弁証法的関係</u>の方法 (Chouliaraki and Fairclough 1999, Fairclough, 2003, 2006) を紹介し、説明する。まず第1節は、理論についてであるが、そこでは、ディスコースや批判的分析や領域横断的研究についての私の見解も含め、弁証法的関係アプローチについて説明する。第2節では、このアプローチの適用分野について簡単に論じる。第3節では方法論について説明するが、それをひと続きのステージとステップとして示し、中心となる分析カテゴリーの多くを明らかにする。第4節では例を挙げて、この方法論を政治問題の研究に応用することを示し、第5節では、特定のテクストを用いて、政治分析のアプローチを説明する。そして、第6節では、この方法論で達成できることをまとめるとともに、その限界についても論じる。

理論と概念

　まず用語について述べる。<u>ディスコース</u>は、一般に、さまざまな意味で用いられる。そのなかには、(a) 社会的プロセスの要素としての意味形成 (b) 特定の社会領域や社会的実践と結びつく言語（例「政治ディスコース」）(c) 特定の社会的見地と関連する世界の見方を構築する方法（例「グローバリゼーションについての新自由主義ディスコース」）が含まれる。これらの意味は混同されやすいので、その混同をある程度減らすために、最初に述べたもっとも抽象的で一般的な意味には「<u>記号作用</u>」という用語を用いたいと思う (Fairclough et al. 2004)。そうすることで、ディスコース分析はさまざまな「記号作用の様態」を扱うものであり、言語はそのなかの一つにすぎない（他には視覚イメージや「ボディランゲージ」がある）ことを示唆できる利点が生じるからである。

　記号作用はここでは、社会的プロセスの要素の一つで、他の要素と弁証法的に関連づけられるとみなされている。——したがって「弁証法的関係」アプローチといわれる。要素同士の関係が弁証法的というのは、異なってはいるが「別々ではない」、つまり、完全に離れているわけではないという意味である。それぞれの要素は他の要素を「内在化」するが他に還元されることはない (Harvey 1996) のである。たとえば、社会的関係、権力、制度、信念、そして、文化的価値観は記号作用的な一面

があるといえる。つまり、記号作用を内在化しているのだが、記号作用に還元されることはない。また、たとえば、政治制度やビジネス組織を一部記号作用的事物として分析するとしても、純粋に記号作用として扱うことは間違いである。「記号作用と他の要素との関係は何か」という重要な問いを発することができなくなるからである。CDAは記号作用それ自体だけではなく、<u>記号作用と他の社会的要素との関係</u>にも焦点を当てる。その関係の性質は制度や組織の間で異なり、時や場所によっても変わるものであるため、分析によって明確にする必要がある。

したがって、CDAは、<u>領域横断的研究</u>の枠組みに入れる必要があると考える。それは私が最近「文化政治的経済」関連の著作で用いているもので、経済分析の一形態・国家に関する一つの学説・CDAの一つの形態という、3つの学問分野からの要素を組み合わせたものである（Fairclough 2006, Jessop 2004）。領域横断的研究（transdisciplinary research）は学際的研究（interdisciplinary research）（Fairclough 2005）の特殊な形である。それが特殊なのは、学問分野や理論を結びつけて研究の論点に取り組むとき、それらの間の「対話」をそれぞれの研究の理論的そして方法論的発展のためのソースと考えていることである。たとえば、<u>再文脈化</u>は、その提唱者であるバジル・バーンスタイン（Basil Bernstein）の教育社会学との対話を通してCDAのなかに概念およびカテゴリーとして導入された（Chouliaraki and Fairclough 1999）。

CDAはどのような意味において<u>批判的</u>なのであろうか。批判的社会研究が目指すのは、現代の社会的「不正」（広い意味において、たとえば、不正義や不平等や自由の欠如など）の元になるものや原因、それに対する抵抗、そして、それらの克服の可能性を分析することによって、不正への取り組みに貢献することである。そのような研究には、「消極的な」側面と「積極的な」側面の両方があるといえる。前者に関しては、記号作用と他の社会的要素との弁証法的関係を分析し、説明をめざすということになる。その目的は、不平等な権力関係（人が人に対して行う支配、疎外、排除）の確立・再生産・変化において、そして、イデオロギーに関するプロセスにおいて、記号作用がどのように現れるか、そして、より一般的な言い方をすれば、それはどのように人間の「幸福」を圧迫するかを明らかにするためである。この関係が分析を要するのは、記号作用がどのように社会のなかで現れるかということも含めて、論理や力学がすべての人に対して完全に明らかになっている社会はないからである。人に見える弁証法的関係の形式は、しばしば偏っており、部分的に

誤解を与えるものなのである。後者については、これらの弁証法的関係に焦点を当てて、支配的な論理や力学が人の疑問を生み、抵抗を受け、妨害されるさまざまなやり方を分析し説明すること、そして、「不正」に対処し、よりよい幸福をもたらすことへの障害を乗り越えるために提案されるこれらのやり方が可能かどうかを明らかにする方向に批判が向かっているということである。

　社会的プロセスは、社会構造、社会的実践、社会的出来事という、3つのレベルの社会的現実の間の相互作用として考えることができる（Chouliaraki and Fairclough 1999）。社会的実践は一般的・抽象的な社会構造と固有の・具体的な社会的出来事の間を「仲介する」。そして、社会的場、制度、組織は社会的実践のネットワークとして構成される（ブルデューの社会的実践と場に関する著作を参照。Bourdieu and Wacquant 1992）。CDAのこのアプローチでは、分析の焦点は2つの弁証法的関係に置かれている。構造（とくに、構造化を行う中間的レベルとしての社会的実践）と出来事の関係（もしくは、構造と行為の関係、構造とストラテジーの関係）、そしてそれぞれにおける、記号作用と他の要素との関係である。記号作用は社会的実践や社会的出来事の他の要素と主に3通りの関わり方をしている。一つは、行為の側面としてで、2つ目は世界の諸相の解釈（表象）において、そして3つ目はアイデンティティ形成においてである。そして、この関わり方に対応して、記号作用に関する（ディスコース分析的な）3つのカテゴリーがある。それが、ジャンル、ディスコース、スタイルである。

　ジャンルは、記号作用的観点からの、行為と相互行為の方法であり、たとえば、ニュース、就職面接、新聞の報道記事や社説、テレビやインターネット上の広告などがある。仕事をすることや一国を治めていく行為の一部分は、なんらかの形で記号作用もしくはコミュニケーションの側面を持つ相互行為となっており、その活動と関連する特徴的なジャンルを持っている。

　ディスコース（群）は、記号作用的観点から（物理的、社会的、または、精神的）世界の様相を解釈する方法であり、一般に、さまざまなグループの社会的行為者のいろいろな立場やものの見方とともに認識される。たとえば、貧しい人々の生活は、（政治、医療、社会福祉、学術的な社会学における）さまざまな社会的実践と関連するいろいろなディスコース群を通して解釈されるだけでなく、立場やものの見方の違いに対応するそれぞれの社会的行為者グループの異なるディスコース群

を通しても解釈されるのである。特定の観点から世界を「把握する」という、能動的でしばしば困難なプロセスを強調するために、私は、「解釈する (construe)」という語を「表象する (represent)」よりも優先的に用いている。

　スタイルは、記号作用的観点からみたアイデンティティ、もしくは「存在の仕方」である。たとえば、企業や大学で現在流行している流儀で「幹部」を務めるということは、ある部分において、適切な言葉遣いやしぐさといった記号作用的スタイルを実践していることになる。

　社会的場、制度、組織などを構成する社会的実践（のネットワーク）の記号作用領域はディスコースの秩序 (Fairclough 1992b) として存在する。そして、出来事の記号作用領域はテクストとなる。ディスコースの秩序は、さまざまなジャンル、さまざまなディスコース群、さまざまなスタイルが特定の形で配置されたものである。ディスコースの秩序は、記号作用的な違いを社会的に構築するものであり、それは、さまざまなジャンル、ディスコース群、そして、スタイルといった、意味生成のさまざまな方法の間の関係性に特定の社会的秩序づけをおこなうことである。したがって、たとえば、教育の場を構成するような社会的実践のネットワークや大学のような特定の教育組織は、一つのディスコースの秩序として記号作用的に構成される。テクストは、書かれたものだけではなく、たとえば、会話やインタビューも、そして、テレビやインターネットの「マルチモーダル」なテクスト（言語と視覚映像の混合）も含む、包括的な意味において捉えられることになる。出来事のなかには、ほとんどすべてがテクスト（たとえば講義やインタビュー）でできているものもあれば、テクストが比較的小さな部分となっているもの（たとえばチェスの試合）もある。

　特定の社会的場や制度から生じるディスコース群（先回りして例を挙げると、学問としての経済学やビジネスで始まった新自由主義経済ディスコースなどがある）は他の場に（たとえば、政治の場やさらに広い教育の場に）再文脈化されるかもしれない。再文脈化は相反する性質を持つ (Chouliaraki and Fairclough 1999)。それは、ひとつの場や制度が他によって「植民地化」されるとみなすことができるのだが、それだけでなく、「外部の」ディスコース群の「充当」ともみなされるのである。再文脈化の場で、特定の社会的な行為主体の集団が求める戦略にディスコース群が組み入れられるということがしばしば起こる。例えば、ヨーロッパのかつて社会主

義国であった国々が市場経済や西欧型民主主義政府へと「移行」する際、ディスコースの「植民地化しつつある」再文脈化（たとえば「私有化」のディスコース群）が起こったが、それとは別に、新規に登場した企業家、政府役人、国営企業の経営者などの戦略として組み込まれたのである（Fairclough 2006）。

　ディスコース群はある状況のもとで<u>操作化される</u>、つまり、「実施される」であろう。それは、3つの側面を持つ弁証法的プロセスと考えられる。まず、ディスコース群は、新しい（相互）行為の方法として<u>実行される</u>であろう。そして新しい存在の仕方（アイデンティティ）として<u>教化される</u>であろう。さらに、建築などで空間を構築する新しい方法を作り出すように、物理的に<u>具体化される</u>であろう。実行や教化は、それ自体、記号作用的様式をとると考えられる。すなわち、新しい経営ディスコース（たとえば、教育や医療のような公共部門の場に侵入してきた市場化された「新公共経営」ディスコース）は、経営者と従業員の間の相互行為の新しいジャンルを含む経営の手順として実行されるかもしれないし、また、それ（新しい経営ディスコース）は、新しいタイプの経営者スタイルの記号作用的側面（たとえばことばやしぐさなど）をもつアイデンティティとして教え込まれるかもしれない。

　前述したように、CDAは、<u>構造</u>（とくに社会的実践の中間的レベルの構造化）に焦点を置いたり、社会的な行為主体の<u>ストラテジー</u>に焦点を置いたりする。ストラテジーは、社会的な行為主体たちが、現在の構造や実践のなかで結果や目的に到達しようとしたり、特有の仕方でそれらを変えようとしたりする方法である。この焦点の移動には、社会変化の一部をなす記号作用面の構造化の変化（つまり、ディスコースの秩序の変化）に注意を向ける、あるいは、社会的な行為主体がテクストにおいて、どのようにそれらのストラテジーを記号作用の観点で実行していくかに注意を向けることも含まれる。いずれの点においても中心となる関心は、ジャンル間、ディスコース間、そしてスタイル間の関係が変化することである。この変化はすなわち、これらの間の関係が社会で構築されていく際の変化であり、それは、ディスコースの秩序の相対的な永続と安定を達成する変化である。さらに、ジャンル間、ディスコース間、スタイル間の変化は、それらの間の関係を絶えず作り出したり、再生産したりすることであり、このCDAのアプローチでは、テクストの通常の特徴であると見なされる。

　<u>間ディスコース性</u>という用語は後者、すなわち、社会的な行為主体のストラテジ

ーに焦点を置くことにあてはまる。テクストの間ディスコース性は、間テクスト性の一部分であり（Fairclough 1992b）、テクストがどのジャンル、ディスコース群、スタイルを利用し、どのように、一定の形で組み合わされて作り上げられるのか（節合）という問題である。テクスト分析は、また、言語分析も含み、必要に応じて、視覚映像や「身体言語」の分析もなされる。テクストのこれらの特徴が、間ディスコース的特徴を実現しているとみなされる。

適用分野

　弁証法的関係アプローチは全般的な問いに取り組む。研究対象となっている社会的プロセス（論争点、問題、変化など）において、記号作用および、記号作用と他の社会的要素の間の弁証法的関係性の格別な重要性は何かという問いである。この問いは、社会科学や人文科学の領域をまさに横断するようなものであるので、本アプローチの有益な適用分野の可能性も、それが適用されるジャンルやテクストの範囲も狭めたくはないと考える。たしかに、あるタイプのテクストの場合、特殊な問題が起こるであろうが――たとえば文学テクストの場合――それは別の問題である。一般に、私は、方法（方法論）を分野やテクストタイプにうまく合わせようとしたり、研究者がデータや研究課題に「ぴったり合う」方法を探し出す必要があると考えようとすることに反対である。要するに、弁証法的関係アプローチの適用分野を事前に制限したくないのである。

　「アプローチ」と「適用」の関係は単純なものではない。現在の形の弁証法的関係アプローチは、これまでさまざまな分野で「適用」されてきたことで、変化を遂げたのである。このアプローチの始まりは、1990年代初期のディスコースと社会的変化についての私の著作（とくにFairclough 1992b, 1995aを参照のこと）にみることができるが、それらの著作そのものも言語とイデオロギーと権力の関係についての以前の研究（Fairclough 1989/1991）から生まれたものである。この流れでのCDAを適用した初期ものには、高等教育の「市場経済化への移行」とサッチャー政権によって始められた「企業文化」プロジェクト、そして、政治ディスコース、メディアディスコースのさまざまな側面（Fairclough 1995a）と教育における「批判的言

語意識」(Fairclough 1992a) がある。これらの研究から生まれた重要な理論的発展には、社会的実践ネットワークの記号作用領域としてのディスコースの秩序（すでにFairclough (1991) で用いられている概念ではあるが）の概念化と、チョウリアリキー (Chouliaraki) の教室ディスコースについての研究 (Chouliaraki 1995; Chouliaraki and Faircough 1999) におけるCDAカテゴリーとしての「再文脈化」の発展、そして、ディスコースにおける弁証法の前景化があった。この段階での適用例の一つに、新しい労働党の政治ディスコースがあった (Fairclough 2000a)。さらに、「批判的実在論」で軽視されてきた記号作用的問題点を探求したり (Fairclough et al. 2004)、弁証法的関係アプローチを「文化政治的経済」(Jessop 2004) に組み込んだりすることで、理論的な発展がみられた。後者は、東・中央ヨーロッパにおけるグローバル化や「変遷」の研究においてとくにCDAの観点から取り組んだものである[1] (Fairclough 2006)。

方法論

　私は、これまで、領域横断的な社会科学研究におけるCDAの弁証法的関係アプローチを使用するのに、「方法」というより「方法論」について述べてきた。なぜなら、このプロセスはまた、<u>研究目的</u> (Bourdieu and Wacquant 1992) がいかに理論的に構築されるかによって方法が選択されるという理論的なものであると考えるからだ。したがって、単に、普通の意味で「方法を適用する」というものではない。理論と方法を明確に分けることはできないのだ。このCDAの手法は、以下で述べる<u>一般的方法</u>を伴う。ただし、特定の研究のための固有の方法というのは、目的を構築する理論的プロセスから生じるのである。

　私たちは、方法論のなかの「ステップ」や「ステージ」を、機械的なやり方では解釈されないということを条件に明らかにしていく。「ステップ」や「ステージ」は、方法論のなかの重要な部分である（「理論的秩序」の問題）。あるステップから次に進むのは何らかの意味はあるのだが（「手続き的秩序」の問題）、研究をしていくうえでのそれらの関係は、単に連続的な秩序の関係ではないのだ。たとえば、以下で言及する、「研究目的」を構築することについての「ステップ」は、たしかに後続のステップより優先されなくてはいけないが、後続のステップの観点からすると、そ

の研究目的構築のステップに「戻る」のも意味があるのだ。研究目的を練り上げ組み立てることは方法論全体を通しての優先事と考えられるからである。また、たとえば、論文を書く際に守ろうとする「プレゼンテーション」の秩序と「理論的」「手続き的」秩序を区別することは有効である。理論や手続きと関係のない一般の修辞的要因が、分析を提示する順序に影響することがあるからだ。

方法論は、バスカー（Bhaskar）の「説明的批判」（Bhaskar 1986; Chouliaraki and Fairclough 1999）の変形とみることができる。4つの「ステージ」として表され、さらに「ステップ」として詳述されている。

ステージ1　記号作用的側面における社会的不正に焦点を当てる。
ステージ2　社会的不正に取り組む際の障害を明らかにする。
ステージ3　社会的秩序がこの社会的不正を「必要としている」のかどうかを考える。
ステージ4　障害の克服可能な方法を見いだす。

ステージ1　記号作用的側面における社会的不正に焦点を当てる。

CDAは批判的社会科学の一形式であり、社会的不正の性質や原因、その問題の取り組みへの障害と障害を克服する可能な方法について私たちが理解を深めるのに適した学問領域である。「社会的不正」は、広い意味で、人間の幸福にとって有害である社会システムや社会形態、社会秩序の諸相と捉えることができる。これらの諸相は、おそらく、このシステム、形態、秩序が大きく変化することで、排除できないまでも、大体において改善できるものなのである。例としては、貧困、さまざまな形の不平等、自由の欠如、人種差別主義などが挙げられるだろう。何が「社会的不正」となるのかについては、もちろん異論のあるところであるが、CDAは、この常時行われている討論や論拠に必然的に関与している[2]。

ステージ1は2つのステップに細分化できる。

> ステップ1：社会的不正と関連があったりそれを指摘しているような研究テーマを選びなさい。記号作用的「契機」と他の「契機」の弁証法的関係にと

くに焦点を当てた領域横断的手法で生産的なアプローチができるようなテーマにしなさい。

　たとえば、テーマの記号作用的特徴に重要なものがみられ、それがこれまでの社会的研究では十分に注意を払われなかったものである場合、そのようなアプローチは「生産的」だとされる可能性があるといえるかもしれない。あるテーマは、私たちの興味をひきつけるものとなるかもしれない。というのも、関連のある学術出版物では目立つものであったり、また、(政治討論もしくは経営や「リーダーシップ」の問題に関する討論において、また、メディアでの解説などにおいて)争点となっている領域や分野での実際の注目の的であったりするからである。テーマはしばしば「与えられる」ものであり、また、時には、実際、テーマの方からやってくるのだ。たとえば、「移民」や「テロ行為」や「グローバル化」や「安全保障」が現代の重要なテーマであり、人間の幸福にとって重要な意味を持ち、研究者たちが注意をはらうべきだということを誰が疑うことができるだろうか。このようなテーマを選ぶと、研究は現代の課題や問題や不正に関連があるという保証がえられる利点があるが、また、これらの問題が非常に明らかであるために、私たちがそれらをあまりにも額面どおりに捉えてしまうという危険性もあるのだ。このようなテーマが分かりやすい研究対象になると思ってはいけない。テーマを対象に「翻訳する」ためには、それらを理論化しなくてはならないのだ。

　<u>ステップ2</u>：最初に明らかになった研究テーマのための研究対象を領域横断的な方法で理論化して、構築しなさい。

　以下で論じる例を先取りすることになるが、選択された研究テーマを、国家戦略・政策と「グローバル経済」の関係性であるとしよう。いいかえれば、グローバル経済のために開発された国家戦略・政策、もしくは、グローバル経済への国家戦略・政策の適応である。たとえば、特定の国における「競争力」(私が論じた例では英国における競争力の政策について述べている)を高めるための戦略や政策に焦点を当てることによって、この関係性を明確にすることもできるだろう。批判研究のテーマとして、このような研究は十分妥当なものであるように思われる。現代の

政府が最優先の任務とするのは実際、「グローバル経済」への適応であるし、このプロセスは確かに人々の幸福に影響を及ぼすものであるからである（「グローバル経済」は今までよりも大きな繁栄と機会を与えるものとして大きく喧伝されているが、しかし一方では、苦痛や不安をもたらされる人もいるということも知られている）。異論はあるだろうが、この場合の社会的問題に関して明確にいえるのは、ある人たちの──おそらくは大多数の人の──幸福（物理的繁栄、安全、政治的自由などといった幸福）は、不公平にも、もしくは、不当にも、他の人の利益のために犠牲にされているということである。以下で、そのような社会的不正に関して、ある特定の政治的側面に焦点を当てる。戦略・政策について国民の合意を優先し政治的相違を隠蔽する例である。

　このテーマにむけて研究対象を決めていくには、そのテーマに関して分かりきっていること以外のことを明らかにするために、さまざまな領域のなかからテーマと関連する理論を選んで利用する必要がある。焦点はとくに記号作用的「入り口点」に置かれており、そこから研究が進められるため、利用する理論には、記号作用やディスコースの理論が含まれることになる。どの理論的観点を利用するべきかという問いに「正解」はない。問題となっているプロセスや、人々の幸福に対する影響、よりよい幸福をもたらす可能性について理解を深めることができるのが批判研究だが、それにふさわしい対象を定める根拠として、どのような観点が実りある理論化に導けるのかは、研究者が判断することである。研究者は、関連領域の専門家が集まった研究チームで作業をしたり、そのような領域の文献を活用するというように、領域横断的に研究を進めなくてはいけない。

　この場合、どのような理論的観点が利用できるだろうか？　観点として含まれると考えられるものとしては、「グローバル経済」を理論化し分析し、そして、たとえば、そのグローバル経済が「必要の領域」つまり、まぎれもない現実になるのか、なるとしたらどのようにしてなるのかについての見解を示す（政治的）経済理論である。そして、国家や政治についての理論であり、「グローバル化」の時代における国家や国内外の政策の性質や機能について探究する理論である。さらには、「グローバル民族誌」の理論がある。これは、地域グループや個人が、必要な領域としての「グローバル経済」にいかに適応しようとするか、またときにはいかに検証したり、異論を唱えたりするのかということに焦点を当てるものである。ディスコー

ス理論の重要性は、「グローバル経済」に関するこのような潜在的な問いかけによって示される。学術的な文献と政治・職場・日常生活での「グローバル経済」への実際的な対応の両方において重要な課題となっているのは、現実とディスコースの関係である。「グローバル経済」およびその影響・潜在的意味・結果についての現実とディスコースである。記号作用的「入り口点」からこのトピックに入っていくために、まず、研究対象に関する一般的手法として、現実とディスコースの複雑な関係性の分析を示し、そのあと、検討する実例に関わるより具体的な手法を、政治ディスコースの分析についての以下の節で提示する。

ステージ2　社会的不正に取り組む際の障害を明らかにする。

　ステージ2は、社会的不正に対して、やや間接的な方法で取りかかる。社会生活が築かれ組織される方法に関して、その社会的不正への取り組みを妨げるのは何かを問うことによって行うのである。これには社会的秩序の分析が必要であり、分析への入り口点は記号作用的なものとなる可能性があるため、関連のあるテクストを選んで分析し、記号作用と他の社会的要素との間の弁証法的関係を探ることになる。

> ステップ1から3は、以下のように定式化される。
> <u>ステップ1</u>：記号作用と他の社会的要素との弁証法的関係を分析しなさい。すなわち、ディスコースの秩序と社会的実践の他の要素との関係であり、テクストと他の出来事の要素との関係である。
> <u>ステップ2</u>：上記の分析のためのテクスト、主眼点、カテゴリーを選びなさい。その際、研究対象の性質を考慮し、研究対象の性質にふさわしいものを選ぶこと。
> <u>ステップ3</u>：テクスト分析を行いなさい。間ディスコース分析と言語的／記号論的分析の両方を行いなさい。

　全体をまとめると、この3つのステップは、このCDAの重要な特徴を示している。つまり、テクスト分析は、記号作用的分析（ディスコース分析）の一部にすぎず、前者は後者のなかに適切に入れ込まれなければならないのである。目標は、と

くに記号作用的な「入り口点」を、さまざまな理論や分野の間の対話を通して、領域横断的に構成されている研究対象へと発展させることである。テクストの分析がこの目標に効果的に貢献できるのは、社会的実践のレベルと出来事のレベル（そしてディスコースの秩序とテクスト）の間の関係を含む、記号作用と他の要素との間の弁証法的関係という点から研究対象がより広い分析のなかに位置づけられる場合だけである

　この3つのステップについては今の段階ではあまり詳述しないでおく。以下で例を用いて実際に行うと、より明らかになってくると考えるからである。

　ただし、ステップ3に関して1点だけ述べておく。先に、個別のケースで使用されるテクスト分析の方法は研究対象に依存するが、本章で紹介するCDAには一般的な分析手法があると述べた。私は、このことについて、最初の節で示唆した。すなわち、テクスト分析には言語学的分析（そして、関係があるときは、視覚イメージのような他の記号作用の分析）と間ディスコース分析（どのようなジャンルやディスコースやスタイルが用いられるか、またそれらがどのように特定の関連づけに織り込まれるか（節合されるか）についての分析）の両方が含まれる。さらに、間ディスコース分析には、関連する社会分析を伴う言語学的分析と、社会的実践の分析を伴う、出来事の一部としてのテクスト分析——より一般的にいうと、構造の分析を伴う出来事（行動、ストラテジー）の分析——を仲介する「中間レベル」を構成するという重大な効果がある。なぜそうなのか。なぜなら、間ディスコース分析は、ジャンル、ディスコース、スタイルが、テクストにおいて特定の出来事の一部として、そして、より安定的で持続的なディスコースの秩序において実践のネットワークの一部として、どのように関連づけられているのかを比較するものであるからである。そして、この実践のネットワークは（社会的実践として）、さまざまな様式の社会分析の対象となっている。

ステージ3　社会的秩序がこの社会的不正を「必要としている」のかどうかを考える。

　これが何を意味するのかそれほど明らかではないので、再び例に先んじて明確にすることにする。上で述べたことだが、例示の際に私が焦点を当てる社会的不正とは、国民の合意形成を求めるべく、グローバル経済に対する政治的相違とそれに

対する国民の対応が抑圧されていることであり、そしてそれが、実質的にディスコースで実現されているということである。社会的秩序はどのような意味においてこれを「必要とする」のだろうか？　おそらくは、——ふたたび以下の議論の先取りになるが——新自由主義的原理に基づいて経済秩序をグローバル化するための国際的に有力な戦略は、国家が、「古い」敵対的政治に邪魔されずにこの戦略の支持をえて機能できるということが必要だという意味においてであろう。ステージ3では、焦点が当てられている社会的不正はその社会的秩序に固有のものなのだろうか、その秩序のなかで取り組むことができるものなのだろうか、または、秩序を変えることによってのみ対処できるものなのだろうか、を考察することになる。これは、「である」を「であるべきだ」に結びつける手法である。すなわち、社会的秩序が主な社会的不正を本質的に生み出すものとして示されるならば、それは、秩序をおそらくは変えるべきだとする根拠となる。そして、それはまた、イデオロギーの問題につながる。すなわち、ディスコースは、権力と支配の一定の関係を維持するのに貢献する限りにおいて、イデオロギー的だということである。

ステージ4　障害の克服可能な方法を見いだす。

　分析の第4ステージでは、消極的な批判から積極的な批判へと移る。記号作用と他の要素間の弁証法的関係に焦点を当て、当の社会的不正に取り組む際の障害を克服するための可能性を、現在の社会的プロセスのなかに見出すのである。ここに含まれるのは、記号作用的な入り口点から始め、障害が実際に試され、異論を唱えられ、抵抗を受けるその手法の研究へと発展させることである。それは、組織化された政治グループ、社会グループやそのような動きのなかに見られるものでも、より非公式には、日常の労働や社会生活や家庭生活のなかで人々によって行われるものでもよい。とくに記号作用的な焦点があたるものは、支配的ディスコースが（論証のなかで、世のなかの解釈、社会的アイデンティティの解釈などにおいて）反発を受け、異議を唱えられ、批判され、反対されるその様子であろう。

　本節を終えるにあたって、私がこれまで紹介してきた、このCDAのアプローチの中心的分析カテゴリーを列挙する。

中心的な分析カテゴリー
記号作用（そして他の社会的要素）
ディスコース／ジャンル／スタイル、ディスコースの秩序（そして社会的実践）
テクスト（そして社会的出来事）
間ディスコース性（そして間ディスコース分析）
再コンテクスト化
操作化^{訳注1}（実行、教化、具体化）

分析例：政治ディスコース分析

　以下で論じるテクストは政治テクストである。扱うのは、英国のトニー・ブレア元首相が書いた政府文書の序文と労働党の2人の元党員が書いたブレア氏の「新しい労働党」政府への批判である。前述したように、研究テーマがどのようにして研究対象とされるかによって、分析テクストの選択と分析の性質が決定される。本節では、上で挙げた研究テーマ（国の戦略と政策をグローバル経済に適応させること）のための研究対象をより具体的なものとして提案する。そこには、現代の「政治状況」に関する政治理論の考察、および、政治や政治ディスコースの分析のために提案される中心課題や優先課題も含まれる。私は、現代政治の性質や、とくに英国のような資本主義の先進国における国家（the State）についての理論的観点について論じるが、この章のスペースには限界があることを考えると、この議論は完全なものにはならないことを強調しておく。私たちがテクストに取り組む際には、本節の題材はまた、方法論ステージ2のステップ1の手助けになる。これは、記号作用と他の要素との弁証法的関係を、とくに、社会的実践やディスコースの秩序のレベルで分析するものである。

　現代の「政治的状況」の分析を大幅に凝縮して4つの主要な主張の形にした、その概要から始めよう。

・支配的な新自由主義型のグローバリゼーションは、国家や国内（国外も同様に）

政治における変化と関連している（Harvey 2003; Pieterse 2004）。
・国家は、自国のための資本の競争的利益を確保するという主要目的を持った「競争国家」になる傾向がある（Jessop 2002）。
・主要な政策の範囲内で、以前は特徴的だった（たとえば政党間の）政治的不一致や論争が弱まったり、主要な戦略や政治問題について同意が生まれたりするという関連した傾向がある（Ranciere 2006）。
・このような傾向は、根本的な政治危機を作り出す。それは、民主主義に対する脅威だけでなく、国家主義や外国人排斥主義で埋められうる真空状態を作り出す（Mouffe 2005; Ranciere 1995）。

　上の4番目は、（民主主義的）政治と近代民主主義における政治の一般的な性質についての特定の観点に基づくものである。とくに、ここではランシエール（Ranciere）の観点について説明しようと思う。彼は、アリストテレスが、「良い統治体制」の特徴を「政体の混合」としたときに予期したように、古代も現代もともに、民主主義は、混合体であると主張する。すなわち、（寡頭政治と民主政治という）両方の要因があるようにも思われ、また、同時に、どちらもないようにも思われる、つまり、寡頭政治の独裁者は、寡頭政治しか、民主主義者は民主主義政治しか目に入らないからである（Aristotle, Politics IV 1294bを参照）。これは、「政治の問題は、大勢の富を持たざるもの（aporoi）と少数の富を持つもの（euporoi）が存在する都市すべてにおいて始まる」（Ranciere 1995: 13）という事実からきている。政治の課題は金持ちと貧しい人々との間の不滅の対立を和らげコントロールすることであり、それはすなわち、民主主義の行き過ぎを抑制することを意味する。私たちが現在、「民主国家」と呼んでいるものは、実際には、少数派が多数派に対して統治を行う寡頭政治国家なのである。この国家をとくに民主的にしているのは、寡頭政治国家の権力が国民の権力に基づいたものであるということである。それは政府が選挙で選ばれているということから非常に明白である。民主国家では、寡頭政治と民主政治は緊張状態を伴う対立的原理であり、いかなる統治形式も両者の間の不安定な妥協である。したがって、公共圏はこの二つの原理の間の出会いと対立の領域となる。政府は公共圏を減らしてそれを専有し、非国家的主体を私的領域に追いやる傾向があり、民主主義とはこのような私有化に対する闘争である。すなわち、公共圏を拡大し、政

府によって押しつけられた公／私の区別に反対を唱えることである。

　現代民主国家では、国民主権を伴う「闘争的均衡状態 (conflictual equibruium)」が過小評価されている。この寡頭政治制度は「合意への展望 (consensual vision)」につながる。これは、現代の現実、すなわち、グローバル経済とそれが約束する際限なき「成長」の可能性は私たちに選択の余地を残さないという主張からである。政府は「グローバルな必要性のローカルな効果を管理する」企業であるが、それには同意が必要であり、政治的不一致という「古風な」気ままな終了が要求される。寡頭政治は、国民なしの統治、すなわち国民間の不一致なしの統治に魅せられるが、それは、政治的手段を使わず効果的に国民主権を問題あるものにしてしまう。しかし、抑え込まれた不一致は、政治システム外の運動への動員という形態（たとえばネオリベラルなグローバリゼーションの負の影響やイラク戦争への抵抗として）や極右国家主義や外国人嫌悪という危険な形態でよみがえるのである。

　政治分析についての優先事項は、結果的に、現代の脱政治化 (depoliticization) のプロセスになるが、これは、決して新しい戦略ではなく（Ranciere (1995) によると、それは「政策のなかでもっとも古い課題」である）、今では、とくに深刻で脅威的な形で出現しているものである。脱政治化は、問題や人を政治的討議や政治決定のプロセスから排除するもの、つまり、これらを政治の外に置くものである。しかし、もし、寡頭政治と民主政治の原理の間の緊張、脱政治化に対する民主主義の反応、そして、どのように反応が脱政治化への圧力に対抗することができる勢いをつけるのかを分析することになるなら、政治化 (politicization) も同様に優先事項となる。また、脱政治化と政治化の両方を優先事項にした人は他にもいるが（Hay 2007; Muntigl 2002b; Palonen 1993; Sondermann 1997）、その理論的観点は違うものである。

　このような優先順位づけを行うと、他の問題や課題に帰される中心性に疑問を呈する根拠が出てくる。二つのケースを簡単に述べよう。まずは、再帰的近代化 (reflexive modernity) の理論家によって「下位政治 (subpolitics)」または「生活政治 (life politics)」の特性とされた中心性であり、最近の「アイデンティティ政治 (identity politics)」が注目されていることと関連するものである。これは、「草の根」政治行動を重視するという点で上記の観点と合致しているが、このような政治を、政治システムの中心にある敵対的政治に代わるものとして解釈すると衝突が起きる。政治化の「草の根」政治は脱政治化の持つ対立的論理によって定義され制限される。国

家や政府に目標を定めた敵対的政治は決して時代遅れではないのである。2つ目は、たとえば、ハーバーマス（Habermas 1967）の影響を受けた人々によって「熟議民主主義（deliberative democracy）」の特性とされる中心性で、敵対的政治は取って代わられうるものであり、政治的対話を合意形成の理性的プロセスであると解釈するという前提を伴う傾向がある。この理性的プロセスは、不一致や差異、対立を、いずれ「解決される」「問題」に過ぎないという想定ももたずに、共有の政治共同体内で存在するがままにしておくプロセスとは異なる。異なる理論用語では、「これらは矛盾している。対処は可能ではあるが、現在あるシステムのパラメーターの範囲内では解決することができない」（Jessop 2002）ということもできる。このことは、政治における協力の価値を下げたり無視したりするものではない。政治対話における衝突には協力が必要であり（あるレベルで協力し合っている人たちだけが衝突することができるのだ）、敵対的政治は、必ず、協力的瞬間を含むのである（たとえば、同盟条約の締結）。

　このように、脱政治化と政治化の分析過程へ入る明確な記号作用的「入り口点」を、効果的に明らかにしていくことができる。これを以下のテクストの分析で説明する。これによって、政治ディスコース分析でこれまで、より注意を向けられていた他の問題や関連するカテゴリーが除外されるわけではない。実際、そのいくつかについて述べるつもりである（正当化、操作化、イデオロギー、協力、アイデンティティ）。しかし、それには、カテゴリー間の関係性のマッピングが異なるという意味あいも含まれており、そのいくつかを再概念化したり、変更したりするということになるかもしれない。

　政治化と脱政治化は高いレベルの戦略、いいかえれば「マクロストラテジー」であり、正当化と非正当化もまたそうである。ストラテジーは目的と手段を結びつけるものである。ゆえに、これらのマクロストラテジーは寡頭政治あるいは、また、民主政治の目的（たとえば政治的不一致からの干渉を最小限として政治を行う、政策の相違を公共圏に押し出す、など）を達成するための手段であるとともに、それ自体、手段としてのさらなるストラテジーと関連を持つ目的なのである。私たちは、（脱）政治化と（非）正当化のストラテジーを明らかにすることができる。たとえば、「権威化（authorization）」や「合理化（rationalization）」は正当化ストラテジーとして提案されてきた（van Leeuwen 2007, van Leeuwen and Wodak 1999）。これらはすべて、政治

ストラテジーであり、概して記号作用で実現されてはいるが、記号作用の（もしくは「ディスコース」の）ストラテジーではない。

これまでは、研究の対象は、グローバル経済のための国家戦略と政策を採用する際の、ディスコースと現実の間の複雑な関係であると、おおまかに述べることができるとしてきた。今は、より正確に言い換えることができる。すなわち、「グローバル経済」に対する国の対応における脱政治化と政治化のストラテジーの記号作用による具現化であり、英国における競争政策に焦点を当てたものである、と。

例証：政治テクストを分析する

さて、2つのサンプルテクストの分析を行うことにする。一つは、競争力に関する貿易産業省の白書（DTI 1998, 付録1を参照のこと）にトニー・ブレア英国元首相が寄せた序文である。3節の方法論で挙げたステージとステップにしたがってコメントをまとめることにするが、ここまでステージ1について十分に議論をしてきたので、それについてのコメントは短いものにとどめておく。

ステージ1　記号作用的側面における社会的不正に焦点を当てる

ここで焦点を当てる社会的不正は、戦略や政策の重要な課題――すなわち、急激な国際的経済変化に、国としてどのように対応するか（その変化は実際には何であるのかというそれ以前の問題も含めて）――に関して、同意形成を選び、政治的な意見の相違を抑圧したり無視したりすることである。このような事態は、上で述べたように、民主主義をむしばむという点において社会的不正であり、それだけでなく、政治の場で明言できない異論が、国家主義や外国人排斥という形で現れるという危険をもたらす。このように脱政治化のマクロストラテジーが記号作用で実現することに焦点を当て、先に論じた研究対象の構築を行えば、記号作用的入り口点から分析を行うことが可能となり、それが有益なものとなる。二つめのテクストは、ブレア氏の「新しい労働党」政府を批判する元労働党員によって書かれた本（Brown and Coates 1996）からの引用で、政治化のマクロストラテジーが記号作用によって実

現していることの例になっている(ただし、両方のマクロストラテジーが同じテクストで機能しているかもしれないということに注意すること)。ブレア氏のテクストは、時流が脱政治化へ向かう傾向が支配的であることを代表するものである。しかし、この傾向は、二つ目のテクストに見られるような政治化を行う対応と相容れるものである。ただし、それは、政府の戦略や政策に対してあまり影響力を持たないことが多い。さて、私は、研究テーマに合った研究対象の設定について、具体例を見越してステップ1と2の議論をすでに行っているので、これからステージ2に進むことにする。

ステージ2　社会的不正に取り組む際の障害を明らかにする。

　ここでは、含まれている3つのステップを順に取り上げながら、ステージ2を論じることにする。

> ステップ1：記号作用と他の社会的要素との間の弁証法的関係(ディスコースの秩序と社会的実践の要素との関係、および、テクストと出来事の要素との関係)の分析

　ステップ1にはまた、構造(社会的実践の中間レベル)と出来事(そしてストラテジー)の間の弁証法的関係も暗に含まれる。ここで取り上げる社会的実践とディスコースの秩序について、前節で言及したのだが、現代の資本主義と関連する「再構造化」や「再スケール化」(Jessop 2002)の傾向と英国の新しい労働党についての短い解説を付け加えて、もう少し内容を充実させたいと思う。

　再構造化は、構造関係における変化、とくに、経済と経済以外の領域の関係性の変化のことで、前者による後者(政治や主権国家に関する領域も含む)の広範な「植民地化」が含まれる。そして再スケール化とは、社会生活のグローバル的・地域的・国家的・局所的スケールの間の関係が変化することであり、政府やガバナンスの変化も含まれる。これらの変化の傾向を分析すると、焦点となっている英国の戦略や政策を文脈化するのに役立ち、それらが何の一部分となっているのかがわかる。国々の政府は、他の政府だけでなく、国際的機関(たとえば、欧州共同体、世

界銀行、国際通貨基金など) やビジネスネットワークやその他の機関も含むより大きなネットワークのなかにしだいに組み入れられてきている。Castelles (1996) によると、財界と政府の複合体が基となるこのような超国家的ネットワークのなかで、各政府は、ますます「結び目」として機能するようになっているが、その「機能」は、「グローバル経済」での競争に成功する (金融上、財政上、法的、「人材的」など) 状況を作り出すことに力点が置かれているということである。今注目している政府の戦略や政策がこのような強力なネットワークに閉じ込められているとすれば、そのこと自体、社会的不正に取り組むための重大な障害となる。

　しかし、これらの再構造化や再スケール化のプロセスには、重要な記号作用領域がある。プロセスに含まれる社会的実践のネットワークはディスコースの秩序でもあり、それ自身、構造的、スケール的な境界を横断するのである。たとえば、最初のテクストで描かれているグローバル化についての支配的な新自由主義ディスコースは、政治だけでなく教育についても支配的なものであり、また、欧州共同体、世界銀行、英国以外の他の多くの国においても支配的なものである。さらに、ジャンルやスタイルについても、同様に、構造的、スケール的に広く行きわたっているものがある (Fairclough 2006)。加えて、再構造化や再スケール化のプロセスが「記号作用によって進められる」という意味において、記号作用領域はこれらのプロセスの土台といえる。これらのプロセスは、経済、政治、教育などにおける構造やスケールに新しい関係性を求める「仮想物」(Jessop 2004, 2008) ――つまり想像され頭で描かれたもの――ともなるディスコースとして始まる。これらのプロセスは、独占的になったり、あるいは支配的になることもあろう。また広い範囲で再文脈化される場合もあろう。プロセスが独占的になって初めて、新しい構造、実践、関係性、制度のなかで、そのプロセスを「操作化」することが可能となる。そしてその操作化そのものが、ジャンルや「ジャンルネットワーク」(下記参照) の出現および普及に際して、部分的に記号作用的側面を持つ。このようにして、スタイル同様、これらの複雑な新しいネットワークのガバナンスが可能となる。この記号作用領域は新しい構造化とスケールの関係性のなかに深く埋め込まれるとともにそれらを構成しており、社会的不正に取り組む際の障害の一部になっているのである。

　テクストと社会的出来事の他の要素との弁証法的関係に関して全体的に言えることは、政治テクストは政治的出来事についての表面的な飾り模様ではなく、その出

来事を構成する根幹の部分であるということである。たとえば、本章の例でいうと、ブレア政権が「グローバル経済」に適応して英国の「競争力」を拡大するためにとった戦略や政策には、明らかにテクスト面での特徴がみられる。これらの戦略や政策は、出来事の複雑な連鎖やネットワーク（委員会の会議、報告書、国会討論、記者発表、記者会見など）のなかで形成され、広められ、正当化がなされるが、そのほとんどがテクストの連鎖であり、ネットワークとなっている。すなわち、異なったタイプのテクストが、規則的、体系的に結びついているのである。たとえば、上のパラグラフで述べた「ジャンルネットワーク」にしたがって、テクストは結びつけられる。これは、体系的に結びつけられたジャンル（たとえば、議論、報告、討論）であり、記号作用によって手順が構成されており、この場合はガバナンス形成の手順となる（出来事やテクストやジャンルの「連鎖」に関してはFairclough (2003)を参照のこと）。このように、戦略や政策のプロセスには、テクストの特徴が大いに含まれているため、テクスト分析を要することになる。以下に例を挙げて説明するが、選んだものは、関連するテクストの複雑なネットワークのなかから取り上げたほんの二つの小さなサンプルである。

　この分析に入るには、英国の政治と社会変化について多少詳しく見ておく必要があろう。ここでは、その細部について述べるスペースはないが、2、3のポイントを挙げておく（詳しくはFairclough 2000aを参照のこと）。まず、「新しい労働党 (New Labour)」は、英国労働党の伝統的な社会民主主義を捨てて先の保守政府（マーガレット・サッチャーやジョン・メイジャー政権）の新自由主義を引き継いだ。その結果、主要な政治課題に関し、主流の政策や一般的な政治ディスコースのなかに、新自由主義への同意が作り出されることとなった。それと関連して、反対派を排除するという傾向が生まれた。それがまさしく、私が主張している「社会的不正」である。第2に、新しい労働党が専心していると評判の悪いメディアの「言語操作 (spin)」（メディアで政策やイベントを発表する際になされる綿密な管理や操作）により、政府のなかで記号作用的プロセス（政治的「コミュニケーション」）の重要性が増していることが示されている。このように、新しい労働党とともに発展した政策形態は、懸案の社会的不正に取り組むのに、とくに記号作用に関して障害を生じさせている。

ステップ2：分析のためのテクストとカテゴリーの選択

　ステップ2に関し、研究対象の設定については、脱政治化と政治化のマクロストラテジーが記号作用として実現されているテクストを選択する。ここで例とするのは、いずれも書かれたテクストだが、たとえば、「グローバル経済」やそちらに舵を取っている政府の戦略や政策についての、テレビ・ラジオでの議論、ディベート、インタビューやウェブサイトだけでなく、それらに関するキャンペーンや抗議やデモで入手できるデータや、人々がさまざまなコンテクスト（たとえば、職場での会話や議論など）において、「競争」への勢いに対し、どのような経験をし、どのように反応するか、またそれに反応するのかを表すデータなども含めればいいであろう。分析のための適切な焦点やカテゴリーには、非政治化実現のための記号作用のストラテジーがある。それには、論証ストラテジーや修辞ストラテジー、さらには正当化、操作、イデオロギー、協力、アイデンティティの記号作用的側面ならびに記号作用による具体化も含まれる。テクストの考察では、これらについていくつか、さらに具体的に述べていく。

　　　ステップ3　テクストの分析

　最初のテクストは論証構造を持っており、おおむね、以下のように書き換えられる。

　　　前提：現代社会は変化している。
　　　　現代社会には、成功し繁栄する機会がある。
　　　　もし、私たちが成功し繁栄したいと思うなら、効率よく競争しなければならない。
　　　暗黙の前提：（私たちは成功し繁栄したいと思っている。）
　　　結論：ゆえに、私たちは（もっと）効率よく競争しなければならない。

　この立論は正当化のマクロストラテジー、とくに合理化のストラテジーを記号作用で実現する。その例が、政治戦略とそれに関連する政策を、状況への必要な対応

であるとして正当化する政府の試みである。

　上の論証は形式的には妥当だが、それが有効なものであるかどうか（すなわち、理にかなった論証かどうか）は前提が真であることに依存する。私たちは論証に異議を唱えることができる。すなわち、前提の真実性を疑うことによって（Ietcu 2006）この論証が虚偽であることを論じることができる。以下の論拠に基づき、前提に対して明確に異議を唱えたい。(a) 前提は、「私たち」のような、問題を含むアイデンティティカテゴリーが成功する可能性があることを断言している。(b) 前提は、現代社会に見られる変化は疑いようのない必然的事実であり、「私たち」が受容しなければならないものであるという間違った主張をしている。これらの前提の不備は両方とも、脱政治化のマクロストラテジーと関連づけることができる。

　最初の不備は、アイデンティティカテゴリーの'we'の問題である。それは'we'（我々）='Britain'（英国）ゆえに、'we'（我々）=すべての英国民という間違った等式に基づいていることである。英国が「成功」や「繁栄」を遂げたとしても、すべての国民がそのようになるということにはならない。これは「分割の誤謬」であり、カテゴリー全体として持っている特質をどの部分のカテゴリーも持っていると誤って考えてしまうことである。そして、「それが、我々すべての商業的成功と繁栄への道筋なのだ」という1文をつけると、すべての国民が成功し繁栄するということを明確に意味することになる。この誤謬は政治ディスコースのありふれた特徴であるが、脱政治化のマクロストラテジーには根本的に重要なものである。そのストラテジーの基本的なゴールは、敵対する可能性のあるアイデンティティ、すなわち、政治世界の内部で区別している「私たち」と「彼ら」を脱差別化することである。この意味において、アイデンティティとアイデンティティの記号作用についての解釈は、脱政治化を重視する分析では主眼点なのである。

　記号作用の用語の問題としては、人称的直示がある。アイデンティティに関する「人称的直示場所」、すなわち、筆者（ブレア氏）の位置づけは二つある。彼は二つのグループアイデンティティのなかに自分を位置づけている。つまり、我々（we）で政権（the government）の、そして同じ我々（we）で英国民（the country）のグループアイデンティティの保持を表している。アイデンティティに関する文献では、アイデンティティは他との違いを必然的に含意するのが常であるとしている。たとえば、we（我々）はthey（彼ら）の存在を含意する（Connolly 1991）。したがって、このテ

クストでは、私たちは、「我々」すなわち現政権を、「彼ら」すなわち以前の政権に異を唱えるものとして暗に解釈している。以前の政権がとった戦略は、「機能しなかったし、これからもうまく機能しないであろう」という理由で認めないのだ。それは、「時代遅れの国家の干渉」であり「素朴な市場依存」の戦略である。一方で、「我々」すなわち国民は、「競争者」へ異を唱えるものとして解釈している。しかし、注意しなければいけないのは、政治共同体（「英国」）と現代の政治領域（政治システム）の両方において、人称的直示の解釈は我々（we）／彼ら（they）の区別を除外しているということである。そこでは同時期の政治に「反対する者」は解釈されていない。すなわち、政治共同体と政治領域の両方で合意がなされているという含意である。これが脱政治化なのである。

　テクストは記号作用的にアイデンティティを解釈し、同時に、これらの解釈を説得力あるものにすることを目指す。ブレア氏の論拠の誤謬を示すことができたとしても、それが誤謬として広く認識されるということにならないのだ。そのため私たちは、どうしたら論拠やアイデンティティの解釈が説得力をもつのかということを考えなければならない。ここに二つめの不備があることが分かる。世のなかの変化の解釈に関してである。

　「新グローバル秩序」の支配的な解釈には、ある種の決まった言語的特徴がある（以下で述べる言語的カテゴリーに関しては、Faircough 2003を参照）。変化のプロセスは、責任者である社会的な行為主体ぬきで解釈される。これらのプロセスは、時間性も歴史性もない現在形で解釈される。（よく知られた自明の理である）ニューエコノミーについての叙述は、モダリティのつかない真実として断言的にそして権威あるものと解釈される。そして経済で使用される「である（is）」から政治における「べき（ought）」への移行、すなわち、絶対的な事実から、それに対して「我々」がすべきことへの移行が見られる。ニューエコノミーの現実は、特定の場所に縛られないものとして解釈される。そしてニューエコノミーの一連の徴候や様相は、リストのように並べて解釈される。他で示したように（Fairclough 2000b）、これらの特徴は再文脈化によって保たれ、経済のテクスト（たとえば、世界銀行のテクスト）や政治のテクスト、教育のテクストなどに現れ、また、さまざまなスケールで現れる。

　これらはまた、ブレア氏のテクストでも明白となっており、脱政治化の記号作用で実現する側面と見ることができる。「現代社会」における経済的変化の解釈にお

いては、責任者である社会的な行為主体が欠けている。物質過程の動作主は抽象的もしくは無生物である。第一パラグラフにおいて、「変化」は第一文（受身）の動作主であり、第二文では、「新しいテクノロジー」と「新しい市場」が動作主であるが、ここで注意すべきなのは、これらの語が、作用者のいない出来事やプロセスとしての変化を表す自動詞（「生まれる」「広がる」など）の動作主だということである。第三文は、存在文となっており、「新たな競争相手」や「新たなチャンス」は単に存在するものとして主張されており、変化のプロセスのなかに位置づけられているのではない。第三パラグラフでは「挑戦状を突きつけている」の動作主になっているのが、無生物の「この新たな世界」であるということにも注意していただきたい。変化そのものを、対応が必要なものとみなしている。そしてこれとは対照的に、世のなかの変化の、容赦のない機械的なプロセスに対する国の対応ということになると、社会的な行為主体は表に現れてくるが、それは、財界であったり政府であったり貿易産業省であったり、とくに「我々」であったりする。

　時間、時制、モダリティの方に目を向けると、世のなかの変化は、実際に国の対応がそうであるように、歴史性のない「時間を超越した」現在時制で解釈されており、モダリティの点では、断定表現によって（たとえば「現代の世界は変化の風にさらされている」のように、実際、第一パラグラフの五つの叙述文すべてがそのように）表わされている。過去についての歴史的な言及は、唯一、第四パラグラフの、「時代遅れの」ストラテジーについてのものである。ここでは、「である」から「べきである」への移行がある。「べきである」は第二パラグラフと第三パラグラフで暗に示されている。「我々の成功は、いかに自分たちの最も価値ある財産を利用するかにかかっている」が意味するところは、我々はそれを利用しなければならないということであり、「この新たな世界が革新的であるよう、財界に対して挑戦状を突きつけている」や「政府に創造するよう挑戦状を突きつけて」というのは財界も政府もこのようなことをすべきだということを暗に示している。第五パラグラフから後は「べきである」が明示され繰り返される。実際のところ、モダリティを表す法助動詞「なければならない（must）」は6回出てくる。「である」の領域は世のなかの変化であり、「べきである」の領域は国の対応である。境界は経済と政治の間（「産業政策」はあるが、経済プロセスを急激に作り上げるというよりそれを可能にすることに焦点を当てている）、つまり、事実と価値の間でテクスト的に構築されており、

それによって前者が後者から除外されている。それは新しい労働党の出自の社会民主的伝統とは異なるものである。以前は、労働党政府は、経済を変化させるために政治権力を行使した。たとえば、私有企業を国有化して国家のコントロール下においたりしていた。経済的プロセスと対照的に、政治プロセスには責任者である社会的な行為主体がいる。テクストにおいて「なければならない (must)」とモダリティがつけられたプロセスにおける動作主は「我々」が5例、「政府」が1例ある。要約すれば、世のなかの変化は「我々」が対応しなければならない、歴史を持たないプロセスである。さらに世のなかの変化は場所に縛られないものとして暗に解釈される。本テクストの第一、第三パラグラフには、場所の表記がない。

統語は、文と文の間の関係と文中の節と節の間の関係において並列的である[3]。たとえば、第一パラグラフは並列関係にある三つの文からできており（第二、第三文においても文内で節が並列関係になっている）、世のなかの変化についての証拠がリスト状に列挙されている。第二パラグラフについても、同様である。これらの文の順序は重要ではなく、変更可能であるということに注意したい。その際（些細なことばの言い換えは生じるが）、本質的な意味は変化しない。実際、この証拠リストに含まれている事柄は、やや恣意的である。第一パラグラフの第二文が、たとえば以下のようであっても構わなかったはずである。「大量の通貨がまたたく間に世界中を移動し、また、我が家の猫のソックスでさえ、ウェブサイトのホームページを持つようになっている」。この第二節は、ブレア首相がソックスという名の猫を飼っていないという点においてだけ架空のものである。これは実際に、ビル・クリントン大統領の本にある、非常によく似たリストに含まれていたものである。ここで修辞的に重要なのは、変化の徴候が絶え間なく次から次へと数え上げられること、——すなわち、クラークとニューマン (Clark and Newman, 1998) の言う「変化の段々滝」であり——それが、ニューエコノミーを純然たる事実、我々がそれと共に暮らし、対応しなくてはならないものとして、説得力を持って（そして巧みに）確立するのである。

要約すると、変化は、場所の指定のない、社会的な行為主体性が削除された、また、何らかの形で対応すべき、周知の現在の様相（そして自明の理）のリストとして権威的に表されている。これらの特徴が一緒になって、他の選択肢はありえない純然たる事実としてニューエコノミーを解釈している。

これらは、「グローバル経済」を「必要領域（realm of necessity）」のなかに置き、したがって「不確実性と熟議の領域（realm of contingency and deliberation）」の外側、すなわち、政治の領域の外に位置づけ、非政治化のマクロストラテジーを記号作用によって実現している（Hay 2007）。この種のディスコースが重要なものとして一般的に受け入れられる限りにおいて、そして実際にそうなったのだが、そのディスコースは取り組むべき社会的不正への障害の一部になっているといえるだろう。
　間ディスコース性の分析について簡単に解説してみよう。ブレア氏のテクストは、たとえば世界銀行のなかで書かれたテクストやそのなかの特定のディスコース（「グローバル経済」についての解釈やナラティブや論拠）でさらにしっかりと念入りに作り上げられた「グローバル経済」の再文脈化の分析であると見ることができる。ブレア氏のテクストは、本来分析的なテクストではなく、提唱のテクストであり、「必要な」政策を論じている。しかし、この提唱の論拠を再文脈化された分析のなかに位置づけ、分析ジャンルと提唱ジャンルを結びつけており（経済ディスコースと政治ディスコースも同様に結びつけているため）、これは、間ディスコース性から見て複雑である。このようなタイプの再文脈化と間ディスコース的ハイブリッド性は、有利な正当化戦略を記号作用で実現したものとしては一般的なものである。すなわち、専門的知識に訴えることでの正当化である。ここでの専門的ディスコースは専門家の経済テクストのディスコースと同じではないということに注意してほしい。たとえば、第一パラグラフでは、グローバル経済における変化の解釈は三つの短文に分解されているが、そこにさらに政治レトリックの特徴が組み込まれており（「変化の風にさらされている（swept by change）」のような劇的な比喩と「新たな競争相手もいるが、また新たな大きなチャンス（new competitors but also great new opportunities）」のような対句）、それにより、論拠において劇的で説得力がえられそうな前提を構成している。このように、再文脈化には新しいコンテクストに合わせた変換が含まれ、それが間ディスコース的ハイブリッド性の形態に影響するのである。
　ステージ2についての議論のなかで、懸案の社会的不正に取り組む際の多くの障害を明らかにし、それらが部分的に記号作用の側面を持っていることを示した。以下に要約すると
　・国内外のネットワークに政府の戦略や政策が埋め込まれていること

- 英国の主要政策が国民の同意を必要とするという特徴づけがされていること
- ブレア氏のテクストで例として見たように、影響力のある政治ディスコースがグローバル経済とそれに対する国家の対応を脱政治化するのにさまざまな点で貢献していること。

となる。

ステージ3　社会的秩序がこの社会的不正を「必要としている」のかどうかを考える。

　上の「第3節の方法論」でステージ3を論じながら、私はこの例に触れていた。そこでは、国家が支配的な新自由主義的戦略のなかで効果的に機能するために、合意形成に有利になるよう政治的相違を抑え込むことが、いかにして、必要と解釈されるのかについて示唆した。さらに、政治システムのなかで幅広い同意をえるのは記号作用の条件に依存するということもつけ加えておいたほうがいいかもしれない。これはつまり、記号作用でヘゲモニーを達成しているということであり、私たちがここで扱ったようなディスコースが広く受け入れられることである。さらに上で述べたように、これをイデオロギーの点から見ると、権力と支配の関係性を維持するような意味の当然視であると解釈できる。したがって、社会的秩序がこの場合この社会的不正を「必要としている」と見るのが妥当だと思われる。すなわち、社会的不正は社会的秩序のより広域的な変化を求めているかもしれないと考えると、そう思われるのである。そして、この不正は記号作用の側面も持つため、現代の政治ディスコースのなんらかの特徴もまた「必要としている」ように思われるのである。

ステージ4　障害の克服可能な方法を明らかにする。

　ここで、2つ目のテクストを紹介する（付録2を参照）。長年にわたる労働党員の二人が書いた本（Brown and Goates 1996）からの抜粋である。この本で、二人は、「資本主義グローバリゼーション」と彼らが呼ぶところの新しい労働党の見解について書いている。このテクストを使用することで、当然のことながら簡略的、部分的、概略的ではあるが、もう一つの主要なマクロストラテジーである政治化について論じることができる。

1つ目のテクストでは、敵対的な特徴を一つ述べた。前の政府の「時代遅れの国家の干渉」と「素朴な市場依存」への拒否をする一方、「世のなかの変化」の特質、あるいはそれに順応するために必要とされる国家戦略をめぐっては、同時代的には不一致はなかったということを暗に示したのである。対照的に、2つ目のテクストでは、今の時代の人々、とくにブレア首相の支持者との間の敵対的な会話になっている。政治化のマクロストラテジーは、対話形式のテクストにより、記号作用を用いて実現されている。とくに、「どこかで」なされた、なかでも新しい労働党の政治家によってなされた主張を否定する主張がある。「変化したことは、資本がより流動的になったことではない」、「諸国の政府が、そして、その延長として欧州連合が、超国家的資本の恣意的な行動に対抗して駆使する権限をまったく欠いているというのは事実ではない」という主張である。このように、政治的相違や不一致にしたがい、「世のなかの変化」と政府の対応の性質を異論の余地のあるものとして解釈することによって政治化を行っているのである。

　テクスト2もまた、政府と財界の間の協同を唱える新しい労働党のナラティブに、政府と財界、資本と労働間の対立のナラティブを対置することで、政治化を行っている。1、2のどちらのテクストもグローバル（化の）経済を、国が適応しなくてはならない現実であると解釈しているが、その捉え方は根本的に異なる。グローバル（化の）経済の解釈に責任者の社会的な行為主体を明確に含んでいるのは2つ目のテクストの方である。つまりそれは企業なのだが、その行動は、一般的かつ否定的な表現で解釈されている（「…活動拠点から世界中へ移動しながら」「超国家的資本の恣意的な行動」「分裂させて、支配を強める」）。このテクストはまた、企業と国家政府の関係性の解釈も行っている。最近よく見られ、新しい労働党が提唱する「恩顧主義的」関係（「国民国家（中略）超国家的企業の顧客」）と、かつては存在しえたし、暗に存在すべきだと思われているような敵対関係（「超国家的資本の恣意的な行動に対抗して諸国の政府が権限を駆使する」「税制上の特権を作り出したり、差し控えたり」、「交渉する」）の対比である。同様に、実際そうであるものと、かつては可能であったもの／そうであるべきものとの対比は、欧州連合と国家政府の間の関係性においても解釈できる（国民国家の地位を企業の「顧客」として「強化する」ことと「国民国家を統率したり、それらに挑戦したりする」こととの対比）。

　以上をまとめると、テクスト1はグローバル経済を避けがたい事実として解釈し、

その必要な対応として国家の競争力を増強するということで脱政治化を行っている。一方、テクスト2は、グローバル経済を、政府と超国家的企業との間、資本と労働の間の対立の核として解釈し、その解釈を政府の（国民に）同意を求める解釈に対抗させることで、政治化を行っている。しかしながら、このように政治化を行うテクストがただ存在するだけでは、「障害を乗り越える方法」にはならない。このテクストは、グローバル（化された）経済についての解釈が変われば、それに対応するまた違った政治化のストラテジーがあるのではないかという仮想を与えてくれる。つまり、いろいろな仮想を持つことはできるし、実際持たれてはいる。しかし、私が指摘し始めているような障害に直面したときに、このような仮想を現実にし、実際に首尾よく実行できるストラテジーとすることがどのようにして可能となるのかを、私たちはまた考える必要があるだろう。不可能ではないが、現在ではその可能な方法を見出すのは困難である。代わりの仮想も豊富に考えられるが、現在は、はっきりと支配に抵抗するようなストラテジーはない。ここで述べたものよりもさらに充実した内容にするには、抵抗のストラテジーを進展させる試みの分析とその記号作用領域の分析が扱われるとよいだろう。

まとめ

　記号作用と他の社会的要素との関係性には弁証法的性質があるという理論上の主張と、記号作用そのものよりもこの関係性に対して焦点を当てた方法論から、CDAのこのアプローチは、とりわけ領域横断的な研究に適しており、多様な社会理論や社会研究のそれぞれの性質に沿って研究するのに適していることが示される。しかし、同時に、しばしば無視されていた記号作用領域に取り組むことで社会理論や研究の可能性を高めることにもなったし、弁証法的関係アプローチの発展そのものに寄与できるような展望や研究論理をそれらから取りこむことにもなった。

　どのアプローチに関してもいえることだが、弁証法的関係アプローチがほとんど指摘できないものはあるということだ。しかしながら、他のアプローチのほうがより緊急性が高く、より興味深く、また、単に、人生は短いものであるという理由でこのアプローチが扱ったことがない論点や問題と、扱う範囲外にあるためにこのア

プローチに関しては論点や問題にならない（他のアプローチの問題にはなるかもしれないが）ものとの区別を私たちはするべきである。前者の例としては、権力の受容や権力への反応・抵抗についての研究よりも、権力の作用についての研究に相対的に力点を置くことである。「比較的」と断ったのは、後者が完全に無視されていたわけではないからである（たとえばFairclough 2006を参照）。私はこの論文のなかで政治化よりも脱政治化に多くの時間を費やしており、批評家は「またやっている」と言うであろう。これは私の研究においてずっと偏りとして存在しているものであり、おそらく、私が1970年代に関わった左翼政治といったものがその理由の一部としてあるだろうが、私自身は、それはアプローチの制約にはなっていないと考える。後者の例としては、心理的、認知的事象へあまり関心を払わないことである。認知的な観点からのディスコース研究は弁証法的関係アプローチを補完することができるということは認めるが、認知的な問題点への関心の欠如がアプローチの「弱点」になるということには同意しない。まして、ある意味においてアプローチの説得力を弱めるということは受け入れられない。

　たとえばチルトン（Chilton）は、人間の認知能力を正しく理解するなら、CDAは人々がすでに知っていることを教えようとしているという結論に行きつくであろうという考えを示す。「単刀直入に言うと、人は受け取った言葉を批判的に解釈する能力を生まれながらにして持っているとするならば、すでに人が（中略）自力で見つけられるものをCDAがディスコースのなかで示したり、自分たちで見つけるよう教育したりする意義はどこにあるのだろうか」（Chilton 2005）。しかし、Chilton (2004)は結びの文章で、「人がじつのところ政治的な動物であるなら、原則として人はまた、自分たちの政治批判をすることができる。重要な問題は、この人たちが自由にそうすることができるかどうかということである」と述べている。私も同意見である。Chilton (2005)では、人が自由でない状況にはさまざまなものがあるとしながらも、「これらの状況が純粋に言語的またはディスコース分析的方法によってのみ説明できるというのは疑わしい。というのは、これらは経済的な力や社会政治的制度と関連があると考えられるからだ」と主張する。この主張の中心的な問題は、「純粋に」言語的またはディスコース分析的要因と経済的な力または社会政治的制度の間の対比によって示される。弁証法的関係の観点からいうと、経済的な力と社会政治的制度には、実際、記号作用的な側面があり、分析も、記号作用的にな

らなくてはいけない部分がある。原則的には、ごまかしのある意図を見抜くことができ、自分自身の政治批判さえ行える（CDAはこの能力を無視するどころか、前提としている）ような認知能力が、人に備わっているからといって、自分たちの生活についての社会的、政治的、経済的状況を作り出す、記号作用の要素とそれ以外の要因との複雑な弁証法的関係を実際に見抜くことが一般的にできるわけではないのだ。

さらに知りたい人のための文献

Chouliaraki, L. and Fairclough, N.（1999）*Discourse in Late Modernity*. Edinburgh: Edinburgh University Press.
　　本書は、このアプローチの以前のバージョン（第一版、第二版）が、社会理論と社会研究における様々な論文やその影響とどのような関係にあるかを示している。

Fairclough, N.（2000）*New Labour, New Language?* London: Routledge.
　　本書は、政治ディスコース分析への一般的な導入書であり、本書のCDAのアプローチの簡易版に基づいた内容となっている。

Fairclough, N.（2003）*Analysing Discourse: Textual Analysis for Social Research*. London: Routledge.
　　本書は、弁証法的関係アプローチでの社会研究でテクスト分析を使うことに焦点を当てており、多くの事例を用いて応用の可能性を示した内容となっている。

Fairclough, N.（2006）*Language and Globalization*. London: Routledge.
　　本書は弁証法的関係アプローチの応用を、グローバル化に関する領域横断的研究で例示した内容になっている。

付録 1

情報主導型経済の構築

　首相による序文

　現代社会は変化の風にさらされている。新しいテクノロジーが絶えず生まれ、新しい市場が次々広がっている。新たな競争相手もいるが、また新たな大きなチャンスもある。
　我々の成功は、いかに自分たちのもっとも価値ある資産を利用するかにかかって

いる。それは、我々の知識であり、技能であり、創造力である。これらが、高品質の商品やサービス、そして、先進事業の実践を企画する鍵である。これらは現代の、情報主導型経済の中核となるのである。

　この新たな世界が、革新的かつ創造的になるよう、業績を絶えず向上させ、新しい提携関係やベンチャーを築くよう、企業に対して挑戦状を突きつけている。しかし、また、政府にも挑戦状を突きつけているのである。産業政策の新たなアプローチを創造し実行せよと。

　それがこの白書の目的である。時代遅れの国家の干渉は機能しなかったし、これからもうまく機能しないであろう。だが、素朴な市場依存もやはり機能しないであろう。

　政府は市場を開放することで、競争、刺激的な企て、柔軟性、そして革新を促進させなければならない。しかし、企業だけではできないのであれば、我々が英国の将来性へも投資しなければならない。投資先は、教育であり、科学であり、企業文化の創造である。さらにまた、我々は、企業に貢献する創造的な提携関係を促進させなければならない。すなわち、競争利益を求めて協力すること、短期的な緊迫状況にある世界において長期的ビジョンを促進すること、世界の最高基準と比較して事業の業績を評価すること、そして他の事業や被雇用者たちとの連携関係を築くこと、これらすべてが、貿易産業省の役割である。

　我々は、一晩で目標をかなえるということはできない。白書は、今後10年間の政策枠組を構築する。明日の市場で繁栄しようとするなら、我々は今日の厳しい市場において、効果的に競争しなければならない。

　政府で、企業で、大学で、そして社会全体で、我々は、起業家精神を育成するよう、長期的に実力を蓄え、機会をつかむ準備を整え、絶え間ない革新と卓越した業績に向かって切磋琢磨しながら、今まで以上に努力しなければならない。それが、我々すべての商業的成功と繁栄への道筋なのだ。我々は、未来を英国の味方につけなければならない。

トニー・ブレア、下院議員、首相

付録2

Brown and Coates (1996) からの抜粋

　資本は工業諸国にあった活動拠点から世界中へ移動しながら、グローバルであり続けている。変化したことは、資本がより流動的になったことではなく、(中略) 国家という基盤が市場や生産の中心としてそれほど重要ではなくなってきたことである。言いかえれば、大規模な超国家的企業が、単により大きくなっただけでなく、立場がより自由になったことである。(中略) 欧州連合は、ヨーロッパの国民国家を統率したり、それらに挑戦したりするようなことなどせず、超国家的企業の顧客としての地位を強化している。実際、この顧客依存主義はヨーロッパに基盤を持つ企業だけに適用されるのではない。(中略) グローバル化された経済においては、国家的資本主義はもはや可能ではないことは事実であるが、諸国の政府が、そして、その延長として欧州連合が、超国家的資本の恣意的な行動に対抗して駆使する権限をまったく欠いているというのは事実ではない。たとえば、税制上の特権を作り出したり、差し控えたりといったように、交渉において政府ができることは多くある。(中略) しかし、このような交渉は、国際的次元を持たなければならず、そうでなければ、超国家的企業は、依然、分裂させて、支配を強めるだけとなる。(中略) 新しい労働党は、労働党の国際主義的伝統で残ったものを捨てたように見える。(中略) しかし、国際自由労運やヨーロッパ労働組合会議やジュネーブの貿易団体は、みな、英国労働者たちの国際資本への対応を強めるために、提携先として名乗りを上げようとしている。(Brown and Coates, 1996, 172-4)

注
1　批判的実在論 (Critical realism) は、とくにロイ・バスカー (Roy Bhaskar: 1986) の研究で発展を遂げた科学および社会科学の実在主義哲学である。文化的政治経済 (Cultural political economy) は政治経済の流れであり、経済プロセスと経済システムは政治的な影響だけでなく文化的、記号作用的に条件づけられ、埋め込まれていると主張する。
2　本書の第一版と他の出版物において、私は、社会的「不正 (wrongs)」ではなく社会的「問題 (problems)」と表現していた。変更した理由は以下である。すなわち、す

べての不正を、これまで実際に実践に移さなかったとしても、原則としては提供することができるような「解決」を必要とする「問題（problems）」と解釈することは、英国のような国における現代の社会システムの自己正当化（イデオロギー的とも言うかもしれない）ディスコースの一部であるからだ。それに対し、不正（wrongs）の中には、システムによって作り出され、その中では解決することができないものがあるということである。

3　<u>並列的</u>な統語関係は、文法的に対等な文どうし、節どうし、句どうしの関係であり、それらの関係は<u>等位</u>である。これは<u>主となる</u>ひとつの文や節や句と他の<u>従属的</u>な要素がある<u>従属関係</u>と対照的である。

訳注1　概念を測定可能な具体的操作と手続きを明らかにして定義することを操作的定義といい、その定義を与えることを概念の操作化という。（参考　濱嶋他（編）2005　「操作主義」「操作的定義」『社会学小辞典［新版増補版］』有斐閣 387-388）

第5章
談話と装置を分析する
フーコー派アプローチの理論と方法論

ジークフリート・イェーガー／フロレンティン・マイヤー[1]

(野呂 香代子／訳)

キーワード

談話分析、方法論、フーコー、装置、メディア、人工物、知、現実、批判、主体

はじめに

　本章の目的は、ミッシェル・フーコー（Michel Foucult）の理論的洞察を基にした談話分析、装置分析の方法論を紹介することにある。このアプローチをまだ知らない人が対象である。ミッシェル・フーコーの談話理論に基づく批判的談話分析、装置分析は、以下の問いが中心となる。

・その時その場で有効な知は何か。
・その知はどのように生じ、伝えられるのか。
・その知は、主体の構築にとってどのような機能を持つのか。
・その知は、社会の形成にどのような結果をもたらすのか。

> **知**（knowledge）は、人間の精神の思考や感情のあらゆる要素をさす。換言すれば、人間の意識や知覚を作り上げているすべての中身ということになる。

　行為者は、自分がそこに生まれ落ち、生涯を通して巻き込まれるさまざまな談話環境からこの知を引き出す。したがって、知は、さまざまな条件に依存する。すなわち、その有効性は歴史的、地理的、階級間の関係等々における行為者の置かれた位置に依存するのである。

　批判的談話分析と装置分析が目指すのは、談話と装置に含まれている知を、また、これらの知が権力／知の複合体における権力関係とどのように結びついているのかを究明することである。たとえば、日常のコミュニケーションを通して伝えられる常識的知、科学的知、メディアや学校を通して伝えられる知など、あらゆる種類の知が分析の対象となりうる。

　談話と装置を批判的に分析するその方法論を概観する上で、まず、批判的談話分析、装置分析の足掛かりとなる、フーコー派の談話理論の基礎を固める必要がある。次節ではこの理論的背景の概略を述べる。装置という概念は、結局のところ、談話という概念と同じだと理解できることを示したい。3節では、談話分析、装置分析の実践的な方法論のガイドラインを提供する。最後に、ここで示した方法論をどの

ように用い、さらにどのように発展させていくかについての一般的な提言をしたい。

談話分析、装置分析の理論的基礎

　この章では、談話分析から装置分析への道筋を示す。この二つの方法は、行為者が話し、行為し、物を創造するために必要とする知に光を当てようとする。そのことを示すことで、両者をつなげたい。

談話という概念

> **談話**（discourse）とは、「行為を制御し、補強し、その際に権力を行使する制度化された話し方［、さらにつけ加えるなら非言語的に行われる実践］」である。(Link 1983: 60、著者［Jäger/Maier］による英訳から)

　私たちは談話を以上のように理解し、ドルトムント大学の文学者であり文化学者であるユルゲン・リンク（Jürgen Link）と彼のチームの成果に基づいて研究を進める。彼らはフーコー理論に基づいたアプローチを発展させてきたのであるが、そのアプローチは、談話とその権力作用を分析すること、談話が機能する言語的、図像的な手段を明らかにすること、そして、談話がブルジョア資本主義の現代社会のヘゲモニーをいかに正当化し、維持しているかを分析することをめざす（Link 1982を参照）。私たちは、彼らの定義を広げ、非言語的に行われる実践も加える。それには、物質的対象物の創造も含まれる。フーコーは後期の研究でこのことに言及している。

　この定義は、時間や空間を通した知の流れとして談話と装置をイメージ化することで表すことができる。さまざまな談話と装置は、互いに密接に絡み合っており、それがいっしょになって、社会の談話と装置全般の巨大な群がり生える繁みを形成している。そして、この繁みは、繁茂し続けている。

談話と現実

> 物質的な現実を所与の対象物とみる自然科学のような学問と異なり、談話分析、装置分析は、どのようにして現実が、意味を付与する人間によって存在物となるのかを考察する。意味が付与されて初めて現実が行為者にとって存在するものとなる。

このように、談話は、現実を単に反映するだけではない。むしろ、談話により（社会的）現実が形成され、それが存在可能なものとなる。談話がなければ、（社会的）現実も存在しないのである。このように、談話は独自の物質的現実として把握することができる。談話は、二流の物質的現実ではないし、「本物」の現実より「物質性が低い」とか、現実が刻み込まれるだけの受動的な媒介物でもない。談話は何よりも十分に有効な物質的現実なのである（Link 1992）。したがって、談話を、正統派マルクス主義者の「イデオロギー批判」のアプローチのなかで見られるような「虚偽意識」や「現実の歪曲した見方」という概念に矮小化することはできない。談話はそれ自体物質的現実なのである。ただ口先だけで騒ぎ立てるものでも、現実をゆがめるものでも、ごまかすものでもない。物質的現実として談話を捉えるということは、談話理論は一種の唯物論的な理論であることを意味する。おそらくは談話分析が言語を扱うという事実から来ていると思われる一般的な思い違いとは逆に、談話理論は観念論的な理論ではない。言い換えると、談話理論は「単なる」観念ではなく、物質的現実を扱うのである。談話は生産の社会的手段として捉えることができるかもしれない。談話は「単なるイデオロギー」ではない。談話は主体と現実を生産するのである。

> **主体**（subject）とは、一定の方法で感じ、考え、行為する個人や共同体（たとえば組織や国家）という社会的構築物である。これとは重なった概念に、**行為者**（actor）がある。

この二つの概念は、多少異なる理論の流れから来ている。一つはアルチュセール（Althusser 2006）やフーコー（Foucault 1982など）などの主体の形成に関する重要な研

究で、もう一つは、マイヤー／ジェパーソン（Meyer and Jepperson 2000）やラツアー（Latour 2005）などの行為者性の社会的構築に関するものである。「主体（subjects）」概念の方は、主体性のもつ意味の二重性の方を強く強調する。つまり、一方では、談話の創造者としての主体であり、他方は談話によって作られ従属する主体である。それに対し、「行為者（actors）」概念の方は、明らかにこの関係性の積極的な側面の方を強調する。さらに、ラツアー（Latour 2005）、および、マイヤー／ジェパーソン（Meyer and Jepperson 2000）は人間以外の行為者の可能性をも持ち出す（自身の関心を持ち、海洋の生態系で重要な役割を果たす、感情を備えた生き物としてのクジラ、大地の女神ガイアとしての地球、人間に順守を求める非人間的行為者としてのソフトウェア、など）。こうした発想は、興味深い新たな視点を生み出すきっかけとなるし、フーコー派の（たとえば、パノプティコン［訳注：中央の一点から内部のすべてが監視できる一望監視施設］についての）捉え方と興味深いつながりがあることもわかる。以下では、「行為者」と「主体」という用語を、行為者性や主体の創造における積極的側面を強調するときには前者を、そして、行為者性と主体の創造の受動的側面を強調するときには後者を用いながら、互換可能なものとして使用する。

　したがって、このように言えるだろう。談話は現実を決定する。ただし、無論、談話の共同生産者であり、共同動作主としてそれぞれの社会的コンテクストにおいて活動する主体の介在を通してである。主体は、談話に巻き込まれており、それゆえ、意のままに使える知を持っている<u>からこそ</u>、そのようにできるのである。したがって、談話分析は、意味がどのように割り振られたかを調べるという過去に目をやる分析だけでなく、活動する主体により伝えられる談話を通して継続的に進められる現実の生産の分析でもある。以上、知、談話、現実について、その基本部分を説明してきた。それでは、それらがどのように物質化（materialization）と非言語的に行われる行為（non-linguistically performed action）と関係しているのだろうか。この疑問に答えるために、装置という概念を紹介する。

装置

　（フーコー［Foucault 1980a: 194］に基づく）**装置**（dispositive）とは、言語的に行われる実践（すなわち、考えること、話すこと、書くこと）、非言語的に行

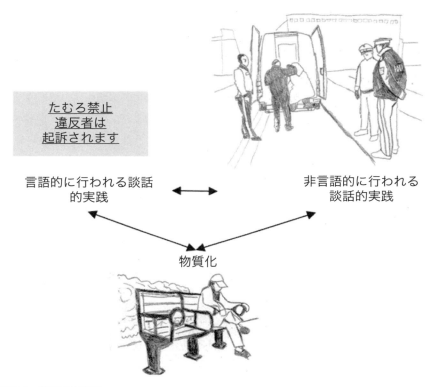

図5.1　装置の簡略図

> われる実践（俗に言う「物事をすること」）、物質化（すなわち、自然物、生産物）へ組み込まれる、絶えず進化する知の総合体である。

　全般的に言って、装置は、言語的、非言語的に行われる諸要素の間に張られる網の目を形成する。その言語的、非言語的に行われる諸要素は互いに関連しあい、単独では存在しえない。それらがいっしょになって、現実を構成する。図5.1はこのようなシステムを簡略化して示そうとしたものである。
　談話分析と装置分析は別々のアプローチとして知られるようになった。それは、理論的内容あるいは方法論的アプローチに明確な違いが見られるからではなく、フ

ーコー理論の受容に差異が生じたためである。なぜそうなったかと言えば、フーコーは権力／知という意味合いを含んだ装置分析の基礎を構築したが、これに関し、完成され、明示化された理論を詳しく説明することがなかったためである。そのようにできなかった原因は、彼のほとんどの研究のなかで、言語的に行われる実践（しかも、考えるより話すこと、書くこと）だけを談話とみなしたことにある。時には、（「画家の潜在的な談話［中略］言葉にはならず、線や面、色になるような彼の意思のつぶやき」（Foucault 1972: 193）などについて述べて）一線を越えることもあったが、ほとんどの場合、非言語的に行われる実践や人工物を談話とはみなさなかった。その点で、皮肉なことに自らの理論を裏づけることになるのだが、彼自身が、ブルジョアジーは知的活動に価値を置き、肉体的な活動をそれとは異なる、知的でないものとみなす、彼の時代および出自の産物であることを示している。したがって、本章の目的から、袋小路となるフーコーのこうした思想は横に置くことにする（これらについてもう少し詳しく知りたいと思う読者は、Bublitz 1999: 82–115; Jäger and Maier 2009; Waldenfels 1991: 291を参照のこと）。その代わり、その実りある成果を発展させて、三者をつなげる力としての知という概念に依拠した装置分析アプローチを提案したい。フーコーの理論的、実践的な道具の入った道具箱を手に取り、彼の考えを発展させながら、素人大工的（bricolage）精神でそれを行っていきたい。

　言語的、非言語的に行われる実践と物質化は知によってつながっている。もう少し正確に言うと、ありふれた権力／知の複合体によってつながっている。知とは上で述べたように、人間の精神における思考や感情のあらゆる要素をさす。人間の意識や知覚のすべてが談話的である、つまり、知によって構成されているのである。行為者はこの知を、自分がそこに生まれ落ちた、自分を取り巻いている談話的環境から引き出す。人から聞いたこと、メディアを通して読んだり聞いたりしたこと、受けたさまざまな待遇、接触したさまざまな対象物等々である。その際、付与されている意味の慣習を学ぶのだが、それにより、既に他者によって解釈されていたやり方で現実を解釈することが容易になるのである。

　行為者の知は、考えたり、話したり、言語を交えず行為したり、物を生産したりする基礎となる。したがって、人間の意識や知覚のなかにあり、身体を使った行為に変容される知は、現実を生み、現実となるのである。フーコーはこのメカニズムを『知の考古学』で詳しく説き、いかに談話が体系的に話される対象物（つまり、

物質的な対象物だけではなく、思考や話のトピックも含む）を形成するかを示した（Foucault 2002: 54）。また、非言語的に行われる実践や物質化（「談話的つながり」）が、談話が語ることのできる対象物をどのように提供し、あれこれの対象物を語るために談話が築かなければならないつながりをどのように決定するかということも描いた（2002: 50f.）。このようにして、彼は、「談話の対象物として形成し、そうすることで、それら対象物の歴史的な出現の条件を構築することを可能にするルールの総体と対象物を関係づけることで」、対象物を定義しようとした（2002: 53）。これもまた、ここで示す批判的装置分析アプローチの目指すところでもある。

　知をより正確に理解するためには、明白に述べられる知と暗黙の知を区別する方がよい。行為者が持つ知には、言葉や数式や図形など、明白に表現されたものがある（「エレベーターでは子供は常に保護者同伴のこと」といった表示など）。他方、多くの知は明示されない。ほとんど言語化されないもの（エレベーターのなかにいるときは、周りの人々をじっと見つめないこと、など）もあるし、適当な形で言語化すらできないもの（誰かをじっと見つめることと普通に見ることとの明解な境界線は何か、など）もある。ある特定の文化の暗黙の知は非言語的実践や物質化のなかで伝えられる。つまり、知は実践と物質化のなかにあり、行為者はそれを見よう見まねで覚えるのである。研究者は、非言語的実践や物質化を詳しく分析することで、また、民族誌に見られるように、実践に自ら参加することで暗黙の知を再構築し、明示化することができる。

　このように、談話分析、装置分析は、現実を、人間が意味付与しながら創造するものと見なす。装置分析においては、現実を創造するこのプロセスが非言語的に行われる実践や物質化という点から顕著になる。無論、人間が物質的現実の原料の創造者だという意味ではなく、行為者がこれら原料を成形し使用するのである。意味付与には、具体的な物理的行為も含まれる。たとえば、三峡ダムが長江に建設されたが、これは「開発」という装置の一部として生じた。この河川は水力発電の主たる供給源として新たな意味が付与されたことになる。ダムのために移住させられた稲作農家にとっては、この河川が今や水没してしまった水田の灌漑源だという意味が失われた。この河川は一つの意味を失い、別の意味を得たことになる。変化した現実の特定部分にそうした知が割り当てられると、現実のその部分は別の物に変化するのである。

どのような意味も割り当てられない対象物は対象物ではないのである。それは記述することもできないし、目に見えないし、存在さえしていないのである。目に入らないために見えないのである。かつては談話の上に築かれていた現実から談話が消えてしまった事例を見ることでこうした現象をたどることができる。このような場合、現実のそれに該当する部分は、まさに意味がなくなる。再び何もない状態に戻るのである。例を挙げよう。第二次世界大戦後、ウィーンで薪が非常に欠乏していたため、人々は公園という公園に落ちている木の枝をかき集めた。折れた枝が非常に価値ある薪だったのである。今日、公園を歩いている時に、地面に落ちている折れた枝を見ても、とくに注意を払うことなどないだろう。

　要するに、意味のあるあらゆる現実は、自分たちがそれを自分たちにとって意味あるものとするから、あるいは、自分たちの祖先や周囲の人たちがそれに意味を付与して、それが今も自分たちにとって有効だから、存在するのである。ミダス王の触れたものすべてが黄金に変わるのと同じように、人間が意味を付与したすべてのものが、付与された意味に応じて一定の現実となる。エルネスト・ラクラウ（Ernest Laclau）は、このつながりをとてもうまく表現している。

> 　「談話」とは、狭い意味で定義された「テクスト」ではなく、そのなかで、あるいは、それを通して意味の社会的生産がなされる現象の集合体を言う。社会をそのようなものとして構成している集合体である。したがって、談話は、社会の一つのレベル、さらには一つの次元として捉えられるものではなく、社会それ自体と同一の広がりを持つものなのである。つまり、談話は（あらゆる社会的実践のまさに前提そのものだから）上部構造を構成するというものではない。もっと正確に言うと、あらゆる社会的実践は、意味を生産するかぎり、社会的実践そのものを構成するのである。談話の外側で構築された特に社会的なものなどないため、まるで二つの別々のレベルがあるかのように、非談話的なるものと談話的なるものが対立することには決してならない。歴史と社会は無限のテクストなのである。(Laclau 1980: 87)

　したがって、このように言えるだろう。行為者は自身が談話のなかに巻き込まれ、談話により構成されるのであるが、そうした行為者によって意味が付与されること

によってのみ、現実は意味を持ち、現実はそういうあり方で存在する。行為者がある対象物に同じ意味をもはや付与しないのであれば、その対象物は変化するか、その意味を失うのである。その意味はせいぜいのところ、他のいろいろな意味と混ざった、あるいは、もはや有効でなくなった以前の意味として再構築されるであろう。ただ夜空を見て、星座が見えたところで、それは談話の結果、見えたのである。星座を見ることを学んだから、星座が見えるのである。意味を付与するということは、あいまいな、「単に象徴的な」行為ではない。意味を付与するということは、何にせよ、出くわしたものに生命を吹き込んだり、新たな形を与えたり、変えたりすることである。たとえば、移民に関して用いられる集合シンボルから、多くの人が移民に否定的な意味を付与することを学んできて、今や、実際に食い止めるべき洪水として移民を認識しているのは明らかである。

装置の諸要素は単にある種の知でつながっているだけでなく、それらが果たす共通の目的、つまり、差し迫った必要性に対処する目的でつながっている。事実、フーコーはこれを、装置をまとめる主な内的接合剤と見ていた。フーコーは以下のように装置を定義した。

> (...) その主な機能として、ある歴史的瞬間に、<u>差し迫った必要性</u>［urgence］に応える、いわば、一種の編成体とでも言うべきものである。したがって、［装置は、］主に方略的機能を持つ。(Foucault 1980b: 195)

もし、ある社会が、というより、その社会の主導権を握る勢力が、権力／知の関係におけるなんらかの変化により生じた差し迫った必要性に直面しているとする（たとえば、国家が破たんする、飛行機が世界貿易センターに突っ込む、など）。すると、そうした勢力はそれに対処するために手に入れることのできるすべての要素を集めるだろう。それは、演説、全身スキャナー、生体認証機能付きパスポート、新たな法律、三人指導（トロイカ）体制のような新しい委員会等々といった形をとるかもしれない。これらの手段を用いて「漏れ（leak）」、すなわち、生じた差し迫った必要性を修復するのである（Balke 1998; Deleuze 1988を参照）。装置はそうやって、次の新たな変化が生じるまでその場に留まるのである。

このように、談話と装置は特定の時間と場所に特有なものである。さまざまな文

化はさまざまな談話的対象物を持つ。それがテクストを一つの言語から別の言語へ翻訳することや他の文化や他の時代からのテクストや他の象徴的な実践を理解することを難しくすることもある。談話は唐突に変化するものではない。談話の変化は、感じることはできないが、すべてを完全に変えてしまう長い過程のなかで起きることが多い。しかしまた、以前に静かな小川に見えていた談話が、(たとえば、一人のチュニジア人露天商人の焼身自殺がアラブの春をもたらしたように)激流に変わるとき、突然の変化も起こりうる。つまり、談話と装置の内容はいつでも変化しうるのである。

談話と権力

　上で述べたように、談話は社会的実践が表現されたものだけではなく、一定の目的、つまり、権力の行使に貢献するものでもある。そのため、フーコーの権力という概念を説明する必要がある。談話の生産と、談話に含まれる時間的、空間的に条件づけられた知がどのように権力のメカニズムと制度に結びついているのかという問いが、(『性の歴史』ドイツ語版の序 (Foucault 1983: 8参照)で述べているように)フーコーにとって中心的なものであった。

> 　フーコーの意味における**権力**とは、「行動や談話を引き起こせるような、限定でき、また、限定される特定のメカニズムの集合体」を言う。(Foucault 1996: 394)

　談話は話し、考え、行動する方法を制度化し、制御するがゆえに、権力を行使する。談話と現実のつながりを上で述べたが、それに基づき、談話と権力の二種類のつながりを区別することができる。一方には談話の権力があり、他方には、談話を支配する権力のようなものがある。
　談話の権力は、談話が、言うこと、作ること、見ることのできる、知の一連の要素を表現するという事実にある。ということは同時に、談話は言うこと、作ること、見ることのできない、他の知の要素を抑止していることを意味する (Jäger 2012; Link and Link-Heer 1990を参照)。時間、空間を通る知の流れとして、談話は、社会が現実

を解釈し、さらに言語的、非言語的に行われる談話的実践（すなわち、さらに話し、考え、行為し、見ること）を組織する方法を決定する。より正確に言うと、談話が持つ二つの効果を区別することができる。一つは、談話は個人および集団の意識や知覚を形成し、したがって、個人的および集団的な主体を構成するというものである。もう一つは、意識や知覚が行為を決定するため、談話が行動を決定し行動が物質化を生むというものである。このように談話は個人的、集団的な現実の創造を方向づける。

談話理論の観点からいえば、主体が談話を作るのではなく、談話が主体を作るのである（個人の独自性という考えを抱いている人はこうした捉え方に戸惑いを覚えるかもしない）。主体は、行為者としてではなく、談話の生産物として興味を引く。フーコーは以下のように述べている。

> 構成主体をお払い箱にすることによって主体そのものからも自由になる必要があります。いいかえれば、主体がどのように構成されるかを歴史的枠組の中で明らかにすることができるような分析に到達する必要があるわけです。それが、わたしが系譜学と呼ぶものの中身なのです。それは、知、言説（訳注：本章の「談話」）、対象領域などの構成について、いかなる主体——それが事件領域にたいして超越的なものであれ、歴史の流れのままに空虚な同一性の中を経めぐっているものであれ——の助けも借りることなく明らかにしてくれるような歴史学の一形式なのです。(Foucault 1980b: 117、北山晴一訳「真理と権力」小林康夫／石田英敬／松浦寿輝編（2006／2010）『フーコー・コレクション4 権力・監禁』筑摩書房、p.342)

フーコー派の談話理論は、このような考え方が不当に批判されることが多いが、主体や行為者性を否定しているわけではない。そうではなく、通時的（つまり、縦断的）および共時的（つまり、横断的）観点から歴史的および社会的コンテクストにおける主体の構成を分析するのが狙いなのである。では、誰がある特定の時点で主体として捉えられていたのか。どのように捉えられていたのか、そして、なぜなのか。たとえば、過去と異なり、一般的に見て西洋における女性や子供は今日では主体の地位をえている（たとえば、Aries 1962; Meyer and Jepperson 2000）。伝統的な官僚

制とは異なり、近代的な経営において会社員は主体として表現される。そうした人たちは、関連するすべての責任とともに「権利が与えられて」いる。胎児や猿の主体としての地位は盛んに議論されている。亡命希望者や犯罪者は狂人や犬やウィルス（これらは集合シンボルである、以下の集合シンボルの項目を参照）と表現されるとき、主体としての地位が否定されている。一言で言えば、フーコー派談話理論は、自律した主体の存在に異議を唱えているが、主体に反対しているわけではない。活動する個人は、実際に権力関係に気づくようになるときには、すっかり権力関係に巻き込まれている。個人は考え、計画を立て、論を構成し、人と交流し、話を作り上げるのだが、個人はまた、説き伏せたり、自説を主張したり、社会のなかに居場所を見つけたりしなければならないといった問題にも直面するのである。

　談話の権力作用を分析する際、テクストの効力と談話の効力を区別することが重要である。一つのテクストでは、最小の効力しかなく、ほとんど気づかないし、証明するのはほぼ無理である。それに対し、繰り返し生じる内容、シンボル、ストラテジーなどを伴った談話は、知の出現や固定化などを生むため、持続的な効力を持つ。重要なのは、一つのテクスト、一本の映画、一枚の写真などではなく、言表（statement）が絶えず繰り返されることなのである。言語学者のヴィクトール・クレンペラー（Victor Klempeler）は早くも1930年代にナチスの言語を観察し、このメカニズムに気がついた。彼の第三帝国の言語分析（Klemperer 2001, 2006）において、独裁的な言語は、少量のヒ素の継続的な投与のように働くと主張した。長い時間を経てはじめて、その効力は姿を現すのである。

　<u>談話を支配する権力</u>に関しては、個人や集団によって、影響を与える機会もさまざまである。しかし、誰も支配的な談話に単に挑むこともできないし、誰も自分たちだけで談話を完全に支配することができない。談話は個人を超えたものなのである。誰もが談話を共同生産しているが、どの個人や集団も単独で談話を支配しないし、その最終結果を正確に意図できるわけではない。談話は、徐々に発達しながら独り歩きをする。談話は一人の行為者が認識しているより多くの知を運ぶ。フーコーは言う。「人は何をするかを知っている。人はなぜそれをするのかを知っていることが多い。しかし、知らないことは、自分がしていることが、何をしているのかということだ」（原文のまま、個人的な対話。Dreyfus and Rabinow 1982: 187からの引用）。したがって、談話の権力作用を、特定の個人や集団の意識的で操作的な意図として解

釈する必要が必ずしもない。特定の談話を用いる、話し手のさまざまな理由とそうすることで生まれる社会的結果の間には違いがあるのかもしれない (Burr 2003: 61)。しかし、長期的に見ると、行為者は談話における変化を達成しうる。当然これによって、権力のある行為者とみなされることになる。そういう人達は巨額の財源を持っていたり、メディアへ特権的にアクセスできたりする政治的、経済的なエリートたちかもしれない。たとえば、ドイツにおける亡命の権利を統括する基本法は、10年以上に及ぶ強力な政治、メディアのロビー活動の後に、制限が厳しくなった。このように談話構造が持つ排除は、制度的条件により増強されうる。しかし、エリートに入れないような行為者も、熟練したコミュニケーターである場合（それには少なからず教育が必要となる）、談話を変えることができる。たとえば、「我々は99％だ」というスローガンで行われた「占拠せよ」運動は、経済格差という問題を北の先進国の日常の政治談話に戻した。また、アラブの春の運動は民主主義という問題を、その前まではゆるぎない独裁政権に見えた国々において議論の俎上に載せた。この二つの動きが、どちらかといえば学歴の高い集団によって進められたのは、おそらくは偶然ではないだろう。

批判および批判的談話分析の目的

　権力の問題に光を当てたので、さらに批判という概念を明確化し、批判的談話分析の根本的な目的について述べたい。序でも述べたように、批判的談話分析、装置分析は談話と装置に含まれる知、そして、そうした知が権力／知の複合体の権力関係とどのようにむすびついているかを明らかにすることを目指している。それには二つの側面がある。一つには、ある社会の特定の時間と場所で言われていることをその質的側面に関して示しながら（何が言われているか。それがどのように言われているか）、また、談話の限界が広げられたり、狭められたりするさまざまな技術を明らかにさせながら、談話の巨大な群がり生える繁みのもつれを解くことが含まれる。もう一つは、このような権力／知の働きに批判的まなざしを向けることである。

　批判 (critique) とは、ある特定の談話の善悪をはっきりと評価することでは

ない。談話に備わっている評価を目に見える形にすること、さまざまな談話内の、あるいは談話間の矛盾や、言いうること、なしえること、示しうることの限界、また、談話はその時、その場でのみ有効であるにも関わらず、ある談話が特定の言表、行為、物を理性的で、何らの疑問の余地がないように見せている手段を明らかにすることを意味する。

　そうすることで、批判的分析者は、倫理的原則（すべての人間は平等な価値を持ち、肉体的、精神的健全性は脅かされてはならない、など）へ向かう。もっとも、あらゆる知は特定の時間と場所でのみ有効であるので、これらの倫理的原則もまた、客観的真理という地位を主張できるものではない。それらは、長期にわたる論争や闘争という談話のプロセスから現れたものでその有効性もまた、不安定なものである。それにもかかわらず——あるいは、このプロセスの結果としてと言った方がいいだろう——分析者はこうした倫理的原則を有効だと理解するようになったのである。

　批判的談話分析者は、自分たちの批判が談話の外にあるのではないという事実を明確にしなければならない。分析者はパレーシアスト（訳注：恐れず率直に自分が真実だと考えることを発言する人）として談話に参加する。つまり、分析者は、自分たちが真実だと思う自身の意見を表明していることをはっきりさせるのである。できるかぎり率直な言葉でそれを表す。自分たちの言うことが、読み手や聞き手に不都合であったり、主流の意見とは相反したりする時など、個人的に危険にさらされてもそうするのである（Foucault 2001）。このような批判はイデオロギーではない。イデオロギーとは違って、絶対的真実を主張するものではないからである。筆者の考えでは、批判的談話分析者は民主的態度を取るべきである。民主的態度とは、研究者、読み手や聞き手、その他の行為者が対等な立場で意見交換をし、健全な議論に基づいて互いに理解しようと努め、誰でも自由に見解を修正することができることを意味する。

　次節では、談話と装置がどのようにして体系的に分析できるのか、それらに関するいくつかのアイデアを提供する。そのために、まず、談話と装置の構造を分析するための概念を紹介する。次に、どのような条件下で、談話分析が完成されたと捉えることができるかということについて考察する。続いて、研究テーマの選択から

分析そのものへ進むための、さまざまな事項を段階的に説明したガイドラインを示しながら、談話分析の方法の「小さな道具箱」を順に紹介していく。最後に、装置分析の特性について考えを述べる。

談話分析、装置分析のための方法

　前の節で紹介した理論的考察が、分析を行いやすくするための概念や方法を発展させる基礎となる。一連の概念と方法のあらましを本節で述べる。本章では、紙幅の関係上、それぞれの概念や方法の詳しい方法論上の根拠を示すことができないが、批判的談話分析の方法に関するイェーガーの著書（Jäger 2004, 2012）で詳しく説明されている。

　批判的談話分析の方法には、テクストの微妙な働きを調べるために用いることのできる（比喩、語彙、代名詞構造、論証といった）言語学的概念も含まれる。しかし、こうした言語学的な道具は、スタイルや文法に関する研究書で見つかるだろうから、ここでは詳しく述べない。言語学的な概念は、談話分析の「道具箱」の一部を占めるにすぎない。研究課題と研究テーマによって、その他さまざまな道具を道具箱に加えることができる。いずれにせよ、一定の方法が標準的なレパートリーに入っている。本節の後半部分でそれについて述べるが、通常、談話分析として知られる言語的に行われる談話的実践の分析を優先し、その後、概略的にはなるが、談話分析、装置分析の拡張した形の非言語的に行われる談話的実践と物質化の分析にも言及する。

談話と装置の構造

　第一段階として、専門用語に関し以下のような提案を行うが、その目的は、言語的に行われる談話の構造をより透明にし、分析に適するようにするためになんらかの足がかりを提供することにある。

特別談話 (special discourses) と間談話 (interdiscourse)

　特別談話と間談話との間に、基本的な線引きができる。特別談話は、自然科学や社会科学、人文科学、工学、経営学等々、知の生産を制御する特別で明確な規則を持つ談話レベルに位置する (Link 1988)。他方、間談話はそのような規則を持たない。特別談話の諸要素が絶えまなく間談話に入りこみ、逆のこともまた同様に起きる。

談話の束 (discourse strands)

　一般の社会的な談話においては、非常に多様なトピックが現れる。ある共通したトピックを軸とする談話の流れを談話の束と呼ぶ。それぞれの談話の束はいくつかの下位トピックを含む。それらは、いくつかの下位トピックのグループにまとめることができる。

　談話の束という概念は、さまざまな談話の一つというのに似ているが、違いは、談話の方がより抽象的な概念で、言表（エノンセ (enoncés)、つまり、ある一定の談話の「最小単位」を構成する、意味のあらゆる核部分）のレベルに位置する。それに対し、談話の束は具体的な発話（エノンシアシオン (énonciations)）のレベル、つまり、テクストの表面に位置する実践と捉えられる (Foucault 2002参照)。

　それぞれの談話の束は通時的および共時的次元を持つ。談話の束の共時的分析では、特定の時間と場所で言われること、そして言いうることの有限の範囲を観察する。たとえば、研究者は、非営利団体のある年の年次報告における正当化の談話を分析することができる (Meyer et al. 2013)。通時的分析は、さまざまな時点や地点、たとえば、特定の談話的出来事において談話の束を切断する。それらの共時的断面を比べながら分析することで、長期にわたる談話の束の変化や継続性を知る上での手がかりがえられるようになる。たとえば、10年以上の期間をとおして非営利団体の年次報告の正当化の談話を観察することで、研究者は正当化するための特定の説明の特徴が勢いづいたり、衰えていったりする様子を示すことができる。たとえば、効率と効果という概念は、ますます当然視されるようになるだろうし、そうなると、年次報告書で強調されることも少なくなるだろう。ステークホルダー（利害関係者）のニーズやイノベーションといった概念が、興味深い新たな側面として見られるようになってきたため、より目立つようになっていくだろう (Meyer et al. 2013)。

　談話の束を通る共時的断面は、見方によれば、常にまた通時的断面でもある。こ

れは、それぞれのトピックが起源を持つ、つまり、歴史的なものだからである。なんらかのトピックを分析するとき、分析者はその歴史から目を離してはならない。あるトピックに関するある社会の知を確認するには、分析者はこのトピックの起源を再構築する必要がある。フーコーは、科学からだけではなく、（フランスの病院や監獄といった）日常的な生活や制度からも、そうした試みを何度か行っている。

談話の限界、そして、談話の限界を広げたり、狭めたりするさまざまな技術

　それぞれの談話は言いうる一連の言表を表現する。その際に、他の一連の言えない言表を抑止する（Link and Link-Heer 1990参照）。言えないことの境界を談話の限界と呼ぶ。

　一定の修辞的ストラテジーの使用を通して、談話の限界を広げたり、狭めたりすることができる。そのようなストラテジーには、直接的な指示、相対化、中傷、ほのめかし、含意などが含まれる。談話分析は、ストラテジーを独自に観察し、また、談話の限界を確認するため、それらを分析の手がかりとして使用する。「ごまかし」が使われるなら、これは、ある種の言表は否定的な制裁を受ける危険を冒さずには直接的に言うことができないということを示すものである。たとえば、現代の人種差別の言表は、「私は人種差別主義者じゃないんですが、…」という表現で始まることが多いが、これは、人種差別主義者だと責められることなく、言いうることの限界を広げているということになる。政治家が特定の行動方針に対し「これしかない」と言うとき、これは、談話の限界を狭めることになる。というのも、この行動に疑問を呈し、公的に議論する可能性がないことを示すからである。

談話片（discourse fragments）

　それぞれの談話の束は、伝統的にはテクストと呼んでいる数多くの要素から成る。私たちはテクストではなく、「談話片」という用語の方を好む。というのも、一つのテクストがさまざまなトピックに言及しているかもしれず、そうなるとさまざまな談話片を含むことになるからである。したがって、談話片とは、特定のトピックを扱う一つのテクスト、あるいは、一つのテクストの一部をさす。たとえば、移民の談話に関心があれば、移民法や移民に焦点を当てたニュース記事に関連する談話片を見出すことになろう。しかしまた、他のトピックに焦点を当て、移民には軽く

触れられただけのニュース記事のなかにも関連する談話片を見つけるかもしれない。たとえば、「元カノの喉を切る。20年の懲役刑」という見出しの記事で「『彼女なしには生きられなかった』と、2006年からオーストリアに住んでいるルーマニア人の被告が述べた」と書いてあったとする。あるいは、店に、オレンジ色のつなぎの囚人服と宇宙人（エイリアン）の仮面が入ったハロウィーン商品があり、「不法滞在者（エイリアン）」服というタグがついていたとしよう（非人間化した集合シンボルとして有名な一例である）。同じトピックに関するこのようなあらゆる談話片が一つの談話の束を形成するのである。

談話の束の絡み合い（entanglements of discourse strands）

　通常、一つのテクストは、さまざまなトピックに、したがって、さまざまな談話の束に言及する。言い換えると、通常、一つのテクストにはさまざまな談話の束からの談話片が含まれているということになる。これらの談話の束は大抵、互いに絡み合っている。談話の束の絡み合いは、さまざまなトピックに同程度言及された一つのテクストという形をとったり、他のトピックには軽く触れるだけで、主に一つのトピックに言及する一つのテクストという形をとったりするかもしれない。

　いくつかの談話が絡み合っている言表を**談話の絡まり**（discursive knot）と呼ぶ。たとえば、「移民を我々の社会に統合するには多くの費用がかかる」という言表では、移民の談話の束が経済の談話の束と絡み合っている。「○○（ここにどのイスラム教国家を入れてもよい）では、人々は未だ家父長制社会に生きている」という言表では、移民の談話の束とジェンダーの談話の束が絡み合っている。

　二つの談話の束が程度の差こそあれ、強く絡み合う時がある。たとえば、ドイツの日常的な談話においては、移民の談話の束はジェンダーの談話の束と強く絡み合っている。性差別主義的態度とふるまいが移民の属性と考えられているためである（Jäger 1996を参照）。

集合シンボル（collective symbols）

　談話の束を結合する重要な手段の一つは集合シンボルの使用である。集合シンボルは、集合的に後世に伝えられたり使用されたりする「文化的ステレオタイプ」であり、「トポス」とも呼ばれる（Drews et al. 1985: 265）。ある社会の構成員すべてに知

られているもので、自分たちの現実像を構築する一連のイメージを提供するものである。集合シンボルを通して、私たちは現実を解釈し、また、とくにメディアによってであるが、私たちのために現実が解釈されるのである。

　集合シンボルをつなぐ重要なテクニックの一つに**濫喩**（catachresis）がある。濫喩はイメージ・フラクチャーとも呼ばれているが、言表間につながりを作り、経験のさまざまな領域を結合させ、矛盾を埋め、妥当性を強める。それによって、濫喩は談話の持つ力を増大させる。濫喩の一例として、「進歩という機関車が移民の洪水によってスピードダウンする」という言表が挙げられる。ここでは、機関車というシンボル（前進を意味する）と洪水というシンボル（外からの脅威を意味する）が異なるイメージ源から来ている。一つは、交通から、もう一つは自然から取られたものであるが、濫喩によりこれらのイメージがつながるのである。

　特殊な形の集合シンボルとして、語用シンボルにも触れておく必要がある。これらは、物質的対象物に言及する一方で、同時にそれを超えた意味を指す表現である。たとえば、「この内戦は、石と戦車の戦いだ」というものがある。具体的な戦闘状況に言及しているだけではなく、対立する当事者間の力の差も伝えるものとなっている。

談話レベルとセクター（discourse planes and sectors）

　さまざまな談話の束はさまざまな談話レベルで作用する。談話レベルとは、話が生じるさまざまな社会的な場を意味する。ジャンルと呼んでいいかもしれない。それぞれ他とは異なるセッティングで生じ、特定のスタイルの特徴を共有する表現形態である。たとえば、科学、政治、マスメディア、教育、日常生活、ビジネス、行政等々の談話レベルが区別できるよう。

　談話レベルは、時間とともに徐々に発達し、影響を与え合い、関係し合う。たとえば、マスメディアのレベルにおいて、科学者談話や政治談話からの談話片が取り上げられる。また、マスメディアは日常の談話を取り上げ、それを束ね、一番言いたい点に持っていく。とくに低俗誌に多いのだが、扇動的でポピュリスト的な主張で味つけをするのである。このようにして、マスメディアは日常の思考を制御し、政治や日常生活で人々のすること、しうることにかなりの影響を与える。たとえば、今は故人となったオーストリアのポピュリスト、ヨルク・ハイダーの見かけの力強

いイメージは、一方ですべての移民を一括して犯罪者扱いし、他方でヨルク・ハイダーのシティ・マラソンにおけるアスリートとしての成功を伝えることで彼がやり手だというイメージを称えた大がかりなメディア報道の助けなしには生まれようがなかっただろう。

　一つの談話レベルはさまざまなセクターから成り立つ。たとえば、テレビ、新聞、インターネットはマスメディアのそれぞれ異なるセクターである。談話レベルを分析する際、今ある研究課題にとってどのセクターが相対的に重要性を持つのかを考えることが重要となる。たとえば、ソーシャルメディアとウェブ2.0（訳注：従来の固定的な一方通行のコミュニケーションからの変化をさす語）が、双方向のコミュニケーションに——そして同時に——監視に、これまでにない機会を切り開くマスメディアの形態として重要性を増しつつある。

　談話レベルはそれ自体、密に絡み合っている。たとえば、マスメディアの談話レベルにおいて、テレビ放送がソーシャルメディアで持ち出された内容を繰り返したり、それに基づいて放送したりしているかもしれない。その逆もしかりである。だからこそ、まさしくマスメディアの談話レベルについて語ることはいっそう理にかなっている。とくに、社会の従来の主流メディアに関して、この談話レベルは、その主要な側面において統合されていると考えられるだろう。

談話的出来事（discursive events）**と談話のコンテクスト**（discursive context）
　あらゆる出来事は談話がその元となっている。そういう意味で談話的出来事と呼ぶことができるだろう。しかし、「談話的出来事」という理論的概念は、とくに、政治およびマスメディアの談話レベルで集中的にかつ大規模に、そして、長期にわたって現れた出来事をさす。

　談話的出来事は、談話の将来的な発展に影響を与えるため重要である。たとえば、ハリスバーグ近くのスリーマイル島で生じた原子力発電所事故はチェルノブイリで生じたものに相当するものであった。しかし、スリーマイル島の事故が何年も隠されていた一方、チェルノブイリ事故は主要メディアの出来事となり、世界の政治に影響を与えた。福島の原子力発電所事故もまた、世界中の原子力エネルギー談話を変化させた。原発事故のような出来事が談話的出来事となるかどうかは、政治やメディアにおけるその時々の権力状況に依存する。談話分析によりある出来事が談話

的出来事になるかどうかを観察することができる。ある出来事が談話的出来事となれば、それは、その後の談話の発展に影響を与えることになる。

談話的出来事のもう一つの例はユーロ圏危機である。公的債務、金融、失業など、いくつかの次元が重なった複合的な危機、あるいは、一連の危機である。2008年か2009年から始まったという認識でおおかた一致しているが、期間や正確な状況に関する共有認識がない。政治家や学者、ジャーナリストが繰り返し、危機の終焉、あるいは、それが近づいていることを告げている。ここに、談話的出来事が未だ続いているかどうかという談話のせめぎ合いが見られる。危機がまだ続いているなら、さらなる対策が、おそらくはこれまで取られたものよりはるかに影響力のある対策が取られなければならないし、危機が終わっているなら、そうした必要はない。危機管理の企ては、さまざまな利害関係の集団（国家、一般市民のさまざまな集団、法人等々）の緊急事態を抑制するための企てとして理解できよう。

談話的出来事を同定することがなぜ重要かというもう一つの理由は、談話的出来事がある談話の束が関連する談話のコンテクストの概要を示すということである。たとえば、ある談話の束の共時的（つまり、セクターをはさんでの）分析は、その談話の束に属する談話的出来事の記録を加えた通時的（つまり、長期的）要素で補強できる。そのような史的言及は、（たとえばCaborn (1999) に示されているように）談話の束の共時的分析の役に立ちうる。

談話のポジション（discourse positions）

談話のポジションとは、個人、集団、組織などを含む主体が談話に参加し、談話を評価するイデオロギー的な位置づけを表す。また、メディアもさまざまな談話のポジションを取るが、それは報道で明らかになる（上述したように、主体の立場は自然なものでも明白なものでもないが、それ自体談話を通して成立させる必要のあるものである）。

主体は、さまざまな談話に巻き込まれているので、談話のポジションを進展させる。主体は、生活のなかでさまざまな談話にさらされていて、それらを特定のイデオロギー的ポジション、いわば、世界観にうまく組み入れる。この関係は逆もしかりである。談話のポジションが主体の談話の絡み合いに貢献し、また、それらを再生産する（Jäger 1996: 47）。

談話のポジションは、談話を分析することで同定することができるが、談話のポジションの大まかな理解は、行為者の日常知の一部でもある。人は、どの政治家、どの新聞が左寄りか右寄りか、中道かをおおよそ知っている。しかし、談話のポジションのよくある自己描写は割り引いて捉える必要がある。たとえば、新聞は自身をよく「独立した」「中立の立場」と表すが、談話理論的見地からはそれは不可能である。

　主体は、じつにさまざまなポジションを取りうる。たとえば、経済という談話の束に関して言えば、新自由主義という談話のポジション（民営化、自由貿易、低い税率、財政政策の統制などを支持）をとる主体もいるだろうし、逆に新自由主義を否定し新ケインズ主義というポジション（財政出動や政府の市場規制の強化などを支持）、あるいは、何かもっと全く新たなポジションをとる主体もいるかもしれない。

　談話のポジションは、核の部分においてのみ均質であり、中心的な問題からはずれれば、さまざまな動きをとる。たとえば、新自由主義的な談話のポジションを取る主体が、国家の財政赤字の削減が基本的に正しく重要だという意見に賛同したりする。現在の経済システムは問題にしないが、赤字削減の最適な方法に関しては、さまざまな見方をとるかもしれない。

　支配的な談話 (hegemonic discourse) を見ると、談話のポジションはいたって均質的であり、それ自体が、すでに支配的談話の一つの効力となっている。談話のポジションに対する異議の表明は支配的談話から大きく離れた対抗談話 (counter-discourse) によく生じる（たとえば、現在の経済システムに対する根本的な問いかけは経済談話からは起こらず、生態学や倫理学から現れるだろう）。しかし、このような対抗談話は支配的な談話から論拠を引っ張ってきて、その意味を転覆させることも可能である（たとえば、雨のなか、「これがトリクルダウン（訳注：富裕層が儲かれば、貧困層にも富がこぼれ落ちるという考え方、本来の意味は「滴がしたたる」こと）と感じるか」と書かれたプラカードを掲げた「ウォール街を占拠せよ」の抗議参加者）。

全体的な社会的談話 (overall societal discourse) とグローバルな談話 (global discourse)
　ある社会の絡み合った談話の束のすべてがいっしょになって全体的な社会的談話が形成される。どの社会をとっても決してまったく均質ということはなく、さまざまな下位文化から成る。ドイツでは、1989年の再統一以来、全体的な社会的談話

はイデオロギー的に見て、より均質的となり、そう簡単に変化しそうには見えない (Teubert 1999)。そして、一つの社会の全体的な社会的談話はまたグローバルな談話の一部となっている。グローバルな談話は非常に不均質なのではあるが、均質的になっていく傾向が見えている（たとえばMeyer 2009を参照）。

　全体的な社会的談話は複雑な網状組織である。談話分析は、この網目のもつれを解くのが狙いである。通常の手続きは、まず、一つの談話レベルあるいはセクターにおける一つの談話の束（たとえば従来のマスメディアの談話セクターにおける移民の談話の束）を同定することである。続いて、政治や日常会話のような、さらなる談話レベルにおけるこの談話の束の分析を加えることができる。通常はそのような分析の終わりに、一つの談話の束の異なる談話レベルとセクターがどのように互いにむすびついているかという問いかけがなされる。たとえば、政治の談話レベルが従来のマスメディアの談話セクターや日常会話の談話レベルと結びついているかどうか、また、どのようにむすびついているか、従来のマスメディアが日常会話に影響を与えているかどうか、またどのように影響を与えているか等々を調べたりする。

談話の束の過去、現在、そして未来

　談話の束には過去、現在、未来がある。談話の束の変化や決裂、衰退や再起などを確認するために、長期にわたって分析することが必要である。フーコーの言葉でいえば、「知の考古学」あるいは、「系譜学」が必要となる。このような分析に基づくと、談話の予測をも企てることができる。それらは、さまざまな未来の談話的出来事に基づくシナリオという形を取りうる。談話は変化しうるが、まったくそして突然消滅することはない。そのために談話分析によって予測することが可能となるのである。

　無論、全体的な社会的談話、ましてや、グローバルな談話の過去、現在、未来の分析は、膨大な企てであり、実際は多くの個々の研究という形で取り組まざるをえない。こうした個々の研究が全体的な社会的談話の一定の下位領域に関する信頼性のある知を生むことになる。この科学的な知が日常や政治、メディアの知の変化の基礎となりうるのであり、それが人々の行動や政策も変えるかもしれないのである。このように科学という談話レベルでの作業は一定の談話の束のこれからの発展に影響を与えうるのである。

談話分析の完全性について

　談話分析は、一つの、あるいは、それ以上の談話の束のなかで、何が言いうるか、また、それがどのように言われるかという質的な範囲を十分に把握する。分析を重ね、もはや新たな発見がない状態になったら、その分析は完成したと言える。主に大量の量的データを用いて研究する社会科学者は、談話分析において、比較的少量の質的データで十分こうした知見にたどり着くことを知り驚くであろう。ある時点の、ある社会的な場の、あるトピック（たとえば移民）に関して目にしたり耳にしたりしうる論拠や内容は驚くほど限定されている（しばしば「限定されている（limited）」という語の持つ二つの意味において［訳注：量的、能力的］）。これは、方法論から言えば、論拠が繰り返し現れはじめたら、そこで新たな資料の分析をやめる、ということを意味する。そうなると、（理論的な飽和状態という意味で）完全性をえたことになる。

　質的分析が談話分析の基盤であるのだが、量的分析もまた興味深いものでありうる。分析者は一定の言表がどのぐらいの頻度で生じるかを調査することができる。このようにして、談話の束の焦点となる問題、あるいは、スローガン的な性格で、それゆえ、一連の判断や偏見の伴う言表が確認できる。ある言表が頻繁に生じるなら、持続的な効力を持ち、特定の知を強固なものにしていることになる。通時的な分析において、傾向を確認するのに頻度が使用できる（Meyer et al. 2013等）。しかし、談話分析の説明力にとっては、量的側面より質的側面の方がはるかに重要性が高い。

談話分析の小さな道具箱

　ここでは、談話分析のための私たちの道具箱について手短にまとめる。それぞれの道具の詳しい方法論上の解説はイェーガー（Jäger:2004, 2012）を参考にされたい。自分たちの研究においては、初めて資料を扱う際の記憶の補助、あるいは、チェックリストとして以下のように短くまとめたものを使う。

研究テーマを選ぶ
　最初に研究課題を設定することが、談話分析研究の土台となる。研究が進むに

つれ、研究課題が微調整されるかもしれない。研究課題を元に、次の段階は、通常、研究テーマの選択となる。または、研究者にとって興味深いと思った研究テーマからスタートし、それから、研究課題を設定するという手順をとることもできる。

　研究レポート（通常は序に入れる）において、研究の論理的根拠と研究テーマが示されることになる。ある現象が多くの談話の束のなかに浸透していて、関心を抱く現象と特定の談話の束との関係性が明確でないことが多いということにも留意しておく必要がある。たとえば、どのように人種差別主義がメディアに浸透しているかを調査目的とする研究において、研究者はどの（一つまたはそれ以上の）談話の束に焦点を当てるかを決めなければならない。その選択をするために研究者は人種差別主義という概念を最初に念頭に置いておかなければならない。この概念は分析を通してさらに発展するかもしれない。理論的概念は常に議論の余地があるものである。そのため、研究者はどの概念を用いるかを明確にし、その論拠を示す必要がある[2]。その概念を使うことになれば、人種差別主義が見られそうな談話の束を期待できると思うかもしれない。人種差別主義の場合、たとえば、移民や難民、亡命希望者の談話の束であろう。もちろん、移民の談話の束を他の研究上の関心に照らして解釈することもできるだろう。研究テーマを選ぶということは、関心を抱く現象とこれから調査していく談話の束を選ぶということである。その談話の束で分析すべき資料のおおよその射程が分かる。

談話レベルとセクターを選び、その特徴を記述する

　一般的に言って、少なくとも最初は、一つの談話レベル（たとえばマスメディア）と一つの場所（たとえば、カイロ、あるいは国際空港など）に分析を限定することが必要であろう。談話レベルを調べるときに、分析は、そのレベルの一つまたは数個のセクター（たとえば新聞セクター）や重要な場所が入るかもしれない。セクターの選択には理由づけが必要である。たとえば、あるセクターが、マスメディアでの当該の問題の扱われ方の典型例となるかもしれないし、そのセクターの調査が先行研究になかったかもしれない。後者の場合は、先行研究を概説する際、当然のことだが、他のセクターの分析における成果についてもまとめる必要がある。

　場合によっては、同時にいくつかの談話レベルを調査することが可能かもしれない。大衆の意識の制御という面で、いくつかの談話レベルの相互作用を分析するこ

とは非常に興味深いものであるが、時間もかかるものでもある。この課題を達成するためには、分析が、これらの談話レベルのいくつかのセクターの十分に根拠づけられた例や相互作用の実例に基づいていなければならない。談話の束の絡み合いも考慮に入れると、その課題はより複雑になる。

資料の入手と準備

次の段階として、分析のための具体的なコーパスを詳しく説明する必要がある。新聞を分析するなら、特定の新聞と検討する期間を選ぶ必要がある。よく推奨されるのが、長期間、特定の国、あるいは、数カ国の幾つかの重要な新聞を選ぶということである。逆に、ポップソングにおける女性像を調べるような研究の場合は、いくつかの典型的な歌に依拠するだけで十分であろう（ただし、その研究においてはそれで十分だと示す必要がある）。いずれにせよ、それらの選択の理由づけが十分でなければならない。

分析の準備として、資料の一般的な特徴が示されなければならない。新聞であれば、政治的傾向、読者層、発行部数などである。

分析

典型的には、分析は、談話の束の構造分析、談話片の詳細分析、総合分析という三つの段階に分かれる。通常、この三段階は何度か繰り返す必要がある。順番が修正されることもある。分析のサイクルのなかで、分析のさまざまなレベル間のつながりが発見され、解釈が進められ、弱い論拠は破棄される。

〈談話の束の構造分析（structural analysis）〉

典型的には、談話の束の構造分析が第一段階となる。以下で順を追って詳しく述べる。

1. 談話の束に関連するすべての記事をリスト化する。このリストには、記事目録、一つの記事がカバーするトピックに関するメモ、記事のジャンル、どんな特徴でも書き留め、記事が掲載された新聞欄も記載すべきである。
2. 構造分析においては、図、レイアウト、集合シンボルの使用、論証、語彙等々、興味をひく点について記事の特徴をおおまかに把握しておく必要がある。また、

どのような形態が、扱う新聞の典型であるかを確認する。この概略は、後に、典型的な談話片の詳細分析のために、典型的な記事を特定するのに必要となる。
3. 一つの談話の束はさまざまな下位トピックを含む。まず、それらを確認し、いくつかのグループにまとめなければならない。たとえば、幹細胞研究の談話の束において、下位トピックは「幹細胞研究の法的意味」「幹細胞研究の効果」「幹細胞研究の技術的手続き」「幹細胞研究の倫理的問題」「幹細胞研究のコスト」等々というグループにまとめられるだろう。下位トピックのグループ分けは相互作用的プロセスを経て進められていく。それらは、細かく分けていこうとする力とおおざっぱなグループ分けでいこうとする力のちょうどよい妥協を生むことになる。
4. 次の段階では、特定の下位トピックのグループがどれほどの頻度で現れるかを調べる。どれに焦点が当たり、どれが無視されるか。存在しないことで、逆に目を引く下位トピックがあるか。
5. 通時的な分析であれば、時間の流れのなか、下位トピックはどのような分布を見せているかも調査することになる。ある特定の時期、あるいは、ある特定の場所で、特に頻繁に現われる下位トピックがあるか。それがどのように談話的出来事と関連しているか。
6. それから、談話の絡み合いが確認される。たとえば、幹細胞研究の談話の束が倫理やビジネス、医薬の談話の束と絡み合っている、など。

　以上のような順で行った分析から明らかになったことをまとめて、総合的に解釈する。その際、新聞の談話のポジションの特徴が現れ始める。たとえば、扱う新聞が幹細胞研究を肯定的に見ているか、否定的に見ているか、など。
　談話の束の構造分析は、これに続く典型的な談話片の詳細分析（以下の項目を参照）および最終的な総合分析（総合分析の項目を参照）に、さまざまなヒントを与えることになるだろう。頭に浮かんだアイデアはすぐに書き留めて印をつけておくといい。

〈典型的な談話片の詳細分析 (detailed analysis)〉
　新聞の談話のポジション内の詳細を知り、この談話の読者への影響を評価するた

表5.1 談話片の分析における考慮すべき側面

側面	問い
内容	・なぜこの記事が選ばれたのか。なぜこの記事が典型的なのか。 ・この記事の全般的なトピックは何か。 ・誰が書いたのか。新聞社における書き手の地位や立場はどうか。書き手の担当範囲は何か、など。 ・何がきっかけでこの記事が書かれたのか。 ・新聞のどの欄にこの記事が掲載されているか。
テクストの外観	・レイアウトはどうなっているか。どのような絵やグラフがテクストとともに提示されているか。 ・大見出し、小見出しはどうなっているか。 ・記事はどのような意味の単位に構造化されているか。 ・記事はどんなトピックに言及しているか（つまり、記事はどんな談話の束の談話片なのか）。 ・これらのトピックはどのようにして互いに関連しあっているか、重なっているか（談話の束の絡み合い）。
修辞的手段	・記事はどのような種類や形態の論証に従っているか。どのような論証ストラテジーが用いられているか。 ・どのような論理が記事の組み立ての根底にあるのか。 ・記事はどのような含意やほのめかしを含んでいるのか。 ・どのような集合シンボルが用いられているか（統計、写真、絵、風刺画などを含めた、言語や図によるシンボル）。 ・どんな慣用句やことわざ、定型表現が使われているか。 ・語彙と文体はどうなっているか。 ・どのような主体に言及されているか、その主体がどのように描かれているか（使用される人物、代名詞）。 ・どのようなものに言及がなされているか（たとえば、科学への言及や用いられた元になる知の情報への言及など）。
内容およびイデオロギー的な言表	・この記事はどのような人間観を前提としているか、伝えているか。 ・この記事はどのような社会観を前提としているか、伝えているか。 ・この記事はどのような（たとえば）テクノロジー観を前提としているか、伝えているか。 ・この記事はどのような未来像を描いているか。
記事のその他の特徴	
談話のポジションと記事全体のメッセージ	

めに、一定の談話片が詳細分析されることになる。そのために、その新聞に典型的な談話片を選ぶのだが、何を典型とするかの基準は、たとえば、図が典型的であったり、集合シンボルの使い方が典型的であったり、典型的な論証や語彙等々であったりする。これらの典型的な形態は、それに先行する構造分析ですでに確認されている。

　典型的な談話片を選ぶために、研究者は、定義した基準に基づいていくつかの段階を踏んで、さまざまな記事の重要度を評価する。その選択が間主観的な妥当性を

えるために、複数の研究者が評価に参加すればよい。そして、典型という点で一番高い点をえた記事が詳細分析の対象となる。時間的にあまり余裕がない場合や、一つの記事が談話の束のあらゆる典型的な特徴を示している場合は、詳細分析は一つの記事だけに制限してもよいかもしれない。構造分析によって、談話の束が非常に不均質なことが分かれば、また、一つの均質な談話のポジションも見つけられない場合は、研究者はいくつかの典型性に、つまり、何種類かの「典型的な」記事に的を絞ることができる。

　典型的な記事を選択する手続きは体系的で、かつ透明でなければならないが、機械的であってはならない。何が適切な手続きかは、具体的な研究内容にもよるし、問題とする談話の束にもよる。典型的な談話片の詳細分析が取り扱うべき諸側面を表5.1にまとめておく。

　これらの側面の一つ一つを分析するなかで、研究者はこの記事のこの特徴が何を意味するのか、何を含意するのかを自身に問いかけなければならない。たとえば、特定のイメージがこのテクストについているのはどういう意味か、そのイメージがどのような効果を生んでいるのか、などである。それぞれの解釈は後に変更の手が入るかもしれない。詳細分析の最後には、それぞれの側面の解釈が記事の全体的な解釈となって総合される。通常、それぞれの側面の解釈は、ジグゾーパズルの個々のピースのようにうまく組み合わさって、一つの全体的な絵となる。もし、一つの側面だけが突出していれば、それは、特別な環境のせいであることが多い。たとえば、写真や見出しが記者によってではなく、記事を面白くするために一味添えるなど、別の目的をもった編集者によって提供される場合などである。このような矛盾なども新聞の談話のポジションを知る重要な手がかりとなる。構造分析でえた知見とともに、詳細分析の成果は次の総合分析の基礎となる。

〈総合分析（synoptic analysis）〉
　総合分析において、新聞社の談話のポジションの最終的な評価が行われる。そのために、構造分析と詳細分析の成果が互いに関連づけられ、比較されながら解釈される。

装置分析に関するいくつかの考察

　装置はある程度の持続性を持つが、歴史的変化にさらされているし、また、他の装置からも常に影響を受ける。共時的な分析は装置の現在の状況を知るのに役に立つ。なんらかの物質化、言語的、非言語的に行われる談話的実践はさまざまな装置に関連したものでありうる。たとえば、「交通」装置は、道路、車、交通渋滞、運転手、道路標識等々を含む。しかし、「交通」はまた、コストを生み、ビジネスに影響を与えるという経済的な問題でもある。そのため、「交通」は、経済的な装置に埋め込まれている。同様に、経済的な装置は、政治的な装置に埋め込まれている。一つの社会で装置は重複し、互いに絡まり合っている。これらの絡まり合いが社会を一つにまとめているのかもしれない。

　装置分析は以下の段階を含む必要がある。

1. （上で示したような談話分析を通して）言語的に行われる実践に組み込まれている知を再構築する。この分析は、装置分析でさらに進められるいろいろな段階の基礎となる。談話における空白の領域や大きな意味を担う物質化など、装置の重要な側面に関する気づきがこの段階で生み出される。
2. 非言語的に実践される談話的実践に組み込まれている知を再構築する。
3. 物質化に組み込まれている知を確認する。

　この知の再構築は通常、テクストになって現れる。こうして非言語的に行われる実践および物質化に関する知が、装置分析により言語的に表現される知に翻訳される。

　装置分析により、検討される知がどのような形態で生じるかを考察しなければならない。その知は目に見える形で明白に現れているか。あるいは、たとえば、含意のなかに隠された暗黙のものか。その知はどのような議論に埋め込まれているのか、等々。知という概念はここでは、認識だけではなく、感情も含めた広い概念だということをもう一度確認しておきたい。

　装置の談話的要素の分析に関しては、上ですでに十分に議論したので、以下では、非言語的に行われる談話的実践に埋め込まれている知の再構築に焦点を当てたい。

非言語的に行われる実践に関する知

　非言語的に行われる談話的実践は観察すること、そして記述することが可能である。なすべき課題は、これらの実践を可能にし、これらの実践に伴う知を確認することである。

　たとえば、分析者は道を渡って、パン屋へ入っていく男性を観察するとする。彼はそこでパンを一斤買う。分析者の課題は、その男の人が何を知っていて、何をしたいのかを見つけ出すことである。男の人はパンを買うには一定の場所に行かなければならないことを知っている。そのためには、一定の服を着なければならない（たとえば、靴を履き、コートを着るなど）ことを知っている。道路を渡る時、車に注意を払い、交通規則を守らなければならないことを知っている。さらには、パン屋が一定の場所にあること、あるいは、パン屋を探す方法も知っている。パン屋ではパンが買えること、そのためにはお金が必要なことを知っている。このように、パンを買うという単純な行為でさえもすでにかなりの量の知に基づいていることが分かる。そして、この分析はそれについて、ただ小さなヒントを与えてくれるだけである。

　以下はもう少し複雑な例である。分析者が次のような男性を観察するとしよう。男性は道路脇に穴を掘って、今、その穴に立って、大きなパイプをいじっている。この実践に組み込まれた知を再構築するために、分析者はこの知を共有し、その男性が何をしているか理解しなければならない。分析者にはほとんどこの知がないとしよう。その男性がしていることを理解するために分析者ができることは基本的に三つある。

　まず、研究者はすでにあるテクストを利用することができる。たとえば、先行研究に当たることができるが、その作業をやっている人の書類や指示書、フィールドマニュアルなどもっとありふれた資料に当たることもできる。

　次に、分析者はその男性に何をやっているかを聞くことができる。民族誌的な方法論では、これを民族誌のインタビューと呼ぶ（たとえばSpradley 1979を参照）[3]。研究者がその男性に今何をやっているかと尋ねると、彼は「破裂したパイプを修理しているんだ」と答えるかもしれない。この情報を聞くだけで、彼のやっていることがずっとよく分かるだろう。次に、なぜその作業をやっているかと尋ねれば、「パイプが破裂したから」とか「これが僕の仕事さ」とか「とにかく金を稼がなくちゃ

ね」などと答えるだろう。彼のやっていることに埋め込まれている知はこのようにかなり複雑で、不安定な賃金労働の経済的実践まで追及しうるかもしれない。

　知の大部分は、行為者だけが自身の実践のなかで手に入れることができる（暗黙の知）。そして行為者は簡単にそれをはっきりと口で説明することができない。つまり、人々は自分たちが話せる以上のことを知っているだろう。したがって、三つ目の選択肢として、研究者は、この暗黙の知を学び、研究のなかで明確に説明するために参与観察（Agar 2002; Emerson et al. 1995; Hammersley and Atkinson 2007; Spradley 1980など参照）に頼ることができる。極端な場合、研究者は自分で穴の掘り方を学び、破裂したパイプを修理するかもしれない。そのような作業の非常に興味深い例が、ウェカント（Wacquant 2004）のボクシング研究に見られる。

物質化に関する知

　一般に知は行為やモノの内部にあるわけではない。行為者の精神のなかにだけ集められるのである。分析者が家や教会、自転車などのモノを見るとき、モノにその意味を聞くことなどできない。しかし、物質化に関する知を再構築する間接的な方法がある。それを行う方法論的なガイドラインはマルチモーダル談話分析（van Leeuwen 2005）や人工物分析（Froschauer 2002; Lueger 2004）などにおいて見ることができる。たとえば、マルチモーダル談話分析と人工物分析を組み合わせた実証的研究に関しては、マイヤー（Maier 2009）を参照のこと。

　物質化を分析するには、研究者は自身の、あるいは、研究者仲間の背景知識に頼らざるをえない。さらに、それに関連する文献などを利用することで、また、ユーザー、生産者や、当該の活動や物質化の専門家などにこうした知を尋ねることで、知の拡大を図らなければならない。

　リューガー（Lueger 2004）とフロシャウアー（Froschauer 2002）の開発した人工物分析では、物質化を分析する第一段階の一つとして、物質化をその構成要素に分け、それをフィールド記録という形にすることにより物質化を脱構築することを提案している。物質的対象物はこうして、テクストに転換される。これは、非言語的実践の参与観察において作られるフィールドノートや観察記録にも使われている方法なのだが、ここでもう一つの問題が生じる。それは研究者が書くフィールド記録は中立的ではないということである。他のどのテクストとも同様に、記録は一定の関心

を追及するものであり、理想的には、この関心が研究課題の回答となるべきであろう。

場合によっては、研究者は、カボーン（Caborn 1999, 2006）が再統一後のベルリンの建築物について行ったように、当該の物質化について既に考察を行っている先行研究を利用することもできるであろう。

物質化の意味は固定化されていないということを再度強調しなければならない。現在の物質化にあてがわれた知は、過去にそれが伝えた知とは異なるかもしれない。それを巡ってさまざまな「伝説」が形成され、意味が変化してきているかもしれない。さらには、物質化は異なる文化（そしてまた、その用語が広義で意味するところの諸文化）の成員やさまざまな土地に住む住民にとって異なる意味を持っているかもしれない。その点がはっきりする事例が、ウィーンの民族学博物館に展示されているアステカ族の羽冠である。この羽冠は、コロンブス以前には、祭司、そしてまた、アステカ族の王であるモンテスマさえもつけていた祭礼時の頭飾りであった。スペイン人征服者のヘルナンド・コルテスにとっては、それは、盗んだ宝物であった。ハプスブルクの皇帝たちはそれをエキゾチックな珍品として購入した。それは、今日の民族学博物館においては学術的価値を持った展示品である。現在生きているアステカ族の子孫にとって、この冠は自身の文化的アイデンティティの象徴であり、自身の文化の繁栄とその後の破滅を表すものである。彼らは、その冠は自分たちから盗まれたものであり、博物館はそれを返却すべきだと主張する。このようにして、オーストリアの政治家や外交官にとって、その冠はメキシコとの政治的不協和音の原因の一つとなった（民族学博物館の展示品の変容に関する詳しい分析は、Döring and Hirschauer 1997を参照のこと）。

羽冠の例が示すように、一つの物質化に割り当てられたそれぞれの意味は、（冠が儀式上の品であれ、学術的な展示品であれ、集団的アイデンティティのシンボルであれ）権力関係と密接につながっている。対象物そのものは変化しないが、行為者がそれに新たな類の知を当てはめるため、その意味が変化するのである。このような物質化のなかでは権力関係は目に見えないため、分析者の課題はそれを可視化することにある。歴史的コンテクストで考察してのみ、それが可能となる。

装置分析の方法に関するこれらの初期的考察が示すように、装置分析の課題は複雑である。それには言語的、非言語的に行われる談話に関する知の分析が含まれ

る。このような分析の例はミッシェル・フーコーの『*Discipline and Punish*』(Michel Foucault 1979)(『監獄の誕生』新潮社)に見られる。また、ヴィクトール・クレンペラー(Victor Klemperer 2001)の『*Diary of the Nazi Years*』(『私は証言する――ナチス時代の日記[1933-1945年]』大月書店)も装置分析の一例として読める。二人は、自分たちの方法論に関してほとんど明確な情報は示さず、暗黙のうちに使用している。フーコーの言葉を借りれば、<u>素人大工的な仕事</u>(*bricolage*)の形をとる。彼らは談話を分析し、知を整理し、統計を参考にし、それらを脱構築し、結果を出し、それに意見を加える、等々を行ったのである。

　本章で示した装置分析に関する考察は、秘訣・方策やスキーマを提供するものではない。しかし、装置分析への取り組み方に関するアイデアを示すものである。装置分析の中心部分は、テクストの談話分析である。さらに、装置分析は非言語的実践の分析を含む。そのために、民族誌的インタビューや参与観察のように民族誌で開発された方法は、重要な手段を提供する。最終的な構成要素となるのが、物質化の分析である。これにはマルチモーダル談話分析や人工物分析の方法を利用することができる。これらのアプローチをつなぐ明確な方法論はまだ開発されていない。そうした企ては、方法論に関して明確な論拠を用意するために時間と場所を割く具体的な研究によってのみ可能となろう。それにより装置分析が進展し、談話分析とその他の実証的な社会研究の方法との間の隙間が埋まることになる。

まとめ

　ここで示した方法論に関する研究は1980年代半ばから継続して進められており、広範囲の研究に応用されてきた[4]。これは機械的にしたがえばよいというような固定化された方法論ではない。そうではなく、研究課題や手元の資料のタイプに合わせて自分自身の分析ストラテジーを発展させようとする研究者にとっての柔軟なアプローチであり、段階的に考察を促すものである。本章のような論文は最初の洞察を与えることができるが、――どの研究にもカスタマイズされたアプローチが必要であることから――可能性全体を予測することはできない。こうした捉え方はフーコーの方法論に関する理解とも一致する。

> イメージが必要なら、結論が出た研究と新たな研究の中継点として機能する一連の足場について考えるとよい。つまり、私は自分自身や他の人たちのために決定的な価値をもった一般的な方法を築かない。私の書くことが何も、私自身も他の人たちも規定しない。せいぜいのところ、役立つ道具的なもの、ビジョンや夢のようなものという性格をもつ。(Foucault 1991: 29)

しかし、フーコーは決して「何でもあり」と言っているわけではない。真理はある時点、ある場において有効であるにもかかわらず、真理を発見することに非常に関心があると強調している。

> 研究する際、私は古典的なレパートリーの一部である方法を利用する。つまり、立証、史料を用いた裏づけ、他のテクストの引用、信頼できるコメントの参照、発想と事実間の関係づけ、説明パターンの提案などである。そこには何らの独創性がない。こうした点で、私の研究で主張していることは何であれ、他のどの歴史書と同様、検証、そして、反論されうるのである。(Foucault 1991: 32f.)

こうした考えにのっとり、自分たちの方法論の根底にある、徹底した理論的理解を発展させ、それを元に、自分たちの研究目的に合うよう、さまざまな方法を改良、応用、混合し、マッチさせるように研究者たちを励ましたい。批判的談話分析を学ぶ最善の方法はそれを実践することである。

さらに知りたい人のための文献

Dreyfus, H. L. and Rabinow, P. (1982) *Michel Foucault: Beyond Structuralism and Hermeneutics*. Sussex: The Harvester Press.
　　フーコー自身によって正確に評価された、フーコーの研究全般についての古典的解説書

Foucault, M. (1990) *The History of Sexuality. Volume 1: An Introduction*. New York: Vintage.
　　［ミッシェル・フーコー (1986)『性の歴史　第一巻：知への意志』新潮社］
　　フーコーによる最も薄くて手に入りやすい本の一冊。フーコーの原作を読む出発点としてこの魅力的な小さな本を手に取ることを勧める。とくに性の問題というより、

権力／知の一般的な研究に関するものである。
Jäger, S.（2012）*Kritische Diskursanalyse. Eine Einführung*, 6th rev. edn. Münster: Unrast.
ジークフリード・イェーガーによって開発された批判的談話分析の談話理論と方法の詳細かつ包括的な解説（ドイツ語）
Jäger, S. and Zimmermann, J.（eds）（2010）*Lexikon kritische Diskursanalyse: Eine Werkzeugkiste*. Münster: Unrast.
批判的談話分析の重要概念の辞典（ドイツ語）
Wetherell, M., Taylor, S. and Yates, S. J.（2001）*Discourse Theory and Practice: A Reader*. London: Sage.
この論集は、談話理論と談話分析に関する基本文献を読むいい出発点となろう。主要な著者、さまざまな理論的流れ、そして、重要な認識論的、方法論的な問題を扱っている。

課題

1. 装置という概念を用いてあなたの周囲（住んでいる通り、教室など）を調査しなさい。どのような物質化や非言語的に行われる談話的実践が見いだせるか。それらが、その周辺で起きている言語的に行われる実践をどのように支えているか（もしくは、それに反しているか）。その物質化が人間の行為をどのように具現化しているか。それらの物質化がなぜそのように生み出されたのか。
2. 自分で選んだソーシャルメディアに行き、そこでどのように個人のプロフィールが作られるかを調べなさい。どのような情報が要求、要請されるか。ユーザーがそのフォームに書き込むと、どのような主体が生み出されるか。この主体を誰が生み出すのか。
3. 「小さな道具箱」に取り組みなさい。
   ・研究テーマを選ぶために今日の世界状況を考えるかもしれない。自分が受け入れがたいと感じる問題は何か。そのうちの一つを研究テーマとして選びなさい。
   ・この問題を調査するために談話レベル、また、談話セクター、そして仮の範囲を選び、定義しなさい。
   ・研究課題を作成しなさい。序で説明したように、以下のような問いが含まれる。
     ○［問題Xに］に関するどのような知が、［談話セクターY］において、［Zという時点］で有効か。

　　　　○この知がどのように生じ、どのように伝えられるのか。
　　　　○主体を構成するうえで、その知がどのような機能を持っているのか。
　　　　○社会形成にとってその知がどのように影響するのか。
・あなたのデータを用意しなさい。
・あなたの研究課題に対する答えを発展させながら、データを分析しなさい。

注
1　筆者名は、両者が密接に協力し、対等に貢献したという意味でアルファベット順となっている。
2　たとえば、一般的に認められ、さまざまな学問において広く受け入れられている人種差別主義の定義は以下の三つの要素を含む。(1) 一つ、あるいは複数の集団が生物学上の、あるいは、文化的な理由から一つの民族的な集団、さらに言えば一つの人種として構築される。(2) その集団が（否定的に、あるいは、肯定的に）評価される（たとえば、黒人は優れたジャズ・ミュージシャンと見なされる、など）。(3) この構築および評価は、権力側から生じる（談話は、それ自体「権力をもつ」ので、談話分析でそれが明らかになる）。
3　民族誌的インタビューは、参与観察の間に、つまり、研究主体が関心のある行為に参加している間に行われる。このようなインタビューは、時間的に長くなりうるが、研究者が短く問いかけ、その後、沈黙のまま観察やメモ書きを続けるときには、短くなる。
4　たとえば、マーガレット・イェーガー／ジークフリード・イェーガー（2007）（Margarete Jäger and Siegfried Jäger 2007）の研究のまとめを参照のこと。

第6章
社会的実践の再コンテクスト化としてのディスコース
1つの手引き

テオ・ヴァン・レーヴェン
(木部 尚志／訳)

キーワード
社会的実践、再コンテクスト化、ディスコース、社会的行為、リーダーシップ

序論

「ディスコース（discourse）」という言葉が使用される場合、往々にしてそれが意味するのは、一定の長さのあるひと続きの、話し言葉や書き言葉により表現されたもの、つまり「テクスト（text）」である。その場合「談話分析（discourse analysis）」とは、「テクストないしテクストのタイプの分析（the analysis of a text, or type of text）」を意味する。だが本書では、私は「ディスコース」を異なった意味で使用している。ミシェル・フーコーの著作（たとえばFoucault 1977）に依拠して、種々のディスコース（複数であることに注意！）を、現実のある側面が表象されるべき際に依拠することのできる社会的に構築された、現実の一定の側面を知る種々の方法と定義する。別の言い方をすれば、物事を理解するためのコンテクストに制約された枠組みと定義する。本章では、「リーダーシップ（leadership）」をめぐる種々のディスコースを一つの事例として使う。当然のことながら、「リーダー（leader）」とはなんであり、何をなすものなのかについては、さまざまな考え方がある。たとえば、アメリカにおける公共的コミュニケーション研究（Katz and Lazarsfeld 1955）という流れのなかで発展してきた「オピニオン・リーダー（opinion leader）」のディスコースでは、リーダーは「同輩中の首席（first among equals）」として、つまり他者がしたがうべき見本となる模範的人物とみなされている。こうしたリーダーは、リーダーとして公式に認められることはないかもしれないが、同輩者たちの思考、発言、行動に影響を与える存在である。これとは別種のディスコースでは、リーダーは普通の人間とは根本的に異なる存在として描かれ、「神が与えた権威（divine right）」に基づいて統治を行うとされる。クレンペラー（Klemperer 2000 [1957]: 111ff.）は、ナチスの言語に関する著作のなかで、ナチスのイデオロギーが、「ヒトラーが神と有する唯一無比なる親密な関係、神に選ばれし者としての彼の特別な地位、神の特別な子としての資質、宗教的使命といったことを、いかにことある毎に強調していたか」（p. 111）を実証している。しかし近年でも、ブッシュやブレアといったリーダーたちが、自分のやることには神のお墨つきがあるのだ、と主張する場面を、われわれは目にしている。リーダーシップをめぐるディスコースが長い歴史をもつことは、疑いを容れない。新約聖書は「羊飼い（shepherd）」としてのリーダーのディスコースをもたらし

たし、プラトンの『国家』は「哲人王（philosopher king）」のディスコース、つまり専門家としてのリーダーというディスコースを生み出した。以来、政治思想家、哲学者、またそれ以外の人々も、民衆の側での自由と説得の必要性と、社会の側での指導とある種の強制の必要性のあいだのバランスをとろうと格闘してきたのである。

　本章では、ディスコースは最終的には種々の社会的実践を手本として形作られているということを論じたい。それゆえ、たとえば、「リーダーシップ」とはなんであるかについての知識は、最終的にはリーダーたちが何を行うかに基礎をもつのである。とはいえディスコースは、こうした行為を変容させるものでもある。たとえば、リーダーたちが行うかもしれない望ましくない事柄を除外したり、たんにリーダーたちの行為だけでなく、なぜ彼らがそうするのか、したがってそれらの行為がなぜ正当なものとみなされるのか、ということをも示したりすることで、行為を変容させるのである（van Leeuwen 2007を参照）。異なるディスコース、つまり現実の同じ側面について意味を付与するさまざまな方法は、異なる事柄を含めたり排除したり、しかもそれを異なる利害のために行うことで、さまざまに行為を変容させるのである。

　すでに述べたように、本章でいう「ディスコース」は「テクスト」と同じ意味ではない。とはいえ、ディスコースの存在を示す証拠は、テクストに求めることにならざるをえない。たとえば「リーダーシップ」について語られ書かれたことから、そうした証拠をもってくるのである。もっと詳しくいえば、同一のコンテクストにおいて流通している異なるテクストのなかで、現実のある側面について語られ書かれていることに関して類似しているものを証拠として使うことになろう。バラバラのパズルを復元させるかのようにして、テクストが依拠するディスコースを再構成できるのは、異なるテクストで繰り返されたり、表現を変えたりして登場し、それらのテクストのなかでさまざまな形で分散している類似の発言を基盤にするからにほかならない。本章では、この種の再構成のための手法のみを紹介する。ディスコースに対する私自身のアプローチの理論的背景を議論したあと、(1)一つのディスコースを再構成して、このディスコースを、ディスコースの意味をもたらす源泉である実践に関連づけるためのテクストの分析方法と、(2)実践がディスコースに変化する際に生じる変容（transformation）ないし再コンテクスト化（recontextualization）(Bernstein 1981, 1986)の過程の分析方法を提示することにしたい。

一つの具体例のみを使うことにする。それは、経営者や取締役の業績を評価するためのオンライン上のリーダーシップ質問票である。「Voices」と呼ばれるこの質問票は、米国の会社Lominger-International社が作成したもので、世界中の企業や他の組織体によって使用されている。この会社が「学習者（learner）」と呼ぶ評価対象の人物は、自分を4つのカテゴリーそれぞれで評価する5名の人を選ぶ。評価される人は、「直属の部下（direct reports）」（つまり、管理、指揮される側）、「同僚（peers）」、「顧客（customers）」、「その他の人（others）」である。さらに、この「学習者」は、自分の上司からの評価を受け、さらに自分で自己評価をすることになる。選ばれた「評価者（raters）」は、「ツール（tool）」にオンラインで評価を書き込む。「学習者」は、たとえば「採用と職員配置（hiring and staffing）」、「対人的な能力（interpersonal savvy）」、「他者に対する評価判断（sizing up people）」、「問題解決（problem solving）」、「部下への対応（confronting direct reports）」、「成果への取り組み（drive for results）」、「顧客重視（customer focus）」、「誠実さと信頼（integrity and trust）」などを含む30項目からなる「能力（competencies）」と、30項目からなる「職務の障碍と停滞（career stoppers and stallers）」（上記の能力の「乱用（overuse）」と表現される）にも照らして評価される。「能力」と「障碍と停滞」のどの項目も、たとえば以下のような説明が加えられている。

　　対立管理（Conflict Management）――対立に取り組み、これを機会だとみなす。状況を素早く読む。重点的に聞き取りを上手く行う。堅固な合意を取りつけ、争いを公平に解決することができる。共通の基盤を見いだし、反対を最小限度に抑えて協力をえることができる。

　次に、この説明を以下の「障碍と停滞」の説明と対比させてみよう。

　　対立管理の乱用（Overuse of Conflict Management）――過度に攻撃的で強引だとみなされうる。他人の問題に介入することがある。他の人が納得するよりも前に解決を急ぐことがある。オープンな議論に萎縮効果を与えることがある。意見を曲げない人や解決不可能な問題に過度の時間を割くことがある。

能力とその「乱用」は、ともに5段階の評価を受ける。「能力」は、(a)「傑出した能力 (a towering strength)」、(b)「じゅうぶんな能力 (talented)」、(c)「可 (skilled/OK)」、(d)「能力不足 (weakness)」、(e)「致命的な能力不足 (serious issue)」の5つで評価される。「乱用」の評価は、生じる度合いとして、(a)「つねに (constantly)」、(b)「たいていの場合 (much of the time)」、(c)「時々 (some of the time)」、(d)「まれに (every so often)」、(e)「まったくない (not at all)」の5つである。能力の場合、「学習者」の仕事にとっての重要性という観点から、(a)「不可欠 (mission critical)」、(b)「非常に重要 (very important)」、(c)「役に立つ／あればよい (useful/nice to have)」、(d)「あまり重要でない (less important)」、(e)「重要でない (not important)」といった評価も下される。

　本章で行っているように、方法を具体的に提示するために、一つのテクストを使用することはできるのだが、すでに述べたように、ディスコースを再構成する際に、一つのテクストが十分な証拠を提供するわけではない。とはいえ、「Voices」のようなテクストが格別に重要であると主張したい。「Voices」は、とても広範に使用され、それゆえリーダーシップについてのディスコースであるだけでなく、実際のリーダーシップの実践や、そうした実践についての実際の語り方を形作る性質をもっている。「Voices」は、私の勤務する大学も含めてさまざまな大学で導入されてからというもの、「同等者のなかの選ばれた筆頭者」という昔のリーダーシップの有りようが、新しい、企業のリーダーのディスコースと実践へと転換する過程において決定的な影響を与えている (cf. Fairclough 1993)。さらに、「学習者」が自分の「弱点」を「経営陣側の監督者」と話すことが義務づけられているので、「学習者」は、多かれ少なかれ「Voices」のディスコースを自分の思考に取り入れ、「リーダー」としての自分の役割とアイデンティティについて語らざるをえなくなるのである。こうした理由から、「Voices」のようなテクストを批判的に分析して、それらがどのように「リーダーシップ」を構築するかを明らかにすることは重要である。

理論的な背景

　人類学者や社会学者は、表象が究極的には実践に基づくこと、つまり人々が行うことに基づくことを認識してきた。実践の重要性は、あたかも一条の糸のように欧

米の社会学の古典に一貫してみられる。時として社会学者が抽象的な概念から具体的な行為を導き出し、システムからプロセスを導き出すことがあるのは、事実である。デュルケムの「集合意識（collective consciousness）」（Durkheim 1933）、ブルデューの「ハビトゥス（habitus）」（Bourdieu 1977）、タルコット・パーソンズのシステム理論（1977）、レヴィ＝ストロースの構造主義人類学（1964）は、その具体例である。しかし実践の重要性の認識は、これらの研究者の著作でも顕著であり、それが彼らの方法論とは相容れない場合もあるが、時には理論の重要な土台となっている（たとえば、Berger and Luckmann 1966）。ブルデューは、『実践理論の概略（Outline of a Theory of Practice）』（1977）や他の著作のなかで、実践の重要性や、参加者の知識と「部外者（outsider）」の知識の根本的な違いについて詳しく論じている。タルコット・パーソンズは、かれのシステム理論においてさえ、「社会的相互行為の主題、根本的な意味で論理的に社会システムの主題に先行する」と主張することができたし（1977: 145）、レヴィ＝ストロース（1964）ですら、時には神話の意味を抽象的な図式からではなく、社会的実践から導きだしている。デュルケムは、とくに『宗教生活の原初形態』（1976）や『分類の未開形態』（Durkheim and Mauss 1963）では、以下の点を明確に主張している。すなわち、神話は儀式を祖型とし、概念的生活は社会的生活を祖型とし、世界についての表象は社会組織を祖型とする。またマリノフスキー（1923, 1935）は、いかにして表象が行為や行為と不可分に結びついた言語の使用に由来するものであるか、またいかに行為が二重に──まず「語り（narrative speech）」のなかでの表象として、次に新しい現実の構築、つまりマリノフスキーがいう「儀式と魔術の言語（the language of ritual and magic）」において──再コンテクスト化されているかを明らかにした。のちに、バーンスタインの再コンテクスト化理論は、同様の考えを教育の実践に適用して、どのようにして知識が「教育システムの上層部（in the upper reaches of the education system）」で活発に生み出され、その後に「下層部（lower reaches）」の教育上の内容に埋め込まれるのかを記述した。この「下層部」では、この知識が客観化され、「秩序のディスコース（discourse of order）」や、デュルケム的な意味での「道徳教育（moral education）」の一形態というコンテクストによって定義された目的に役立てられることになる（1986: 5）。本章で提示する批判的談話分析へのアプローチでは、私は、こうした考えをフーコー（たとえば、Foucault 1977）の意味する「ディスコース（discourse）」という言葉に関連づける。ディスコースの

この定義は、フェアクラフ（たとえば、Fairclough 2000a）によって、批判的談話分析に導入されており、また「社会的認知（social cognition）」としてのディスコースを強調する見方は、ヴァン・ダイク（たとえば、van Dijk 1998）の著作から影響を受けてきた。

一般的にみて言語学者は、システム（制度や知識の対象化された形態（institutions and objectified forms of knowledge））からプロセス（実践（practices））を引きだすよりも、システム（文法、語形変化（grammars, paradigms））からプロセス（統語体系（syntagms））を導きだす点で、社会学者とは一線を画してきた。しかし、言語学者が1970年代にテクストを研究し始めると、多くの者は、テクストの産出や解釈を概念化することが、経験、つまり「世のなかに関する知識（world knowledge）」（たとえばSchank and Abelson 1977）、「背景知識（background knowledge）」（たとえばBrown and Yule 1983; Levinson 1983）の手がかりなしでは困難であることに気づくことになった。Martin（1984, 1992）は、ディスコースの「場（field）」を再び導入し、語彙的結束性の分析を用いて「活動の連鎖（activity sequences）」、つまり表象された活動の連鎖を構築した。表象された活動だけでなく、表象された「役割（roles）」や「状況（settings）」などにも着目したGleason（1973）やGrimes（1975）の研究とともに、この研究は、本章で私が提示する考え方に多大な影響を与えている。大きな違いは、私がこの手法を手続き型テクストやナラティヴ型のテクスト——これらには傾向として、表象された活動と表象している活動の連鎖の間に緊密な関係が存在する——を超えて拡張し、他の種類のテクストにも適用した点にある。この種のテクストでは、レトリック構造や論証構造などのようなテクストの構造とその根底にあるディスコース——つまり、ある実践の目的、正当化、評価も含まれた、その実践の表象／変容——とのあいだには、さらに大きな違いが横たわっている。

本節の結びとしていえば、どのようにしてディスコースが社会的実践を変容させるかについての研究は、とりわけ筆者の社会行為論に基づく形で本章で提示されているが、Halliday（1978, 1994）の研究とKress、Hodge、Fowler、Trewたちの研究（Fowler et al. 1979; Kress and Hodge 1979）にかなり依拠している。Hallidayの他動性理論は、同一の現実に関して異なる言語表現を与えられた表象を、そうした現実の異なる社会的構築物と解釈することを可能にした研究である。Kressらは、どのようにHallidayの研究を批判的談話分析のために使用し、また拡張することがで

きるかを明らかにした。つまり、彼らがウォーフ (1956) を引用して述べたように、どうすれば言語学が社会的世界の分析にとっての「発見、解明、洞察の道具 (an instrument of discovery, clarification and insight)」になれるかを明らかにしたのである (Kress and Hodge 1979: 14)。

ディスコースと社会的実践

　すでに述べたように、本章で紹介するディスコースへのアプローチは、ディスコースが社会的実践を再コンテクスト化したものであるという考えに依拠している。この考えを明確にするため、社会的実践の重要な諸要素について簡単に概説することにしたい。実際の社会的実践は、これらの要素のすべてを常に含んでいると言えよう。社会的実践に関する特定のディスコースは、これらから一定の要素を選びだし、それを変容させ、またさらなる要素を追加する。

行為 (Actions)

　社会的実践の中核をなすのは、一群の行為である。この行為は、特定の順番で遂行される場合もあるし、そうでない場合もありえる。たとえば、上で述べた「対立管理」テクストは、以下の行為を含んでいる（それらの行為が、たとえば一般化されたり、比較的抽象的な形で表象されたりすることで、さまざまに変容させられている点は、さしあたり度外視する）。

　　　対立に取り組む
　　　状況を読む
　　　聞き取りを行なう
　　　合意を取り付ける
　　　争いを解決する
　　　共通の基盤を見いだす
　　　協力を得る

遂行の様式 (Performance modes)

　これらの行為は、特定のやり方で遂行されなければならないかもしれない。「対立」テクストでは、聞き取りは<u>重点的</u>で、合意は<u>堅固</u>で、協力は<u>最小限度の反対</u>で獲得されねばならない。明らかに、たんにリーダーの行動の中身ではなく、行動の仕方、いわばやっては<u>ならない</u>やり方が重要なのである。このことは、「過度に攻撃的で自分の主張を曲げない (overly aggressive and assertive)」といった行為を不可とする「対立管理の<u>乱用</u>」の説明から見て取れる。

行為者 (Actors)

　社会的行為者は、数多くの役割の一つを担って実践に参加する。たとえば、そうした役割には、「主体的行為者 (agents)」(行為の実行者)、「受け手 (patients)」(行為がなされる対象となる参加者)、「受益者 (beneficiaries)」(良い意味でも悪い意味でも、行為から便益を得る参加者) などがある。「対立管理」テクストで中心となる参加者は、仕事ぶりを評価される「学習者」である。このテクストでの行為は、実際のところさらに参加者 (対立している当事者たち、聞き取りの対象者など) を必要とするものであるにもかかわらず、この特殊なディスコースから除外されている。「学習者」の行為のみが<u>重要</u>であるように見える。また、行為といっても、それが実際になんであるかということよりも、すなわち他の人々のために、また他の人々とともに実行される行為である<u>相互</u>行為としてよりも、「行動 (behaviour)」としての行為が重視される。これにたいして「対立管理の<u>乱用</u>」テクストは、(「他者 (everyone else)」、「他の人々 (others)」、「意見を曲げない人 (obstinate people)」) など、大部分において曖昧であるとはいえ、他者に言及している。

呈示様式 (Presentation styles)

　行為者がみずからを呈示するやり方 (服装、身なりなど) は、すべての社会的実践の重要な局面となる。「Voice」の場合のように、なかには (in some representations) 自己呈示のやり方が当然とみなされる場合があったとしても、行為者が自らを提示

するやり方（服装、身なりなど）は、すべての社会的実践の重要な局面となる。筆者自身の経験でいえば、経験を積んだ経営幹部は、他の人間の呈示様式をたえず評価している。とはいえ、それは公式の業績評価の手続きの一環としてではなく、非公式に行われる。

時間（Times）

　社会的実践（あるいはそのある部分）は、多かれ少なかれ特定の時に行われる。たとえば「重点的な聞き取り（focused listening）」は、「部下」とのスケジュールに組み込まれた定期面談のなかで行われる。具体例となるものを、以下のテクストのなかでイタリック体（下線）で示してある。

　　時機にかなった意思決定──時として情報が完全でなく、しかも切羽詰まった締め切りとプレッシャーのあるなかで、時機にかなった仕方で意思決定を行なう；素早い意思決定ができる。
　　部下との対応──部下の問題に断固とした態度で、かつ時機にかなった仕方で対処する；問題を悪化させない；業績を定期的にチェックし、適切な時機に議論をする；すべての試みが失敗した際には、方針変更の意思決定をすることができる；問題を引き起こす人間にうまく対処する。

空間（Spaces）

　社会的実践（あるいはそのある部分）は、実践のために適切な環境として選ばれた、あるいは設定された特定の空間で行われる。しかしながら「Voices」のディスコースは、こうした具体的な詳細については明言を避けている。おそらくは、数多くのさまざまな制度的な文脈に適用されるように作成されているからであろう。

資源（Resources）

　社会的実践は、特定の資源、特定の手段や道具を必要とする。たとえば「情報を

提供する（providing information）」という行為は、コンピュータ、イントラネットなどを必要とするかもしれない。だが、こうした点も「Voices」テクストでは、リーダーシップの実践にはあまり関係がないものとして触れられていない。

資格（Eligibility）

　社会的実践の具体的な要素（行為者、状況、資源）が持つ特定の性質ゆえに、それらが実践の場において行為者、状況、資源として機能する資格が与えられる。事実、「Voices」のリーダーシップ質問票の全体は、とりわけ「資格」に焦点を当てたディスコースとして、つまり、行為者が組織のなかで「リーダー」の役割を担いうる資格を持つために有すべき特徴に焦点を当てたディスコースとしてみることができる。この点については、以下で再び触れたい。
　すでに述べたように、ディスコースは、社会的実践の変容であり、再コンテクスト化したものである。変容の3つのタイプがとくに重要である。

除外（Deletion）

　社会的実践のある要素は、ある個別のディスコースでは表象されないかもしれない。すでに考察したように、「対立管理」テクストでは、「学習者」以外のすべての行為者は除外されており、また時間、空間、資源も除外されている。このような除外は、コンテクストに固有の理由で生じる。まず第一に「Voices」は、「学習者」の評価に重点をおいており、「学習者」の行動パターンに焦点を当てながら、行動が生じる個別具体的な状況をしばしば抽象化している。また「Voices」は、数多くの異なるコンテクストに適用可能でなければならず、それゆえ脱コンテクスト化、つまり個別具体的な詳細への言及を避ける傾向がある。

代用（Substitution）

　もちろん中心となる変容は、実際の社会的実践の現実にある要素をディスコースの一つの要素へと変えることであり、これには数多くの多様な方法がある。たとえ

ば行為者は特定の個人として、あるいは人間の類型として表象されたり、また抽象的な、あるいは、特定の用語で言及されたりするかもしれない。次節では、ディスコースにおける社会的行為の変容について詳しく論じる。van Leeuwen（2008）は、行為者、時間、空間がディスコースのなかで変容するさまを説明している。

追加（Addition）

　ディスコースは、社会的実践の表象へ反応や動機をつけ加えることがある。反応は、所与のディスコースにしたがって、特定の行為者の特定の行為に随伴する心理的プロセスである。たとえば、行為者の特定の行為についての感じ方や、特定の行為を解釈する仕方などがそれにあたる。言うまでもなく、ディスコースが異なれば、同一の行為者による同一の行為でも、反応が異なることがある。「Voices」テクストでは、他の多くのディスコースと同じく、「受け手」の反応、つまりリーダーの行為を受け取る側の人々の反応に焦点が当てられている。たとえば私は、以下の具体例にある「直接的である（being direct）」を「遂行様式」として、また「不安になる（being uncomfortable）」や「予期していない（being off-guard）」を反応として解釈する。

> **誠実さや信頼の乱用**——時々、あまりに直接的な言動によって、人々の不意をつき、不安にさせることがある；あまりに率直で正直であるために、混乱を招くことがある…

　もっとも重要な動機は、目的（purposes）や正当化（legitimations）である。ディスコースが異なれば、同一の行為でも異なった目的がありうる。以下の具体例では、「直接の顧客情報を得る（getting first-hand customer information）」ことの目的は「製品とサービスを改善すること（to improve products and services）」であるが、それは関連する「能力」が「顧客重視（customer focus）」であるからにほかならない。もし関連する能力が「利益重視（profit focus）」であれば、同一の行為には、たとえば「需要を満たす（meeting demand）」とか「売り上げを伸ばす（increasing sales）」といったように違う目的が与えられているであろう。

顧客重視——内部と外部の顧客の期待や要求に添うことを旨としている；直接の顧客情報をえて、それを製品とサービスの改善のために使う…

　正当化は、なぜ実践（あるいはその一部）が遂行されるのかについて、あるいはなぜそのように遂行されるのか、についての<u>理由</u>（reasons）である。こうした理由は、明示的に詳しく説明されたり、私が他のところ（van Leeuwen 2007）で「道徳的評価（moral evaluation）」と呼んだものを通して伝達されたりする。「道徳的評価」は、特定の行為への抽象的な言及の仕方を指し、それによって当の行為の性質を強調するのに役立つ。この性質は望ましいという含意を持つ（あるいは、脱正当化の場合は、悪いという含意を持つ）。たとえば対立管理テクストでは、特定の行為は「協力をえる（getting cooperation）」ものと言及されている。この表現は、リーダーが実際に、また具体的にここで行っていることをはっきりと示してはくれない。説得しているのであろうか？　指示を下しているのだろうか？　賄賂を贈っているのだろうか？　とはいえこの表現は、当の行為を正当化している。なぜならこの表現が、協力がトップダウン式の命令への「服従（compliance）」ではなく自発的な「協力（cooperation）」に基づくことを示唆しているからである。よってこの表現は、行為の目的（「協力をえること」）も明らかにしている。

　ディスコース（あるいは特定のテクストで実現された部分）を再構成するために、社会的実践の具体的な要素（行為者、行為、時間、場所など）についてのテクストの表象や、追加された反応と動機に目を向けることにしたい。それらは図表の異なる列で示されており、以下の原則にしたがっている。

1. 異なる表現で何度か言及される行為は一緒にまとめる。しかし、別の表現が目的や正当化を追加する場合、それらは別の列に分ける。
2. 可能な場合、行為は時間の推移にしたがって配列する。たとえば、以下のように。

共通の基盤を見いだす
↓
合意を取りつける

行為が連続するものではなく同時に行われる場合、「≈」の印を使う。2つ以上のありうる行為を選択する場合、フローチャートの表示をする。時間の推移についての関係を決定できない場合には「+」の印を使う。たとえば、以下のようにする。

監視者のプロセス
+
監視者の進行

3. 行為以外の要素は、それらが属する行為と同じ行に配置する。たとえば、時機は時機に関わる行為とともに、また空間はその空間で行われる行為とともに、正当化は正当化の対象となる行為とともに配置する、等々。

以下の例（図6.1）は、「対立管理」テクストを分析したものである。念のために、このテクストを再び提示しておく。

> **対立管理**——紛争に取り組み、これを好機だとみなす。状況を素早く読む。重点的に聞き取りを上手く行う。堅固な合意を取りつけ、争いを公平に解決

図6.1 「対立管理」テクストの分析

行為	行為者	遂行様式	時機	反応	動機
対立管理	（リーダー）	「取り組む」（果敢に）		好機だとみなす	
状況を読む ↓	（リーダー）		素早く		
聞き取り ↓	（同上）	重点的			
共通の基盤を見いだす ↓	（同上）				
合意を取りつける／争いを解決する ↓	（同上）	堅固に；取りつける			公平に
協力をえる	（同上）				協力

することができる。共通の基盤を見いだし、反対を最小限度に抑えて協力をえることができる。

　上のテクストは、リーダーシップの実践というこの特定の出来事に関して、2つの全体的な標識を含んでいる。一つはより中立的で技術的な標識（「対立管理（conflict management）」）であり、いま一つは「対立の解消に正面から取り組む」のように心持ちを含意するもので、「果敢さ（decisiveness）」や「果断な姿勢（boldness）」の示唆、つまり実践の全体に相応しい「遂行様式」の示唆をつけ加えるものである。このような全体的な標識は、上の分析では太字に下線で示してある。

　このような簡単な具体例からも、「Voices」がどのようにリーダーシップを定義するかについてのいくつかの側面が明らかになる。2つの動機が連関している。一つは「果敢さ」や「堅固さ（toughness）」であり、いま一つは「公平さ（fairness）」や「配慮（attentiveness）」である。これまた明らかなのは、ディスコースが全体としてリーダーや、リーダーシップを定義する行為をリーダーがいかに遂行するかという点に焦点を当てていることである。他の参加者は、いわば蚊帳の外におかれている。

　さらにディスコースの3つの側面について、ここで言及する必要がある。

・ディスコースのあるものは、他のディスコースのためのディスコース資源を提供する

　筆者は、Van Leeuwen（2008）において、いかに「学校の初日（the first day at school）」の実践が異なるディスコースにおいて再コンテクスト化されるかを考察し、親と教員に重点をおく「初日」のディスコースが、助言の正当化のために児童心理学の通俗版にかなり依拠していることを述べた。親は慌てないようにすることを助言されるが、それは、「子供が急き立てられることを嫌う（because children don't like to be rushed）」からである。また、「登下校の行為を日課に組み込むこと（establish the same routine going to and from school）」を助言されるが、そうすると「子供が安心する（will make your child feel secure）」からにほかならない。心理学者の発言が引用され、こうした助言を権威づけしている。明らかにあるディスコースは、知識の形態（た

とえば、子供とはどんな存在であるかについて）や道徳的価値の体系（たとえば宗教）を作りあげ、これらは広範囲にわたるさまざまな実践を正当化する幅広いディスコースに用いられる（cf. Berger and Luckmann 1966）。私見によれば、「Voices」は、リーダーとリーダーシップの正当な資格基準を提供する専門家のディスコースであり、この基準は、Lominger-International 社のウェブサイトからの以下の引用から明らかなように、広範囲にわたる状況で使われる基準でもある。

> 我社の商品リーダーシップ・アーキテクト・コンピタンシーズ（LEADERSHIP ARCHITECT Competencies）は、研究をベースにし、しかも実地のテストを経た総合的なタレント・マネジメントの解決策を提供します。柔軟性に富み、使い易く、カスタム化も可能なこのソフトウェアパッケージは、完全な総合的システムとしても使えますし、またあなた自身のビジネスの必要に合わせて個々に使うこともできます。どこから始めたとしても、リーダーシップ・アーキテクト・コンピタンシー・ライブラリー（LEADERSHIP ARCHITECT Competency library）で、あなたは、リーダーシップのための共通の言語を維持することができます…

・<u>ディスコースはモダリティ化される（modalized）場合がある</u>

「Voices」は、<u>能力のモダリティ</u>（ability modality）を非常に多く使用している。リーダーは、「堅固な合意を取りつけることが<u>できる</u>（can hammer out tough agreements）」、「共通の基盤を見いだすことが<u>できる</u>（can find common ground）」など。別の表現をするならば、「Voices」のディスコースは、リーダーが実際に行う事柄そのものにではなく、リーダーが行うことが<u>できる</u>事柄に関わる。おそらくこのことは、特定の役割に関する資格基準を構成するすべてのディスコースや、「学習者」が<u>できること</u>を試験、証明するあらゆるディスコースの実践にあてはまることである。

「能力」のモダリティが、ディスコースがモダリティ化される唯一のあり方というわけではない。たとえば、<u>過去の実践か未来の実践</u>か、<u>現実の実践か可能な実践</u>か、<u>正しい実践か悪しき実践</u>かといったように、実践は再コンテクスト化することができる。このようなモダリティ化は、分析では明示しなければならないが、たと

えば以下のように上付き文字を使うことで明示できる。

状況を読む^{できる}
↓
聞き取りをする^{できる}
↓
共通の基盤を見いだす^{できる}

・<u>ディスコースは、特定の方法で結合する</u>

　所与のテクストは、複数のディスコースを含むことがある。とはいえ通常は、一つのディスコースが中心となり、他の「副次的な (secondary)」ディスコースは特定の方法でこの中心と関連する。たとえばテクストは、所与の実践に関する過去と現在のディスコースを対比させ、たいていは現在のディスコースを過去のディスコースの改善と位置づける、あるいは「正しい (right)」ディスコースと「悪しき (wrong)」ディスコースを対比させる場合がある。「Voices」の場合は、能力と能力の「乱用 (overuses)」の対置がみられる。中心でないディスコースは、「準備段階の (preparatory)」ディスコースとしての役割を担うことがあり、たとえば中心となる実践のための実践にかかわったり、そのための空間を準備したりすること、あるいは中心となる実践に参加する上で必要となる資格を取得することにかかわったりする。「副次的な」ディスコースは、正当化にかかわる場合もある。筆者が現在かかわっているリーダーシップ研究プロジェクトの一環として行った、ある大企業の最高経営責任者とのインタビューで、この人物は、自社の企業責任の実践についての自分の説明を中断した上で、どうやって自宅を建てて、雨水貯蔵タンクと低エネルギー電球を据えつけたかという話を長々と始めた。この話の目的は、この人物が個人として持続可能性のための実践を行っており、しかもこの実践を本気でやっていることを示して、それによって自分が上から指示するタイプではなく、みずからが模範となり、鼓舞するタイプのカリスマ性のあるリーダーであるように見せることにあった。
　いうまでもなく、あるコンテクストで「中心 (central)」となるディスコースは、

他の文脈では「副次的な」ディスコースになりうるし、その逆もありうる。

社会的行為

本節では、再び「Voices」を主たる具体例として使いながら、どのようにして社会的行為がディスコースのなかで変容されうるのか、また変容しているかを考察することにする。まず始めに、社会的行為が変容される主要な様態を説明したい。

行為と反応（Actions and reactions）

どのようにしてディスコースが、実践を構成する行為に対する行為者からの反応の表象を社会的実践に組み込むかについては、すでに触れた。バーガー（Berger）が述べているように（Berger and Luckmann 1966: 113）、社会的実践は、「外部からも見える行為の規律的なパターン（a regulatory pattern for externally visible actions）」だけでなく、「そうした行為に属する感情や態度も（but also the emotions and attitudes that belong to these actions）」含んでおり、そうした実践についての異なるディスコースのなかでさまざまに構築されうる。

反応は、さまざまに表現することが可能である。反応は、（たとえば「反応する（react）」や「対応する（respond）」といった動詞を使って）具体性を欠く（unspecified）こともあれば、認識（cognitive）にかかわるもの（たとえば「把握する（grasp）」）、知覚（perceptive）にかかわるもの（たとえば「鋭敏に見抜く（has a nose for）」）、情緒（affective）にかかわるもの（たとえば「感じる（feel）」）といったように具体性を備えている（specified）場合もある。たとえば以下のように。

部下の問題に時機にかなった仕方で反応する
事柄の本質と根底にある構造を素早く把握する
能力を鋭敏に見抜く
人が自分の仕事を重要であると感じられるようにしてやる

多くのディコースでは、異なる社会的行為者には異なるタイプの反応が割り当てられる。あるタイプの反応は、社会的行為に認識的な側面からかかわるものとして表象される場合もあれば、他のタイプではもっと感情的な次元での反応として表象されることもある。

有形的な行為と記号論的な行為（Material and semiotic action）

行為は、<u>有形的なもの</u>、つまり「行い（doings）」（たとえば「行動する（act）」）として解釈されるか、あるいは<u>記号論的なもの</u>、つまり「意味（meanings）」（たとえば「明確に説明する（articulate）」）と解釈することができる。リーダーの行為のほとんどが、実際のところ発話行為であり、よって記号論的な行為であるが、有形的な行為としても表象することができ、それによって行為をより活動的でダイナミックなものにみせることができる。このことは、以下の具体例の最後の2つが示している。

　　　顧客のことを考えて<u>行動する</u>
　　　組織内と組織外の人々の強みと制約を<u>明確に説明する</u>ことができる
　　　他の人が自分の仕事をする上で必要な情報を<u>提供する</u>
　　　ビジョンへの支持をえるために<u>画期的イベントやシンボルを作り出す</u>

有形的な行為は、参加者が二人いる場合には<u>交流的なもの</u>（transactive）であり、その場合、行為は実際に人や事物にたいして実際の影響を与えるものと（たとえば「雇う（hire）」、「集める（assemble）」）表されるが、参加者が一人だけの場合には<u>非交流的なもの</u>（non-transactive）であり、これは、行為を「呈示（display）」として、つまり、行為者以外の人や事物には影響を与えない「行動（behaviour）」として表される（たとえば「遂行する（perform）」）。

　　　可能なかぎり最善のひとを<u>雇う</u>
　　　能力のあるスタッフを<u>集める</u>
　　　<u>遂行する</u>はずと信頼してひとにやらせる傾向がある

交流的な有形の行為は、人間だけを目的語にとることができる動詞（たとえば「率直に物を言う（be candid with）」）によって実現される場合には<u>相互行為的なもの</u>（interactive）であり、人間でないものを（も）目的語にできる場合には（たとえば「対処する（deal with）」、「扱う（manage）」）、<u>道具的なもの</u>（instrumental）である。後者のタイプが所与のディスコースで全面に出ている場合、人を固有の目的や利害を持つ人間としてみなすというよりも、目標到達のために人を「道具として使う（instrumentally）」行為者という意味合いが強くなる。

　　あらゆる種類と階層の人間を公平に<u>扱う</u>
　　問題を起こす人間にうまく<u>対処する</u>
　　同僚にたいして<u>率直に物を言う</u>ことができる

　同じ区別が記号論的な行為にもあてはまる。記号論的な行為は行動として捉えることができるが、その場合には、発話行為によってもたらされる意味は表象のなかには含まれない。たとえば以下のように。

　　効果的に<u>意思疎通をはかる</u>
　　多種多様な部下を<u>動機づける</u>ことができる

　あるいは記号論的行為は、<u>引用</u>（quotation）や「<u>伝聞</u>（rendition）」（報告された発話）をとおして、あるいはシニフィエ（the signified）の性質を特定化したり（<u>トピックの具体的特定</u>（topic specification））、あるいはシニフィアン（the signifier）の性質を特定化したり（<u>様式の具体的特定</u>（form specification））することで、それらの意味を含むことができる。たとえば以下のように。

　　<u>可能性について話す</u>
　　<u>他者の意見を正確に再現</u>できる
　　<u>将来のシナリオをたやすく示す</u>ことができる…

客体化と記述化（Objectivation and descriptivization）

　行為や反応は、行為（たとえば「分析する（analyse）」）のように<u>活動化</u>（activated）される、つまり動的に表象される。あるいは<u>非活動化</u>（de-activated）され、あたかも行為というよりも実体や性質（たとえば「分析（analysis）」）であるかのように、静的に表象されうる。

　　　改善の手がかりのために成功と失敗の双方を<u>分析する</u>
　　　誠実な<u>分析</u>に長けている

　非活動化された社会的行為の表象は、<u>客体化</u>され（objectivated）たり、また<u>記述化</u>され（descriptivized）たりする。客体化の場合、行為や反応は、あたかも事物であるかのように表象される。たとえば客体化は、名詞化や過程を示す名詞を用いたり、あるいは、行為そのものを行為の時間（「<u>時間化</u>（temporalization）」）や行為の空間（「<u>空間化</u>（spatialization）」）に入れ替えるようなさまざまな換喩を用いたりして表象される。

　　　きわめて緊張した<u>状況</u>でもうまく緊張を和らげることができる
　　　自由に意見の言える<u>対話</u>を促進する
　　　あらゆる人からの<u>インプット</u>の獲得に萎縮効果を与えうる

　記述化の場合、行為と反応は、社会的行為者の多かれ少なかれ永続的な性質として、通常は「形容語句（epithets）」もしくは「属性（attributes）」として表象される。

　　　<u>同僚にたいして</u>率直に物を言うことができる
　　　人がどれだけ成長できるかに<u>ついて</u>過度に<u>楽観的</u>なことがある

脱主体的行為化（De-agentialization）

　行為や反応は、<u>主体的行為化</u>（agentialized）して、人間の主体的行為で生じたもの

として表象することができるし、脱主体的行為化 (de-agentialized) して、人間の主体的行為を通さない仕方で——たとえば自然の力や、無意識のプロセスなどによって——生じたものとして表象することも可能である。

脱主体的行為化の3つのタイプに言及しよう。出来事化 (eventuation) の場合、行為や反応は出来事として、つまり引き起こす者がいない「たんに発生する (just happens)」事柄として表象される。出来事化はさまざまな方法で可能であり、たとえば「発生する (happen)」や「起こる (occur)」といった無意思的な行為を示す動詞によってなされる。「Voices」テクストには、出来事化の例は見当たらない。

存在化 (existentialization) の場合、行為や反応は、きわめて緊張した状況 (high tension situations) という表現にみられるように、通常は「存在プロセス (existential process)」を使う仕方で、端的に「存在する (exists)」ものとして表象される。

自然化 (naturalization) の場合、行為や反応は、「変化する (vary)」、「拡張する (expand)」、「発展する (develop)」といった抽象的な動詞を使うことで、自然のプロセスとして表象される。これらの動詞は、行為や反応を物質的なプロセスの特定の解釈と結びつけるもので、たとえば、上昇と下降、潮の満ち引き、誕生と死、成長と衰退、変化と発展と進化、融合と解体、拡張と収縮といったディスコースなどと結びつける。時としてこの自然化は、正当化の機能をもつことがある。「Voices」の例は、成長 (growth)、発展 (development)、作業の流れ (workflow)、方向転換 (turnaround)、飛躍的進歩 (breakthrough) といった語を含んでいる。

一般化と抽象化 (Generalization and abstraction)

行為と反応は、異なった程度で一般化され (generalized) うる。一般化は、実践や実践の部分をなす出来事を構成する具体的な行為から抽象化し、それらの実践や出来事を一つの全体として名づける。それは、すでに取り上げた「対立管理」の例でみられたものであり、以下の例でも同様にみられる。

> 作業負担を適切に割り当てる
> 定期的に業績を振り返る
> やりがいのある困難な課題や任務を提供する

行為と反応は抽象的に表象される場合があり、この場合には、しばしば明らかに周辺的ともいえる、ある性質が全体を示すものとして使用される。これを、精製(distillation) と呼ぶ。所与のコンテクストのなかで特別な意味を持つ、ある性質が全体から精製され、通常は正当化のために用いられる。それはちょうど「協力をえる(getting cooperation)」という既述の例でみられるし、以下の例にもみられる。

　適切な関係を構築する
　駆け引きと機転を用いる
　障害物を除去する

過剰決定（Overdetermination）

過剰決定とは、所与の社会的実践がそれ自身が持つ以上のものを表わすような表象の2つの特定のタイプを指す。「Voices」にはこの例は見当たらない。

象徴化（symbolization）の場合、しばしば虚構でもある、ある一つの社会的実践が多くの社会的実践を示す。神話の場合がまさに象徴化にあたる。このことが、神話が重要な機能を社会で担うことの理由となる。つまり、「神話とは、過去の神話的な解釈に依拠する社会的行為の一つの模範である」（Wright 1975: 188）。神話における竜の退治は、入試の合格、選挙での勝利、手短かにいえば、ヒーローが障碍を克服して自分の目標にたどりつくという試練を意味する。このことは、神話が多くの異なる実践の「模範（model）」としての性格を長く維持していることを説明してくれる。

反転（inversion）の場合、社会的実践の一つか複数の要素がその反対のものに変えられる。『原始家族フリントストーン（The Flintstones）』や『ヘーガー・ザ・ホリブル(Hagar the Horrible)』などのコミックストリップでは、登場人物、背景や事物は過去に設定されているが、それらのやり取りや生活の様式は、多かれ少なかれ現代のもの、つまり現代の郊外に住む家族の様式である。こうした反転によって、そうした実践にある種の普遍性が与えられ、そうした様式が文化や歴史の点で特殊なものではなく、自然で不可避のものであるとして正当化するのに役立つのである。

図6.2のシステム・ネットワークは、これまで論じてきたカテゴリーの一覧表となっており、どの変容が同時に生じることができ、またどの変容が同時に生じえな

いかを示している。角括弧は「いずれか一つ（either–or）」の選択を、丸括弧は同時におこる選択を指す。したがって、ちょうど「職場でのじゅうぶんな意思疎通が生産性を高める（good workplace communication improves productivity）」という文における「職場での意思疎通（workplace communication）」のように、たとえばある行為が記号論的なタイプ（行動的なタイプ）になり、客観化、脱行為主体化、一般化されうる（が、過剰決定はされない）。しかしながら、ある行為が相互行為的タイプと道具的タイプの両者になることはできない。

　テクスト分析は、このネットワークを使うことで、2種類の問題を問うことを可能にする。

1. どのような種類の行為が、どのような種類の参加者に割り当てられるのか？
2. どのような種類の行為が客体化、脱主体的行為化、等々の傾向にあるのか？

　「Voices」テクストの分析から、いくつかの洞察が得られる。

・テクストでのたいていの行為と反応は、社員（28例）や顧客（4例）に関するというよりも、むしろリーダーに関するものである（199例）。
・社員に関する反応の約3分の1（25例のうち9例）と、顧客に関する反応のすべては、たとえば<u>好む</u>（like）、<u>尊敬</u>（respect）、<u>信頼</u>（trust）、<u>感じる</u>（feel）といったように情動的な反応である。社員に関する反応の2例だけが認識に関わるものである。

　　　（社員は）（リーダーのために）働くことを<u>好む</u>
　　　（社員は）自分の仕事が重要であると<u>感じる</u>
　　　（社員は）さらなる発展を<u>必要とする</u>
　　　（リーダーは）（顧客の）<u>信頼</u>と<u>尊敬を獲得する</u>

　他方で、リーダーのすべての反応の64例のうち7例だけが情動に関わるもので、42例の反応は認識に関わるものである。リーダーは<u>自覚し</u>（is aware of）、<u>評価し</u>（assesses）、<u>計画し</u>（plans）、<u>判断し</u>（judges）、<u>計画を立て</u>（projects）、<u>学習し</u>（learns）、

図6.2 社会的行為のネットワーク

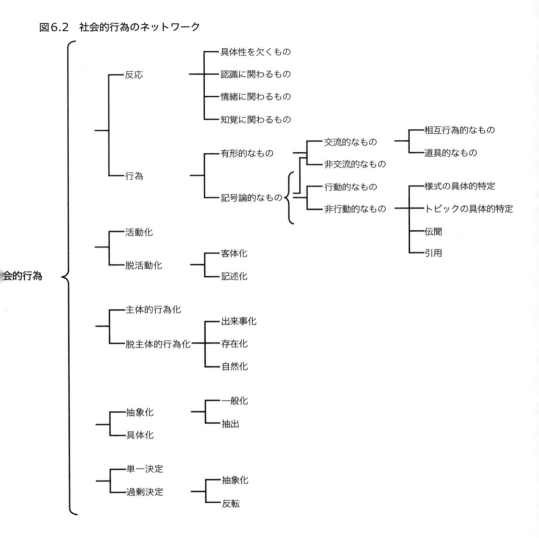

第6章 社会的実践の再コンテクスト化としてのディスコース

<u>状況を読む</u>（reads the situation）のである。

- リーダーの行為の多くが有形的なものであり（199例のうち101例）、記号論的な行為（34例）は「行動化されたもの（behaviouralized）」や「トピックに特化したもの（topic-specified）」になりがちである。たとえば、以下のように。

    <u>（リーダーは）自分の利害を代表する</u>
    <u>（リーダーは）かなり緊張した状況を和らげる</u>

　リーダーの199例の行為のうち、32例だけが人間に影響を与えるものである（そのうちの半分だけが相互行為的である）。残りは非交流的なタイプか道具的なタイプである。すでに述べたように、リーダーの行為のほとんどが表象される仕方において、社員や顧客は蚊帳の外に置かれている。たとえば以下のように。

    <u>（リーダーは）聞き取りを行う</u>
    <u>（リーダーは）ディベロプメント・ディスカッションを行う</u>

　われわれは疑問に思うであろう。リーダーの聞き取りの対象はだれなのか？　また、リーダーはだれとディベロプメント・ディスカッションを行うのだろうか？

- リーダーの行為は、圧倒的に一般化されており、しばしば精製に関連する言葉で表される。ここから浮上するもっとも共通のテーマは、以下のものである。鼓舞と動機づけ（<u>鼓舞し動機づける</u>（inspire and motivate）、<u>人が最善を尽くしたいと思うような雰囲気を造る</u>（create a climate in which people want to do their best）、など）、将来のビジョン（<u>今日を超えて見る</u>（look beyond today）、<u>将来に向けて考える</u>（project into the future）、など）、関係構築（<u>親密な関係を築く</u>（build rapport）、<u>関わる</u>（relate to））、「道具的（instrumental）」な方法（<u>駆け引きと機転を使う</u>（use diplomacy and tact）、<u>厳密な論理を使う</u>（use rigorous logic）、など）、そして最後に誠実さ（<u>ありのままの真実を示す</u>（present unvarnished truths）、など）である。
- リーダーのすべての行為は、行為主体化されている。

・リーダーの行為のうち29例は記述化されているのにたいして（公平に接する (is fair to)、鋭敏に見抜く (has a nose for)、団結を重んじる人間である (is a teamplayer)、協力的である (is cooperative)、解決するのがうまい (is good at figuring out)、など）、社員の行為のうち2つのみが記述化されるにすぎない。リーダーの行為の8例のみが客体化されているが、これにたいして社員の行為は常に客体化されており（キャリア上の目標 (career goal)、信頼 (trust)、インプット (input)、仕事 (work)）、彼らの反応のみが活動化されている。

まとめ

　以上の考察から、何を結論づけることができるだろうか。まず第一に、こうしたディスコースのなかで、リーダーは、幅広く総合的な観点から活動し、その活動に特定の目的と動機を込めた頭脳明晰な行為者として構築される。リーダーは、屈強で果敢であり、行動するに素早く、忍耐強く、理解と公平さを備えた人物であり、また同時に実際的で地に足が着いており、先見の明のある人物でもある。素晴らしい話であるが、実際のところリーダーは、これらの資質をすべて鏡の前で演じてみせているかのようである。鏡よ、壁にかかった鏡よ、すべての者のなかでだれが最も屈強な人間なのか、と。リーダーに雇われた人々は、リーダーの仕事から便益を受けるべき者であり、また協力者であるが、表示されることがあまりなく、彼らの仕事が示されるとしても、それがもつダイナミックで生産的な性質を剥奪する名詞や名詞化の作用によってである。最後にいえば、顧客の姿はほとんどみられない。端的にいえば、ここでのリーダーシップとは、行為、つまり奉仕、手助け、何事かを可能にしてやることに注目したリーダーシップのありようではなく、リーダーシップの自己陶酔的なあり様を意味するに過ぎない。自分がリーダーであることや、そしてリーダーたる者の特徴的な資質を美化することにもっぱら目を向けるが、彼らの行為には目を向けないのである。

さらに知りたい人のために

Bernstein, B. (1990) *The Structuring of Pedagogic Discourse*. London: Routledge.
    第5章は、とくに本章の前半部分にアイディアを提供した再コンテクスト化の理論を提示している。読むのが難しいが、ためになる。

Fairclough, N. (1995) *Critical Discourse Analysis*. London: Longman.
    ノーマン・フェアクラフは、この研究の第5章と第6章が例証するように、企業ディスコースに目を向けた最初の批判的談話分析者であった。

Malinowski, B. (1923) The problem of meaning in primitive languages. In: C. K. Ogden and I. A. Richards, *The Meaning of Meaning*. London: Routledge and Kegan Paul.
    1920年代に書かれたもので、いかにして実践がディスコースへと変容し「再コンテクスト化」されるかについての古典的な研究である。

van Leeuwen, T. and Wodak, R. (1999) Legitimizing immigration control: A discourse-historical analysis. *Discourse Studies* 1 (1): 83-119.
    これは、再コンテクスト化された社会的実践としてのディスコースの理論としては最初に発表されたものである。

van Leeuwen, T. (2006) Critical discourse analysis. In: K. Brown (ed.), *Encyclopedia of Language and Linguistics*, 2nd edn. Vol. 3, pp. 290-4.
    この事典項目では、筆者は批判的談話分析の総説を試みている。

van Leeuwen, T. (2008) *Discourse and Practice – New Tools for Critical Discourse Analysis*. New York: Oxford University Press.

第7章
抑制と均衡
コーパス言語学がいかにCDAに貢献できるか

ゲルリンデ・マウトナー
(梅咲 敦子／訳)

キーワード
コーパス言語学、融合法、三角法、共起関係（コロケーション）、共起語、解釈

はじめに

　本章では、CDA研究に対してコーパス言語学が果たせる役割に焦点を当てる。本領域の先行研究を紹介し、基本的概念や手法を解説し、実践例を2つ提示し、コーパス言語学の方法論を用いて批判的に取り組むよう奨励する。

　これまでにコーパス言語学（CL）に関わった経験のある者には、コーパス言語学といえば、通常は大量の、実際に使用された生（なま）の言語テクストデータを分析するために、コンピュータ支援による——とくに「用語検索表示プログラム（コンコーダンスプログラム（concordance programs））」と呼ばれるソフトウェアを使用した——方法論であることが分かるであろう。とはいえ、CDAにおけるコーパス言語学の方法論の潜在的有用性は、辞書編纂者や文法研究家に対する有用性ほどには知られていないかもしれない。コーパス言語学とCDAを結びつける可能性を回顧すると、今ではかなり昔に溯る（例、Hardt-Mautner 1995）。1997年に編纂されたディスコースの研究書（van Dijk et al. 1997）でド・ボーグランドは「大規模コーパスは談話分析研究が生のデータに戻るための貴重な支援となる」と主張した（de Beaugrande 1997:42）。それでも、他の投稿者は誰も実際にはコーパス言語学の手法は使用していなかった。しかし、その可能性に対する認識はまさに高まっているように思われる。コーパス言語学を使った最近のCDA研究は、興味深い新展開を含めて、怒涛の勢いで増えている（例、Bednarek and Caple 2014; Baker et al. 2008; Baker and McEnery 2005; Baker et al. 2007; Cotterill 2001; Fairclough 2000a; Mautner 2007; Nelson 2005; Orpin 2005; Potts 2013）。たとえば、Partington（2014）は、コーパスには現れない項目の重要性を評価する際のコーパス言語学の役割を具体的に論じている。他方、O'Halloran（2012, 2014）は、デリダ（Derrida）の脱構築的読解（deconstructive reading）の考え方を拠り所に、説得的テクストにおける緊張関係の解明に、コーパスに基づく手法を導入している。

　しかし、こういった新展開の成果にもかかわらず、コーパス言語学の手法はCDAの方法論の中核的存在としては未だ認められていないと言ってもよかろう。2009年に本書の前版が刊行されてようやく本章が追加されたことも、研究動向の変化を反映したためと言えるかもしれない。

　では、コーパス言語学はCDAにどのような貢献が期待できるのか。端的に言え

ば、コーパス言語学の方法論の可能性には次の5つの柱がある。

- コーパス言語学は「言語変異は体系的かつ機能的である」という考えを基本としている（Gray and Biber 2011: 141）。さらに、コーパス言語学は、1930年代に研究の源流があるが、「コンテクスト分析と社会学的手法」として、応用の可能性が認識されている（Firth 1935 [1957]: 13）。この両方の点で、コーパス言語学はCDAの強い味方である。
- コーパス言語学は、批判的談話分析者が単に手作業で行うよりもはるかに大量のデータ処理を可能にする。
- コーパス言語学は、データを異なった観点から分析できるようにする。つまり、方法論的三角法（methodological triangulation）（McEnery and Hardy 2012: 233）、すなわち同一現象を研究するのに複数の方法を用いること（Creswell and Miller, 2010）に貢献する。
- 批判的談話分析者が自身の実証的研究基盤を大いに広げられるように、コーパス言語学は、研究者の偏向を減らすのを助け、CDAが他の社会科学と比べて陥りやすいというわけではないが、絶えず厳しい批判の的となってきた課題に対処する（例、Widdowson 1995, 2004b）[1]。
- コーパス言語学のソフトウェアは、テクストデータに量的かつ質的な全体像を提供してくれる。すなわち、頻度と統計的有意差を算出し、研究者が検索語の個々の出現について評価し、質的に共起語環境を調べ、顕著な意味パターンを記述し、談話機能を特定できるように、抽出されたデータを示す。

　本章では、研究の計画と実行について一つ一つ細かな説明はしない。その目的では、とくにBaker（2006）やMcEnery et al.（2006）のような、一読に値するもっと相応しい文献があるので参照して欲しい。しかし、基礎的な事項については、CDA分野の先行研究を相互参照しつつ、コーパス言語学独自の分析例を用いながら、次節で少し触れておく。全体を通して、焦点は、詳細な技術面の紹介ではなく、あくまでもコーパス言語学的手法が適切かどうかを読者が判断できるように情報提供することにある。ここでは二つの研究実践例を扱う。第一の研究例は、仕事にまつわる語彙から鍵となる表現として、unemployed（失業状態の）を取り上げ、共起

語の全貌を示すために、大規模参照コーパス（reference corpus）、すなわち比較基準として使われる大規模コーパスから（Teubert and Cermakova 2004: 65-8）、どのように社会的に有用な情報を引き出せるかを示している。もう一つの例は、まず新聞記事を一つ取り上げて、その記事からとくに「含みのある」表現と考えられる語彙として、形容詞hard-working（勤勉な）を選び、大規模コーパスのデータの助けを借りて解釈する研究である。

これらの実践例はともに、言語と社会は密接に論理的に結合しているという前提に基づいている。言い換えれば、ラベル、ここではunemployedとhardworkingだが、それがどのように使われるかは社会的姿勢や見方や分類を反映している。そして、このラベルが逆に社会的構造や関係を認識する方法となっている。個人や集団の失業状態に言及するということは、必然的に就業状態が普通で望ましいと認めていることになる。それは、ちょうど勤勉な状態が、本質的に資本主義的労働規範に直接結びつく肯定的な言外の意味を持つのと同じである。

ディスコースへのアプローチとそれに伴うディスコースの定義がいろいろ存在するのは、「批判的分析」（全体を概観するにはWodak 2004: 198-9とWodak 2006bを参照）を行うとはどういうことかにさまざまな見解があるのと同じである。本章で採用する観点は、機能的で構成主義的で（はっきり言って単純で）ある。ディスコースは、社会的機能を果たすために、重層化された環境で使用される本物のテクストを指すと捉えられる。ディスコースを分析することは、テクストのなかにパターンを特定しようとする体系的な試みと考えられ、コンテクストのパターンにテクストのパターンを結びつける、または逆に、テクストのパターンにコンテクストのパターンを結びつける試みである。批判的にディスコースを分析する意味は、言語と社会について当然視されていて、いまだ証明されていない仮説を明らかにし、その仮説に異議を唱え、ディスコースが社会変化の潜在的に力強い担い手であることを知らしめることである。

本章の表題には法助動詞（can）と語彙動詞（contribute）という2つのぼかし表現（訳注：本書の原題はChecks and Balances: How Corpus Linguistics Can Contribute To CDAである）が含まれていることをすでに読者は気づいていよう。これらは、まず特筆すべき二つの要注意点に対応している。一つは、コーパス言語学的手法が本当に役立つかどうかは、他の手法と同様に、この手法がどのような種類のリサーチクエスチョ

ンを解決するのに相応しいかをしっかり認識しているかどうかにかかっているということである。コーパス言語学を使ってどこまでできるかを主として決定するのは、ソフトウェアの能力と、使用する電子コーパスの——主に、構成と言語情報付与(annotation)に関する——特徴である。現状では、広く利用できるコーパスとソフトウェアの限界を考えると、その強みは、個々の語彙と語彙連鎖の調査に偏っている。端的にいえば、「単語」こそすべての拠り所である。したがって、もし関心のある言語現象がじつは個々の語彙と結びついたもの、少なくともそれらの語彙によって表わされるものであれば、コーパス言語学的手法は、実用的で効率的に時間を節約でき、新たな発見への道を独自に見出す助けとなる強力な道具だと簡単に分かるだろう。他方、もし焦点を当てるべき言語現象が、より大きなテクストと関係し、語彙的に多様で予測不能な現れ方をしていれば、コーパス言語学的手法は、殆どまたはまったく役に立たない。しかし、何らかの形でミクロレベルの言語現象の課題が出てくるやいなや、CDA的にはマクロレベルに位置する研究でも、コーパス言語学的アプローチが役立つこともあろう。

　二つ目の要注意点は、コーパス言語学の「貢献」に関連して、CDAの「主流」と言ってもよい基本的理念の一つ（広くはフェアクラフ、ヴォダック、ヴァン・デイク[2]が形作った伝統）を再認識する必要性にある。すなわち、分析者たるもの、社会を変革するような仕事につながり得る、社会的に意味のある解釈を見出すためには、テクストそのものを<u>超えて</u>正確に分析しなければならない。必要なのは、言わずと知れた「コンテクスト」、歴史、そして最も広い意味で、テクストの生成と理解に関係する政治的立場を、できる限り確実に把握することである。この社会的背景と、分析者の目の前にあるテクストに表わされたその証拠は、複雑に絡み合っているが、一対一の関係で完全に透明に見えることはほとんどない。ここから、コーパス言語学が自発的に「CDAを行う」というよりも、コーパス言語学をCDAに「貢献させる」という考えが生まれる。ちょうどアカデミー賞方法論部門で、最優秀助演賞にコーパス言語学を選ぶようなもので、本章ではその根拠を説明していく。

　また、CDAの研究計画にコーパス言語学を含めると決めても、各研究者が従来から慣れ親しみ推進してきた伝統的手法を無視したり、「意識的に忘れたり」、とにかく捨て去ったりする必要はまったくない。コーパス言語学は、あくまでも補助的な方法として、融通がきき、控えめで、適切に使えば、研究方法の他の部分や結果

の解釈を、深めることこそあれ、損なうことはない。

中心的概念と一つの実践例

どんな方法でも、研究者はまず、その方法では何ができて、その方法がどのようなデータやリサーチクエスチョンに向いているのか、適用すればどのような問題があるのかを知りたくなるだろう。本節ではこれらを中心に、実践例を一つ挙げて説明する。

コンコーダンス作成ソフトウェア

コンコーダンサーとして知られるプログラムは、それだけで分析を「生み出す」のではなく、人間が分析をしやすくするための操作をテクスト上で行うのである。コンコーダンサーが提供する情報のなかには、語の絶対的・相対的出現頻度といった量的なものもある。プログラムは項目の共起頻度の統計上の相対的有意差を示す測定も行う。例として、共起関係（コロケーション）の確実性を示すtスコアや、2つの項目間の結びつきの強さ、すなわち2つの項目が互いに起こる確率が偶然より高いかどうかを示すMI（mutual information）スコアなどがある（Church and Hanks 1990; Clear 1993: 281; Hunston 2002: 73; McEnery and Wilson 2001: 86）[3]。

実際どのように働くかを見るために、本章最初の実践例、形容詞unemployedの共起関係を概観してみよう。ここでは、内容よりも方法に焦点を当てただけの事例として挙げるが、失業に関する実際の談話分析研究の中核として実質的に貢献することもあり得よう（Muntigl et al. 2000とText[4]の特集号2002参照）。後で述べるように、コーパス言語学的アプローチによって、研究者は膨大なデータを処理し、しかも言語学的な詳細を観察できる。すなわち純粋に質的なCDAや語用論、民族誌学や体系機能的分析だけではほとんど達成できない、質的と量的分析のいわば「いいとこ取り」ができるのである。

マスメディアが社会的現実を構成するのに果たす役割の大きさを考えると、新聞記事コーパスを使用するのは適切な出発点と言えよう。Wordbanks Online[5]は5億

表7.1　Wordbanks OnlineのTimesコーパスにおけるunemployedの共起語――tスコアとMIスコア順

	共起語	tスコア		共起語	MIスコア
1.	*an*	6.648362	1.	*steelmen*	13.465279
2.	*are*	6.227450	2.	*househusband*	11.780613
3.	*people*	5.779392	3.	*unemployable*	11.228017
4.	*who*	5.725799	4.	*housewives*	8.733004
5.	*and*	4.842066	5.	*4m*	8.066547
6.	*term*	4.212151	6.	*youths*	7.898282
7.	*long*	3.749890	7.	*disadvantaged*	7.547531
8.	*million*	3.623313	8.	*homeless*	7.213343
9.	*for*	3.605234	9.	*pensioners*	6.965925
10.	*workers*	3.516933	10.	*claimants*	6.889355

語を超える、主としてイギリスとアメリカのテクストから成る複数ジャンルのコーパスで、イギリスの日刊紙 *The Times* から6000万に近い語数の記事を収集している。この *The Times* がここで最初に扱うサブコーパスである。検索の結果、Timesコーパスには567例のunemployedが含まれると分かった。表7.1にtスコアとMIスコアそれぞれ上位10番目までの共起語を示した[6]。

　表のtスコアの上位には、決まって高頻度の文法項目が出現する。ここでは、an, are, who, andや少し下位のforが当てはまる。そのような「機能 (function)」語には、それ自体に独立した意味がなく、談話分析者は傾向としてこのような機能語には文法家ほど興味を持たないので、CDAの枠組みではそれらの機能語やtスコアの順位全体は無視しておいたほうが無難である。しかし、この表で少し普通と異なるのは、tスコアの上位10番目までに5つの内容語 (people, term, long, million, workers) が含まれ、さらに、恐らくはlong-term unemployedという句のせいであろうが、longとtermの両方が高頻度にランクされていることである。これを他の2つの無作為に抽出したhappyとsad[7]という形容詞の共起語（コロケーション）リストと比べると、内容語がtスコア順でこれほど上位に出現するのがどれほど異常かが分かる。たとえば、happyのtスコア上位10番目までには内容語はまったく含まれていないし、sadについても1語（強意語のvery）しか含まれない。語彙項目が文法項目と同じtスコア上位水準に入ることは、いわゆるパターン化した結合の可能性が高いことを示す。語彙的結合が非常に定型化しているので、それが起こる確率は、文法項目を

含むパターンの確率に匹敵することになる。CDAの用語に置き換えれば、人々を指す名詞類の「句性（phrase-ness）」は、社会集団が固定化した談話を構成していくことを示す（決まり文句への避けがたい第一歩）と言えよう。

　表7.1の右側半分に目を向けると、「MI（相互情報（Mutual Information））」スコアによる上位10番目までの共起語が並び、失業状態であることがどのような社会的属性と結びつくかが分かる。すなわちunemployable（雇用できない）、disadvantaged（恵まれない）やhomeless（ホームレスの）である。また、高頻度に共起する名詞には、周辺的地位に追いやられた、従属的な、経済的に不活発な社会集団を表わすいくつかのラベルすなわちhousehusband（主夫）、housewives（主婦）、youths（若者）、pensioners（年金生活者）、claimants（生活保護手当受給者）[8]が含まれている。単なる事例の提示目的ではなく本格的な分析研究では、これらの高頻度共起語のそれぞれがコーパスへの興味深い導入となろう。たとえば、unemployed youths（失業中の若者）はどのような活動に従事すると考えられるかを（unemployed youthsに続く動詞を検索することで）調べたり、またhousehusbandとhousewivesの用法がどのように異なるか、統語的にunemployedが否定的形容詞とどれほど高頻度に結びつくか、数量詞（共起語の4m参照）が失業者を問題集団として確立するのにどのように貢献しているかなどを調査することには価値があろう。

　この種の疑問を手掛かりに、コンコーダンスプログラムの別の機能を見てみよう。それは、その名の如くコンコーダンスラインを出力する機能で、質的見方を重視する談話分析者にとっては、頻度や統計よりも利用しやすいであろう。コンコーダンスラインは、コーパスから抽出され、検索語句（「中心語（ノード（node））」とも呼ばれる）がラインの中央になるように表示される。コンコーダンスラインの出力元のテクストには、マウスをダブルクリックしたりメニューバーから必要な選択をするといった単純な操作だけでいつでもアクセスできる。閲覧可能な文脈は（Wordbanks Onlineの場合のように）500文字強から、（Wordsmith Tools[9]のように）全テクストに至るまでさまざまである。コンコーダンスラインは、検索語のたとえば直前または直後の語のアルファベット順に並べ替え（ソート）ができる。ソートをかけることで、高頻度のパターンを顕在化し、検索語の共起語環境を迅速に把握できる。たとえば、unemployed のコンコーダンスラインでandと形容詞が後続する例を見ると、否定的意味を持つ語が（9例中6例と）高頻度に出現している。す

表7.2　Wordbanks OnlineのTimesコーパスにおけるunemployedにandと形容詞が後続する例

mince. Tony Shalhoub is broke	unemployed and	**desperate**. His fortune went
<p> Liam Parker, services to	unemployed and	**disadvantaged** people. Alison
near Consett, Co Durham, Sheila,	unemployed and	**divorced**, lives in a council
about 12,000 former teachers are	unemployed and	**free to work**." <p> He added
new law had effectively made him	unemployed and	**homeless**. He is married with
<p> Ronnie (Ben Miles), 35,	unemployed and	**Jewish**, is back from Israel,
full-time mothers, selfemployed,	unemployed and	**retired** people across the
needed to keep the largely	unemployed and	**unemployable** Saudi young from
the welfare state that bribes the	unemployed and	**unemployable** middle-class

表7.3　Wordbanks Onlineのイギリス英語話し言葉コーパスにおけるunemployedにandと形容詞が後続する例

to say hello to everybody who's	unemployed and	**bored** at the moment and hasn'
to town looking for work. He was	unemployed and	**homeless** when he turned up at
say he is thirty-two years old,	unemployed and	**single**, and will appear in
apprenticeship's over he becomes	unemployed and	**unemployable** himself. It's

なわち、desperate（自暴自棄の）、disadvantaged（恵まれない）、divorced（離婚した）、homeless（ホームレスの）が各1回、unemployable（雇用できない）各2回である。

　この意味的パターンが新聞のディスコースに限られたものではないことを確かめるために、イギリス英語話し言葉コーパスで同様のデータを調べる価値はある。実際、結果は酷似している。

　これらの結果は、さらにWordbanks Online全体5億語強に検索を拡大しても、確認できる。つまり、unemployedと結びつく形容詞について、既に2つのサブコーパスで特定した語（表7.2と7.3参照）のさらに多くの例が得られるとともに、angry（怒った）、demoralised（やる気を失った）、destitute（極貧の）、disabled（身体障害のある）、dreary（物憂い）、drunk（酔っ払った）、excluded（締め出された）、poor（貧しい）、struggling（もがいている）、underprivileged（恵まれない）といった同様に否定的な新たな共起語も見出せる。それゆえにコンコーダンスラインを調

べることで、unemployedという検索語はいわゆる否定的な「意味の雰囲気 (semantic aura)」つまり「意味的韻律 (semantic prosody)」を持つ語であると、ほぼ一目で分かる (Hunston 2004: 157; Louw 1993; Partington 2004)。なお、本書の読者の参考に注記しておくと、Stubbs (2001: 65) を含め、この概念は、態度を表現したり首尾一貫性を確立する際の役割を強調したりするために、「ディスコース上の韻律 (discourse prosody)」とも呼ばれてきた。

　もちろんコーパスに基づく手法に批判的な人々なら、失業状態が心地よいものではないことを「証明する」のに、巨大なテクストデータベースや精巧なソフトウェアなどほとんど必要ないと主張することもあり得よう。しかしこれに対し、次の考慮すべき事実を忘れてはならない。第一に、どんな実証主義的研究でも、かなりの割合で、厳密には直観的に明白なものの証拠を熱心に見いだそうとしている。第二に、――本章では批判 (Critique) という表題を付した節でより詳しく論じる認識論的な領域に少し入り込むことになるのだが――実際に何かが不快であることと、ディスコースによって不快であるように構築されることには決定的な違いがある。第三に、いくつかの識見は、データから生まれた後に「自明」となり、それ以前には決してそうではなかった。スタッブズの例を一つ使って、一般には中立語と考えられているcause (引き起こす、与える) やprovide (提供する、与える) のコンコーダンスにみる証拠を調べると、じつはそれらの語の肯定的否定的な評価内容が非常に偏っていることが分かる。母語話者の直観でさえ気づかないパターンが明らかになり、causeはdamage (損害)、death (死)、disease (病気)、trouble (厄介なこと) といった不快な出来事と結びつくことが圧倒的に多いのに対し、provideはcare (注意)、help (支援)、money (金銭)、service (サービス) といった望ましい事柄と共起することが分かる (Stubbs 2001: 65)。このように、もし話し手または書き手がprovideを使用するなら、その選択自体が、提供されるものは悪いものというよりは良いものとして表わされることを示唆している。

　第四に、そしてこれが最後だが、コンコーダンサーは、ある項目の共起語環境について、良いか悪いかいずれにせよ、評価上の対極を際立たせる以上のことを明らかにする。共起語どうしも、意味特性を共有する一つの語類に属することが分かることもある。すなわち、検索語が特定の「意味的嗜好性 (semantic preference)」を持つことがある (Stubbs 2001: 88)。たとえば、Baker (2006: 79, 87) は、コーパス

の検索結果から、refugees（難民）は数量化を好むという意味的嗜好性があり、数詞や more and more（ますます）のような句としばしば共起すると結論づけている（Baker and McEnery 2005 も参照）。類似するアプローチを使った研究では、Mautner (2007) は elderly（老齢の）が介護や障がいや脆弱性と関係する領域の語としばしば共起することを示している。同様に、unemployed と and でつながれた形容詞に関するコンコーダンス出力に話を戻すと、大まかに言って、それらは（たとえば、available for work（手が空いている）、excluded（排除された）、immigrant（移民）、nomadic（放浪生活の）、unemployable（雇用できない）、unpaid（無給の）のように）社会的状態を示すか、または（たとえば angry（怒った）、bored（うんざりした）、depressed（抑圧された）のように）否定的感情を示すか、もしくは、(unloved（愛されていない）のように）じつはその両方に共通する状態を示すかであることが分かる。このように、コロケーションを概観すると、個人に対して明らかに心理的影響を持つ社会現象として、失業に関する双子の、つまり 2 つの類似する性質が見えてくる。

まとめると、意味的嗜好性とディスコース上の韻律は、特定の語彙項目がどのような種類の社会問題と関係があるか、一般にどのような姿勢と関係するのかを示すものである。重要なのは、共起パターンが単にテクストに例示されるだけでなく、語彙項目自体と密接に結びついていることである。Tognini-Bonelli (2001: 111) で思い出すのだが、「共に選択される語」は、互いに無関係ということはない。たとえば、もしある語が良い知らせの文脈か、悪い知らせの文脈か、判断を示す文脈のいずれかで決まって使用されるなら、その語はそうした意味を漂わせていることになる。

最後に、Wordsmith Tools のようなパッケージソフトウェアのなかには、分析者が異なったコーパスから編纂した語彙表を比較し、どの語が有意に高頻度か（つまりいわゆる「正の特徴語（positive keywords）」）または低頻度か（つまり「負の特徴語（negative keywords）」）を特定できるものもある（Baker 2006: 125; Baker et al. 2008: 278; Evison 2010: 127; Mulderrig 2006: 123; Scott 2010: 149）。たとえば Fairclough (2000a) の研究は、New Labour の特徴語——New Labour の資料のほうが以前の Labour のテクストと比べて高頻度に出現する語で、汎用コーパスと比べても高頻度な語——に焦点を当てている（Fairclough 2000a: 17）。

要約して、表 7.4 に、コンコーダンス作成ソフトウェアが提供する機能で、CDA

表7.4 コンコーダンス作成ソフトウェアが提供する言語学的証拠を得るためのツールと種類

量的証拠	頻度表
	ワードリストの比較結果、相対的頻度情報の提供
	（特徴語抽出、特徴語性（キーワード性 keyness））
	統計的有意差の測定：
	・tスコア
	・MIスコア
質的証拠	アルファベット順にソートされたコンコーダンスラインで、研究者が以下を特定できること
	・意味的嗜好性
	・意味的韻律

への応用に有用なものを示している。

コーパスデザインの問題

　近年、言語学者が<u>コーパス</u>について語る際には、普通「(1) <u>コンピュータ処理可能</u> (machine-readable) で、(2) 実際に話されたり書かれたりした<u>本物</u>の (authentic) テクストで、(3) テクスト抽出 (sampling) を、(4) 特定の言語または言語変種を<u>代表するように</u> (representative) 行ったもの」を指す（McEnery et al. 2006: 5 原文どおり強調、イタリックを下線表示）。これらの4つの特徴を、CDAへの応用を見据え、具体的に関連づけて、順に見て行こう。

　コンピュータ処理可能性は、前節で述べたコンコーダンス作成ソフトウェアを使って言語を分析する大前提である。これは当然のことと聞こえるが、実際に話されたり書かれたりした本物という二つ目の特徴と関連づけると、批判的談話分析者に重要な、データの質の問題が生じる。標準的なコンコーダンサーには「平テキスト (plain text)」ファイルが必要で、フォーマットやレイアウトや付属の写真類は除去される。伝統的な語彙文法研究では除去しても損失とは見なさないが、批判的談話分析者は損失と考えるだろう（いや、そのはずだ）。そもそも、意味の形成が非言語レベルを含めていくつかのレベルで同時に起こることは、批判的説得を扱うか否かに関係なくディスコース分析の根本的前提の一つである。テクストデザインの要素は、印刷の体裁や色やテクストイメージとの関係も含めて、単なる装飾ではなく、

社会的に位置づけられたディスコースとしてテクストを機能させるのに不可欠な役割を果たす（本書のヴァン・レーヴェン参照）。コンコーダンス表示にするとどうしても失われる意味があるからといって（Koller and Mautner 2004）、コンコーダンス分析の有効性を捨て去る必要はないが、その過程で失われるものは何であれ、後の段階で回復できるような適切な措置が必要である。卑近な言い方をすれば、つまり、将来、万一さまざまな様式が問題になったときに利用できるように、印刷物またはスキャナーでコンピュータに読み込んだ原本も収集して保管しておくことである。同様に、話し言葉データの音声や映像は保存し、文字起こしやコンピュータ処理可能形式に変換することで喪失したコンテクスト（文脈）把握の手掛かりは、必要に応じて回復できるようにしておく。

　（3）と（4）のテクスト抽出と代表性の基準に関する限り、方法論上の厳格さを担保する要件は、基本的に他のアプローチと差がない（Mautner 2008参照）。まず、「可能性のあるテクスト全体」を特定し（Titscher et al. 2000: 33）、次にテクスト抽出を行う。無作為抽出で構わない（すなわち、まず「全体」のなかのテクストに番号をつけ、それから無作為番号発生装置が選ぶ番号のテクストを抜き出す方法で抽出する）。別の方法として、体系的に適用される基準に従って、トップダウン方式の選択プロセスで、扱えるサイズにまでコーパスを絞り込むこともできる（たとえば、話題Aについて、毎週刊行されるB新聞とC新聞から、X日からY日までの間で一つの記事を抽出するなど）。もう一つ、3番目のテクスト抽出法として、質的研究では一般的だがコーパス言語学研究には適しているとは思えない方法がある。つまり、循環プロセスを使ったやり方で、まず小規模な均質のコーパスを構築して分析し、最初の結果に基づいてコーパスを追加していく（Bauer and Aarts 2000: 31）。このプロセスを、新しくデータをつけ加えても言語変種の代表性が変わらない状況、すなわち「飽和状態（saturation）」に達するまで繰り返す（Bauer and Aarts 2000: 34）。

　コーパス言語学者から見たこのプロセスの問題は、まさに質的研究者を引きつけるものの裏返しで、結果がほぼ変わらなくなるとデータ収集をやめてしまうことである。コーパス言語学では、言語項目や構文の頻度は、その重要性を示す鍵と考えられている。もし結果がほぼ変わらないことが明らかになるやいなやコーパスへのテクストの追加をやめてしまうなら、それで実質的に頻度に基づく一連のどの調査も終了することになる。たしかにこの方法を特定の研究計画に組み込む決定は容認

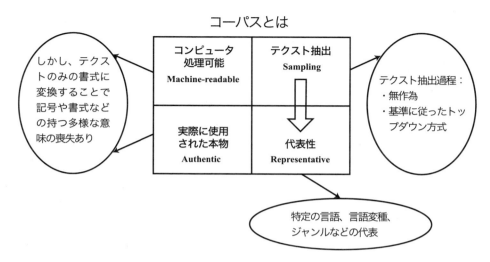

図7.1 コーパスの特徴とコーパスデザインの課題

できる。というのもコンコーダンスラインの質的分析は、コンコーダンス作成ソフトで可能な量的調査と同様に、重要で価値があるからである。しかし、それによって失われるものも十分に理解したうえで決定しなければならない。すでにコーパスに含めたものに「類似する」という理由で、コーパスから排除できるものを性急にどんどん決めてしまうことのないよう十分に注意しなければならない。そのような性急さはコーパスを構築する目的全体を簡単に壊してしまう恐れがある。要は、ある意味、分析<u>後</u>ではなく分析<u>前</u>にデータを知りたいと思う研究者が騙されてしまうことになるのである。

まとめると、コーパスデザインには図7.1に示す課題がある。

コーパスの種類とデータ収集

コーパスには多くのデザインや規模がある。British National Corpus（BNC）[10] やCorpus of Contemporary American English（COCA）[11] やWordbanks Onlineのような億単位の語数をもつ巨大なコーパスがあり、前節のunemployedの例はこれらのコーパスからとっている。これらの既存コーパスは、商業ベースで利用可能で、独

自に開発された検索ソフトで使用する（同時に使用したい場合に悩ましい問題ではある）。いずれも言語学者とコンピュータの専門家のチームを含めた何年にも及ぶ大規模プロジェクトの成果であった。CDAではそのようなコーパスは、比較的広範囲の社会問題が各コーパスに代表されたジャンルやディスコース（たとえば、小説や新聞や実際に交わされた対話）にどのように反映されるかを調べるなど、非常に大きなキャンバスに絵を描くような場合には理想的である。実際このアプローチは、たとえば、Krishnamurthy（1996）の人種差別に関する研究やMautner（2007）の年齢差別に関する研究で利用されている。

それとは対照的に、はるかに小規模の、いわば「日曜大工的（DIY）」独自編纂コーパス（Koester 2010; McEnery et al. 2006: 71）があり、特定の研究課題を調べるために個々の研究者や小さなチームで目的別に構築されている。規模の問題以外に、コーパスは、共時的か通時的か、すなわちある時点における言語変種を反映しているか、または歴史的変遷を反映しているかによって分類されることもある。また、コーパスには、さまざまなジャンルや媒体のテクストから成る汎用性を持つものもあれば、特殊性を持つものもある。後者は、特定のジャンル（たとえば、企業の綱領）、特定の話題と媒体（たとえば、体の不自由な人の権利に関するウェブ上のテクスト）、特定の話題とジャンル（たとえば、地球温暖化に関する国会演説）、さまざまなジャンルと媒体における特定の話題（たとえば、「進化論対創造説」を話題にした、説教や新聞記事やブログでの議論）のいずれかに焦点をあてた特定目的コーパスである。さらにまた、コーパスは、メタ言語的情報がテクストに付与されているかどうかでも分類できる。批判的談話分析者は、テクスト外の情報を表わすコードを挿入すること（「コーパス・マークアップ、メタテキスト情報付与（corpus mark-up）」として知られる過程）にとくに関心があろう。それらのテクスト外情報には、テクストタイプや、話し手または書き手の社会言語学的特徴や、特定の研究課題に有用なまさにあらゆる特徴が含まれる。メタテキスト情報付与は、分析者がコーパス検索で得られた例を、本来の言語使用状況と結びつけるのに重要な役割を果たす（McEnery et al. 2006: 22-3）。さらに、コーパスは、たとえば、品詞タグや韻律情報、意味情報の挿入、いわゆる「アノテーション、タグ付け、言語情報付与（annotation）」がなされていることもある（Baker 2006: 38-42; McEnery and Hardie 2012: 29-35）。表7.5に主要なコーパスのタイプについてまとめてある。

表7.5　主要なコーパスの種類

参照コーパス (Reference corpora)	独自編纂コーパス ('Do-it-yourself' (DIY) corpora)
既成の、出来合いの、多様なジャンル（話し言葉、書き言葉、新聞、小説など）でジャンルごとに数百万語から成るものを含むコーパス 例：BNC（1億語）、Wordbanks Online（約5億語）、COCA（約4.5億語） 他の基準 ―　共時的か通時的か ―　汎用か特殊目的か ―　情報付与の種類とタグ付け	個々の研究者による、目的にかなった、比較的小規模の研究課題に対応するための、たとえば、Wordsmithのようなコンコーダンサーで検索するコーパス

　規模に関わらずコーパスを構築する際に、World Wide Web（ウェブ）ページが重要なテクスト源となっている。自然な話し言葉を除いて（実際は重大な例外なのだが）ウェブにはまさに多岐にわたる完全無制限な量のテクストがある（Hundt et al. 2007）。コピー・ペースト操作は「データ・キャプチャ、データ収集（data-capture）」と呼ばれる過程を非常に簡素化した（Baker 2006: 31-38; McEnery et al. 2006: 73）。なお、関連する倫理的、法的問題についてはMcEnery et al.（2006: 77-9）とMcEnery and Hardie（2012: 57-70）参照。結果として、数十万語のコーパスデータ収集がわずか2、3週間でできる。何百万語ものコーパスでさえ、最先端の基幹設備にアクセスできる快適な組織環境で働いていれば、個人の研究者にも収集不可能ではない。大規模コーパスに基づく批判的談話分析の優れた例として、アメリカ合衆国のメディアディスコースにおける社会的行為者解釈がある。Potts（2013）参照。つまり、概してコーパス支援型研究をするのに組織での序列が高い必要などない。このような見方をすれば、コーパスによる手法を推進することは、批判的談話分析研究に民主的影響を与えることにもなる。

　このように、コーパスの利用可能性の点だけからすると、大半の批判的談話分析者の関心はウェブで対応できるだろう。それだけでも驚きだが、ごく最近までほんのわずかのCDA研究しか、実際にオンラインの資料に基づいて行われていなかったことはさらなる驚きである（Mautner 2005）。LexisNexisやFactivaのようなデジタルデータベースも資料の宝庫である。しかし、このように新しい資料が豊富にあ

っても、以前からの疑問の多くは残ったままで、前節で取り上げたコーパスデザインの問題に戻ることになる。近代的技術のおかげで、手作業による骨の折れるコーパス構築作業は軽減されたかもしれないが、適切な選択をする人間の能力の必要性に変わりはない。簡単に要約すると、中心課題は、すべて伝統的な資料収集から十分理解されているとおり、第一に、コーパスと解決すべき研究課題が適切に合致していること、第二に、コーパスの規模、均質性、代表性が三位一体になっていることである。

参照コーパスを使った解釈のサポート──二つ目の実践例

　なるほど、前節で説明したように、コーパス言語学の手法は比較的小規模の目的別コーパスにも大規模参照コーパスにも適用できる。しかし、批判的談話分析者は、確実に両方のやり方を組み合わせることで、最大の成果を得るだろう。独自コーパスが小さければ小さいほど、より大きなコーパスから得られた証拠で解釈を検証し、解釈の有効性を示すことがますます重要になるのは当然である。たとえば、ある語または句が特定のテクストで使われているのは、その語や句が特定の感情的傾向を持っているからだと思うかもしれないが、このことは、一般的な言語使用を反映した参照コーパスから得られたデータで実証できるのか。テクスト内に出現する語は、もっと大きなディスコースの領域ではどのような種類の共起語の「集合」がみられるのか。疑念が裏付けられるか払拭されるかは、大規模コーパスから得られる相対的な証拠によって分かり、それによって「過剰解釈と過小解釈」を防止する（O'Halloran and Coffin 2004）。もちろんこの証拠の比較に分析者側の解釈が入ることは認めざるを得ない。量的であれ、質的であれ、研究者の前にある大規模コーパスが提供する証拠は、それだけでは何も伝えない。伝えていると主張するなら、見当違いもはなはだしいか、少なくとも何も分かっていない。他方、たしかにCDAの実証的証明法の改善は歓迎されるべきだが、完全に自動化された談話分析など不可能だと肝に銘じて節度を保つ必要がある。もしそんな分析が可能なら、批判的ではなくなってしまう。

　証拠を比較するという考えを二つ目の実践例で示す。例は、2007年7月大洪水が中部イングランドの広い範囲に被害を与えた時、イギリスの大衆紙 *The Sun* に掲載

されたコラム記事に関するもので、見出しが It's time to turn off the spongers' money tap（今こそたかり屋への金銭供給口閉栓の時）とある（ここで spongers（たかり屋）や scroungers（居候）は、社会福祉制度を乱用していると考えられている人々を指す）。この記事では、グロスターシャーで洪水のために家を破壊された「勤勉な人々（hard-working people）」の生活と、the hard-working taxpayer（勤勉な納税者）の支払いで新たに建設された低所得者向け公営住宅をあてがわれたバークシャー出身の12人の子持ち家族（居候のギレスピー家（the scrounging Gillespies））が対照的に扱われている。この記事では家族の父親のことば「おれが働けば得になるんだったら働くがなあ（if it was economical for me to work then I would do）」を引用し、そのような態度を生み出す福祉制度の見直しを要求している。また、海外援助は「<u>われわれの国民的危機が解決するまで（until *our* national crisis is sorted out）</u>」（原文どおり強調、イタリックを下線表示）棚上げすべきであると主張している。大きな写真2枚が掲載され、1枚はグロスターで水浸しの家の写真、2枚目はギレスピー家の50万ポンドの低所得者向け公営住宅の写真で、12人の子供に囲まれた夫婦の小さなはめ込みがある。政府と野党の政治家に向けて、コラムニストは The hard-working people of Britain should come first（勤勉な英国民のことを第一に考えるべきだ）と訴えている。

　大衆紙に掲載された投稿意見と同様に、このコラムも、「彼ら」に対して「われわれ」を対照させる黒白はっきりした二項対立で展開している。「われわれ」は grafting taxpayer（こつこつ働く納税者）（grafting は「勤勉な」を意味するイギリス英語略式表現）で、hard-earned home（やっと手に入れた家）が水浸しになった。片や一方、「彼ら」は、the blatantly idle Gillespies of this world（この世でずうずうしく怠けているギレスピー家の人々）のことで、それほど大きく取り上げられないが、アフリカにおける開発援助の受給者を指す。「われわれ」のグループ形成において、hard-working（勤勉な）という形容詞は中心的役割を果たす。わずか1300語程度の記事で、5回も出現する。5例中4例は、hard-working が名詞句の一部で、その名詞句には少なくとももう一つ、グループ内の集団を示す要素（people of Britain（英国国民）、British taxpayers（英国の納税者）、our own people（われわれ国民自身）、the communities（地域共同体））が含まれている。以下に示すこれらの例は、テクスト全体にかなり均等に分散して出現している。

[1] … there's only one basic rule to remember: The **hard-working** people of Britain should come first.
… 基本的に覚えておかねばならない原則はただひとつ、英国の**勤勉な**国民が第一でなければならない。

[2] Yet frankly, when the **hard-working** British taxpayers need them most, our politicians look as washed up as the million-plus doormats floating around the street.
しかし、率直にいって、われわれの政治家たちは、**勤勉な**英国の納税者が最も彼らを必要とする時に、道に漂う百万枚を超えるドアマットとなんら変わらず、役に立たないように思える。

[3] … not to mention the indirect £8 billion of our taxes the PM [Prime Minister] has recently pledged to Africa. But when our own **hard-working** people are in trouble, there should be an instant amnesty on all other benevolent activity until *our* national crisis is sorted out [original emphasis].
首相が最近アフリカに約束した、間接的にはわれわれの税金の80億ポンドは言うに及ばず…。しかし、われわれ**勤勉な**国民自身が困っているときに、われわれ国民の危機が解決するまで他のすべての慈善活動は即刻一時停止すべきであろう。(原文イタリックを下線表示)

[4] There's more rain on the way, so I suggest Brown [=the Prime Minister], Cameron [=the Leader of the Opposition] et al get their galoshes on and *show* they care about the blighted, **hard-working** communities (…) [original emphasis]
雨はこれからもっと降る。それで私はブラウン首相や野党党首のキャメロン氏らは長靴をはいて、この荒廃した、**勤勉な**地域共同体を気遣う姿勢を示すよう提案する。(原文イタリックを下線表示)

[5] … the skewed thinking that the **hard-working** taxpayer is a cash cow only to

be milked and never fed.

勤勉な納税者は、ただミルクを絞られ、決して餌を与えられない金を生む牛であるという歪曲された考え…

　この証拠によると、このテクストではhard-working（勤勉であること）が思想表現として機能し、「われわれ」の属する集団を確立し、集団に肯定的性質を付与していると主張しても妥当であろう。しかしそれでは、hard-workingにそれほど強力に肯定的レッテルを貼るものは一体何か。そして、この評価の含みは一般的言語使用にも当てはまるのか、それとも特定のディスコースに固有のものか。換言すれば、「勤勉な」人々に対して特別に「タブロイド版新聞のような煽情的」捉え方があるのだろうか。

　Wordbanks Onlineを参照コーパスとして、何が分かるか見てみよう。まず、その総語数5億余のコーパスからhard-workingの共起語リストを作成し、MIスコア順に並べると、その他の肯定的形容詞の長いリストが得られる。さらに、hard-workingと（MIスコアが5以上の強い共起関係を示すのみならず、少なくとも10回出現する）2ケタの共起頻度を持つ形容詞を抽出すると、表7.6のリストになる。

　これらのなかには、一所懸命働くという意識に、とくに焦点が当たっていたり、かなり密接に関係する語がある（industrious（熱心な）、conscientious（真面目な）、dedicated（ひたむきな）、disciplined（鍛錬された）、ambitious（大志のある）、skilled（熟練の））。しかし、雇用の領域とは無関係な、非常に一般的な性質を示す語もある（honest（正直な）、loyal（忠実な）、sincere（誠実な）、decent（慎み深い）、caring（面倒見の良い））。性質の特徴には意味的嗜好性があり、紛れもなく意味的韻律は、肯定的である。これらの形容詞とhard-workingの間に統計上有意な共起結合関係があるというのは、誰かのことをhard-working（勤勉だ）というとき、これらの仕事と関係のない他の形容詞のひとつが隣接して出現する確率が偶然より高いということを意味している。もちろん、これらの共起語それぞれについて、hard-workingとの統語上の関係は調べる必要がある。というのは、「近接する」というのは、「近いがbutで結ばれている」こともあり、その場合、共起語である形容詞は、勤勉の持つ善さの確認ではなく、善さとの対比を表わしている（仮に提示する

表7.6 総語数5億語余のコーパスWordbanks Onlineにおけるhard-workingの共起語
（少なくとも10回以上の共起頻度と、MIスコアが少なくとも5以上の場合）

単語	共起頻度	MIスコア
industrious	11	9.531038
conscientious	19	9.158034
abiding	19	8.612447
honest	75	7.322699
dedicated	46	7.307235
disciplined	11	7.087851
loyal	28	7.047991
sincere	12	7.001116
competent	12	6.847253
ambitious	28	6.793461
decent	38	6.724341
intelligent	27	6.611245
enthusiastic	14	6.242391
caring	17	6.127628
talented	15	6.044615
skilled	10	6.039344

未検証の句hard-working but caring（勤勉だが思いやりのある）参照）。しかし、対比か確認かは、当該コンコーダンスラインを調べれば簡単に分かる。たとえば、表7.7に示す、decent（きちんとした）の場合、この「善さを示す」形容詞はandもしくはカンマでhard-workingと結合し、実際同じ個人またはグループの人々のことを表わしている。hard-workingとdecent（表7.7では大文字ゴシック表示）が同時に出現した時どのように統語的、意味的に関係しているかを示すことに加えて、表7.7のコンコーダンスラインは、近接するいくつかの他の肯定的な属性を示す語句（ゴシック表示）も明らかにする。そのうちのいくつかは顕著な道徳的含みを持っている（たとえば、honest family man（誠実な家庭的男性）、genuine and Christian（純粋でキリスト教徒の）、self-sacrificing（献身的な））。

　繰り返し出現し、統計的に有意で、大規模コーパスで検証されたこのようなコロケーションの例は、「意味の評価に客観的・実証的証拠を与え」、これらの意味が「主観的で特異なだけでなく、ディスコース共同体で広く共有されている」（Stubbs 2001: 215）ことを示す。事実上、ある語の高頻度の共起語がその語の意味の一部と

なる。つまり、コーパスに基づく共起語情報を利用することで、談話分析者は、意味の評価に対する個人の直観的判断を共通の前提や判断に置き換えることができるのである。

　このThe Sunの新聞記事におけるhard-workingの使用を、さらに客観的に捉えようとするなら、別の角度からの分析として、異なる読者層を持つ新聞でその語がどのように使われているかを観察するとよい。Wordbanks Onlineの有効なサブコーパスとして、イギリスの日刊紙The Timesから6000万語弱を収集した資料が使える。The Sunの60％を超える読者は社会階層がC2, D, Eに属するが、The Timesの読者の89％はA, B, C1の社会経済階層に属する[12]。結果（表7.8参照）として、hard-workingはThe TimesよりもThe Sunに（100万語あたりに換算した数値で）2倍以上高頻度に出現していることが分かる。

　さらに、この二つのサブコーパスにおける高頻度共起語リストには、5億語のコーパスすべてを調べた際に見つかった語の多くが入っていて（表7.6参照）、互いにかなり似ているように思われる。しかしThe SunとThe Timesの共起語リスト間の相違は顕著である。ひとつには、honest（正直な）とdescent（きちんとした）は、両方のリストに見られるが、Sunコーパスに相対的に高頻度である[13]。もう一つには、The Sunのhard-workingの共起語リストには、MIスコアが最も高い共起語でありながら、The Timesのリストにはまったく存在しない語、abiding（永続的な）が含まれている。そこで、共起語リストからコンコーダンスラインに目を転じると、その理由が、abidingの6つともすべてlaw-abiding（遵法的な）という、hard-workingと密接に結びつく肯定的な意味の語として出現しているためと分かる（表7.9参照）。

　如何なる「客観的な」意味的連想よりむしろ、この共起語の結びつきにかかわる社会構造のほうがじつに明白である。そもそも「怠惰」でいて、法に従うことは完璧に可能であるし、その状況を打破しようと忙しく週70時間働くことも可能である。なお、law-abiding自体を見ると、The Sun（145例、100万語中3.2例）のほうがThe Times（111例、100万語中1.86例）よりも相当高頻度である。

　まとめとして、補助的に参照コーパスを使用する議論をした記事に戻って証拠を関連づけると、次の結論を導くことができる。

・　Hard-workingは、単に説明的意味を示すラベル以上の語である。その意味的

表7.7 5億語余のWordbanks Online コーパスにみるhard-workingとdecentの共起関係

to denigrate Kilbane, who is a	hard-working	and **DECENT** professional. Yet on
a more **responsible, DECENT** and	hard-working	British citizen. He **is a credit to**
is that they are **DECENT** and	hard working	people," he said. Mr Xynias said
the barrel, most fathers are	hard working	**DECENT family types** trying to do
thousands of **DECENT,** brave,	hard-working	coppers. It's hardly surprising
that Hart was a **DECENT,**	hard-working	and **honest family man,** but added
lost on Saturday night. **DECENT,**	hard-working	people, people who are prepared to
things are bad when a **DECENT,**	hard-working	father resorts to taking surgeons
just as you see him. **DECENT,**	hard-working,	**genuine** and **Christian.** He's the
The bishops are **DECENT,**	hard-working	men in thankless roles, but the
Paul Duckworth was a **DECENT,**	hard-working	and **loving father.** <p> "The
The former teacher is **DECENT,**	hard-working	and **dutiful.** But as my colleague
of him is that he is a **DECENT,**	hard-working	bloke who was caught up in
TV. <p> Meanwhile most **DECENT,**	hard working	citizens will be lucky to see any
great to her family -a **DECENT**	hard-working	girl." <hl> Open house contest
town I grew up in was a **DECENT,**	hard-working,	hard-drinking, cloth-cap- and-
Erfurt, Germany, as "a **DECENT,**	hard-working	man". <p> But Judge Gareth
he said: "They were all **DECENT,**	hard-working	men - **great lads and great mates.** I
make life a misery for **DECENT,**	hard-working	people. <p> The phone number to
badly on thousands of **DECENT,**	hard-working	taxi men and women who want these
employer as "**good, DECENT,**	hard-working	men" who were mown down in a hail
with admiration as **DECENT,**	hard-working	people, who despite having very
but my parents were **DECENT**	hard-working	people. We used to go to church
of the game - the **DECENT,**	hard-working	people who work in and around
When I see a **DECENT,**	hard-working	man like you, with a responsible
admired his wife, a **DECENT,**	hard-working,	**self-sacrificing** woman; he couldn'
coal miners, each **DECENT,**	hard-working	union men with large families,
Slick Willy" into a **DECENT,**	hard-working	child of the middle class. He told
with New York: the **DECENT,**	hard-working	people who live here. And here's
he said, "a generally	hard-working	and **DECENT** people prepared to put
found them **DECENT, kindly,**	hard-working,	and **knowledgeable** within their
they will effectively stop many	hard working	**DECENT** Sikhs from earning a
of humanity; there's a lot of	hard-working,	**DECENT** people, a lot of children
level-headed, reliable,	hard-working,	**DECENT, orderly**" - are
and more time listening to the	hard-working,	**DECENT** majority that elected New
character who came from a "very	hard-working	and **DECENT** family". <p> The judge
<p> The puzzling aspect is why	hard-working,	**DECENT** people can see what is

表7.8 Wordbanks OnlineのサブコーパスSunとTimesにみるhard-workingの頻度

	絶対頻度 (absolute frequency)	100万語あたりの相対頻度 (relative frequency, per one million words)
The Sun	393	8.69
The Times	243	4.06

嗜好と意味的韻律は、コンコーダンスラインから明白だが、一所懸命働くことを、たとえば礼儀正しさ、正直さ、忠誠心、家庭の価値のような肯定的な属性を示す語句と結びつけることで、hard-workingが道徳的ディスコースの核心であることを示している。

- この共起関係のパターンは圧倒的に中流階級の読者を持つThe Timesよりも大衆的労働者階級のタブロイド紙The Sunに相対的に顕著にみられる。
- それゆえ、hard-workingを使うテクストの批判的談話分析では、次のように主張できる。つまりhard-workingという語が果たすテクスト全体の意味に対する貢献は、hard-workingが担っているイデオロギー的意味に一部基づいている。そして、この意味は、さらに大きなディスコースの世界における検証済みの用法パターンから導きだせると言える。したがって、大規模コーパスから得られた証拠は、個人の研究者だけが持つことによるのではなく、ディスコース共同体全体に存在する価値観や姿勢に門戸を開くことによって、「抑制と均衡」を提供するのである。

批判

本章ではCDAとコーパス言語学の融合に賛成の論を展開してきた。その主な論点として、コーパス言語学のおかげで、その支援が無い場合よりもはるかに大きなデータ量で、その結果、潜在的にさらに代表性の高いデータを綿密に調査できるようになった。さらに、もっと広く見れば、CDAとコーパス言語学の融合は、方法論的多様性への重要な第一歩である (McEnery and Hardie 2012: 233)。

しかし、明らかな利点にもかかわらず、6つの潜在的懸念がある。これから、項目別に順にその懸念について述べていく。

表7.9 Wordbanks OnlineのサブコーパスSunコーパスにみるhard-workingとlaw-abidingの共起関係

against the respectable,	hard-working,	**LAW-ABIDING** majority. No wonder
redit to their **LAW-ABIDING** and	hard-working	community. <p> A V DAVAR, East
> Then hopefully **LAW-ABIDING**,	hard-working	parents like the Gells need neve
t better meals than a lot of	hard-working	**LAW-ABIDING** people, better medic
time all decent, **LAW ABIDING**,	hard-working	people were given some
even exists. <p> How many	hard-working,	honest, **LAW-ABIDING** people can

1. 技術的隔たりと標準化の欠如
2. 組織上の壁
3. データ収集における誘惑との戦い
4. 脱コンテクスト化された（文脈と切り離された）データ
5. 言語刷新
6. 認識論的課題

1．技術的隔たりと標準化の欠如

　これは本質的な問題というより、実施上の課題であり、時がたてば消滅するだろう。しかし、本書執筆時点ではまだ課題として見えてくる。コーパス言語学をCDAの主流に組み込もうとする者は誰も、課題の解決に必要な努力を軽んじ、「誰にでもできるさ」などと言い放ちたがる。しかし、実際はそうではなく、自信を持ってコーパスを利用できるようになるには時間と労力が要るという事実は否定できない。恐らく、使い方の習得という日常的な作業にはそれほど時間はかからないが、方法の可能性を評価できる見識を養い、限界を認識し、分析技術を磨き、発見手順に熟達するには相当の時間がかかる。しかし、最終的には自分の研究に相応しい計画を創れるようになる。

　それでも、多くの談話分析者が積極的に関与する気になれない理由の一部は、コーパス言語学のなかで残念なことに標準化が欠如していることにある。British National CorpusとWordbanks Onlineという二つの大規模コーパスを例にとっても同じソフトウェアを使用していない（注11訳者付記参照）。同様のことが、自作コ

ーパスの分析に利用できるさまざまなコンコーダンサー（たとえば、Wordsmith Tools, Monoconc Pro, Sketchengine, AntConc[14]など）にも当てはまる。検索コマンドが異なり、検索画面も分析ツールも違う。単にコーパスを検索してゆきたいだけの場合、この状況は好ましくない。

2. 組織上の壁

　第二番目の課題は一番目と関連するが、個人レベルではなく組織に重点がある。批判的談話分析者とコンピュータ言語学者は必ずしも同じ学科にいるわけではない。たとえ同じ学科にいても互いにコミュニケーションがうまくいっているとは限らない。互いに異なった学会に参加し、別々の学会誌に投稿する。若手研究者としては、普通はどちらか一方の手法に順応し、両方を得意とすることはほとんどない。たいていの言語学者は分かっているように、とはいえ全員があえて認めようとするわけでもないが、長年自分の方法論の選択が偏りがちなのは、その手法が持つ本来の利点ゆえではなく、その手法に初期のころに出会ったからであることが多い。

　食後のテーブルスピーチで一席ぶつ覚悟で、あえてつけ加えると、今こそ批判的談話分析者とコンピューター言語学者間のさらなるコミュニケーションの必要性が叫ばれるときである。急ぎつけ加えておくと、ありそうなことだが、これで批判的談話分析者がIT支援を懇願することにとどまってはならないし、コーパス言語学者も、自分達のコンピュータ技術をどのように使うのが最善かについて、CDAを行う同僚の知恵を借りる方向に進むべきである。そうすれば、コーパスツールを社会に関連した談話分析研究に応用することで、その技術が価値あるものになる。既存の参照コーパスもこの観点から見直すことができよう。たとえば、周知の通りWordbanksには、出典参照という、コンテクストを決定する主な要因が、不完全であるという問題がある。

3. データ収集における誘惑との戦い

　第一と第二の課題が、コーパス言語学の手法を知らない者の経験する潜在的困難さに関連するとすれば、第三の課題は新しく取り組む人の熱意を抑える必要性

が中心である。すでに、ウェブと電子データ処理は魅力的な多くのデータを提示してくれることを見た。そして、実際、大規模コーパスを作成し解析できることは、CDAにしばしば向けられる「えり好み」という非難を和らげる主な要素である。一般的に言って、コーパスサイズが大きくなると確実に代表性は増し、結果的に分析者の主張の有効性も高まる。他方、よくあることだが、技術的進歩には制限が付き物である。少し矛盾するが、新人もベテラン研究者も分析者には一様に、コーパスが簡単に作れることは、圧巻であり魅力的だと分かる。分析者は、あたかも食べ放題の食事での大食漢のように、それがメニューであれ、コーパスであれ、きちんとした組み立てであるという原則を顧みず、データという「食べ物」にがつがつ食いついてしまうことも十分あり得る。CDA研究者の場合は、どのようなテクストが自分の研究課題に答えを出してくれる可能性が高いか、自分のコーパスを構成するテクストは「世の中」という「談話の世界」を代表するように選択されているか、といった質問を繰り返しながら、データ収集を変わりなく行っていくあろう。これらの質問のどれも、さらにその根底にある原理も、これまでその重要性が消滅することはなかった。むしろ、厳密には有り余るほどのテクストがコーパス構築に従事する分析者を取り巻いているために、これらの課題はますます重要になってきている。手軽に蓄積できるテクストが驚くほど豊富にあるなかで、とくに何をコーパスに含めるかについて絶えず内省する必要性を、研究の初期段階でさえ、容易に見失ってしまう。とはいえ、これは余りにも早い段階で極端に偏ったテクスト選択を認める言い訳ではない。もしそうなら、コーパスに基づくアプローチを使うことで解消したいと願っている非常に「えり好み」的なテクスト選択法に立ち戻る結果となろう（そして、そういう理由で、新しくデータをつけ加えても言語変種の代表性が変わらない「飽和状態」になるまで循環的にコーパスを構築することは、サンプリングの議論の際に否定された）。要するに、コーパスを併用する批判的談話分析者たるもの、コーパスに我を忘れてはいけない。

4．脱コンテクスト化された（文脈と切り離された）データ

　第四番目の懸念領域は、すでに述べたが再度繰り返す価値のあることで、コンコーダンス作成ソフトへのインプットもソフトからのアウトプットも、文脈が示され

ず脱コンテクスト化されており、言語を記号のように捉える以外に仕方のない、記号論的に切り詰められた言語という事実と関連する。なるほどプログラムを使えば、もっと広範な文脈やコンコーダンスラインの元となる全テクストに瞬時にアクセスできるが、相当量の非言語情報は、テクストがコンピュータ処理可能な状態に変換されるときに失われてしまう。コーパスへのメタテキスト情報付与は、ある程度その埋め合わせにはなるが、技術的進歩と商業利用の可能性の現状を踏まえると、原本のすべてのテクスト情報を保持しながらコンコーダンス作成ソフトを走らせるのは不可能である。それゆえ、まさにこの領域こそ「抑制と均衡」という考え方が逆に働くところであり、分析者は、文字フォントや写真のような、コンコーダンサーが扱えないどんな情報も、アクセスできるようにどこかに残しておき、分析の際に完全に再現できない状態にまで失ってしまわないよう、心がけなければならない。

この状況で、コンコーダンス作成ソフトは個別の語彙的単位に偏向していることを肝に銘じておかなければならない。議論のパターンのような、もっと規模の大きい論理展開現象も、コーパス言語学の手法で捉えられるかもしれないが、特定の語や句や語彙的意味パターンの周囲に系統だって現れる場合に限られている。

最後に、そして、まさにコーパス言語学にはこういった言語的詳細に焦点を当てるという素晴らしい潜在性があるゆえに、イデオロギー的に意味を担った個々の語の共起関係を示すことに心を奪われると、より大きな描写は失われることに注意が必要である。細部を見る能力と近視眼は表裏一体である。前節で取り上げたhard-workingの例に少し戻ろう。これが本格的研究の一部なら、(たとえこの新聞記事にとっては中心的であったとしても) hard-workingだけを見るのでは不十分であろう。さらに、その記事が使用している類義語や関連する表現全体を探求するだけでなく、賃金労働と労働倫理の歴史、政治、社会心理を徹底的に掘り下げる必要がある。

5. 言語刷新

第五番目の留意すべき問題は、BNCやWordbanks Onlineのような大規模参照コーパスは、言語展開の最前線の調査には適さないことである。社会変化が最も速いところ——CDAにとってまず間違いなく最も関心を引くところ——では、これらの参照コーパスは役立たない。若者文化、広告や新移民層の間に起こるさまざまな

コードスイッチングがその例である。そのような分析に応用するには、特別に独自コーパスを構築することしか解決策はない。

6. 認識論的課題

　CDA研究では、コンピュータ支援によって実証的裏付けが得られるため、研究者は自分の主張に自信を感じられる。しかし、ひとこと警告しておくのが適切であろう。コンピュータだけを使用すると研究結果に自信を持ち過ぎて、たとえどんな方法を採用しても基本的な認識論的課題は処理しなければならないことを忘れてしまう危険性が絶えずある。この課題を処理しなければ、いずれ、研究者に跳ね返ってきて、研究者は、データの解釈が怪しく、説得力に欠ける説明を書き、論文は不採用となることで、悩まされることになる。

　尊大に聞こえるかもしれないが、認識論、すなわち知識に関する論及は、複雑だとしても、ありふれた疑問に分解できる。つまり、自分の知識をどうやって得るか、何を証拠として受け入れるか、もっと具体的にいうと、CDA研究の分野では、テクストデータを社会の現実とどのように結びつけるか、ある語や句の使用が実際に何を語るのか、ある言語項目が出現すること、しないこと、あるいはその頻度から、どのような結論を導くのが妥当かである。

　これらの疑問に対する簡潔な解答はないし、あらゆる研究、コーパス、研究計画すべてに通じる有効な解答はたしかに存在しない。それでも、そうした疑問を発する行為こそきわめて重要である。なぜなら、疑問を発することで、調査するテクストの話者や書き手が行うそれぞれの言葉の選択から、テクストの社会的、政治的移入が、じかに完全に「読み取れる」と軽率に思い込んでしまうのを避けられるからである。そのような稚拙な思い込みを回避するために、次の点に留意しておかなければならない。

a.　コーパス検索ソフトが目前に出力する証拠はそれだけでは全く何も意味をなさない。知識は、単なるデータ処理行為だけで生まれるのではなく、分析者がその証拠について、パターンを特定し、パターンから外れた興味深い特徴を見いだし、その両方の関係するテクストが作りだされ受容されるコンテクストと関

連づけながら分析する結果として生み出される。研究を、線で点を結ぶパズルと比べると、コンピュータの助けは、どこに、いくつ点があるかを見つけるのに欠かせない。しかし、もしその点を結ぶことで何か認識できる像が現れるとすれば、点を結びつけるのは人間である。

b. 言語形式とその社会的機能は一対一の関係ではない (Stubbs 1997: 6)。このことは、自明の理でわざわざ取り上げるまでもないが、簡単に利用できて、豊富で、見せかけだけでも「客観的な」コンピュータ産出データを前にするとすぐ忘れてしまう。ある項目の社会的重要性を探るには、語から句へ、句からコンコーダンスラインへ、コンコーダンスラインからテクストへ、テクストから他のテクストへ（そして、それらが形成するテクスト間の連鎖へ）、そして最後にテクストからコンテクストへという（再）コンテクスト化が必須である。

c. コンピュータ・コーパスがCDAの実証的基礎を補強するのに非常に有用であることに疑問の余地はない。しかし、コーパスは、どれほど大規模で多様でも、テクスト世界全体のうちのたまたま選択されたかもしれないほんの一部に過ぎない。したがって、コーパスから引き出されたどんな結論も暫定的で、コーパスの代表性に相応した（コーパスが言語変種を代表する度合いに応じた）もので、新しい証拠が出てくれば誰でも検証ができる状態でなければならない。

d. コーパスは必然的にそれ自体人工物である（上述の「コーパスデザインの問題」「脱コンテクスト化された（文脈と切り離された）データ」という見出しの項目のコメントも参照のこと）。McEnery and Hardie (2012: 26) では「コーパスデータと言語そのものを混同してはならない」ことを再認識させ、さらに、次のように述べている。

　　コーパスで言語の観察はできるが、コーパスは言語そのものではない。さらに、言語学者がことばを探求するのに使うべきツールはコーパスだけだと主張しているのでもない。内省や他のデータ収集法も、言語学の果たすべき役割を担っている。実際、内省能力が欠如すると言語学者はコーパスで検索すべき課題を構築できるかどうか疑わしい。(原文どおり強調、イタリックは下線表示)

e. コーパス言語学の手法を分析過程のまさにどこに取り込むか、あるいは研究計画全体でどれだけ取り入れるかに厳密な規則はない。CDA分野で、「どのように談話分析を行うか」に関して本音をいうことに慎重な姿勢は、コーパス言語学の応用にも及んでいる。批判的談話分析者は、整然としたコンピュータ分析手法 (algorithms) に対して慎重な姿勢を取っているが、この姿勢は、コンテクストの扱い方についての「きまり (protocols)」に関するLeitch and Palmer (2010) の論文に続いて起こった議論のなかで生まれた。それに対して、Chouliaraki and Fairclough (2010: 1218) は、CDAが「作業上の道具の選択」に陥ってしまうべきではないと述べ、「厳格さよりも領域をまたがる利点を活かした研究手法を、意識して風通し良くうまく統合して採用する方向」に賛成の主張をしている。

f. コーパス言語学を取り入れるなら、それが生み出す証拠は、手作業と質的分析で明らかにできることよりも必ずしも本質的に優れているというわけではないと理解して、取り入れるべきである。コーパスツールは、異なった、補完的な見識を提供してくれるため、まさに「形を変えた重要な支援の源泉」と言われてきた (McEnery and Hardie 2012: 233)。しかし、それらの利点があるからといって、他のアプローチの利点がかすんでしまうものではない。それゆえ、同一の現象を複数の方法で検証するという三角法を採用する精神は、競争的ではなく協調的であるべきである。McEnery and Hardie (2012: 233) はさらに次のように説明している。

> これは、複数の方法を採用するやり方の主眼点である。すなわち、あるタイプのデータが必ずしも別のタイプより優れているとは限らない。むしろ異なるタイプのデータは――ある成果を裏付けるかそれに対立するかによって――<u>互い</u>に補完し合うのに使うことができる。

g. コーパスによる証拠を評価する場合、ある項目が一つのデータセットに出現するか、しないか、その頻度はどのくらいかに関する言及が意味をなすには、他との比較が必要であることを忘れてはならない。とくに「悪意のある主張」(Partington 2014: 135) がなされ、証拠による裏付けが必要な場合には、適切な評

第7章 抑制と均衡

価基準がとりわけ必要である。

h. コンコーダンス作成ソフトは量的・質的両方の分析ツールとなるが、絶えず区別をはっきり理解しておかなければならない。たとえば、出現頻度一覧表とMIスコアは、たしかに、自動出力の量的尺度である。他方、KWICコンコーダンスは、単に質的分析の根拠を準備するに過ぎない。しかし同時に量的要素を含んでいることもある。たとえば、問題になっている項目の各出現例を分類し、特定の意味的嗜好性を示す例がいくつあるかを合計する場合が考えられる。しかし、高性能の自動意味タグ付与システム（たとえばランカスター大学開発のタグ付けシステムなど（Potts 2013: 71-3参照））でも使わない限り、このような行ごとの分類は、コンピュータを活用しない方法と同様に研究者の偏向が入りやすい解釈作業である。唯一の相違は、じつはこれが重要なのだが、コンコーダンスを使えば、今までにはない非常に大量のデータを使って研究を進められることである。

i. 調査結果を示す際には、数量まがいの言及には気をつけなければならない。とくに新人の研究者は量的データの虜になってしまうが、実際の数量化となると躊躇することは珍しくない。自分達の結果を執筆する際に、数量表示の代わりに、たとえば、the majority（大多数）、some（いくらかの）、relatively few（比較的少数の）、almost all（ほとんどすべての）、hardly any（ほとんどない）のような印象だけに基づく数量まがいの表現にしばしば頼ってしまう。データ分析では、頻度を数えるか数えないかのどちらかで、適切なその中間に落ち着くことはない。

j. 最後に、コンピュータに基づく手法に奇跡は起こせないことを肝に銘じておかなければならない。具体的には、研究計画のどこか別のところにある欠陥を埋めることはできない。もし事例収集技術に欠陥があり収集例に問題があれば、たとえコンピュータ処理可能にし、コンコーダンスを出力し、ありとあらゆる統計処理を行っても、その欠陥は残る。同様に、もし統計手法の選択が、Baker（2006: 179）が明快に述べているように、望ましい結果を得るためにデータを「微妙に操作する」ようなものであれば、すなわち、結果を選択して公表したり、不都合なコンコーダンスラインを無視したりすれば、欠陥は分析法ではなく分析者の誠実さにあることになる。はっきり言えば、コーパス言語学を

CDA研究に組込むことは、良い方法だと示すために、ショーウィンドウの飾りつけの如く、頻度表とコーパス統計を結果のなかにちりばめることではない。ましてや、「客観性」を示す、少しの派手な道具だてでCDA批評家を黙らせることなど期待できるはずもない。どの分野のどの思想的背景を持っていようが、洞察力のある読者が求め続けているのは、有効性と信頼性を増すことであり、研究者の得た結果とその解釈の妥当性を全体的に引き上げることであろう。

本質的に、これらの関心領域の大半は、同じ課題につながっている。すなわち、方法の潜在的能力を現実的に評価する必要性である。テクストの分析に着手するための研究者の比喩的ツールも、文字通りのツールとほぼ同じ制約を受けやすい。文脈を組み込んだ分析ができないという理由でコーパス言語学的手法を批判し、語数が固定されていて最新の新語が入っていないことに目をつぶらなければならないという理由で10年前のコーパスに批判を向けるのは、釘を打ちつけるのに役立たないと言う理由でネジまわしを非難するのと同じくらい意味がない。

まとめ

コーパス言語学がCDAに提供できるものは多い。研究者が大量のテクストデータを処理するのを助け、CDAの実証的基礎を補強し、研究者の偏向を減らし、分析の信ぴょう性を高める。他方、批判的談話分析者は、権力、不平等、変化のような社会的関心事に触発された研究課題に応用することで、逆にコーパス言語学を高められると断言できるほどに自信を持つはずである。結局、「理論と方法論の相互交流」を通して、CDAもコーパス言語学も恩恵を受けることになる。

2つのアプローチを結びつける典型的な手順は次の通りである。

- 社会問題から生じる研究課題の調査を可能にする電子コーパスを編纂すること。
- 頻度表を作成し、特徴語を識別し、統計的に有意なコロケーションを明らかにできるコンコーダンサーを使ってコーパスを調べること。
- 調査中の社会問題に関連する語彙項目について、中心的な意味的嗜好性や意味

的韻律を確定するために質的にコンコーダンスラインを分析すること。
- 目的別コーパスから得られた結果を、大規模参照コーパスから集めた証拠と比較して判断すること。

または、大規模参照コーパス自体が出発点になることもあり、さまざまなジャンル、メディア、地域にまたがる社会的に争点となっている語彙項目について共起語の全体像を研究者が構築することも可能である。

コーパス支援の魅力に目がくらんで、完全に自動化されたCDAなど存在しないという事実を忘れてはならない（もちろん他のどんな言語分析でも完全自動化などあり得ないが）。コンコーダンサーは大量のデータを処理するのは得意だが、文脈に沿った意味のある分析は研究者の手腕による。しかし、コーパス言語学の限界がどうであれ、ディスコースの複雑さを考えれば、見方の変化や他の方法では得られないどんな見識も、確実に歓迎され、方法論的道具立てに加えられるべきである。

他方、方法を選択する際に、創造的で生産的な折衷主義と、どちらでもない目的のない寄せ集め方式の間には大差がないことも忘れてはならない。研究計画がこの二つの正しいほうで実行されるかどうかは、まさに次の点にかかっている。(i) 計画の目的がしっかり述べられていること、(ii) それぞれの方法でできることとできないことが厳密に評価されていること、(iii) 言語と社会について核心的仮説を捉えた強力な理論的基礎があること。コーパス言語学は、うまく展開すれば、発見を支援し、分析を厳密にし、質的なCDAを強力に補完する。すでに紹介した比喩に戻ると、アカデミー助演賞をとった俳優でも、ひどい映画を救済することはできないが、よい映画を偉大にすることはできる。

謝辞
Bank of Englishの素材はHarperCollins Publishers Ltd.の許諾を得て掲載させていただいた。

さらに知りたい人のための文献案内
Baker, P. (2006) *Using Corpora in Discourse Analysis*. London and New York: Continuum.

本書は批判的談話分析にコーパス言語学の手法を初めて使う人に最も適しており、理論的背景を実践的な助言といくつかの例とともに紹介している。

McEnery, T., Xiao, R. and Tono, Y.（2006）*Corpus-Based Language Studies: An Advanced Resource Book*. London and New York: Routledge.

本書は初心者にも経験者にも適している。基礎から、コーパスに基づく主要な言語研究紹介へと進んでいる。第3部ではさらに6つの実践例が示され、学習辞書学、第二言語習得、社会言語学、対照・翻訳研究など多岐にわたる分野を扱っている。

O'Keefe, A. and McCarthy, M.（eds）（2010）*The Routledge Handbook of Corpus Linguistics*. Abingdon and New York: Routledge.

すでに少しコーパスを使った研究経験があり、最近の動向に研鑽を積んだり、新しく応用を試みたいと考える研究者向けの適切な手引書で、この分野への優れた足がかりとなる。全45章は、コーパス構築とデザイン、主要な分析手順、コーパス言語学を他の研究分野に応用する方法について扱っている。

Stubbs M.（1996）*Text and Corpus Analysis: Computer-Assisted Studies of Language and Culture*. Oxford and Cambridge, MA: Blackwell.

Stubbs, M.（2001）*Words and Phrases: Corpus Studies of Lexical Semantics*. Oxford and Cambridge, MA.: Blackwell.

これら2冊は影響力の強い名著である。それぞれの副題から分かるように、著者は、これら2冊をCDAというよりもむしろ「コンピュータ支援による言語と文化研究」と「コーパスに基づく語彙意味論研究」に位置づけているが、批判的談話分析者、とくに、実証的正確さの点で批判を受ける可能性のある研究者には必須の文献である。

課題

1. 最近の2年分の論文を、ひとつは、たとえば*Discourse & Society*のような代表的なCDAに関係する学術誌から、もうひとつは、*International Journal of Corpus Linguistics*のようなコーパス言語学の専門誌から、掲載論文にざっと目を通し、次の課題を調べなさい。CDAの論文がどのくらいの割合でコーパス言語学の手法を取り入れ、どのくらいの割合のコーパス言語学の論文が（語彙や文法問題ではなく）社会的政治問題を扱っているか。その結果、CDAとコーパス言語学という2つのアプローチの「融合」の割合について何が言えるか。

2. 現代の脱工業社会では、支配的な――実際ますます主導権を持つようになった――市場イデオロギーに同調するように、従業員は、自分で市場調査を行い、「個人ブランド」を開発し、意識的に自己形成することが期待される。結果として、自己は商品化されてゆく（すなわち、売買できる製品のように扱われる）。

この傾向はディスコースにも反映され、言語と社会の間の弁証法的論理に従って、「市場化された」ディスコースが、さらに、商品化を促進する。語彙レベルでのその証拠は、sellやmarketやbrandといった動詞にyourselfやyourselvesのような再帰代名詞が続く表現の多用である（Mautner 2010: 126-7）。これらの表現を (i) ウェブ上、(ii) BNC（British National Corpus）のような語数固定の大規模コーパス、(iii) COCA（Corpus of Contemporary American English）のような語数変動型大規模コーパス、(iv) 表現が出現しやすいテクストを収集した目的別小規模コーパス（たとえば就職に関するアドバイスをするウェブサイトなど）で検索しなさい。まず量的結果を見て次の問に答えなさい。これらの検索結果がどのように異なり、その要因は何か。頻度はコーパスを超えて比較できるか。つぎに、KWIC検索結果の質的解釈に目を向けて、これらの表現がどの社会領域（たとえば、ビジネスコンサルティング、人的資源、求人活動、教育）に出現しているかを確かめ、次の問に答えなさい。当該表現の過少使用、さらには非常に稀な使用傾向が見られる領域があるか。これらの外れ値はその領域ゆえに興味深いと言えるか。

3. 学術分野では、刊行物が<u>研究成果</u>（research output）を指すことが一般的になっている。研究の世界もますます市場原理に従うようになってきていることは疑いないが、どの語彙的選択がその傾向の証拠で、どの選択はそうでないかについては、結論に飛躍しないよう注意しなければならない。このoutput（成果）という語が実際にビジネス領域から借入されたと主張するために、もしあるなら、どのコーパスに基づく証拠があるのか。大規模コーパスにアクセスして、頻度表、MIスコアやKWICコンコーダンス500例を調べて、outputの共起関係を概観しなさい。

注
1 この批判は、結局、たとえばFairclough（1996）とWodak（2006a: 606-9）で厳しく反駁された。
2 Fairclough（1992b, 1995b）、Fairclough and Wodak（1997）、Toolan（ed.）（2002）、van Dijk（ed.）（2007）、Wodak（2006b）、Wodak and Chilton（eds）（2005）参照。
3 MIスコアとは、検索語の左右一定語数の範囲内で得られた共起語の観測頻度（observed frequency）とその範囲内での共起語の期待頻度（expected frequency）

を関連付けるものである（McEnery et al. 2006:56）。関連する統計処理の詳細は Matsumoto（2003: 398-9）を参照。

4 分析資料は *Text* 22（3）。とくに、Graham and Paulsen（2002）、Muntigl（2002a）、Wodak and van Leeuwen（2002）を参照。
5 参照先 www.collinsdictionary.com/wordbanks（2015年8月24日現在）。
6 統計上の有意差判定の限界点は、t スコアでは2、MI スコアでは3（Hunston 2002: 71-2）。
7 両語とも、同数の出現頻度にすべく、unemployed の例にあわせて、567 ずつとした。
8 とくにこのコーパスでは、steelmen のすべてが *The Full Monty* という映画からの例であるため、順位に見られるほど共起語の調査対象として有力ではない。
9 参照先 www.lexically.net/wordsmith/（2014年5月12日現在）。
10 参照先 www.natcorp.ox.ac.uk/（2014年5月12日現在）。
11 参照先 http://corpus.byu.edu/coca/（2014年5月12日現在）。（訳者付記。2017年8月現在、COCA と BNC、Wordbanks Online と BNC は同じ検索ソフトでの利用が可能。Wordbanks Online 提供先 https://wordbanks.harpercollins.co.uk/, 検索ソフト Sketch Engine 参照先 https://www.sketchengine.co.uk/）
12 数値は National Readership Survey による。入手先 www.nrs.co.uk（2007年8月9日現在）。
13 100万語あたりの honest の出現頻度は *The Sun* では0.3回（総数15例）、*The Times* では0.1回（総数7例）で、decent の場合は、*The Sun* で0.26回（総数12例）、*The Times* で0.06回（総数4例）である。
14 参照先 www.laurenceanthony.net/software/antconc（2015年8月24日現在）。

第8章
視覚的・マルチモーダルなテクストの批判的分析

デニス・ジャンクサリー、マルクス・A・ヘレラー、レナーテ・マイヤー

(石部 尚登／訳)

キーワード

マルチモダリティ、批判的談話分析（CDA）、記号論、視覚的なもの、視覚性、視覚的ディスコース、視覚的分析、知の社会学、意味の再構築、質的調査法

＊本章においては、discourseは原則として「ディスコース」として訳した。ただし、discourse analysisに限り「談話」と訳した。

はじめに

　本章はマルチモーダルなテクスト——言葉以外の記号論的資源が組み込まれたテクスト——の批判的分析について論じる。とくにここでは、コミュニケーションの言語モードと視覚モードの関係を中心に見ていく。最初の節では、現代社会においてマルチモダリティが至る所で見られることを手短に述べ、主要概念について定義を行う。その後、第2節では、マルチモダリティの批判的談話分析（CDA）への適用可能性を体系的に論じる。第3節では、マルチモーダルな談話分析に批判的アプローチを取り入れた代表的な研究をいくつか取り上げる。それらの研究が扱っている問題や領域は多岐にわたり、マルチモーダルなCDAがさまざまな形で適用できることが確認できるだろう。第4節では、一つの方法論的アプローチを——実践例として——詳しく紹介し、2つのマルチモーダルなテクストに基づいてその分析手順を示す。最後に、簡単なまとめを行い結論とする。

マルチモーダルなディスコースとは何か

　2012年のある日曜日の朝、あなたはシドニーの浜辺のカフェに座り、山積みの新聞にざっと目を通していると想像してほしい。あなたは*Australian Financial Review*の週末版を手に取る。第一面であなたが目にするのは、ユーロ危機のオーストラリアへの波及を検証した記事である。ユーロ危機に影響を受ける中国経済への懸念がオーストラリアでの株価の下落とどのように結びついているのかが詳しく解説され、具体的な数字と共に関連する事項が詳細に論じられている。しかし、最初にあなたが関心をもったのは、そうした事実——たとえそれが重大なことであるとしても——ではなかっただろう。実際にあなたが真っ先に目を止めたのは、信じられないといった仕草でこめかみに手を押しあて、完全に困惑した様子でじっとスクリーンに見入る老練なビジネスマンの大判の写真だったはずである。印象深いその写真には、一連の経済指標で下落傾向を示すいくつかの抽象的なグラフが添えられている。記事の内容を後で友人に伝えなければならないとして、そのような画像が

なければ、語りだけで全体の内容をうまく伝えることができるだろうか。

　ディスコース研究は本質的に言語との親和性が高い。要するに、現実の社会的構成や社会知の蓄積にとって、言語はもっとも重要な資源なのである（Berger and Luckmann 1967）。そのため実際の分析では、残念ながら、研究者の関心は書かれた、あるいは話された言語テクストに集中し、それ以外の情報の重要性は無視されるか、少なくとも重視されない。マルチモード分析（Kress and van Leeuwen 2001; Kress 2010など）は、そうした従来の研究の不備を補うことを目的とし、意味のある記号を産出し発信するために、人は多様な素材や「意味の資源（meaning resources）」を用いるということを前提として受け入れる。この10年間でマルチモーダルな談話分析は発展を遂げ、それをテーマとする論文集もいくつか刊行されてきた（Jewitt 2009; LeVine and Scollon 2004; O'Halloran 2004; Royce and Bowcher 2007など）。Kress（2010: 79、強調は原文）によれば、「モードとは、社会的に形作られ、文化的に定められた意味生成のための記号論的資源」で、「たとえば表現やコミュニケーションで用いられるモードには、画像、文書、レイアウト、音楽、ジェスチャー、スピーチ、動画、サウンドトラック、3次元の物体などがある」。ここで留意しなければならないのは、Kressが「モード（mode）」という語を「資源（resource）」、つまり意味生成のために用いられるもの、といった意味で使用していることである。したがって、特定のコミュニケーション行為の形は、具体的な社会的状況においてどのような資源が利用可能か、またどのような資源が適切と目されているかによって異なってくる。ある特定の文化領域では、同じような意味を異なるモードで表現することが可能である（Kress and van Leeuwen 2001など）。とはいえ、つねにあらゆることが可能なわけでも、適切とされるわけでもない――利用可能な資源の「貯蔵庫（pool）」も、その意味の潜在力も、文化的な制約を受ける。たとえば「モードの禁忌（modal taboos）」を考えてみればよい。特定のテーマの描写を明確に禁じている宗教がある。歴史上、特定の人物、出来事、価値、信仰を視覚的に表現したものを意図的に破壊する偶像破壊の事例には事欠かない。しかし、より身近な例でもそれは確認できる。ジャンルの異なる本がそうである。子供向けの本には絵がふんだんに用いられているのが普通である。そこでは視覚性が主たるモードで、言語テクストは副次的なモードである（Kress and van Leeuwen 2006など）。それとは対照的に、法令集は大部分が言葉で構成されており、それも日常の話し言葉や書き言葉とは大きく異なる独特の言い回しが

用いられる。また、条項形式の体裁もその特徴である。それとは逆のもの、つまり写真が多用される法令集や条項形式の子供向けの本を目にすることはまずないだろう。

　以上のことから、マルチモダリティは、文化的・制度的なルール——何が適切で、何が適切ではないのかを教えてくれる規範や慣習、指針——に制御されているといえる。人がメッセージを自由に表明することができるのは、あくまでその範囲内である。たとえば、買ったばかりの新車を友人に説明したければ、一般的な情報（車種、ブランド、色、内装の特徴など）や技術的性能（エンジン性能、燃費、ハイブリッド駆動システム、排気システムなど）を用いて説明できる。もちろん、写真を示してそれを実際に見てもらうこともできる。そうすればすぐに全体像を理解してもらえるかもしれないが、写真に表れない情報（燃費など）は抜け落ちる。また、言葉による説明でも、視覚による説明でも、伝えたい内容とはまったく異なることもあるだろう。たとえば、静音の電動装置（あるいは逆にスポーツカーのようなエンジン音）が気に入っているのであれば、実際にその音を聞いてもらうために、友達を新車でのドライブに誘うこともあるだろう。さらには、新車を運転する感覚（「それは言葉では表現できないので自分で体験してもらうしかない」）を味わってもらいたいと思うだろう。その場合は、実際にそれに触れ、また運転席に座ってもらうだろう。こうしたモードがそれぞれ「私の新車 (my new car)」のさまざまな側面を伝えてくれる。複数のモードを組み合わせて説明することで、モードごとの強みを活かして、友人により「完全な (complete)」印象を伝えることができる。あるいは、あるコミュニケーションの状況では、とくに重要とされる一つのモードを中心に用いることもできる。いずれにせよ、どのような伝え方をするかは私が決めることだが、それはその場における文化的・制度的なルール（たとえば革製のシートカバーの匂いを嗅いでもらおうとその切れ端を差し出すのはやり過ぎだろう）や、その時点における個人的な関心（たとえば車のパワーを表すためのエンジン音）を頼りにすることになる。マルチモーダルな談話分析は、そうしたモードごとのさまざまな機能や、それらの相互関係にとりわけ注意を向ける（Machin and Mayr 2012; Unsworth and Cléirigh 2009など）。

　それぞれのモードが持つ選択可能な意味は場所により異なり、また時間と共に変化する。換言すれば、それは文化や歴史に左右される。個々の行為者は、使用可

なモードやそれが持ちうる意味の輪郭が「ある程度前もって定められた社会的、歴史的環境（socio-historical a priori）」のただなかに生まれ落ちるのである（Luckmann 1983）。近代西洋社会において、日常生活で私たちが接する視覚情報は、量と質の両面で目覚ましい発展を遂げてきた（Kress and van Leeuwen 2006; Meyer et al. 2013; Mitchell 1994など）。視覚情報のデジタル化の可能性やそれを瞬時に世界中に行きわたらせる状況は、コミュニケーションのあり方を大きく変化させてきた。それは、肯定的な意味であれ、否定的な意味であれ、ある種のコミュニケーションの「民主化（democratization）」だと呼びたくもなるものである（Kress 2010など）。一方で、西洋以外の社会や文化では、言語的なものと視覚的なものの区別は、西洋社会と同じようには明確ではない。おそらくマルチモダリティのあり方も西洋社会のそれとは違い、異なる機能を果たしてきたと考えられる。モード間に見られる特有の「分業体制（division of labour）」は文化的に構築されるもので、それぞれの社会における取り決めにしたがっている。批判的分析はこの点に意識的でなければならず、特定の文化的・制度的な状況で、あるモードが他のモードよりも優勢であることの意味を明確にしておく必要がある。

マルチモダリティの批判的談話分析への適用可能性

「批判的」の意味について

　マルチモーダルな「批判的（critical）」談話分析を理解する上で欠かせないと考えられる点がいくつかある。第一に、批判的談話分析（CDA）は一つの手法ではなく、多様なアプローチ、理論モデル、研究手法を含む研究プログラムである（Wodak 2011aなど、本書所収のWodak and Meyerも参照）。同じように「マルチモーダルな（multimodal）」CDAも一つの具体的な分析アプローチではない。ディスコースは言葉のみで構成されているのではなく、さまざまなモードを結びつけるものであることを前提として認める。第二に、「批判的（critical）」とは、事物はどうあるのか、それはなぜなのか、変えるにはどうすればよいのかといった問いと関連する（Fairclough 2010; Wodak 2011aなど）。こうした問いは、広義の構成主義的な認識論を背景にして

意味をなす。つまり、あることを表象するというよりは、あることを遂行し、作り上げるものであるという前提に立ってはじめて意味をなすのである。社会的現実とは人間が作り上げるものであり、——少なくとも理論上は——別様にも構成されうるということになる。一方で、社会的現実の方も、逆に作り手である人間が行為者となるよう働きかけ、彼らの利害関係やさらなる意味構築の可能性に働きかける (Berger and Luckmann 1967)。言語が意味の構築にとってもっとも重要な資源であると先に述べたのは、こうした観点からである。第三に、マルチモーダルなCDAにとって重要なのは、権力や利害関係が特定の社会的現実の構成を下支えしている方法に着目することである。したがって、支配的な「真実（truths）」の（再）生産や主張においてディスコースが果たしている役割の分析が中心となる (van Dijk 1993 など)。批判的分析では、研究者が意図的に研究対象から「距離をとり（alienating）」、テクストの広範な解釈を行うことで、特定のディスコースにおけるそうした支配の構造を「明るみに出し（unearthing）」、それとは異なる現実を見いだすことが可能となる。

　具体的なCDAのアプローチには、その焦点や概念的背景、分析手法の点でさまざまなものが存在するが、ディスコースが社会を形作り、同時に社会によりディスコースが形作られると見る点では共通している。

批判的談話分析へのマルチモダリティの貢献

　ここまでの議論を踏まえると、マルチモダリティがCDAにとってきわめて重要なトピックであることが理解できるだろう。Machin and Mayr (2012: 6) が簡潔に述べているように、「一般的に、意味は言葉を通してだけではなく、それ以外の記号的モードを通しても伝達される」。結果として、権力や真実、利害関係もそうした言葉以外のモードで表される。たとえば、視覚的コミュニケーションに関する研究では、視覚化すると物事が本当らしく見えるため、とりわけ作り手が言いたいことは真実だと主張するのに適していることが指摘されてきた（Graves et al. 1996 など)。視覚的なものは、しばしば権力構造やヘゲモニーを「客観的な（objective）」表象であるかのように「見せかける（disguise）」。同時に、権力関係は物事を見るという行為に内在し、「まなざし（gaze）」は見る者と見られる者の双方を律する規律的手法とされてきた（Foucault 1979; Kress and van Leeuwen 2006; Styhre 2010 など)。マルチモーダ

ルなCDAにとっての一つの重要な点は、モードは作り手によりなされる意識的または無意識的な選択を構成し、そこには作り手の社会的・文化的な立場や、その産出の時点における利害関係が反映されているということである (Kress 2010; Machin and Mayr 2012 など)。

マルチモーダルなCDAにおいて、モードと権力の関係を評価する方法はいくつかある。第一に、権力や支配の問題は、マルチモーダルなディスコースが産み出される方法についての問いに関連する。Kressは、「権力の側にある (powerful)」記号の作り手はその受け手の利益や能力を考慮する必要がないと述べている (Kress 2010; Kress and van Leeuwen 2001, 2006)。作り手はあくまで自らの必要のために記号を作り出すのであって、それを解釈する作業は受け手側にゆだねられている。こうしたことは、たとえば国家の官僚制度において伝統的に見られてきた。そこでは市民はただ独特な「官庁 (officialese)」語を「学ぶ (learn)」ほかない（ドイツ語ではそれを表すための「役所言葉 (Beamtendeutsch)」という造語が存在する。van Leeuwen and Wodak (1999) などの研究を参照）。逆にいえば、記号の受け手が作り手よりも大きな権力を有しているのであれば、コミュニケーションやデザインは作り手側でなく受け手側のニーズや利益に見合ったものとなるはずである——ただし、記号の作り手の利益を損なうような情報の「隠蔽 (hide)」は依然としてなくならないかもしれない。それがよく現れているのが現在の企業報告のやり方である。企業はそれを通して自らの経営活動が順調であることを出資者たちに納得させなければならない。そうした状況での（マルチモーダルな）コミュニケーションは、出資者たちの期待を先読みしたものでなければならない (Höllerer 2013 など)。それゆえに、最大限の説得力を引き出すために、企業報告では複合的なモードが用いられる。こうした種類の権力はコミュニケーションの形式やデザインのなかに埋め込まれていると考えられる。

第二に、権力や権力構造は、当然、その内容——コミュニケーションの中身——において作り上げられ、問題視され、再交渉される。通常、企業広報における経営陣の紹介では、確信に満ちた態度で、それぞれの適性や専門を伝えて信頼をえるという方法がとられる。また、新聞は良くも悪くも特定の行為者やその集団を構成するが、そのためにマルチモーダルなデザインが用いられるのが一般的である。たとえば、Hardy and Phillips (1999: 19) は、風刺漫画において、移民に関するディス

コースでは、「難民は詐欺師であり、入管制度は不十分、そして市民は保護されるべき者として描かれている」ことを明らかにしている。同様に、マルチモーダルなディスコースは、社会運動における抗議のビラなどの資料のなかでも用いられる（Philipps 2012 など）。そこで中心的なメッセージを伝えているのは視覚的なもので、言葉による説明よりもはるかに直接感覚に訴えかけ、強烈な感情的反応を引き起こす。いずれの例でも、マルチモーダルな CDA は、それぞれのモードが全体としての意味作用に大きな役割を果たしていることが確認できるような独特の観点を示している。したがって、マルチモーダルなディスコースを研究する者が行うべき中心的な仕事とは、モードの組み合わせ（あるいは「アンサンブル（ensemble）」、Kress (2010) を参照）が、権力という点で中立ではない特有の社会的現実を提示する方法を再構成することである。そのような社会的現実は、特定の人々の利益にかなう一方で、それ以外の人々を周縁化するのである。

　第三に、あるモードを通して誰に「話す（speak）」権限が与えられているのか、換言すれば、誰に「発言権（voice）」が認められるのかを問うことで、マルチモダリティは社会の権力と結びつく。現代の西洋文化において、言葉によるコミュニケーションが、視覚テクストや音声などと比較してより強く統制されていることを考えれば、そうした言葉以外のモードの方が、周縁化された集団による抵抗や暴動を受け入れやすいことになる。マルチモダリティは、潜在的に権力の体系的な再分配をも含むコミュニケーションの大転換を引き起こす可能性を秘めている。より多くの人々が多様なコミュニケーションのモードやメディアを使用できるようになれば、ヘゲモニーや抵抗の概念も修正を迫られることになるだろう。Kress (2010: 21) が述べているように、「コミュニケーションのあらゆる領域で生じているそうした権力の再編成は、「縦の（vertical）」権力構造から「横の（horizontal）」権力構造への移行、すなわち現代のコミュニケーションの多くの場面で見られるような階層的な関係から（少なくとも見た目の上では）よりオープンで参加型の関係への移行と捉えることができる」。こうした変化がもたらす影響は、（たとえばインターネットの広がりを通した）参加機会の増大や、（たとえば単なる音声言語を超えた広範な表現形式が認められるようになるといった）これまでにないモードの登場の可能性により構造的に特徴づけられるが、それはまだ完全に解明されてはいない——しかしだからといって、そうした問題に取り組む批判的研究の必要性や適宜性が否定されるわけ

ではない。

　次節では、権力や利害関係、発言権に関して、より包括的な実態の理解のために、マルチモーダルなデータを用いている研究の検討を行う。最初に取り上げるのは、権力問題の徹底した再構成を目指す研究である。ここで重要なのは、マルチモーダルなディスコースが、ある特定の利害関係を「自然で (natural)」、「客観的で (objective)」、「本当らしく (fact-like)」見せることを通して、コミュニケーションに新たな性質をつけ加えるということである。続いて、マルチモーダルなディスコースが、批判的研究において、周縁化された人々の声を浮かび上がらせる機会をいかに提供してくれるのかを論じる。

先行研究と代表的研究

　マルチモダリティの全体像を論じることはできないため、本節では、言語モードと視覚モードの2つのモード間の相互関係に焦点を絞ることにする。実際にはそれ以外のモードも関係するが（たとえば音のモードについてはPinch and Bijsterveld (2012) を参照）、これまで研究者の関心をもっとも集めてきたのは視覚研究の分野であり、具体的事例の豊富な蓄積もある。Meyer et al. (2013) はその文献レビューで、さまざまな視覚研究があるが、視覚的素材がそれぞれの研究で果たしている役割により、おおまかな分類が可能であると述べている。たとえば、実際の視覚的ディスコースのなかに意味の形跡を探る考古学的アプローチ、フィールドでの視覚的素材の実際の使用や操作に目を向ける実践的アプローチ、見る者への視覚的素材の認知的な影響を探求する心理学寄りの戦略的アプローチ、フィールドにおいて行為者たちとの対話のきっかけとして視覚的なものを利用する対話的アプローチ、視覚的素材を研究のための資料を増大させる可能性のあるものと捉える資料的アプローチである。いずれのアプローチも権力や利害関係と関係しているが、以下では、とくにマルチモーダルなCDAの出発点として有効だと考えられる2つのアプローチ、考古学的アプローチと対話的アプローチを見ていく。

マルチモーダルなディスコースに潜む権力や利害関係を「明るみに出す」

　先に考古学的アプローチと呼んだ研究では、マルチモーダルな構成物を、それらが産出される文化システムを理解するためのいわば「窓（window）」として利用する。それにより、生成され、維持され、問題視される意味構造についての理解が深まることになる。Preston et al. (1996) によれば、視覚的なものは社会的現実を映し出し、覆い隠すかねじ曲げ、構成する。一見したところただ単に現実を反映（すなわち表象）しているに過ぎないものであっても、記号の作り手の利益に反するような現実の側面は視覚的なものを通して隠蔽されているのであり、視覚的なものが構成する現実は、常に数ある可能性の一つに過ぎないと見るのが批判的な観点である。

参考1　考古学的アプローチによるマルチモーダルなCDA

　批判的な考古学的アプローチに共通する目的は、特定の個人や集団が視覚的にどのように描き出されるのか、あるいは目に見えないようにされるのか、またそれがその個人や集団の社会における地位や権力とどのように関係しているのかを明らかにすることである。そこではマルチモダリティが重要な役割を果たしている。たとえば、法的ないし文化的理由から言語化され得ないメッセージを伝えるために、意図的に視覚モードが用いられることがあるためである (McQuarrie and Phillips 2005)。

　具体例を挙げると、Hardy and Phillips (1999) は、新聞や雑誌における政治的な風刺漫画（つまり図画とテクスト）の研究で、カナダの入管制度にまつわるディスコースがさまざまな行為者に割りあてている主体ポジションを再構築するために、そうした批判的アプローチを適用している。まず彼らは、議論に登場する主要な対象（難民、政府、入管制度、市民）を再構築し、その後それぞれの対象に割りあてられた意味について分析を行っている。彼らが明らかにしたのは、何よりも、難民は一般的に詐欺師か犠牲者、あるいはその両方として、また同時に他の移民と比較すると恵まれた者として構成されていることである。

　また、いくぶん焦点は異なるが、Schroeder and Zwick (2004) は、企業広告

における男性性についての分析を行っている。彼らは、美術史や視覚研究、写真技法の知見を活用し、人を視覚的消費の展示物とする消費社会の基幹メタファーとしての「鏡（mirror）」を再構築している。

視覚分析やマルチモード分析は、ディスコースの基礎構造や、存在と欠落の問題の解明のためにも用いられる。たとえば、Höllerer et al. (2013) は、オーストリアにおける企業の年次報告書に見られる企業の社会的責任（CSR）の視覚的な演出に内在する意味構造に着目している。彼らは、両極に広がるような21の「ディスコース伝達の次元（discourse carrying dimensions）」を特定し、さらに正反対のものをいくつかのトポスに分類している。この研究で明らかになったのは、CSRのディスコースというコンテクストにおける画像は、空間的対立をとりもち、時間をつなぎ、異なる制度的な領域を結びつけ、さらに信頼性の隔たりを埋めるのに役立っているということである。また、その分析結果は、いくつかの極が優勢である一方で、それ以外の極はほとんど存在しないということも示唆している。したがって、この研究は、ある特定のディスコースにおける「盲点（blind spots）」を暴き出すことで、批判的な省察を可能とするような研究の好例である。

以上の研究事例が示しているのは、マルチモダリティを取り入れることで、伝統的なCDAの可能性は大幅に広がるということである。いずれの研究でも画像が分析の対象とされているが、単に視覚的要素の内容についての議論にとどまるものではない——テクストの遂行的な力を理解する上で、視覚的要素と言語的要素の関係が中心的な役割を果たしていると考えられている。ある特定の社会的現実を作り上げ、一部の人々に利益をもたらすのは、それらの要素すべての「編成（orchestration）」(Kress 2010) なのである。

周縁化された主体に発言権を与えるためにマルチモーダルなディスコースを用いる

権力はディスコースが存在することでのみ姿を現すわけではない。ディスコースが存在しないなかで、より一層鮮明に現れることも多い。これは非常に難解で曖昧に聞こえるかもしれないが、さまざまな理由からあるトピックについて話題に上

らない人々の存在を考えてみればよい。権力や支配についての研究を行う者の間では、権力は直接的に行使されるのみならず、問題を矮小化したり、あるトピックが世間で議論されないようにしたりすることを通して、間接的にも作用することはよく知られている（Bachrach and Baratz 1962; Lukes 1974 など）。批判的研究で重要な概念の一つは声・発言権（voice）で、それは特定の状況で、また特定のトピックについて、語ることが認められているのは誰か――またそうでないのは誰か――という問いに関係する。一般の人の手に入りやすいディスコースを手がかりに分析するだけでは、社会科学は権力の側にある者のディスコースを偏重することになり、結果として権力側の現実の再生産に加担してしまう危険性がある。この点で、マルチモダリティ、とくに力を与えるという視覚性の側面に注意を向ける必要がある。

参考2　対話的アプローチによるマルチモーダルなCDA

対話的アプローチによる批判的研究がとくに関心を寄せるのは、周縁化された集団の声であり、その「沈黙させられた（silenced）」ディスコースをすくい上げる方法である。ここで必要となるのは、一つは（主流の）言語モードには現れてこないナラティブに注意を向けることであり、もう一つは現場にいる行為者たちがマルチモーダルな方法で段階的に自らの経験を共有できるようにすることである。

あるコンテクストにおいて弱い立場に置かれている人々に、視覚性がどのように力を与えるのかについては、Bell（2012）に示された事例が参考になる。そこでは、企業内で権力を持つ行為者たちの公的な支配的ナラティブに対抗するために、被雇用者たちが視覚的ディスコースを活用していることが示されている。そうすることで、被雇用者は、組織の「死（death）」をうまく解決しようとする破壊的な形の組織の記憶を生み出している。すなわち、「彼らはジャガーを殺したものとしてフォードの経営陣を提示する画像を作り上げることで、現在における過去の記憶の新しい見方を示した」のである。「こうしたナラティブは、書かれ話される言葉でのみ伝達されるものと比較して、はるかに悲劇的で悪意あるものである」（Bell 2012: 13）。

二つ目の例は Slutskaya らの研究で（Slutskaya et al 2012）、インタビュー調査で

被験者から適切な回答をうまく引き出すことを目的に、視覚的なものが持つ力を与える側面が体系的に用いられている。肉屋という「汚れた（dirty）」仕事やそれに伴うアイデンティティ構築への脅威についての研究で、彼らは難しい問題に直面した。男性性や家父長制についての広く行きわたった固定観念や、それと結びついた文化的・社会的な位置づけが、その職業についての別の声を「沈黙させた（silenced）」ためである。そうした状況では、被験者は居心地の悪さを感じ、自らの回答が「不十分（insufficient）」なのではないかと心配したために、言葉だけによるインタビュー調査ではうまくいかなかった。そこで威力を発揮したのが、写真誘出法によるインタビュー（会話の「きっかけ（triggers）」としての自撮り写真を撮る、など）であった。肉屋という職業的アイデンティティの中核をなす職業的身体性を「示す（showing）」のに、写真撮影がより適していたためである。

　こうしたマルチモーダルな形式でのインタビュー調査などは、そうでなければ現れてこなかったようなディスコースを浮かび上がらせることに成功することも多い。したがって、これらの新しい方法論的デザインは、CDAに豊かな可能性をもたらしてくれる。

　参考2で取り上げた研究が示しているのは、「公的な（official）」ディスコースに自らの声を届けようと苦心する周縁化された人々が、彼らの側の「物事のあり方（how things are）」を作り出すために、視覚化などの従来とは異なる経路を利用しているということである。しかしその一方で、声を上げることができないのは、修辞的な能力の欠如と結びついていることも多い。Warren（2005: 871）が説明しているように、「書くということは、学校へ通ったり、本を読んだりすることを通して身につける技能であり、書き手のリテラシーに完全に依存している。それは語彙量や文法構造についての知識――また創作の場合には散文構造や詩的比喩の知識も関係してくるだろう――であり、いずれも教育、ひいては社会経済的状況に左右される」。恵まれない状況にある人々は、単に政治的にディスコースから排除されているだけではなく、自らの現実を言語化することが、少なくとも恵まれた状況にある人々と同じようにはできないことも多いのである。それに対して、写真撮影（たとえばスナップ写真など）などの様式では、そうした技能は必要とされない。一般的に、画像は、

洗練された言葉による記述よりも、人々の日常の生活に近いところにある。従来の学術研究では参照するのが難しかったディスコースを利用できるようになるという点で、写真誘出法や写真調査などのインタビュー技法（Warren 2002, 2005 など）はCDAにふさわしい手法である。

　これまでの考察は、要約していえば、マルチモーダルなディスコースの分析は、包括的で、幅の広い、「新しい（fresh）」試みであることを例示している。一つには、社会的現実は多様なマルチモーダルな方法で構成され、維持され、転換される。であるからこそ、批判研究を行う研究者は、書かれ話される言葉以外のモードの修辞法に対応できる「リテラシー（literacy）」を身につけることが求められる。またもう一つには、言葉によるディスコースはしばしば現状維持を好み、権力側の利益や地位に有利に働くのに対し、マルチモーダルなディスコースはそれを転覆させるような世界観を伝える。そのため、批判的研究を行う研究者は、言葉によるコミュニケーション以外の形態にも注意を向けることが求められる。ディスコースのモードの利用可能性やその形態、さらにその内容——後にここに構成も加わる——に権力は存在するのである。

分析手順の紹介

マルチモード分析の手法についての留意点

　マルチモード分析に関する書籍の数は増えてきている（Jewitt 2009; Kress 2010; Kress and van Leeuwen 2001, 2006; Machin and Mayr 2012 など）。しかし、残念なことに、ディスコースにおけるモードの複数性を研究の中心に据え、さらにモード間の相互関係を意味産出の核として体系的に論じる実証的な応用研究はいまだ十分とはいえない。前節で取り上げた研究でも、言語モード以外のモードの重要性は認められてはいるが、モード間の違いや結びつきについては詳細に論じられていない。そこで本節では、2つのマルチモーダルなテクストを実際に検討していくことで、一つの有用な分析手順を提示する。

　実際に方法論的アプローチの紹介にはいる前に、断っておかなければならないこ

とがいくつかある。第一に、唯一の「マルチモーダルな手法（multimodal method）」というものは存在しない。実際の分析は個々の研究課題や背景、データにあわせる必要があるからである。第二に、「マルチモーダルな（multimodal）」という語が意味する内容は多岐にわたり、それぞれに適した分析ツールが必要となる。たとえば、音声の分析（Pinch and Bijsterveld 2012 など）を行うには、視覚的分析や言語的分析とはまったく異なる技法が必要となる。こうしたことからも、マルチモード研究に標準的な分析手法は存在しないのである。本節で提案するのは、言語テクストと視覚テクストから構成されるマルチモーダルな資料の分析にとくに有効な手法である。ただし、同じ適用分野であっても、さまざまな分析アプローチが存在する（またそれは必要ともされる）。マルチモーダルな談話分析の批判的アプローチを一章でまとめることはきわめて困難な作業である。マルチモーダルなディスコースは言葉だけのディスコースよりもはるかに複雑であるが、その言葉だけのディスコースの批判的分析においてさえ、まさに本書に収められた各論考が示しているように、数多くのアプローチ——認識論的、方法論的、分析的アプローチ——が存在する。そのうえ、本章では代表的な2つの「テクスト（texts）」しか検討することができない。この2つのテクストはディスコースの断片でしかなく、さらに本章ではそれらを個別に提示する。つまり、あるディスコースの束（discourse strand）にとってそれらがどれほど典型的で特徴的であるのか、また特定のディスコース群（discourse thread）のなかでどのように位置づけられるのかは見きわめることができないということである。したがって、以下で示す事例は、特徴的なディスコースの断片のより詳細な分析の一つを例示したものと理解すべきで、それが完全な批判的談話分析であると考えてはならない。以下、分析の手引きとなるような「指針となる問い（guiding questions）」の提示に重点を置き、これらのテクストの際立った特徴とそれに対する解釈を加える。この分野におけるさまざまなトピックやアプローチをさらに知りたい読者のために、章末に文献リストを挙げる。

方法論の紹介

　本章で紹介する分析手法は、視覚社会学や視覚記号論のさまざまな流れ、とくに Kress and van Leeuwen（2006）の社会記号論、Müller-Doohm（1997）の構造解

釈学的記号分析、Bohnsack (2007) のドキュメンタリー法から着想をえたものである。そもそもこの分析手法は、オーストリアにおける企業の社会的責任（CSR）の視覚的な（再）コンテクスト化についての研究プロジェクト（Höllerer et al. 2013）のために開発されたものであるが、その後、マルチモードなディスコース用に改訂され、ビジネス・メディアにおける世界的な金融危機の構成についての最近の研究（Höllerer et al. 2014）に適用された。この分析アプローチの第一の利点は、分析全体の解釈的な性質を損なうことなく、大規模な視覚的データやマルチモーダルなデータを用いて研究を行うことができる点である。それは個別の研究課題や資料に適応可能な（そして適応すべき）一種の「テンプレート (template)」である。以下、5つの理念型的な分析段階に分け、2つのマルチモーダルなテクストを実際に分析しながらそれぞれの段階を説明していく。段階ごとに分析の手引きとなる「指針となる問い」を提示する。最後に、そうした分析を大規模なサンプルに拡大適用するための方法と、そのためにどのような概念的・方法論的アプローチを用いることができるのかについて論じる。ここで提案するアプローチは適用性が高く、個別の研究目的にあわせていくつかの側面や段階を拡大したり、縮小したりすることができる。また、指針となる問いもそれにあわせて変更可能で、問いに答えるためにさまざまな解釈学的な技法を適用することもできる。図8.1はその見取り図である。

　以下、企業の年次財務報告書に見られる見開きのページと経済新聞の第一面からのテクスト（図8.2と図8.3）の2つのマルチモーダルなテクストを用いて、それぞれの段階を具体的に説明していく。

2つの代表的なマルチモーダルなテクストの分析

第1段階　ジャンルを特定する

　テクストのジャンルはテクストの制度的な枠組みの一つで（本書所収のReisigl and Wodakも参照）、「反復的状況に対応して用いられる典型的なコミュニケーション行動」と理解できる（Yates and Orlikowski 1992）。そのために、ジャンルは実際のテクストの形式や内容に重大な影響を及ぼし、特有の「ジャンル・ルール (genre rules)」を要求する。そうしたルールは、テクストの作り手が選択を行ったり、受け手が解釈を行ったりする際の前提条件を理解するための基本的な枠組みとなるため、

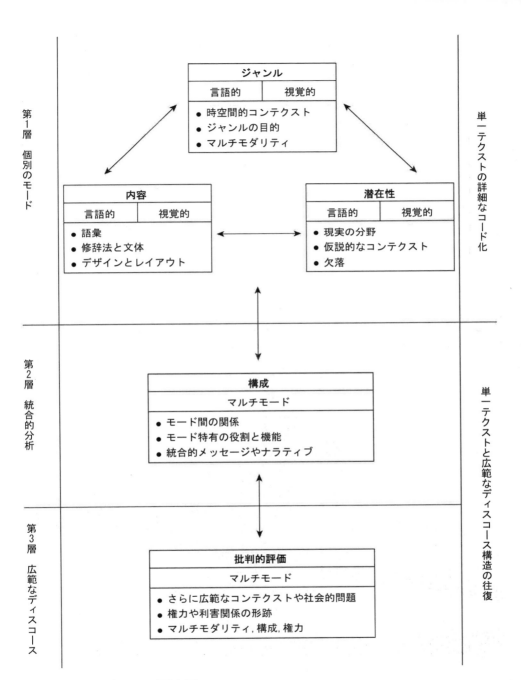

図8.1　方法論的アプローチの見取り図

テクストの分析にあたりそれらのルールを知ることは欠かせない。

ジャンルとその主要な側面について考えなければならない重要な問いは数多いが、とくに強調しておきたいのは以下のものである。

- テクストの時空間的・社会文化的なコンテクストとは何か。
- テクストの作り手および受け手は誰か。
- テクストのジャンルの目的は何で、それはどのように制度化されているか。
- マルチモダリティに対するそのジャンルの特徴は何か。

<u>テクスト1</u>　最初に例として挙げるマルチモーダルなテクストは、オーストリアのウィーンに本社を置く国際的総合石油ガス会社OMVの2012年度年次財務報告書である。OMVの主な事業は石油やガスの開発と生産、天然ガスの供給と発電、石油製品の精製と販売である。収益の点からは、オーストリアで群を抜いて巨大な上

図8.2　テクスト1　『2012年度OMV版年次報告』（OMVの許可を得て掲載）

場企業である。つまり、このテクストは経済とビジネスの分野に属する。テクストの時空間的・社会文化的なコンテクストを詳細に見ると、たとえば2008年の世界的な金融危機から数年を経た時期、石油ガス産業としての特殊性、オーストリア特有のガバナンス・モデル、あるいは企業が有する複合的な責任（企業の社会的責任、持続可能性、株主価値など）といったグローバルな問題などが指摘できる。

　株式公開企業の年次報告書は広く一般に公開されており、企業のサイトで閲覧可能である。そうした年次報告書のジャンルに属するテクストは、一般的に「経営陣とコミュニケーションの専門家が共同して、企業の利益となるよう作成される」(Höllerer 2013: 586)。対象とされる層は、活字メディアなどとは異なり、個別の利害関係を有する専門家たち（金融アナリスト、株主、ライバル企業、銀行や債権者、監督機関、ジャーナリスト、NGOなど）である。年次報告書のジャンルは高度に制度化されている（いくつかの項目は記載が法的に義務づけられており、その形式も「グローバル報告イニシアチブ (Global Reporting Initiative)」などのガイドラインで標準化されている）。その一方で、とくに非言語的な部分に関しては、個性や独創性をもたせることがある程度可能である。年次報告書の第一の目的は、当該企業の紹介（社史、使命、事業分野、現在の戦略など）や、企業活動や業績（財務実績はもとより、近年では社会や環境に対する取り組みも含まれる）を説明することである。それを通して、企業の年次報告書は、専門家層の認識に影響を与えることを目指すのである。内容やレイアウトは主観的な意図によるものであるが、そのテクストには「真実の主張 (truth claims)」が含まれている。作り手は「現実の (real)」事実や数字を提示していると主張するのである。

　企業の年次報告書では、マルチモダリティが手段として高い割合で用いられる。グラフや図表のみならず、写真などの画像も含む視覚的要素が、言語テクストの補強あるいは偽装のために多用される。報告書に物質的モードや触覚的モード（異なる素材の表紙や3次元の要素など）を取り入れたり、電子版の報告書にビデオクリップを組み込んだりするなど、さらに先進的な取り組みを行う企業もある。また一方で、視覚的なもののもつ本当らしく見せるという特性よりも、その象徴的な側面に重きが置かれたり（ここで取り上げているテクストもそうである）、報告書の見た目を重視して視覚的なものがテクストのレイアウトの飾りとして用いられたりする傾向も見られる。

テクスト2　2つ目のテクストは、2012年5月の*Australian Financial Review*の第一面である。つまり、このテクストは（ビジネス）メディアの分野に属する。この新聞はオーストラリアのビジネス界や金融界、経済界、政界における主導的な声であり、それらの業界をとりもつ高度な議題設定の役割を果たしている。タブロイド版（週6日発行）とオンライン版があり、発行元はフェアファックス・メディア社である。紙面では幅広い意見や見方が取り上げられているが、編集指針は経済的自由主義に好意的な姿勢で一貫している。テクストの時空間的・社会文化的なコンテクストとしては、近年の金融危機、世界的な金融市場、オーストラリアの経済システムやビジネス環境などが指摘できる。

　メディアは高度に構造化されたジャンルである（van Dijk 1988など）。ビジネス・メディアの報道は、「専門性と技能が結びついた役割（中略）に基づく「適切さの論理」」（Cook 1998: 61）——それは特有の「メディアの論理（media logic）」とも呼ばれてきた（Altheide and Snow 1979など）——により厳格に統制された方法でニュースを伝える、高度に制度化された「物語を語る（story-telling）」行為である。第一面のデザインやレイアウトはそうした論理の中核をなすもので、多くの場合、それが産出される文化的コンテクストや対象とする読者層により異なる。たとえば、このテクストのデザインは、おおむねアングロ＝サクソン的なテンプレートにしたがっており（第一面に記事の一部を掲載し残りは後のページにまわす、人目を引く短いタイトルを用いる、第一面では論評記事を避ける、など）、それは編集主幹たちにより最終的に決定されたものである。ビジネス・ニュースを毎日購読する読者は、主にビジネスのプロや個人投資家といった社会経済的エリートで、マスメディアの消費者とは大きく異なる。

　メディアにおけるニュースの産出は、今や古典となった「予期せぬ出来事を日常化する（routinizing the unexpected）」というTuchmann (1973)の表現をもって説明されてきた。ビジネスや金融のニュースは、しばしば「社会的現実のグローバルな見方（global outlook on social reality）」（Berglez 2008: 847）を提供するものと考えられている。経済的な側面が中心であるが、それを通して、幅広い読者が社会的現実にアクセスできるようになる。批判的にいえば、それらは公的なディスコースにおける管理者や議題設定者の役割を果たしている（たとえば、ある特定の問題を報道するという選択は、他の問題には口をつぐむということに他ならない）。「本当の（true）」事実

HOW THE RICH FIND WAYS TO SPEND MILLIONS ON RENOVATIONS • 5

PERSPECTIVE
Who's who in the China lobby
TONY WALKER 46

ARTS & REVIEW
Tina Arena's second coming
JANE ALBERT • 57

Mona Lisa's identical twin
JOHN McDONALD • 58

May 19-20, 2012 • $3.00 • afr.com

Weekend Edition

THE AUSTRALIAN FINANCIAL REVIEW

Knock-on effects on China increase risks for big projects

Euro fear drives share plunge

Philip Baker

Australian shares fell into negative territory for the first time this year, driven by fears that fallout from Europe will hit the Chinese economy.

Nearly $56.2 billion was wiped from the value of the S&P/ASX 200 index this week when it fell 5.6 per cent, in line with falls in other global sharemarkets, as fears spread that Spain is the latest flashpoint in the deepening European debt crisis that could trigger a sharp global economic slowdown. Officials in Europe are beginning to talk openly about Greece leaving the currency union.

The Australian index slumped 110.9 points, or 2.7 per cent on Friday to close at 4046.5, the lowest level since November, 2011. The index is down 0.25 per cent this year after being up as much as 9 per cent earlier this month.

"We've seen this sort of volatility before and it will remain choppy for the next few weeks," said Investors Mutual investment director Anton Tagliaferro. "I am surprised that Europe has caused such a reaction given it's been around for a while, but what is clear is that the best of the resources boom is over."

The dollar was hit too, dropping to as low as US$97.85¢ on concerns of a fall in commodity prices. The dollar has fallen 10 per cent against the greenback since it hit $US1.0809 on March 1.

Fears of weaker demand from China pushed copper close to a four-month low, while oil slid to a six-month low of about $US82.56 a barrel. BHP Billiton slumped 9 per cent this week to its lowest level in a
Continued page 14

$9bn coal port plan scrapped

Mark Ludlow and Dan Hall

A $9 billion privately funded enlargement of Abbot Point coal terminal in North Queensland has been killed by the Newman state government, a project that would have created one of the largest coal ports in the world and helped expand the coal industry.

In another sign that Australia's resources boom is slowing, Queensland Deputy Premier and Infrastructure Minister Jeff Seeney said on Friday the new Liberal National Party government had decided to scrap the T4 to T9 expansion of the coal terminal and a $2.3 billion 12-berth cargo facility.

Other big resources projects also at risk from falling commodity prices include South Australia's giant Olympic Dam copper and uranium mine owned by BHP Billiton, which said this week it wouldn't spend $80 billion previously budgeted for new projects. Woodside Petroleum is slowing the pace of its troubled $35 billion Browse gas project in Western Australia.

Mr Seeney said the former Bligh Labor government tried to expand Abbot Point coal terminal too quickly. The port is designed to become the main export hub for the *Continued page 4*
▷ Matthew Stevens, page 19

Disqualify dodgy MPs

Louise Dodson

Tony Windsor has foreshadowed moves to widen civil and criminal grounds for disqualifying MPs, indicating interest in a Greens plan to ask Parliament on Monday to set up a integrity commissioner to address principles raised by the Craig Thomson and Peter Slipper affairs.

Mr Windsor said there were civil and criminal convictions that could be added to the existing grounds for being excluded from Parliament. Meanwhile, Mr Slipper has accused former adviser James Ashby of waging an inappropriate publicity campaign against him.

Mr Thomson, suspended by the ALP, is preparing to defend himself in Parliament on Monday.

▷ Reports, 3 and 7

ATO blitz on trusts

Katie Walsh

The Australian Taxation Office is targeting baby boomers using trusts to avoid capital gains tax on wealth transfers, deputy commissioner of small and medium enterprises Michael Cranston has warned. The ATO will also use its expanded data-matching program to crack down on attempts to avoid tax. Mr Cranston said the Tax Office was seeing "some really aggressive behaviour" in this area.

▷ Report, page 8

Quigley ready to rumble

Exclusive
John McDuling

Mike Quigley says he will not be bullied. The NBN Co chief executive is in the political hot seat and faces rejection should the opposition, which opposes the $36 billion broadband project, win the next federal election. Yet he is determined not to be silenced if his critics get their facts wrong and intends to speak out, even in an election campaign.

"Frankly, I think I have a responsibility, if statements are made about the company which I think are factually wrong," he said. Mr Quigley's forceful advocacy of the NBN could make him a political asset for the Labor government.

▷ Perspective, page 45

CHANTICLEER | WHAT HAPPENS IF GREECE GOES UNDER - BACK PAGE

図8.3 テクスト2 *Australian Financial Review*、2012年5月19-20日号の第一面（フェアファックス・メディアの許可を得て掲載）

や数字を報道しているとの主張は措くにしても、それらは自らが取り上げる問題に対して一定の立場を表明しているのである。

　メディアのディスコースは伝統的にマルチモダリティを活用してきた。受け手の関心を引くために、そして言語テクストの枠組みを作り、補完し、あるいは反論するために、視覚的要素が頻繁に用いられる（メディアにおける「マルチモーダルな技法（multimodal techniques）」の体系化はHöllerer et al. (2014) を参照、また紙媒体とオンライン版の新聞における視覚的ディスコースの先行研究についてはde Cock et al. (2011); Fahmy (2010); Knox (2007, 2009) などを参照）。

第2段階　明示的な内容を捉える

　テクストに明示的に現れている内容の分析にはいろいろな形態があるが、いずれも内容分析に関するアプローチである。この段階で、分析者は、テクストの「言葉（language）」とそのもっとも主要な特徴に目を向ける。そのため、ここでは語彙や視覚的要素の慣習的意味に焦点が置かれる。以下のような指針となる問いを提案する。

- そのテクストに特有の「語彙（vocabulary）」は何か。
- どのような修辞的・文体的な技法や手法が用いられているのか。
- テクスト全体の「デザイン（design）」や「レイアウト（layout）」はどのようなものが考えられるか。

　これらの問いを考えていくために、先行研究で示されてきた多様なコード体系を利用することができる。たとえば、視覚的語彙のコード化では、視覚テクスト内のさまざまな人物（男性／女性、若者／老人など）、物体（可動のもの／不動のものなど）、活動（単一方向的／双方向的など）、状況（外部／内部、私的／営利的など）を探ることが第一歩となるだろう。スタイルであれば、照明や遠近法、視線、舞台装置、あるいは画像とそれを見る者の相互作用など、写真や絵画に関する文献からヒントがえられる（また、言語テクストの分析についてさらに説明が必要であれば、本書所収のReisigl and WodakやMautnerの論考などが参考となる）。また、レイアウトは、位置取りや重なり、またはそうしたもの以外のモード間の「参照関係（references）」といったテクスト全体を構成するさまざまな方法に関係する。以下、

この点について、先の2つのテクストを用いて簡単に説明する。

　テクスト1　このテクストの言葉遣いの特徴、つまり言語的語彙の特徴は、肯定的および技術的なものの比重が高いことである。「投資売却計画（divestment program）」、「コスト管理（cost management）」、「運転資金（working capital）」といった語の理解には、特定の教育が必要となる。また、こうした技術に関連する語の多用に加え、「安定化（stabilization）」や「成長（growth）」、「強化された（strengthened）」、「進歩（progress）」などの語が示しているように、その語彙は明らかに肯定的でもある。言語的・修辞的な技法については、メタファー（とりわけ「死喩（dead metaphors）」、Lakoff and Johnson（1980）などを参照）が多く用いられていることを除けば、それほど洗練されたものではない。この点については、第3段階でより詳細に論じる。

　一方、視覚的語彙を見ると、この企業のウィーン郊外にある主力製油所を取り上げることで、企業の産業品質を強調しようとしているのは明らかである。しかし、その内容自体はむしろ限定されており、全体の大半を「空（sky）」が占める簡素な空間に「産業建築物（industrial architecture）」が配置され、さらにそこに「光（lights）」や「緑色のライン（green lines）」、「チェック・リスト（checklist）」が加えられている。スタイルについては、その画像は夜の製油所を描いたもので、さまざまな照明の効果が強調されている。全体として見れば、光がこの画像の持つ効果の主要な要素である。また、それを見る者は、画像内の物体の位置関係から、「下からの虫の視線（worm's eye-view）」で見ることになる。ロング・ショットであるため建物の「全」景（'complete' view）を眺めることはできるが、その周辺の風景の大半はうまく見えないようにされている。また、画像にはデジタル処理が施されているようにも見える。

　全体の構成は見開きで配置されている。複合工業施設の画像は構成の背景であり、同時に中心でもある。ページのタイトルは左上に、さらに4つの小さなパラグラフが左下から右上へと「上昇（rising）」するように配置されている。それぞれのパラグラフには「チェック済み（checked box）」のマークがつけられ「固定（anchored）」されている。

　テクスト2　新聞で用いられる言語的語彙は（テクスト1に比べて）ほとんど限定されておらず、それほど技術的なものでもない。そしてその意味合いは明らかに否定的である。差し迫る危機（「火種（flashpoint）」、「難局（crisis）」、「副次的影響（fallout）」など）や紛争（「没になる（kill）」、「犯罪者（criminal）」、「口止めされた

(silenced)」、「対抗者（opposition）」など）の存在を示唆する語もある。また、テクスト1とは対照的に、その方向性は下向きである（「下降する（slump）」、「落ちる（fall）」、「落ち込む（drop）」、「下落する（slide）」など）。それがオーストラリアの新聞であることを考えれば、「ユーロ（Euro）」や「中国（China）」が話題の中心とされているのが注目に値する。さらには、この新聞上の語彙にはより多くの数値が含まれる。先のテクストと同様、言語的テクストはある程度メタファーに頼っている。修辞的な技法の一つとして、数字が「操作化（operationalization）」や「客観化（objectivation）」のために用いられている。

　視覚的語彙については、テクスト1よりも限定的で、人物の要素が中心である。紙面の主要記事に関係する3枚の写真は、いずれも「スーツ姿（formal dress）」の「男性（men）」である。中央の画像には「グラフ（graphs）」が添えられ、株価や通貨に関するいくつかの指標の動きが示されている。視覚的な修辞法としては、気持ちや感情が身振りや表情を通して示されている。人物の写真はアップの写真で、読者はより「実体的で（tangible）」、「個人的に（personal）」感じることができるが、いずれの人物も目線をカメラに向けていない。

　一方で、レイアウトに関しては、先のテクストよりも複雑である。まず、これはメディアに典型的なものであるが（van Dijk 1988）、それぞれの言語テクストの間には「階層性（hierarchy）」が存在する。大見出しは群を抜いて大きく、もっとも目につくもので、第一面全体の「枠組み（frame）」を作りだしているようである。大きな画像が紙面の中央に据えられ、そこに2つの視覚的要素がコラージュとして重ねられている。紙面下部に配された小さな2枚の人物写真はそれぞれのテクストの「一部になっている（grow into）」かのようである。記事全体が、上部は新聞のタイトルで、そして下部は次面以降の「予告（preview）」で区切られている。

第3段階　潜在的な要素を再構築する

　明示的な内容や修辞的・文体的な技法の記述は、テクストの背後にあるさらに広い意味構造の分析によって補完される。この段階の主要な目的は、テクストの明示的な意味の層を超えて、表には現れてこない潜在的な意味を理解することである。さまざまな観点があるが、全体的な設問は共通である。

- テクストで中心的に取り上げられているのは、社会的現実のどの部分、つまりどの「分野（domains）」なのか。
- テクストが「意味を持つ（makes sense）」ようにする仮説的な社会的コンテクストはどのようなものか。
- テクスト内で見いだされるのは、どのような想定内外の（いまだ実現されていない別の可能性といった意味での）「欠落（absences）」か。

つまり、分析では主に、テクストの個々の要素が参照しているより広い社会的コンテクスや間ディスコース的なコンテクストの再構築が必要となる。テクストやジャンルに応じて、適切なコード化の手法も異なってくるだろう。第１段階でコード化された言語的な技巧、つまり比喩表現（隠喩、換喩、反語など）は、さまざまな修辞的構造（ロゴス、パトス、エートスなど）や議論法の構造（省略三段論法やトポスなど）と同様、そうしたさらに広い構造を特定するためのよい出発点となる。より一般的には、いわゆる解釈学的分析（Keller 2008; Hitzler and Honer 1997; Hitzler, Reichertz and Schröer 1999など）がヒントや指針を与えてくれるだろう。

<u>テクスト１</u>　このテクストでは専門性や技術が非常に重視されている。視覚的語彙と言語的語彙の双方で、ビジネスや産業／技術の分野から幅広く用いられている。テクストに描かれている組織は、主体的で、有能で、「活動的（energetic）」である。語彙は能動的で、テクストの視覚的部分で強調されている光やエネルギー、動きにより、そうした印象はさらに強められる。メタファーでも「建築（construction）」の分野が利用され（「支柱（pillar）」、「築く（build up）」、「打ち立てる（set up）」など）、見開きの真んなかに置かれた視覚的要素としての産業建築物にもそれが現れている。したがって、その語彙は動と静の興味深い緊張を作り上げており、それはテクストの言語的部分と視覚的部分の両方に認められる。組織はじゅうぶんな速度で進化を続けており、（持続的な）経済成長は単に可能であるのみならず、それが中心的な目標であることが暗に伝えられている。発展は必要であるが、資産の保護もそれに劣らず重要である。その一方で惰性は望まれていない。画像の色（青と緑）は企業のロゴを反映したものであるが、緑は環境保護への取り組みを暗示しているとも解釈できる。企業は「汚れた（dirty）」産業（石油産業）に携わりながらも、不可欠なサービス（「光（light）」）をじゅうぶんに供給し、「環境保護（green）」活動を積極的

に実践し、さらに環境価値という考え方を支持している。

　このテクストで決定的に抜け落ちているのが「人 (people)」と「自然 (nature)」である。それはテクストの言語と視覚の両面で一貫しているために、よりいっそう際立つ。見開きで展開される世界には、従業員、顧客、投資家など、あらゆる人間の行為主体が、さらにいえば、あらゆる自然が欠けている。言語テクストでは受動態が用いられておらず、かわりに組織や部局といった「抽象的な (abstract)」動作主が多用されている。それを通してテクストの持つ技術的な「雰囲気 (feel)」が強められ、「力強い機関 (powerful machine)」としての組織という印象が作り出されている。

　テクスト2　この新聞記事では、それが属する分野は言語テクストのなかに明確に現れている。用いられている語彙の多くは災害や紛争に関連するもので、武力紛争を想起させるような過激な語（「殺す (kill)」、「急襲する (blitz)」など）も用いられている。焦点があてられているのは完全に（否定的な）動きで、安定についての言及はほとんど見られない。ここで仮想されている社会コンテクストはきわめて形式的かつ厳格なものである。金がまさしく動き回っているのである。この世界に関して陽気なもの、創造的なものは何もない。とりわけ世界が危機に瀕している現在においてはそうである。地味で暗い色（大部分は真っ黒）がテクスト全体の深刻で劇的な印象を強め、さらに人々の表情や身振りがそうした解釈を裏づけてくれる。3人の主要な登場人物は、それぞれ絶望、無力感、決意を表している。また、その世界は万人にとっての世界ではない。金と政治の世界、白人の男性エリートたちの支配する世界である。決定は主に少数の選ばれた者たちによってなされ、そこで問題とされた巨額の金は一般市民を困惑させるだけである。

　この新聞紙面にははっきりと欠けているものが一つある。多様性の完全なる欠落である。テクストから受ける印象は、スーツ姿の年輩の白人男性のみで構成されるあたかも「オールド・ボーイズ・クラブ (old boys' club)」的なものである。紙面全体に目を移せば、こうした印象はますます強まる。第一面に登場する女性はわずか2人、共にビジネスよりも芸術の分野に――一人は芸術家として、もう一人は絵画のモデルとして――関係する人物である。さらに、登場人物はみな白人である。こうした画像について、単に「現実を描いているだけ (just represent reality)」といわれるかもしれないが、それは事実とは大いに反する。画像はつねに選択されるのであり、社会的現実の特定の「フレーミング (framings)」である。紙面に描かれている

均質性は編集側の決定なのである。

第4段階　構成

　第4段階で行うのは、マルチモーダルなテクストを特定の方法で「構成する（composing）」ことで生じる効果を再構築することである。Kress（2010）は、そうした構成をマルチモーダルな意味生成の中心をなすものの一つであると主張している。これまでの段階では主に各モードを個別に分析してきたが、ここからはより統合的なアプローチを採用する。

- 言語的要素と視覚的要素はどのように関連しているのか。
- 言語的なものと視覚的なものがそれぞれテクスト内で担っている特有の「役割（roles）」や「機能（functions）」は何か。
- そうした構成を通して、どのような統合的「メッセージ（messages）」や「ナラティブ（narratives）」が産出されるのか。

　これらの問いに取り組むために、研究者は、モード間の相互関係のさまざまな側面に着目することができる。階層的序列（「あるモードが他のモードよりもテクスト構造の高位あるいは低位に位置づけられているか」）や、特定のモードの重視や優位性の問題（「どのモードに重きが置かれているか」）などである。さらに、内容や潜在的な意味に関して、類似点や相違点、参照関係を捉えることもできる（「それぞれの語彙はどれほど類似しているのか」、第3段階までを参照）。留意しなければならないのは、マルチモーダルなテクストにナラティブが一つしか含まれないことは稀だということである。多様な声を含むことこそがまさにマルチモーダルなテクストの強みであり、ディスコース全体のレベルでそれらは多種多様なナラティブをつなげるのである。こうしたことから、取り上げた2つのテクストが呼び起こすナラティブを、ここで網羅的に提示することは不可能である。そこでそれぞれのテクストが語るもっとも主要なナラティブに限定して提示する。

　<u>テクスト1</u>　テクストの言語的部分と視覚的部分が互いに補完し合い、支え合っていることは明白である。言語モードは「情報を伝える（inform）」ために用いられ、コンテクストやより詳細な情報を提供する。高度に定型化されている画像に対し、

言語テクストは「真実（truth）」を語り、「事実（facts）」を提供するものと考えられている。その一方で、視覚モードは、実際の企業の建物を描き出すことで、そのメッセージを「個人化（personalizes）」する。さらに、言語テクストでは伝えきれない動きなどの属性や、ある種の「インダストリアル・ロマンス（industrial romance）」をつけ加える。それにより、全体としてメッセージはより「実体性のある（tangible）」ものとなる。3番目のモードとしてのレイアウトは、視覚モードと言語モードを繋ぎ、どれを強調するか、どのような序列があるのかという情報を加える。これらがすべて組み合わされることで、パラグラフの並び方が上昇傾向を、チェック・ボックスが目標の達成を暗示していると感じられるほどに、可能性や成長、活動といった印象が作り上げられる。結局のところ、その基本的なメッセージは輝かしい未来であり、それは企業が正しい道を歩んできているということでもある。そのうえで、企業は「けっして休むことなく（never sleeps）」必要なサービスを提供し続ける「円滑に機能している機関（well-oiled machine）」として提示されている。

　<u>テクスト2</u>　ムードや雰囲気に関して、テクストの言語的側面と視覚的側面は互いに強く補完し合っている。「信頼性（credibility）」や「真実性（facticity）」を生み出すという役割は、ここでは言語モードと視覚モードの双方が同等に担っている。言葉が登場人物の顔ぶれや事態の推移、いくつかの数字を提供し、グラフが展開を「客観的に（objective）」示している。視覚モードは——ここでは実際の人物とより密接に結びついているためにテクスト1の場合とはいくぶん異なった方法で——「感情（emotion）」をつけ加える。経済の悪化に対する懸念を取り上げた最初の記事では、そうした不安や心配は画像の中心人物の振る舞いに見事に映し出されており、さらに図表を通してそれらは合理的で実感を伴うものとなっている。他の記事に現れている2人の人物の表情は、それぞれ苛立ちと決意を表している。紙面は全体として機能の「三角（triangle）」構造を示している。大きな画像は最も象徴的、かつ感情が表に現れたもので、株価の下落を個人の苦悩や落胆に結びつけている。グラフはメッセージに「合理性を与え（rationalize）」、また下の2人の人物は問題を「個人化（personalize）」している。それにより、世界規模での（外からもたらされたともいえる）景気後退や経済の悪化という圧倒的な力に対する（男性の）社会的エリートのもがきや無力感についての物語に、メタファーと真実性の間の複雑な均衡が作り上げられている。

第5段階　結論と批判的評価

　これまで見てきた段階は、テクスト内の社会的意味の「パターン（patterns）」を再構築するために、先の段階でえた情報を利用しながら積み重ねられてきた。批判的分析で最後にテクストに対して問わなければならないのは、利害関係と権力の問題である。無論、ここでは紙幅の制限があり、すべてを網羅する精緻な分析を提示することはできない。ここではもっとも顕著な要素をいくつか指摘するにとどめ、さらなる分析は読者にゆだねることにする。

- さらに広範な社会的問題や、テクストが組み込まれている特有の制度的・文化的なコンテクストについて、分析を通して何が明らかになるのか。
- 存在することと欠落していることのなかに見られる利害関係や権力のさまざまな形跡をどのように記述することができるか。
- さまざまなモードやその全体としての構成が、どのようにそうした権力を強化したり、権力に対抗したり、あるいはまたそうした権力を隠ぺいしたりするのか。

　<u>テクスト1</u>　テクストの構成から読み取れるコンテクストは、企業がさまざまな聞き手に対して自らの活動の正当性を説明することがますます求められるようになってきているということだろう。マルチモーダルな構成は、強さや速さを伝えると共に、そうした変化に責任をもって対応する能力があることも示している。それは無限の成長という「メタ・ナラティブ（meta-narrative）」を永続化し、企業がそうした成長を持続することが可能なことを示唆している。同時に、そうした成長の追及自体は利己的な振る舞いではないということも示されている――むしろそれは社会の基本的ニーズに応えるもので（エネルギー、「闇を照らし出す（lighting up the dark）」、「周りが眠っている間に活動する（being active while others sleep）」）、それも環境への責任をじゅうぶんに果たしながらそれを行っている（緑色の強調、「ロマンチックな（romantic）」画像）。まさに近年の研究で指摘されているように（Höllerer et al. 2013）、利害関係者間の相反する期待が問題とならないように、企業はマルチモーダルなテクストを利用しているのである。

　構成のなかでの利害関係と権力の形跡の現れ方はさまざまである。もっとも明白な形態の権力は明示的に描かれる。たとえば、顧客への不可欠なサービスを提供す

るために科学技術を利用し、同時により広い責任を引き受けている業績好調な拡大を続ける企業の権力がそうである。テキスト内の具体的な「欠落（absences）」に目を向けると、もう少し繊細な面があることに気づく。たとえば、機械を動かし続ける人々を「見えなく（invisible）」する構成により、権力や主体性は、単に科学技術自体に由来するだけではなく、抽象的で法的な構成物としての企業に由来するものともされる。他ならぬこの企業が、通常、自らの視覚化に人物を広く利用しているために、こうした人物の欠落はよりいっそう目立つ。見えなくされている2つ目の側面——通常それは石油・ガス産業においてはむしろ問題となる——、それは生産物の「汚れた（dirty）」側面である。

　テキストの言語的部分は現状を「報告（report）」する。具体的には、達成された目標や克服された問題などが伝達されるが、さらにそれらは「チェック済みマーク（ticked boxes）」という視覚的な要素により補強されている。画像はそうした企業の業績に——抽象的なものではあるが——「外観（face）」を与えている。また、画像は、その即座に真実を伝えるという特性を活かして、実際に製油所を「美しい（beautiful）」ものとして描き出すこともできる。幾重にも補強されることで（チェック・ボックス、右肩上がりのパラグラフ配列、前景のスピード感ある動き、楽観的な言語テキスト）、タイトルにある中心的メッセージ（「利益を生む成長の持続（Profitable Growth is well on track）」）は、すべてのモードを介して一斉に伝えられ、結果としてさらに説得力が増すのである。

　<u>テキスト2</u>　コンテクストに関しては、少なくとも2つの注目すべき面がある。一つは、可測性、正確性、因果性が——明示的または非明示的に——重視されていることである。それはテキストのみならず、グラフや画像においても詳細な数字が重んじられていることからも理解できる。グラフの正確な意味がわからない者でも、そうした正確性が重要であることは「わかる（get）」だろう。そうした正確性は、ページ下部に置かれた「脱コンテクスト化された（de-contextualized）」人物描写にも、ある程度表れている。画像内にいかなる「異物（noise）」も存在しないため、誰がこれらの写真の中心であるのかは明白である。もう一つの注目すべき面は、そうした可測性、正確性、因果性にくわえて、責任の所在を明確にすることが求められているということである。大見出しには「株価暴落（share plunge）」を招いた元凶が明示されており、また記事のなかでも犯人や主役が誰なのかが明らかにされている。

このテクストに利害関係や権力を見いだすのは、先のテクストよりも難しい。それは主として存在と欠落からなっている。「真面目な（serious）」ビジネス・メディアというコンテクストにしたがったマルチモーダルなテクストには、非明示的な「真実（truth）」の主張が存在する。そうした主張は、一方では「現実的な（realistic）」写真を通して、他方では数字や図表の多用を通して表明される。また、テクストの視覚的部分にも、「関連する人物（who is relevant）」に関する付加的な情報が含まれている。先に指摘したように、このテクストにおいて「ビジネス（business）」とはもっぱら「男性（male）」のもので、とりわけ危機的状況や「圧倒的な勢力」との戦いにおける「男性」中心のディスコースを固定化している。女性が芸術分野に押しとどめられていることも、こうした印象をさらに強めている。画像は言語テクストの単なる補足説明以上の意味を持つ。テクストと視覚的なものが組み合わさることで、主要人物（主導者、主役、犯人）が「どのような男性たち（what kind of men）」なのかが特定される。ここではスーツを身にまとった年輩の白人エリートの集団である。

大規模なサンプルを用いた分析へ

　以上、ここまで単一のマルチモーダルなテクストのための手順を説明してきた。質的、解釈学的アプローチのなかには、あらゆるテクストにはその背後にある社会構造やディスコース構造が含まれているために、個別の問題の研究には単一のテクストで十分だと明言するものもある（たとえばOevermann et al. 1979の客観的な解釈学を参照）。しかしながら、ディスコース群のより広い部分の再構築や、複数のディスコース群の比較分析、当該のフィールド・レベルでの、あるいはいくつかのジャンルをまたいだパターンの発見、長期的な発展についての研究には、多くの場合、大規模なサンプルが必要となる。

　そうしたフィールド・レベルの分析には、基本的には個別のテクストを分析するのと同じ手順を用いることが可能である。第1段階から第3段階はそのまま大規模なテクスト群に適用できる。第4段階からは、個別のテクストとより広範なディスコース構造の間を、研究者が継続的に「往復（oscillation）」することが必要となる。そこで、個々のテクストの要素をディスコース構造に結びつけるのに有用な概念を見つけることが課題となる。選択肢はたくさんある。たとえば私たちの研究

（Höllerer et al. 2013, 2014）では、フレーミング（Gamson and Modigliani 1989; Meyer 2004; Meyer and Höllerer 2010など）、トポス（Jancsary 2013; Wengeler 2003など）、ディスコース伝達の次元（discourse-carrying dimensions）（Bublitz 2011; Link 1997など）、ナラティブ（Czarniawska 2004; Rowlinson et al. 2014など）の分析概念を用いた。他にも、解釈のパターン（Deutungsmuster）（Meuser and Sackmann 1991; Oevermann 2001など）や正当化ストラテジー（Meyer and Lefsrud 2012; Vaara and Monin 2010; van Leeuwen and Wodak 1999など）といった分析概念もある。どのアプローチを採用しても、特定のフィールドや特定のトピックにおける意味構造に関するさまざまな分析が可能となる。社会的現実や社会的意味が一枚岩であることは稀で、それらは意味の「ゾーン（zones）」に分かれている（Berger and Luckmann 1967）。マルチモード研究は、そうしたゾーンについて、またそれらがどのように出現し、維持され、または問題視されるのかについての解明を進めるための新たな手法をもたらしてくれるのである。

まとめ

　本章では、マルチモーダルなCDAの主要な特徴、射程、予想される可能性について具体的に説明してきた。強調しておきたいのは、それはCDAの変種の一つというよりも、社会的現実を（再）構築する複合的な手法や資源を扱う幅広い談話分析のアプローチを包含するものであるということである。マルチモーダルなCDAで扱われるデータの形は多様であるため、概念や方法論が豊富に詰まった道具箱を使う。本章では、利用可能な道具すべてについて概略を示せたわけではない。マルチモーダルなCDAに関して、個別のトピックを深く掘り下げたい人のために、その助けとなるような参考文献を章末に挙げておいた。

　本章では、一つの方法論的アプローチを具体的に取り上げ、それについてある程度詳しく紹介してきた。それは、マルチモーダルな資料（視覚的要素と言語的要素）からなる大規模なサンプルの分析にとりわけ適したアプローチで、ディスコースや社会的現実を組織するより広範で潜在的な意味構造の検出を可能とするものである。本章で提案した方法論が、マルチモーダルなCDAを行う際にしたがわなければならない標準化された「スキーマ（schema）」などではないことは十分に承知し

ている。それはマルチモーダルなCDAの手順の一つの例として理解されるべきものである。とはいえ、その考え方を順序立てて説明してきたので、読者は実際に分析を行う上でのヒントをえることができると期待している。また、このアプローチは、(単一の事例や小規模なサンプルの詳細な解釈に力を発揮する方法論とは対照的に)とくにその柔軟性や順応性、またマルチモーダルなデータの大規模なコーパスへの適応可能性の点で優れているということも強調しておきたい。各段階の指針となる問いは、そもそも言語テクストと視覚テクストの分析を念頭に用意されたものではあるが、多様なディスコースのモードを対象とする研究へ適用することも比較的容易である。

　無論、マルチモード分析に重要な問題がいくつか残されているのもたしかである。第一に、それは言語データや文字資料に大きく依存せざるをえないということがある。データの収集法には、言葉以外のモードが考慮されていないものもある(インタビューや世論調査など)。また、当該関係者が、自らの経験を語るのにマルチモーダルな説明(写真、ビデオ、絵など)を行いたがらないということも考えられる。第二に、マルチモード研究を行うには、複数のモードに同時に対処する能力が欠かせないが、そのためにはモードごとに特有の、場合によってはまったく異なる分析技術が必要となる。それは研究者にとって大きな負担となる。第三に、モードが意味を産出する方法はそれぞれ異なるため、その比較は容易ではないという問題もある。第四に、現在の出版市場は、言葉以外のモードに対応できるだけの十分な整備がなされているとはいえない状況にある。こうした問題が残されてはいるが、かつてないほどにさまざまなディスコースのモードが利用しやすくなっている現在、社会的現実はますますそれらを通して構成され、仲介され、再生産され、また挑まれている。そうした現代の社会的現実の理解のために、マルチモーダルなリテラシーは、社会的世界を研究する者にとっての欠かせない素質となっているのでないだろうか。

さらに知りたい人のための文献

Kress, G. (2010) *Multimodality: A Social Semiotic Approach to Contemporary Communication.* Abingdon: Routledge.

本書でKressは、社会記号論の観点から、マルチモーダルなディスコースについて豊富かつ詳細な紹介を行っている。意味やコミュニケーションについて精緻な理論的検討がなされ、概念や考え方について理解の助けとなるように、具体的な事例や図解がふんだんに用いられている。

Kress, G. and van Leeuwen, T. (2006) *Reading Images: The Grammar of Visual Design.* London: Routledge.

本書は、コミュニケーションの視覚モードに焦点をあて、どのように視覚的なものが「作用する」のか、またどのようにすればそれらをさらに体系的に理解することができるのかについて詳細に論じられている。内容からスタイル、さらには潜在的な意味に至るまで、視覚的なもののさまざまな側面が取り上げられ、ディスコースにおける視覚的要素のさらなる理解のための貴重な情報源となっている。

Machin, D. and Mayr, A. (2012) *How to Do Critical Discourse Analysis: A Multimodal Introduction.* London: Sage.

本書でMachinとMayrは、マルチモダリティを、CDAを構成する重要な一つの要素として位置づけ、マルチモーダルなCDAのさまざまな側面を簡潔かつ体系的にまとめている。言葉と話者、人物や行動の表象、欠落、説得、「真実」といったトピックが体系的に論じられている。また、豊富な図を用いることで、そうしたアプローチの説明が行われている。

Meyer, R. E., Höllerer, M. A., Jancsary, D. and van Leeuwen, T. (2013) The Visual Dimension in Organizing, Organization, and Organization Research: Core Ideas, Current Developments, and Promising Avenues. *Academy of Management Annals* 7: 487-553.

本論文では、組織研究や経営研究における視覚的なものや視覚性についての研究が、詳細かつ体系的に紹介されている。また、広く視覚性を対象としてきた関連領域(心理学、コミュニケーション学、哲学など)にも言及されている。Meyerらは、(批判的)研究において視覚的なものがきわめて多彩な役割を果たしていることを示し、この分野における今後の研究に着想を与えるようなアプローチの分類も提示している。

Rose, G. (2007) *Visual Methodologies: An Introduction to the Interpretation of Visual Materials.* London: Sage.

本書でRoseは、もっとも優れた有望ないくつかの視覚分析の方法論的アプローチについて詳細な概要を示している。扱われているのは、内容分析、記号論、精神分析学、オーディエンス研究、人類学のそれぞれのアプローチで、視覚的な分析には2つの章が割りあてられている。

課題

(A) 興味のあるタブロイド紙の第一面を一つ選びなさい。そこから視覚的要素を含む記事を一つ選びなさい。

1. 言語テクストの「語彙」を調べなさい。もっとも特徴的な名詞、動詞、形容詞は何か。それらは特定の「分野」(たとえば、戦争、愛、家族、スポーツ)に属しているか。
2. 同じように、視覚的な「画像」を調べなさい。どのような要素を特定することができるか(たとえば、人間、物体、動き)。
3. 視覚テクストと言語テクストを、2〜3文程度の短いナラティブにして要約しなさい。
4. それらの物語はどのように相互に関連しているか。それらは補完し合っているか、それとも相反しているか。あるいは両者の間には関係がないように見えるか。モード間を超えて語られるような全体的な物語は存在するか。
5. このように物語を語ることは、誰の利益となるか。勝者と敗者を特定することができるか。

さらに以下のことも考えなさい。

- 最初に目についたのがテクストの言語的部分なのか、あるいは視覚的部分なのかで違いがあるか。もしそうであれば、具体的に何が変わるか。
- テクストの言語的部分と視覚的部分が相互に関連してどのように空間的に配置されているかは重要か。もしそうであれば、それらを再配置することで何が変わるか。

(B) お気に入りの映画(登場人物同士の会話があるものが望ましい)からシーンを一つ選びなさい。
1. どのようなモードが識別できるか(たとえば、話されている言葉、視覚的印象、ボディー・ランゲージ、場面の構成)。
2. 識別したそれぞれのモードについて、全体の構成における役割や機能が何かを定義しなさい。それらのモードからあなたが受ける印象は、それら以外のモードから受ける印象とどのように異なっているか。それを確かめる一つの方法として、もしあるモードが欠けていれば、そのシーンはどのように感じるかを想像してみることが考えられる。

3. そのシーンで明確に「語られていない」または「映されていない」モードの相互作用を通して、どのような情報が得られるか。

さらに以下のことも考えなさい。

- そのシーンで用いられているモードの間に特定の「序列」が存在するか（たとえば、強烈な視覚的印象が最初で、会話テクストは二の次など）。そのことは、そのシーンについてのあなたの理解にどのように影響を与えているか。
- 個々のモードを変えることで、そのシーンの意味を完全に変化させることができるか。もしできるのであれば、それはどのようにしてか。

謝辞
デンマーク研究評議会からの助成（DFF–1327-00030）に深く感謝する。

第9章
批判的談話研究とソーシャルメディア
メディアの生態の変化における力、抵抗、批判

マジード・コスラヴィニック、ヨハン・W・ウンガー

(義永 美央子／訳)

キーワード

批判的談話研究、CDS2.0、デジタルディスコース、アフォーダンス、批判的デジタル談話分析、フォーカスグループ、参加型ウェブ、政治的抵抗、力／権力（訳注：原文ではpowerであるが、草の根的な人々や集団のpower、あるいはpower一般を指す場合には「力」、従来的な支配集団・権力者のpowerに言及する場合には「権力」と訳し分ける）、生産消費活動、抵抗、ソーシャルメディア

はじめに

　豊かな社会に暮らす成人やティーンエイジャーの大多数は、ソーシャルメディアを日常的に用いている（アメリカ合衆国のデータについてはDuggan and Smith 2013参照）。さらに自分の生活がソーシャル・メディアと接点を持つと考える人が以前よりも増えている（Thurlow 2012も参照）。たとえば、広告のような販売促進の文書やトリップアドバイザーのレビューにおけるハッシュタグやソーシャルメディアのロゴの利用の広がり、あるいは、たとえばフェイスブックを通じた拡散のような、抗議行動の新しい形態などである。あまり豊かでない社会においても、より豊かな社会と同様にソーシャルメディアが普及したケースもあれば、さまざまな社会的・商業的実践のためにテクスト・メッセージの使用が広がった（Aker and Mbiti 2010; Cole et al. 2013）ように、違った形をとった場合もある。また、ソーシャルメディアが市民の力や集合的アイデンティティの構築に新しい可能性を開くこともある（KhosraviNik and Zia 2014）。

　同時に、個人や集団や組織が相互にやり取りする伝統的な方法も急速に変化している。いまや、ある種の人口統計をとるために電話をかけることはインスタントメッセージよりも珍しくなり、手書きの手紙は骨董品となり、電子メールのような比較的新しく、どこにでもみられるプラットフォームでさえ、書記コミュニケーションにおける第一の選択として当たり前ではなくなっている（Lenhart 2012）。大きな報道機関はいまだに経済力・政治力のかなりの集中を代表するものであり、社会に影響を与え続けてはいるものの、少なくとも世界の（豊かな）大部分では、紙に印刷された新聞が読者を大量に失い、発行部数も減少の一途を辿っている（Siles and Boczkowski 2012）。一方で新聞のウェブサイトは、ニュース探索のためのソーシャルメディアの使用とならんで、盛んに用いられている（たとえばHolcomb et al. (2013) は、米国の成人の約30%がフェイスブックを経由してニュースを探索していると報告している。ただし、これには特定のメディア会社のウェブサイトへのリンクが含まれる場合がある）。

　無視されている重要な問題は、電子媒体の言語データが増加して入手しやすくなっており、社会、政治、経済がさまざまに推移していくなかでソーシャル・メディ

アの影響が増大しているのに伴い、物質的なコミュニケーションへの集中や社会的談話の産出や普及における規範の変化という点で、CDSのような社会を志向する批判的アプローチもこうした変化に無関心なままではいられないということである。その間にソーシャルメディアのコミュニケーションは、(特権のある) 製作者から (一般の、権力がない) 消費者へ、コンテンツを直線的に伝えていく伝統的な流れから離脱した、コミュニケーションの新しい動態を引き起こしてきたと同時に、マスメディアにおける権力を当然としてきた思い込みの核であった流通プロセスにも変化を起こしつつある。

このコミュニケーションの動態は、参加型インターネット、または「Web 2.0」(O'Reilly 2007) と呼ばれるようになったものの中心にある。Seargeant and Tagg (2014) は、ユーザー参加型という形式で、ユーザーがコンテンツを産出できるように参加や相互行為を促すことがソーシャルメディアの本質であるとみている。それは、「メッセージや他のメディアの共有を通じてネットワークやコミュニティの構築と維持を促進するインターネットベースのサイトとプラットフォーム」(2014: 3) なのである。

一方でRitzer and Jurgenson (2010) は、ソーシャルメディアのテクノロジーは、消費者を働かせているために彼らが「生産消費活動 (自ら生産して自ら消費する (prosumption))」——消費者に働かせる——のプロセスと名づけた、自然だがより微妙であまり物質的ではないものの連続体とみなしている。それにより物質的な世界にみられる生産者と消費者の間の区別は消滅しているのである。セルフサービスのチェックアウト、フェイスブックやツイッター、ウィキペディア、ブログ、YouTube、Flickr (訳者注:写真を共有するコミュニティサイト)、インスタグラムなどのウェブベースのプラットフォームの利用といった広範な生産消費活動の実践と並行して、ソーシャルメディアのテクノロジーのすべてに共通する特徴は、ユーザーが他のユーザーに見せて、やりとりするという目的で、コンテンツを作り出しアップロードするのにつれて、生産と消費の間の壁が崩れていくのを促進しているということである。

Fuchs and Sevignani (2013) とFuchs (2014) は、明確なマルクス主義者の立場をとり、さまざまな参加プラットフォームにおける生産消費者 (prosumer) の活動を<u>デジタル労働</u>とみなしている。この見解の中心をなすものは、「現代の企業のインタ

ーネット・プラットフォームの支配的な資本集積モデルは、ユーザーの無償労働を搾取することによって成り立っている」(Fuchs and Sevignani 2013: 237) という考えである。つまり、(個人情報の共有を含む) コンテンツの製作を通して生み出される「利益産出の価値」だけでなく、流通過程のための労働もユーザーから無償で提供されているということである。ソーシャル・ネットワークサイトに関わると、そのプラットフォームの所有者に価値をもたらす。というのは、ユーザーは製作者としての価値をもっていて、彼らが生産するデータが膨大なだけではなく、同時に、ユーザーは消費者としての価値も持っているため、サイトを訪れる間、広告のターゲットとして広告にさらされる時間が膨大であるからである。テレビにたとえるなら、生産消費者は創造的なコンテンツや広告の視聴者というだけでなく、コンテンツそのものの共同製作者であり、共同流通業者でもあるのである。

　Ritzer and Jurgenson (2010) は、参加型ウェブに資本主義モデルを適用すると、新しいレベルの複雑さを伴うと主張している。一例をあげると、資源を完全にコントロールすることはできないし、参加型ウェブにおける社会的コミュニケーションを取り巻くさまざまなアフォーダンスが、反資本主義的、進歩主義的な運動に利用されるか、主として利益獲得以外の目的に使われるという事実もある。別の厄介な事態は、マルクス主義でいう「搾取」の概念を伝統的な意味で適用するのが難しい場合があるということである。なぜなら「生産消費者は、自分のしていることを楽しみ、愛してさえいるし、報酬なしに喜んで長い時間を費やしている」(2010: 22) からである。これは、「遊び仕事 (playbour)」と呼ばれている現象 (Fuchs 2014) である。労働力に関する伝統的なマルクス主義者の解釈では、この搾取は抑圧的な過程、たとえば身体への脅威や生活を脅かすものとして認識されている。また、搾取されている人には搾取されているという自覚も相当程度ある。ソーシャルメディアで働くことが明らかに自発的な性質を持つことは、たしかにこの抑圧についての理解からかけ離れているものの、生産消費者が資本によって独占されているオンライン上の富の生産者である限り、搾取的な労働関係といくつかの特徴を共有しているのである。フェイスブックによってユーザーにもたらされる抑圧は「正確に言えば、孤立や社会的不利益を被るといってユーザーを脅す抑圧の社会的形態」(Fuchs and Sevignani 2013: 257) であるという主張もある。

　また重要な点として、SNSの企業としての目標は、(コンテンツの製作者として

の）ユーザーのコンテンツや日常生活のこまごまとしたことを保存し広めることであり、また（視聴者としての）ユーザーがさまざまなインセンティブを通じてプラットフォーム上でできる限り多くの時間を費やし活動するように仕向けることであるという指摘がある。これらすべては、なんらかの形で商業的な目的に寄与しているのである。したがって、一方では、宣伝普及の一つの方法（様式）としてソーシャルメディアを利用する電子媒体の言語や社会的行為を研究者は批判することができる。しかしその一方、メディアの企業化に関する包括的な批判を続けながら、市民による実践のために新しく創造された空間の可能性を考慮に入れ議論することも重要である。このことは、テクノロジーによってすべてが解決するという一般的な根拠のない幸福感や、消費市場は飽和しているという後期近代社会に特有のロジックにもあてはまる。多くの批判的談話研究者が概して仮説生成を志向するということは、上述の理論的発展のすべてに注意をはらうべきであることを示唆している。と同時にデータの形式やジャンルが私たちの分析にどの程度具体的に影響するかを考慮しながら、適切な研究課題と方法を確立するために、2つの間を動く必要があることを提案している。

　私たちは、CDSの範囲内でウェブに対する過去のアプローチを振り返ることから始め、そこからえられるソーシャルメディア研究への示唆について検討する。続くセクションでは、メディアの生態における広範囲にわたる変化を考慮して、メディアとコミュニケーション研究ならびに他の研究分野から理論によせられた課題について議論する。最後に、ソーシャルメディアにかかわりたいと考えるCDS研究者にとっての方法論的課題のいくつかを検証したうえで、それまでの議論で取り上げられたいくつかの問題の例証となる2つのケーススタディを示す。

CDSの原則とソーシャルメディア

　CDSの研究者は、「社会とのかかわりからみた言語の分析」を長く議論し、厳密に記述的な学術上の取り組みであった研究に、問題指向型のアプローチを奨励してきた（Blommaert 2005: 6）。じつのところ、言語の社会的文脈化への傾倒は「言語の」分析を「談話の」分析と区別するものであった（談話をコンテクストにおけるテク

ストとみる立場についてはCook (2001) 参照)。しかし言語研究の学術的な流れのなかで、すべての「談話分析」が「批判的」だったわけではない（し、その必要もない）。そしてこのことは、コンピュータに媒介されたコミュニケーションに関する研究の伝統とCDSとの接点について、最初に考えるべき点となる。

メディア中心的アプローチは、コンピュータが媒介するコミュニケーションに関する初期の研究に支配的であった、社会的（あるいは個人的な）コンテクストの重要性をないがしろにしてメディア・テクノロジーの社会へのインパクトを強調するものであったが、このメディア中心的アプローチに応えて、アンドルチョプロス (Androutsopoulos 2008) は（さまざまな言語現象のなかから）相互行為やアイデンティティ形成、言語変異を検証するために、ソーシャルメディアへのより社会言語学的でエスノグラフィックなアプローチを採用している。マクロレベルにおいて、研究をテクノロジーよりも社会に根差したものにすることは、ソーシャルメディアへのCDSアプローチを構想する第一歩となる。興味深いことに、研究の初期の段階で社会を強調することは、談話分析へのミクロで記述的なアプローチとより広範なCDSアプローチとを区別することでもある。その間に、社会政治的文脈化が強調される程度については論争が続く部分があるかもしれないが、言語的談話分析における伝統はすでに（CDSの視点からみて）社会から孤立した言語のみに焦点を当てた言語分析とは価値ある決別をしていたことを指摘しておくことは重要である。

この点から、スーザン・ヘリング (Susan Herring) の業績（たとえばHerring 2004) は最も重要なものである。Herring (2004) は言語学的談話分析の伝統をデジタル・メディアへと取り込み、談話分析の範囲を拡張し、新しいメディアの生態を含めることを試みている。アンドルチョプロスとヘリングの業績はいずれも、コミュニケーションの文脈化とユーザーのコミュニティにより焦点を当てるという主張によって、CDSの観点から考察されうるものであろう。多くのCDSの研究者にとって、すべての言語的特徴は記述され、さまざまなレベルのコンテクストに関連づけられるべきものである (KhosraviNik 2010: 67参照)。CDSにおける批判性はこのようにして、研究方法のレベルだけでなく、（記述的な）談話分析の知見の文脈化という点においても、自己言及的であることと関連がある (Wodak 2001: 9)。

2000年代中頃の著作のなかで、マウトナー (Gerlinde Mautner) は研究者がコミュニケーションに関する新しい舞台に立ち、入手可能な豊かなデータソースを利用す

ることを促している（Mautner 2005: 812）。彼女は当時の古典的なCDS研究に特有の問題として「事前に定められた秩序の欠如および声とジャンルの見境のない混交」(2005: 817) を強調している——今の参加型ウェブは、フェイスブックのページやツイッターのハッシュタグのような実践共同体を持っているので、当時よりもある意味ではより組織化されたものになっているかもしれないが。

　同時に、新しいコミュニケーション生態の主要な特徴を構成するのは、ジャンルの混交そのものである。伝統的な（マス）メディアにおいては、特定のジャンル形態があり、テキスト実践 (textual practices) が一方向的であったのにかわって、今のユーザーはさまざまなテキストジャンルをほぼ同時に扱うことができる。このことは、たとえばあるサイトにフィードバックすることによってテキストに「応答」したり、新しい記事に反応したり、ある制度にかなり形式的に関与していることも含まれる。さらに、WhatsAppのようなインスタント・メッセージのプロトコルを用いて友人と話すような、一対一の「普通の」コミュニケーションへの関わりという形もある。フェイスブックのような非常に普及したSNSは、制度と個人（もしくは力のあるテキストと普通のテキスト）に同時に対応している。こうした新しい結びつきをもつスペースは、ジャンルの相違を徐々に失っていき、インフォーマルなコミュニケーションが一面に広がっていく。

　今やテキストの力は、マスメディアの押し出し型、すなわち強要するストラテジーよりも、一般ユーザーを満足させて（「いいね！」を押すような）反応を引き出す引き出し型のストラテジーによって決定されることから、テキストの持つ力は今まで抑えられていたものがどっと溢れ出るような可能性を持つ感覚がある。とくにウェブスペースの企業化の進展にともなって、自らのコンテンツをユーザーに「押し出す」ようなプラットフォームが多く存在するという事実にもかかわらず、参加型ウェブはテレビ「放送」のような、押し出し型あるいは「破壊型」のメディアではないのである（Gretzel et al. 2000: 150）。これは部分的には、なぜSNSでのコミュニケーションが最もありふれた、ローカルで、私的で個人的なコミュニケーションの形態から、最も重要な集合的、政治的、財政的あるいは文化的重要性をもちうるコミュニケーションへと拡大できるのかという理由になる。

　サイトやテキストが常に変化しやすいことから、ウェブには非史実性の問題もある。このことは、CDSにとってデータの選定と分析における再現性と透明性に関

するより大きな問題ともなる。すなわち、データ選定の体系性とデータセットの比較可能性に関する問題である。それにもかかわらず私たちは、CDSはその問題指向的な研究アジェンダにしたがって、体系的でコンテクストに敏感でもあるデータ選定の手続きを追求しようとするものなので、研究にとって適切なデータを構成するものについての議論は、ウェブが生まれる前から行われていたと主張したい。

スコロン／スコロン（Scollon and Scollon 2004）は、ウェブに先行する電子的に媒介された相互行為の一形態として電子メールを検証したが、参加型ウェブについて考慮することはなかった。しかしそれは現在では、何人かの研究者によって社会的媒介と考えられている（Page et al. 2014: 6）。Scollon and Scollon（2004）の、CDSの観点からのソーシャルメディア研究に対する主要な貢献の一つは、彼らがコンテクストをもっぱらレベルの観点からではなく（Unger 2013: 41ff参照）、一つの要素（連鎖）が他に影響を与えるネットワークとして考察したことである。

彼らの研究は、リテラシー研究の観点からのソーシャルメディアに関する近年の研究にも影響を与えている（し、またよくつながってもいる。たとえばBarton and Lee（2013）のように）。さらにウェブにより対応したアプローチとして、制度的な（参加的になる前の）ウェブページのマルチモーダルな分析を行ったレムケの研究（Lemke 2002）がある。レムケによると、電子的に媒介されたテクストにおいて意味はさまざまな記号的要素と閲覧者の記号的要素に関する理解の相互作用を通じてだけではなく、（ハイパーリンクを経由してのように）テクストのさまざまな部分を読んだり横断したりする閲覧者の行動によってもつくりだされる。このことを、レムケは「横断（traversals）」と呼んでいる。CDSの観点からの電子的に媒介されたテクストの研究で最後に挙げられる貢献は、Wodak and Wright（2006）によるものである。Wodak and Wright（2006）は、EUによって政治への参加を促進するために開始されたオンラインのディスカッションフォーラムの検証により、結果としてそこに認められる「民主的損失（democratic deficit）」に取り組んでいる。彼らは、デザインおよびトピックの発展と議論の形態を制度的に（あるいは個人的に）統制する重要性を強調している。これは、コンピュータを媒介とした談話分析でも取り上げられる問題である。彼らの分析はとくにソーシャルメディアのテクストではなく、記号と情報の流れにおけるグローバル化された「超資本主義的（hypercapitalist）」システムについてのものであるが、Graham（2006）はメディアの生態の変化に伴ういく

つかの社会的変化について議論している。すなわち「新しいメディアが現れる時代は、当然のこととして、人間関係の拡大や変容と同時期に起こる。しばしば不可逆的に、新しいメディアが人間関係の規模や性質を変化させるのである」(Graham 2006: 12)。

コミュニケーションの力とソーシャルメディア

　（出版や放送といった）伝統的なメディアに関するCDA研究のテクスト分析に存在するとされるコミュニケーションの力の本質は、ごくわずかなエリートの製作者から多数の一般視聴者へと、コンテンツが圧倒的に一方向へ流れ出るという事実があって言えることである。このことは第一に、テクストの流れがメディア（のエリート）から社会へと直線的かつ一方向的であること、第二に、メディアのテクストの産出過程とテクスト消費過程の間に明確な区別があるということを前提としている。

　象徴的なエリートがテクストを優先的にコントロールすることは次の2つの点で当然と考えられる。すなわち報道発信源に所有権が集中しているといったマクロ構造的、言い換えれば産業的、政治的、経済的な意味合いにおいて、また、テクストのニュアンスや、受け手が反応する機会がほとんどないといったようなローカルなコミュニケーション実践において、の両面で当然と考えられるのである。新しい相互行為的・参加的アフォーダンスの出現以前でさえ、メディアやコミュニケーション研究におけるアプローチは、時には視聴者の力についての説明を単純化しすぎるという犠牲をはらってまでも、視聴者の受動性の強調、そして効果モデルにおける政治的な過度の単純化と理解されていたものに抵抗してきた。

　近年の技術的な変化の観点から、多くの学者やメディアのコメンテーターがいささか興奮して息を切らした様子で、政治、ジャーナリズム、教育などの分野において、社会的変化が広範囲に起こっていると発表してきた（これに関するやや論争的ではあるが批判的な議論についてはMorozov (2011) を、デジタルメディアがどのようにコミュニケーションを変化させているかについてのより広範な視点については、Castells (2009) を参照）。このことは、これらの変化が、すべてのユーザーがメディアに平等にまた民主的にアクセスできるというユートピアをもたらすことを

意味しているわけではない（たとえば、Wodak and Wright 2006参照）。さまざまな社会政治的・技術的状況において多様な形で応用されたり使用されたりするかもしれない多層的・多機能的「（コミュニケーションの）力の新しい空間」が開けてきたことは明らかであるけれども。

　ソーシャルメディアは、伝統的なメディアにおけるメッセージの流れが一方向的であるのとは反対に、本質的に相互行為的であり、本来的にも実質的にもマルチモーダルでユーザー中心である。こうした変化の一つの結果が、「公式な」テクストと「非公式な」テクストとの間の分離線、ということになる。このようにして、市場の力やマクロ構造が体系的にこの新しい空間とインフラを支配しようとしたとしても、力のある声とない声を分ける伝統的な二分法は、より多くのコンテンツが社会的に生産され消費されることにともなって崩れていく。談話の（または談話の背後にある）制度的な力、すなわちマスメディアの権力が弱められる一方で、今日の政治や企業の世界で関心をもたれる領域として、談話における力、すなわちボトムアップの使用における言語の力に注目が集まっているようにみえる（この側面についての包括的な議論についてはKhosraviNik（2014）参照）。

　楽天的にいえばソーシャルメディアは今や、メディアを介してコンテンツを視聴者に押しつけるマスメディアのプロセスを分散化し、個々のコミュニケーションを行う者にある種の参加の役割を提供することを助けている。テクストの生産や流通過程へのアクセスを可能にすることによって、コミュニケーション上の力が集中する位置は「固定されず、状況的な環境によって移行する」（Kelsey and Bennett 2014: 43）。そして、抵抗力のある談話のためのそのような空間が単に提供されるだけでなく、効果的に取り込まれ、使用されている（一例として、同上2014: 43）。近年悲観主義が高まりを見せている（Morozov 2011）にもかかわらず、参加型ウェブは今も多くの人々に、革命的でユートピア的なものとみられている。サイバー自由主義者（cyber-libertarians）はインターネットを信奉している人々であり、またポストモダン的・急進的な個人主義と、民主化の潜在的可能性にネットを通じてリンクすることができると強く信奉している人々である。

　データに関しては、この新しい分散化と、メディアの生産消費者が求められてもいないのに力をつけてきたために、社会科学研究のために適切に使用されうる大きなデータセットを生み出すという興味深い副産物をもたらした。通常、インタビ

ューやフォーカスグループ、あるいは物理的に一緒にいる民族誌的な観察によってえられたであろう種類の言語的・マルチモーダル的なデータは、今やさまざまなウェブ上のプラットフォームを経由してアクセス可能になるのである (Koteyko 2010)。もちろん、このタイプの言語的データを考察する際には、いくつかの基本的な問題がある。それは、デジタルデバイド (digital divide [訳者注：PC操作能力や貧富の差による情報格差]) や情報へのアクセス可能性、および実践共同体の代表性やその概念をめぐる混乱、さらにはディアスポラ (離散) のアイデンティティ、ならびに倫理上の問題などである。

　それにもかかわらず、ソーシャルメディアが情報や文化の民主化ともとれるさまざまな非主流のアイデンティティの構築や表出を促進してきたと主張することもできる (Kahn and Kellner 2004)。一方で、新しいデータソースは、たとえば社会的態度や談話が統合した一つの形態としての批判的言語・コミュニケーション研究にとって、興味あるサイト (e.g. KhosraviNik and Zia 2014) になっている。その理由はとりわけ、このようなボトムアップデータにアクセスすることは、さまざまな政治やロジスティクス (物流)、あるいは実際的な理由からほとんど不可能な場合もあるからである。

　(検閲や統制といった) <u>伝統的な押し付けがましい政治</u>、および、<u>公共空間の資本主義的植民地化</u>という2つの主要な力は、民主化と言論界としてのメディアの機能に対する古典的で伝統的な障壁であった。これらのうち前者は、世界のさほど豊かでない地域で相対的に多く見られるかもしれない。一方で、より豊かな地域の多くのコミュニティでは、市場原理と資本主義の発展の激しいうねりによって、民主化に向かう動きが妨げられている。したがって、参加型ウェブの機能、特徴および動態、さらには既存の社会において参加型ウェブがどのように進化発展するかは、さまざまなコンテクストによって (根本的に) 異なるといえよう。「ソーシャルメディアは、政治にかかわる会話や政治への従事のさまざまな形式と同様に、社会の開放性や集団の認識、複数的な参加に関する新しい実践をもたらしうる」(Cottle 2011: 650, Dahlgren 2009に基づくアラブの春の議論)。

　したがって、フェイスブックのようなソーシャルネットワーキングサイトは、これまで非政治的な大衆を政治的な議論にふたたび結びつけるために機能し、個々の市民の間および市民と政治家の間でのコミュニケーションや議論を促進していると

主張されてきた。しかしながら、政治とふたたびつながるという理想は、発展した裕福な社会状況における市民の、概して非政治的なコンテクストに端を発する。世界の多くの地域では、2011年のエジプトでの暴動の例に見られるように、社会の成員を政治にふたたびつなげるのはソーシャルメディアではなく、むしろ目的に沿うアフォーダンスはなんでも利用しようとする、飽和した政治的関心が高い社会である（cf. Tufekci and Wilson 2012）。それゆえに、ソーシャルメディア革命について語ることは意味をなさず、むしろ、ソーシャルメディアを利用した革命や、ソーシャルメディアにみられる革命について語るべきなのである。こうした動きを「ツイッター革命」あるいは「フェイスブック革命」と名づけるまでにいくことは読み誤りであり、その国の社会政治的状況の軽視であり、「それに関わる政治とメディア両方の複雑性の価値をまったく認めていない」（Cottle 2011: 650）ことになる。これらの事例における要点は、社会の性質やデジタルメディア（または伝統的メディアさえ）の機能について普遍主義的な前提を避けるだけでなく、メディアパフォーマンスを「関係するさまざまな社会における、あるいは社会を交差する国家権力の構造、軍隊の役割、および政治的な抵抗勢力の組織」（p.657）との関連で位置づけ、見ようとすることである。しかし、いくつかの非民主的なコンテクストでは、ソーシャルネットワーキングサイトが、比較的自由な報道現場のように、健全な議論が欠如している部分を埋め合わせるプラットフォームとして機能しうることも真実なのである。

ソーシャルメディアへの批判的談話アプローチの緊急適用

　ソーシャルメディアのプラットフォームについて研究することにより、CDSやメディアスタディーズその他の関連領域で確立されていた理論に、多くの課題が見つかったということをこれまで述べた。ここからはソーシャルメディアが提示する方法論上の課題は何かという問いに移り、それらを克服するいくつかの方法を提案する。本節では、上述した2つのアプローチの概要を簡潔に示す。スーザン・ヘリングのコンピュータを媒介とした談話分析（computer-mediated discourse analysis

(CMDA)）とジャニス・アンドルチョプロスの談話中心のオンラインエスノグラフィー（discourse-centred online ethnography（DCOE））である。なお、その前に、ソーシャルメディアが批判的談話研究者にもたらした、方法論に関する問題のいくつかを、さらに詳細に検討する。

　ソーシャルメディア研究において、とくにCDSのような、もともとさまざまなメディアの生態と媒介過程を追求するために発展してきたフレームワークにおいては、テクストのマクロな特性を説明するための、データタイプの相違や新規のアフォーダンスの認識が、よりミクロな分析を行う前に必要なのである。しかし、初期のコンピュータに媒介されたコミュニケーションの研究（CMC研究）の提言のように、著しく異なる談話領域として「オンラインの世界」を切り離してしまうと、CDS研究の社会における批判的志向と理論的な合意がうまくえられない。したがって、CDSの研究者は、データをその直接的な、またはより広範なコンテクストから完全に切り離す分析的アプローチを認めようとはしないのと同様、Jurgenson（2012）が「デジタル二元論（digital dualism）」と名づけた世界観である、「オフライン」と「オンライン」を互いに分離独立したものとして扱うこともない。完全な人工知能や意識を持つ機械が出現するまで、電子的に媒介されたテクストは、常に、物理的な身体を持つ人類によって創り出される。たとえ自動化されたプログラムによって生成されるテクストだとしても、そのプログラムは、同様に、人類の手によるものなのである。同時に、「はじめに」で提示したように、人間の生活の大部分は、日々の経験では実感がないとしても、電子的に媒介された実践になんらかの形で影響をうけ、増強されている。

　一つの広範な研究プログラムとして、談話の批判的研究は、そのほとんどが、あるトピックに関する言語データの分析に基づいている。そのデータは、批判的な観点で社会政治的コンテクストと結びつけられ、そこで説明されるのである。この広範な枠組みのなかで、テクストは、流通プロセスに対応するジャンル固有の（制度的な、メディアの）背景をもとにして分析される。ここには、データの特性に、なんらかの背景を提供することが含まれる。すなわち、オーディエンスの範囲と質、コミュニケーションのジャンルが提供するアフォーダンスとコミュニケーション上の選択、使用される言語の言語学的特徴である。315頁の図9.1で示されているように、メディアの実践と社会政治的実践に関する2つのレベルのコンテクストは、

コミュニケーションリソース（すなわちデータ）が新聞のテクストであろうとオンライン記事であろうと、その分析において常に考慮されなくてはならない。テクストの消費者から発信者へとユーザーが役割を変える相互作用性、そしてその可能性は、参加型ウェブの全体的な特徴であるが、ウェブの多様なサブジャンルのなかで、このダイナミクスが常に見られるわけではない。実際、参加型ウェブのコミュニケーション実践は静的な組織的テクストの集合体である。例として、新聞やフェイスブックのコメント欄といった、「オーディエンス」として相互行為を行うユーザーのコミュニケーションと同様に、広告やブログの投稿があげられる。

CDSには、政治家や政策、マスメディアといったある種の力のあるテクストを扱うという堅固に確立された伝統がある。このようなテクスト、とくに新聞記事や政治的なスピーチに関しては、膨大な量の大規模研究が行われてきた。したがって、これらのテクストリソースが研究にとって最も社会的・政治的に重要性のあるテクストだと考えてしまうかもしれない。しかし、ソーシャルメディアのデータを扱うCDS研究においては、こうした制度的テクストは、新しい相互行為的コンテクストで観察され、分析されるべきである。その際、参加型ウェブにおいては、コミュニケーションの社会性がテクスト実践の中核的特質であることを忘れてはならない。ユーザーが生み出すコンテンツと公的なコンテンツの区別が今でも認められる一方で、何がより重要で興味をひくかということについては、「クラウドソーシング（crowdsourcing）」という風潮が広まっており、この意味で、ユーザーが生み出すコンテンツと公的なテクストは互いに競い合うものといえる。

図9.1のように、ソーシャルメディアのコミュニケーションの形態と質はメディアの制度そのものの特徴に影響をうける。つまり、それがどのように組織され、監視のストラテジーとどのように結びつくかということである。いいかえれば、ソーシャルメディアでの言語使用（および意味生成のその他のリソース）の最初のレベルのコンテクスト化には、このコミュニケーションがメディアの制度のなかでどのように産出されるのかを観察することが含まれるのである。その枠組みのなかでは、さまざまな談話が支持され、持続され、促進され、そして構築されるであろう。コミュニケーションのサブジャンルについても、定着したジャンルの慣習のなかで、注意深く検討されるべきである。たとえば、私たちが今議論しているのは、ブログの投稿なのか、論評なのか、一連のインスタントメッセージなのかといった検討で

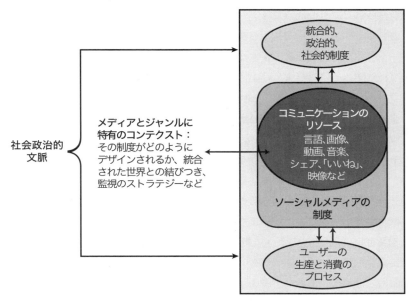

図9.1 テクスト、社会、ソーシャルメディアの制度のダイナミクス（KhosraviNik, 2015を適用）

ある。最後に、これらのジャンルやメディアに固有の考察は、すべてより広い社会政治的コンテクストのなかに位置づけられるべきであることを指摘しておかなければならない。そして、このコンテクストが、公共圏の質、市場化の程度と支配、特定のコンテクストにおける政治的コミュニケーションのダイナミクスが批判的に検討されるべき場所なのである。

　先に述べたように、より広範な社会政治的コンテクストやメディアのコンテクストのなかにソーシャルメディアを位置づけるのに加えて、ここでは、ヘリングの説にしたがい、媒介や状況の特定の側面に注意を払うことでソーシャルメディアをより効果的に分類でき、それによってさらに微妙な差異を明らかにする分析が可能になることを提言する。317頁の表9.1はソーシャルメディアデータ一般の言語的・記号的分析の際に考慮されうるいくつかの要因を示したものである。これらの要因のいくつかは、最初のケーススタディで取り上げられ、CDSのアプローチにどのように組み込まれるのかが示されている。同様に、そこでは、ジャンルのカテゴリー化により、一方ではメディアのアフォーダンスにしたがってテクスト上の特徴が

結びつけられており、他方では、参与者の社会的コンテクストが特定されている。

　力のあるテクストに通常適用される分析方法は、その多くが、ソーシャルメディアデータにも適用可能であるが、ソーシャルメディアにおける分析データの活用と定義づけに関しては、悩ましい記号論理学的な問題がある。たとえば；

1. ソーシャルメディアのプラットフォームでえられる大量のデータをどのように収集し、選択するか。
2. テクストの生産と消費のプロセスに固有の非連続性をどのように扱うか。
3. ソーシャルメディアに相対するコンテクストをどのように定義するか。
4. データが一過性のものであるということと、プラットフォームの形式と機能が絶えず変化することにどのように対処するか。
5. 体系的な観察をどのように組み込んで、メディアおよびジャンル固有のコミュニケーションのコンテクストを説明するか。
6. 個人の権利と、個人のデータがどのように公開されるのかに関する理解について配慮する倫理的枠組みをどのように決定するか。

　参加型ウェブにおけるコミュニケーションは、コンテクストが非連続的であるため、より観察的な研究アプローチが有効となる。つまり、コミュニケーションのデータそのものよりも、コミュニケーションの事象（event）に注意を払うのである。参与観察法は、（少なくとも研究の初期段階では）ユーザーのコミュニケーションのダイナミクス、プラットフォームのアフォーダンス、相互接続性、ジャンルの特徴そしてメディアのコンテクストを説明しようとする際に欠かせないものであると思われる。以上のことから、データと分析に関するケーススタディのアプローチがCDSのアプローチとしてふさわしいと考えられる。ここで、3つの一般的な志向を示しておく。

1. 談話分析者として、ユーザーおよびコミュニケーションの社会的コンテクストを考慮する。
2. 批判的談話分析者として、ジャンルや内容、コミュニケーションの単なる記述には満足しない。

表9.1　媒介要因と状況要因

媒介要因	同時性	非同時的——同時的
	メッセージの伝達	1対1；1対多；多対多
	文字表記の持続性	短期的な——保存される
	メッセージの大きさ	伝達されるテクストの量
	コミュニケーションのチャネル	ことば、画像、音声、動画
	プライバシー設定	公的、準公的、準私的、私的なコンテクスト
	匿名性	サイト内で参与者のアイデンティティが表象される程度
	メッセージの形態	インタラクションを表示する構造
状況要因	参加の構造	関与する参与者の数
	参加者の特性	明示される、または想定される人口統計学的・思想的特性
	目的	インタラクションの目標（個人・集団レベルで）
	話題	主題
	トーン	フォーマルかインフォーマルか
	規範	集団によって確立された容認される実践
	コード	言語変種と文字の選択

（出典：Herring, 2007; Page et al., 2014 より引用）

3. ソーシャルメディア研究者として、参加型ウェブを、社会で個人が使用するメディア装置の一部とみなす。したがって電子的に媒介されたテクストを、物理的な世界すなわち「リアリティ」とは別の「バーチャルな」世界の一部として扱うことはしない。ただし、電子的に媒介されるコンテクストの特徴が私たちの分析に影響するかもしれないということは認識している。

　このようなデータに関する種々の問題は、方法論の枠組みを選択するのに関与するが、逆に、選択した方法論によって、データについての問題が決められてしまうことにもなる。たとえば、少ない量のデータに焦点を絞るには、よりエスノグラフィックなアプローチがふさわしく、参与者からインフォームド・コンセントをえることも可能である。しかし、その場合、所与のソーシャルメディアプラットフォームの変化に富んだ実践について広い見解をえることはできないかもしれない。これとは逆に、コーパスを利用した談話研究（本書のマウトナー論文参照）をソーシャルメ

ディアデータの検証に用いた場合、研究者はデータのより広範な社会政治的コンテクストに関する前提を調べることができるが、個人の相互行為の微妙な差異をとらえることは難しくなるかもしれない。

　社会言語学と談話分析それぞれの伝統をもとに、ジャニス・アンドルチョプロスとスーザン・ヘリングは、コンピュータを媒介としたコミュニケーションに関して、社会状況やコンテクストに配慮した談話分析のための有力なアプローチを提示した。Androutsopoulos（2008）の談話中心のオンラインエスノグラフィー（discourse-centred online ethnography: DCOE）とHerring（2004）のコンピュータを媒介とした談話分析（Computer-Mediated Discourse Analysis（CMDA））はいずれも、CMCの媒介志向的な研究、すなわち、新しいジャンルとプラットフォームが使用される言語の形式や内容にどのような影響を与えるかの研究から、よりユーザーやコンテクストに配慮したアプローチへの移行を求めている。Thurlow and Mroczek（2011）とAndroutsopoulos and Beißwenger（2008）は、主流のCMCの分析的なアプローチと、新しいメディアでのコミュニケーションを扱うための問題指向的で状況に根ざしたアプローチとしてコンピュータを媒介とした談話分析と呼んでいるものとを区別している。このCMC研究の焦点の移行は、必ずしも非常に批判的な志向を取り入れるとは限らないが、問題指向的で社会と結びついているというCDSの原則により近づくものである。

　Herring（2013）は批判的談話研究と並んで、「地位や対立、交渉、フェイス管理、言葉遊びに関する言語的表現、談話スタイルや言語変種など」といった特定の言語的（記号的）現象と課題を検証するための理論的なレンズとしてCMDAを使用することを提唱している（概観はPage et al. 2014: 40参照）。ヘリングが現象の検証に焦点をあてる一方で、Androutsopoulos（2008）は実践に由来する観察と接触のためのガイドラインを提供している。そのガイドラインでは、ソーシャルメディアの研究者はソーシャルメディアの談話的・技術的側面だけでなく、関係性や過程（すなわち、ユーザーが何をするかと互いの関係のなかでそれをどのようにするか）に関心を持つべきであると主張している。このように、さまざまな方法や技術だけでなく、反復や、参加者が資料や観察結果と向き合うことにも力点をおくのは、パース（Peirce）の伝統にかなった回顧的／仮説生成的推論およびシクレル（Cicourel）に倣うトライアンギュレーションといったCDSの原則によく合致している（本書のヴォ

ダック・マイヤー論文参照)。

　どのような言語的・記号的現象を調査するかを考える場合、ソーシャルメディアに関心をもつCDSの研究者は、(たとえば、本書のいくつかの章で示された方法で用いられているように) モダリティ、仮定、統語、名詞化、あるいはメタファーといった古典的な分析カテゴリーの多くが今も適しているかどうかを検討している。ここで重要なのは、現象の選択はコンテクストとジャンルに強く依存していると指摘することである。ニュースのウェブサイトと新聞、あるいはYouTubeに投稿された政治スピーチとテレビ放送におけるスピーチのように、ウェブはその前身である出版・放送と直接的に比較可能な多くのジャンルを含んでいる。電子的に媒介されたテクストのみに限定すれば、電子メールやテクストベースのチャットのように参加型ウェブ以前に存在したジャンルもあれば、今は専門家がつくりだした内容よりも主にユーザーがつくりだしたものを含む傾向があるレビューサイトのように、参加型ウェブにあわせて改変されたものや、ミニブログ (例：ツイッター) のような完全に新しいと思われるものもある。Herring (2013) はこれらをそれぞれよく知られたもの (familiar)、再定義されたもの (reconfigured)、新しく現れたもの (emergent) に分類している。分析カテゴリーをたてるときには、これらのジャンルの違いを念頭におくことが重要である。なぜなら、一つのジャンルで非常に顕著な現象 (たとえば、政治家のフォーマルなスピーチで使用されるジョークや皮肉) がソーシャルメディアのコンテクストではそれほど顕著ではないかもしれないし、また、逆に、あるジャンルでこれまでのメディアでは目立たなかったものがソーシャルメディアでは顕著になっているかもしれないからである。

　ソーシャルメディアのコンテクストでのテクストの分布やテクストへの反応で頻繁に見られるのは、伝統的なメディアの生態の場合よりも、より速いタイムスケールで物事が起こるということである (Tufekci and Wilson 2012)。(インスタントメッセージのような) 間にポーズがほとんど挟まれずに続く、ほとんど同時的な相互行為と、(電子メールのように) 会話が再開される前に長い中断が挟まれうる非同時的な相互行為のどちらが奨励されるかはプラットフォームによって異なる。しかし留意すべきなのは、Darics (2014) などが指摘するように、カテゴリー間の境界は固定されたものではないということである。電子メールのやりとりがほぼ即時的に行われるかもしれないし、インスタントメッセージのやりとりが長い期間をおいて行

われることも可能である。

　ここまで、ソーシャルメディアデータの批判的分析に含まれる可能性のある問題や、分析に関連する言語的談話的特徴のいくつかを指摘してきたが、次に2つのケーススタディに移ることにする。最初のケーススタディでは「ミクロな」観点をとり、ソーシャルメディアの「フォーカスグループ」をどのように作り、そこで生じる議論の分析をどのように行うのかについて、簡潔に記述する。2つめのケーススタディでは、「マクロレベル」のメディアの生態と過程にいっそう焦点を当てて、近年のウェブに見られるグローバルな抗議活動とそれに関連するイメージを見る。

ケーススタディ1：政治的な抵抗に関するフェイスブックの「フォーカスグループ」の実施

> **ケーススタディの概観**
>
> 　全体的な研究課題：フェイスブックのユーザーは、電子的に媒介された政治的抵抗の形式にどのような意識をもっているか。またそれを、談話的にどのように構築しているか。フェイスブックは、フォーカスグループのようなデータ収集にどの程度有益なプラットフォームか。
>
> 　データソース：このプロジェクトのデータ収集のために特別に設定されたフェイスブックグループ
>
> 　データ収集と分析の方法：一連の質問がグループ宛に投稿された。研究者自身の仲間のネットワークで招待を受けたユーザーからの反応はわずかだった。全ての回答は、話題の特定、アイデンティティの構築および談話ストラテジー（本書のライジグル／ヴォダック Reisigl and Wodak 論文参照）にとくに留意して分析された。

　このケーススタディでは方法論により焦点を当てて、フェイスブックを利用したフォーカスグループのようなことを実施する際の課題や利点について考察する。ここでいうフォーカスグループは、本章の著者の一人によって、政治的抵抗に関するオンラインリサーチプロジェクト（Political Resistance Online Research Project（PRORP））

の一部として設定されたものであり、フェイスブックでhttp://tinyurl.com/PRORP-FBからアクセス可能である。談話の歴史的アプローチの流れのなかで、対面のフォーカスグループを用いた研究には多くの蓄積があるが（例として、Kovács and Wodak (2003), Unger (2013), Wodak et al. (1998), Wodak et al. (2009) 参照。また質的な社会科学においてフォーカスグループを利用する際の指針については、Krzyzanowski (2008) 参照）、批判的談話研究全体としては、必ずしもそうであったわけではない。

　上述のように、批判的談話分析者は典型的には「力のある」テキストを扱ってきたものの、必ずしも、研究課題に対して複数の研究方法を併用するアプローチをとってきたわけではない（Unger 2013参照）。このフェイスブックのフォーカスグループを立ち上げた目的は、一つには今後の調査に向けて、さまざまな政治的抵抗の実践を概観することであり、また一つには、フェイスブックユーザーのグループによって政治的抵抗がどのように議論されるかについて洞察をえることであった。そこでまず、研究者の友人や同僚から始めようとしたのである。しかしそれはまた、データ収集の場としてフェイスブックグループが機能するか、そして、このソーシャルメディアを基盤とするフォーカスグループが研究の道具となりうるのか、という検証を行うことも目的としていた。他の利点のなかでも、これは伝統的な対面のフォーカスグループでは不可能であったようなやり方で、参与者が時間や場所の制限を超えて参加することを可能にする。

　もちろん、巨大なメディアの生態のなかには、政治的抵抗にまつわる疑問を調査するために利用可能なテクストが他にも多くある。それらのなかには、PRORPに含めることを、研究者によってすでに検討されたものもあり、それには活動家組織からの電子メールのコーパスや、2011年のロンドン暴動と「ウォール街を占拠せよ」運動（the Occupy Movement）といった特定のイベントと関連するツイート、Reddit（訳者注：英語圏のソーシャルニュース・ブックマークサイト）におけるウクライナ・ロシア危機に関する代替的・批判的ニュースのキュレーション（訳者注：インターネット上の情報をある一定のテーマや方針等に基づき収集、整理してまとめること）などがある。それでもソーシャルメディアデータを使用する際には重大な制限があり、その一つが実用性である。他のプラットフォームと違って、フェイスブックの場合は、書き込んでいる時点で明らかに調査を許可していることになる。参与者が私的な発

言を読む機会を与えられるからである。ところが、この場合、すでに生成されたデータ（特定の運動や抵抗に関するフェイスブックページの内容のような）を使うため、フェイスブックのポリシーに反するということになる。参与者からインフォームド・コンセントをえることが難しいということとは違うレベルの問題である。

　ひとたびこれらの困難さをうまく切り抜けることができたとしても、特定のやり方のデータ収集に対して十分な反応をどのように産み出すかという問題が残っている。参加に対する報酬については、（これ自体が倫理的・方法論的な一連の課題を有しているが）研究者には、それを提供するリソースがないため、参与者の善意に依存することになる。そのため一方では巨大で圧倒的な量のデータが入手可能だとしても、倫理的・法的に利用可能で、ユーザーのコンテンツのことばそのままの再生を含む詳細な質的研究に耐えうるデータの量はかなり少なくなるかもしれない。詳細で包括的なデータの分析を提示するのはこのケーススタディの範囲を超えるが、ここではソーシャルメディアテクストのより「ミクロな」分析として、顕著な言語的および談話的特徴を指摘し、このようなデータによって示される方法論的な課題もあわせて提示する。

　上述したように、この種の研究でまず検討するべきなのは、どのような倫理的原則が適用されるかということである。これは、現実的な問題として、研究者の所属する組織で求められる基準がすべて満たされなければならないということであり、さらに、批判的談話研究者のほとんどがとっている問題指向的で解放を目指すスタンスと結びついているべきだということである。たとえば、ソーシャルメディアの多くに含まれる公的データからアイデンティティが明らかになるような倫理的なリスクに参与者をさらしてしまうと、助けたいと思っているのに、その人を傷つけているということになりかねないのである。

　たいていの「無料の」ソーシャルネットワーキングサイトには営利的な、そして搾取的ともいえるような性質があることを考えると、（このようなサイトでは、ユーザーは、マーケターや企業の搾取の対象となる。上述の議論を参照のこと）そもそも批判を志向する研究でフェイスブックを利用するべきなのかという疑問もまた起こる。しかし、参与者をすでにフェイスブックを利用している人々に制限することで、データ収集を目的として特別に参加させるのに比べて、このリスクは多少なりとも軽減される。すでに述べたように、フェイスブックを研究に用いるには、独

自のルールがある。書き込む際、研究者は、どのような研究を行っているのかをプラットフォームを通してすべて明確にするとともに、プライバシーポリシーも用意しなければならない。これはグループページにはっきりと表示されており、すべての新規ユーザーは、参加する前にそれを読むように依頼されたのである。

匿名性についてはさらに次のことが決められている。公的に入手可能なテクストを、完全に匿名化するのは実質的に不可能である。したがって、参与者はグループページに投稿が残る限り、（少なくともグループメンバーには）誰であるかが分かってしまうという警告を受けている。しかし妥協点として、彼らのデータを転載するときには、ファーストネームだけが利用されることになる。実際、ウェブ上でデータが簡単に入手できたり検索できたりする限り、参与者の一人が書いたフェイスブック上の名前を省いても、あまり意味がないかもしれない。しかし、参与者はどの時点でも自分のデータの削除を選べるので、公表することを一旦は明言しても、それを止めることができる。そして、参与者がデータの削除を選ぶならば、ただちに個人が特定されるということは必ずしも起こらないであろうし、そうすれば、倫理的なリスクが、いくぶん軽減されることになる。

次に検討するのは、望ましい回答を引きだすためにどのような質問を提示するかということだった。場を共有して直接顔を合わせるフォーカスグループでは、通常、口頭で質問がなされ、参与者は最小限の準備で回答しなければならないが、このような電子的に媒介されたグループでは、参与者は、時間をとって回答を検討してから投稿することができる。したがって、質問には比較的複雑な要素や補足事項を含むことができる。一方、対面によるフォーカスグループの状況では、これらの事柄は、モデレーターによって徐々に導入されるか、または、参与者間のディスカッションや意味交渉を通して現れるのに任すしかないのである。

フェイスブックのフォーカスグループのために選択された質問は次の通りである。

質問1：あなた自身について少し教えてください（例：なぜグループに参加しましたか、通常あなたはどのような目的でインターネットを使いますか、など）
質問2：あなたにとって、「政治的抵抗」とは何ですか？
質問3：「政治的抵抗」と呼ばれるような活動では、オンライン上でどのよう

なものに参加しますか？

質問4：オンラインの政治的抵抗は、オフラインの抵抗と比較してどれくらい効果的だと思いますか？　いくつかの例をあげてください。

質問5：フェイスブックやツイッターのようなソーシャルメディアは政治的抵抗を変えましたか？　変えたとしたら、どのように？　いくつかの例をあげてください。

質問6：ソーシャルメディアが広がる前のインターネット上の政治的抵抗（例：ウェブサイトや掲示板、電子メール等を介したもの）はどうでしたか。

質問7：将来、（オンラインの）政治的抵抗はどのように発展すると思いますか？

　これらの質問は一つのまとまりとして投稿され、参与者は、一つの投稿ですべてに答えることができた。また、個々の投稿としてもなされ、参与者は個別に答えることもでき、また、お互いの回答にコメントすることもできた（実際、何人かがコメントした）。

　第三段階は参与者を募ることだった。まずは研究者自身の友人に声をかけ、さらに、同僚、学生そして知人に参加してもらった。さらに、彼らのフェイスブックの友達にこの研究のことを伝えるよう頼んだ。こうした雪だるま式の参与者の集め方は、質的でエスノグラフィックな社会科学研究でよく見られる。ユーザーの代表標本を作ることを目指すものではまったくないが、実際、結果として、参与者グループの範囲を、研究者自身の知り合いから広げることになる。「フィルターバブル」効果（Pariser 2011）によって、参与者が全員、研究者の全体的な世界観に合わせてしまうというリスクがある。しかし、この募集の「雪だるま」が友人の友人（のそのまた友人）といった第2、第3の波に到達するころまでには、この効果はいくばくかは薄められるだろう。

　今までのフォーカスグループに基盤をおいた研究では、たいてい、「普通の」参与者に対して、国家アイデンティティ、中立性、差別、言語アイデンティティのように、研究にとって重要で、特殊かつ、しばしば複雑な概念を突きつけようとした。しかしその逆も、多くの場合、目的となる。つまり、参与者によって概念が意

味交渉を突きつけられるのである。実証的考察に耐えうるほどそれらの概念は堅固であることを立証するためである。このフェイスブックのフォーカスグループでは、当初の一連の質問は、政治的抵抗の実践に関し、その範囲と性質を明確にするためにデザインされていた。また、これらの実践が、書き言葉をメディアとしたトーク――もしくは活字――でどのように構築されるのかについて考え始めるためでもあった。

結局、2011年半ばから2012年はじめまでの初期のデータ収集段階において、それぞれの質問は2人〜5人から回答をえられたが、この結果はある点でかなりがっかりさせられるものであった。しかし、参与者からの回答（いくつかはかなり詳細で、1語から200語までという大きな幅があった）は多くの興味深い問題を示した。以下、これらについて簡潔に検討してみよう。分析では、まず、トピックの同定が行われた。そして、参与者のアイデンティティと政治的抵抗の概念を構築するために用いられた言語学的特徴について、詳細なテキスト分析が行われた。

対面でのフォーカスグループで特徴的なのは、主要な談話トピックと派生的なトピックを同定する局面である（Krzyzanowski 2008; Unger 2013）。これはフェイスブックのフォーカスグループにも起こることである。たとえば、質問2への回答として、参与者は1人を除いてすべての人が、とくに尋ねられたわけではなかったにもかかわらず、電子的に媒介された抵抗の実践に何らかの形で明示的に言及していた。たとえば：

> ジョナサン：私にとって、政治的抵抗とは、私たちが強く非難する（たいていは政府の）決定を推進する力に対して逆らう行為です。残念なことに、人間は怠惰なところがあるので、よほど重要な問題でないと抵抗しようとしません。国家検閲法（national censorship laws）の公表というような政治的抵抗は、インターネットによって活発にされていると思います（英国での超差し止め措置（super injunctions）（訳者注：報道を法的に差し止め、さらに差し止めた事実についても公表を禁止すること）を暴露したツイッターとイランのソーシャルメディア（本日のガーディアンのニュースサイト）の2つがその例です）。

しかしこれは驚くことではない。なぜなら、第一問（導入質問）が参与者に一般的に何のためにインターネットを使うかを尋ねた際、もし参与者たちが望めば、回答する前にすべての質問を見ることも可能だったからである。さらに、フォーカスグループが行われるコンテクスト、つまりフェイスブックは、電子的に媒介された抵抗の実践を適切なものにしているようである。寄せられた回答のほとんどは、明示的なヘッジや和らげのストラテジー、もしくはスタンス標識（「私にとって」「私の意見では」「～と思います」のような）を使用していた。これは、「非専門家」としてのアイデンティティを構築するために、参与者がフッティング（Goffman 1979 に基づく概念）をシフトさせたことを表しているのであろう。そして、自分自身の経験からナラティブを自信をもって紹介したり、自分がよく知っているある特定の電子的に媒介された抵抗の実践を話すときになると、彼らのフッティングはまたシフトするのである。このことは、質問4「オンラインの政治的抵抗は、オフラインの抵抗と比較してどれくらい効果的だと思いますか？　いくつかの例をあげてください。」への回答で示されている。注意すべきは、これらの回答は口頭によるフォーカスグループの回答とは明らかに異なるのに、トピックの発展やアイデンティティの交渉という点では同じであるということだ（ソーシャルメディアにおけるさまざまな言語研究の概観についてはPage et al. (2014)の2章参照）。これらは、他の方法で電子的に媒介された議論（フォーラムへの投稿やオンラインのニュース記事へのコメント）でも同様である。研究の目的の一つは、電子的に媒介されたさまざまな政治的抵抗および、それらに対する意識を明らかにすることだったので、寄せられた回答の内容が重要であった。しかしフォーカスグループデータの談話分析でよく見られるように、形式に注意を払うことによって、より広いコンテクストに対する参与者の意識や関係をより深く理解できるようになる。

　　　　リサ–マリア：上に短く書いたように、私はオンラインの政治的な抵抗はオフラインでの抵抗の（重要な）一部にすぎないという意見です。人々をつなぎ、ある人の意見や考えを「世界中に広める」ようにするにはオンラインの政治的な抵抗は不可欠だと思いますが、オフラインのイベントに完全にとってかわれるとは思いません。もし2009年の○○［省略］大学の占拠事件を例にあげるなら、オンラインの運動だけでは同様の結果

をもたらさなかったでしょうし、テレビや新聞のような他のメディアから同じだけの注意を引くことも決してなかったとほとんど確信しています。建物を占拠することで、学生は特定の政治家だけでなく、他の政党に対しても、学費や大学の支援の乏しさという問題への対応を迫ったのです。残念ながら、重要事項について多くの人の支持が実証されていたとしても、それが書かれた紙は、あっけなく引き出しに突っ込まれたり捨てられたりします。このことは、オンラインの政治的抵抗にも当てはまります。もしオンラインの政治的抵抗がオフラインのイベントと結びつけられなければ、それは残念なことに、簡単に見過ごされてしまうと思います。

ジョナサン：オンラインの抵抗は非常にパワフルなものになりえます。オンラインメディアのモダリティは大きな影響をもたらすのです。何千回もタグづけされたり、「いいね！」がつけられたり、再投稿されたりするオンラインのビデオをみることは、メディアとしてアクセスや「読む」ことを容易にします。オンラインメディアは（ウェブ2.0/3.0の精神で）拡散や再モデル化が可能であり、組織も作業分担もほとんどなしに、幅広い属性の人々によってアクセスできます。近年の例で「悪の枢軸」国家をターゲットにしていないものは、ニューヨークの自転車事件です（このケースは、事件を起こした人の国が違うと、明らかに異なる深いアジェンダを持ちます）。ある人が自転車に乗っているとき、道路工事を避けるために道路を走り、違反切符を切られました。その人は、そこで、自転車専用レーンを走り続けていろいろなものにぶつかり、「法の遵守」という動画を投稿したのです。

アナマリア：この場合もまた、賛成です。オンラインの抵抗は政治運動のための「一つの」道具ですが、「唯一」の道具ではありません。ここでまた、アラブの春の例をつけ加えたいと思います。人々がオンラインツールの助けをえて自らを組織化した運動です。この夏に英国で起こったことも同様です。そうです、オンラインの政治的抵抗は可能であり効果的でし

ょうが、100%オンラインで行われた運動というのはないと思いますし、少なくとも聞いたことがありません。

　シルヴァ：人々は、すでにバーチャルにコミュニケーションすることに慣れているると思います。ですから、オンラインの抵抗はより効果的なのです。私は、地域（私が住んでいるロンドンの〇〇［省略］）美化のため自治体に提出する環境嘆願書に署名しました。これは地元の公園で紙に書きました。私にはこの嘆願書が効果があるものとは信じられませんでした——そこで署名活動をしていることを知っている人はほとんどいなかったですし、署名をした人は単なる通りすがりで、手書きの名前や連絡先、サインは判読不能だったに違いないからです。

　質問は、オンラインとオフラインの政治的抵抗は異なるものであり、それぞれ単独に存在しうるという前提に立っている。つまり、デジタル二元論の世界観を支持しているのである（上述のように、これらの質問は、この分野でのユルゲンソン（Jurgenson）の研究がこの概念に異論を呈するよりも前に作成された）。しかし参与者たちは、いろいろな方法でこの前提に異議を唱えた。主に、「オフライン」の行動に「オンライン」による抵抗を伴うことの重要性を主張したのである。しかるに、シルヴァは「オフラインのみ」の行動が効果的でないことを、例を用いて示している。

　参与者たちは、質問で示された（オンライン対オフラインという）カテゴリーを採用し、自らの回答の枠組みとしてそれを用いたが、自分たち自身の例も（要求に応じて）同様に提示した。参与者たちは、この書き言葉のメディアのアフォーダンスを用いて語用論的効果を狙っているが（強調のためのアステリスクや、発話と距離をとるスケア・クオート）、一方で、回答は注意深く練られているようである。非標準的な言語使用や誤植はほとんどなく、専門的あるいは学術的なレジスターを利用する人もあった（「モダリティ」「バーチャルにコミュニケーションする」など）。このことは、参与者の背景を考えれば驚くことではないかもしれない——データ収集の時点で全員が大学生か、大学の教職員であった。

　「私はXに賛成です」のような、回答の相互行為的な特徴も注目すべき点である。

以前の回答と明らかにつながっている回答がいくつかあったが（リサ−マリアのケースのように、自分自身の以前の回答にリンクするものもあれば、上記のアナマリアのケースのように、他人の回答にリンクするものもあった）、それぞれの回答は少なくとも3週間をおいて投稿され、最後の2つの回答の間には、3ヶ月以上の隔たりがあった。したがって、対話と相互行為の可能性は必ずしも時間に縛られるものではない。多くの研究者が指摘したように（例としてDarics 2014参照）、同期性と非同期性はソーシャルメディアデータにおいては簡単に分けられるものではないのである。このことは、電子的に媒介されたフォーカスグループを採用する批判的分析に大きな可能性を開くものである。というのは、フォーカスグループを組織する際の主要な課題の一つに、同時に同じ物理的空間に人々を集めるという現実的な問題があるからである。

しかし、相互行為に影響を与えるかもしれないことの一つとして、フェイスブックのようなソーシャルネットワーキングサイトでのアイデンティティ呈示の流動性がある。これについては、ある参与者が他の人の以前の投稿に送った応答に、その例を見ることができる。応答には、最初の投稿者の名前が含まれるのだが、それがその後、変更されてしまったのである。その結果、書き込みをしようとしてサイトを見た人は、誰に応答しているものなのかが分からなくなり、つながりが損なわれる恐れがある。これはまた、さらなる倫理的課題を提示している。もし参与者がフェイスブック上の名前を変えた場合、どこかで元の名前を使ってしまうと、どうかするとその人の身元が暴露され、危険にさらされる可能性があるのだ。

最初のデータ収集期間に回答した参与者は、大変思慮に富んだ適切な回答をしてくれた。たとえば質問7への回答では、フェイスブックのフォーカスグループに参加する過程の回顧まで（自ら進んで）行ってくれた。

> アナマリア：5年か10年前には、研究者がフェイスブックを利用して、オンラインでの政治的抵抗についての質的調査を始めるなどと、だれが考えたでしょうか？

すべての参与者が、必ずしも同じように豊かなデータを提供してくれたというわけではない。質問が異なる（おそらくはもっと論議を呼ぶ）ものであれば、議論は

白熱して「炎上」に至る可能性があるかもしれない。あるいは、参与者のモチベーションやインセンティブがなければ、誰もまったく回答しないという可能性もある。しかし回答をみると、このデータ収集方法にはかなりの可能性があることがわかる。フォーカスグループを批判的談話研究者にとって価値あるものとしている特徴、とくに、トピックに応じたポジショニングや、派生的な談話トピックの導入、(このフォーカスグループには限界があるものの)参与者間の相互行為による意味交渉、これらすべてがこの方法にあるのである。電子的に媒介された政治的抵抗の実践について記述するこの方法は、学術的な文献や理論とともに、二番目のケーススタディで見るこの種のさらなる研究に仮説生成的な基盤を提供してくれた。二番目のケーススタディでは、ソーシャルメディアを介した、政治的抵抗に関するメディアの生産と消費について、より「マクロな」観点に焦点を当てている。

ケーススタディ2:電子的に媒介された抗議活動におけるテクノロジーと多言語主義の役割

> **ケーススタディの概観**
> **全体的な研究課題**:電子的に媒介されたテクノロジーは、抗議する人々による、抗議する人々に対する、抗議する人々の間のコミュニケーションを引き起こし、促進するか、あるいは複雑にし、妨げるか。
> **データソース**:特定の抗議活動に関連する物理的な場所で、抗議活動をする人々や記者によって撮影された看板やプラカードの画像。
> **データ収集と分析の方法**:特定の検索用語を用いたグーグルの画像検索によって検索された画像。画像ととくに画像内にあるテクストの体系的な内容分析。抗議活動、社会運動、グローバル化に関連した理論とデータの仮説生成的な関係。

まず、私たちが実際に研究において関心を持っているのは何かを検討することから始めよう。「アラブの春」と呼ばれる中東・北アフリカ地域における抗議や反乱、「ウォール街を占拠せよ」運動でのさまざまな示威行動、ロンドンや多くの豊かな

都市における金融引き締め政策への抗議以来、政治、メディア研究やその他多くの、社会と関連ある分野の研究者は、こうしたコンテクストにおいてソーシャルメディアが果たした役割を解明しようとしてきた。私たちはとくに、いくつかの政治システムに変化をもたらしただけでなく、政治システムの変化についての議論や分析の方法を根本的に変えたように思われる、これらのグローバルな運動と革命に関心を有している。第二の分析では、これらの変化を政治的抗議の実践、とくにデジタルメディアに関わるものとの関連から検証する。そして、抗議を媒介するテクノロジーおよび、これらのテクノロジーが抗議する人々による、また抗議活動をする人々との、さらに抗議する人々の間のコミュニケーションを、生起・促進したり、また複雑にしたり妨げたりする方法について考察する。

　アラブの春やウォール街占拠運動のような、さまざまな抗議活動に関するメディア報道の多くは、大都市の公共空間で起こった事件の写真やビデオがついていた。そしてそうした写真やビデオ画像の多くは、自分自身のカメラやスマートフォンを用いた抗議者によって提供されたものであった。しかし、タハリール広場やロンドン証券取引所の階段にいたが、その手にこうした機器を持っていなかった人々にとっても、彼らが感じた身体的リアリティはソーシャルメディアによってなんらかの方法で媒介されるだろう。Tufekci and Wilson（2012: 3）は、「ソーシャルメディアや集合的行為（collective action）の基本教義を変える（中略）そして、そうすることで、最も永続的な権威主義体制にとってさえも、新しい脆弱性を生み出す」と述べている。彼らの総体的な知見は、ソーシャルメディアは脆弱性を加速したが、（西洋のいくつかの主流メディアが当時私たちに信じ込ませようとしたように）ソーシャルメディアにその脆弱性の責任があるわけではもちろんなかったということである。図9.2の画像は、ホスニー＝ムバラク・エジプト大統領への抗議活動でタハリール広場に掲げられた看板である。ムバラク大統領といえば、アラブの春の鍵となる出来事の一つとして、とくにタハリール広場を中心に、エジプト全土で行われた大規模な抗議運動によって2011年に追放された人物である。

　これらの看板は、そこに物理的に足を踏み入れる何千という人々に（おそらくそこに陳列されたものとして、または写真が撮られた前後に別々に）目撃されるであろう。しかし、それらの写真はまた、何十万とは言わないまでも多くの人々がソーシャルメディアやより伝統的なニュースメディアに関連したウェブサイトを通じて、

図9.2　タハリール広場における反ムバラクの看板（出典：アルジャジーラ・イングリッシュ（クリエイティブ・コモンズの表示：継承ライセンス（CC:BY:SA license）に基づく））

その画像をウェブで流したので、そこにいる何千もの人々に見られたことであろう。画像そのもの（たとえばKress and van Leeuwen（2006）や視覚的な記号の文法において引用されていたようなさまざまなテクスト、言語、使用された言語変種、記号的要素の配置）の分析は重要な段階ではあるものの、このケーススタディでは、より大きな側面、つまりより広範なメディアの生態やグローバルな社会政治的変化と画像との関連に注目する。またちょっと探すだけで検索することができる、メディアに関連した文脈的情報もある。「タハリール広場の看板」によるグーグル画像検索結果の最初のページに出てくる画像（図9.3参照）は、それがグーグルのアルゴリズムで高くランクづけされていることを示している。これは、それが広くリンクされていたり頻繁にクリックされているから、あるいは、グーグルのアルゴリズムが、その画像は注目に値すると決定した他の種々の理由によるのかもしれない。

　画像があれば入手できるメタデータもいくつかの手がかりをあたえてくれる。この執筆段階において、それは元々のページであるアルジャジーラの英語版フリッカー（Flickr）のページで約2500回閲覧されている。この閲覧数は大きな数ではない

図9.3 「Tahrir square signs (「タハリール広場　看板」)」によるグーグル画像検索の結果 (2014年10月8日)。本章で示すのは、修正による再利用のラベルがある画像に限られる。

が、フリッカー上にあることに加えて、本章を執筆するために検索したウィキメディア・ファウンデーション (Wikimedia Foundation) のページでも閲覧することができる。現在のところ、これにリンクしているウィキペディアのページはないが、グーグルの画像一致検索の結果は、このバージョンの写真が多くのオンラインのニュースサイトで使用されていることを示している。フリッカーのページもまた、この画像について非常に多くの情報を与えてくれる。たとえば、この画像が、モバイル端末やプロレベルのカメラではなく、趣味としての写真の熱心な愛好家やフリーランスのジャーナリストが使うような特定の種類のカメラ (入門レベルの一眼レフカメラ) で撮影されたことである。

しかし、この画像がアルジャジーラの公式フリッカーページにみられるという事実は、メディア協会に関係があるジャーナリストが撮影したか、または事前に加入していなかった誰かから購入したものであることを示唆している。これはすべてメディアと制度的なコンテクストの分析に価値のある情報であり、この電子的に媒介された画像の生産と消費に関する手がかりを提供してくれる。しかし当然のことながら、CDS分析者として望む情報すべてを与えてくれるわけではなく、(アンドル

チョプロスによって提唱されたように）さらなる民族誌的な調査や画像の製作者との接触を通じて明らかになる情報を与えてくれるわけでもないけれども。

　もちろん、抗議活動に関係した出来事が起こる物理的な空間において民族誌的な調査を行うことには価値がある。事実、言語行動や政治行動についてより多くを知るためには、それは私たちが利用する学術的伝統に依存するのであるが、この種の研究が不可欠である。「現場での」民族誌的な調査を通じて、私たちはグローバルな動きのローカルな（またはグローカルな？）表現（また時には不当な表現）にアクセスできる。しかし、グローバルなメディアがどのようにローカルな声を表現する（または誤って表現する）かを完全に把握するためには、もちろん、私たちの分析のなかにこれらのメディアから引用したテクストを含む必要がある。この種の研究の良い例は、Gaby and Caren's（2012）による、ウォール街占拠運動のフェイスブックページへの賛同者の分析である。興味深いことに、画像や動画はフェイスブックグループに新たなメンバーを募るために非常に効果的であったが、それらの画像や動画は、必ずしも抗議活動が起こった物理的な場所での出来事を描いたものではなかった。それらの多くは、ユーモアがあるか、または歴史的あるいは文化的に重要な実在のもののミーム（meme）であった。

　さらに、こうした運動の多くはグローバルな問題についてではなく、ローカルな（あるいは少なくとも国家的な）問題をめぐるものであるか、あるいはグローバルな問題についてのローカルな（立場からの）表明であった。2011年以降のさまざまな抗議活動のなかで最も力強い行動や画像は、ローカルな目標の達成を目指すものであった——ブログのなかで描写されたり、写真やビデオに撮影されたり、ツイッターに投稿されたりして、グローバルに再生産され、再文脈化されてはいたけれども。多くの活動家がなしとげたのは、さまざまな運動の間にある関連性や類似性を強調するために、間テクスト的意味を利用することであり——意味は運動のなかに存在するのであるが——また、今の窮状に関する視覚的、言語的な議論を提示するために、過去の成功例（たとえばチュニジア）を利用することである。したがってこれらの運動の多くは、国際貿易や気候変化といった、真にグローバルな問題には必ずしも触れていないことから、せいぜい擬似グローバルなものだといえよう。そこで、こうした疑似グローバル的な方向性を持つローカルな抗議活動が、なぜ特定の場所、特定の時間に起こるのかを問うこともできよう。

ここで、「政治的機会構造（political opportunity structures）」という概念を利用する。Kitschelt（1986:58）によれば、政治的機会構造とは、「資源の特定形態や制度的配置、および社会的動員のための歴史上の先例からなり、抗議活動の発展を促進する例もあるが、それを制限する例もある」とされる。この概念は、批判的談話研究者のほとんどが支持するコミュニケーションの社会政治的文脈の説明と同様に、制度に関する文脈依存的な分析に非常にうまく適合すると思われる。このケーススタディでは、アラブの春の誘因となった諸条件は、ソーシャルメディアの出現よりはるか以前からそろっていた。つまり、抑圧的な政治・軍事体制、自由なコミュニケーションの制限、貧困と暴力、高圧的な政策、その他多くの要因が寄与していたのである。しかし Tufekci and Wilson（2012）が主張しているように、ソーシャルメディアの出現はさまざまな種類のコミュニケーションを促進し、加速させた。したがって、SNS は政治的機会構造の一要素とみなされるべきであると主張する。

　先述のように、この例では、特定の「抗議のためのテクノロジー」にとくに関心をもっている。それは単に、電気によって動く装置という意味でのテクノロジーではない。記号現象という計画的行為はみな、たとえそれが人の声だとしても、テクノロジーを利用するのである。この主張は、抗議行動をする人たちはどのようなコンテクストにおいても入手可能なテクノロジーを利用するだろうということと、彼らのアフォーダンスの範囲内においてそのテクノロジーをできる限り利用するだろうということである。私たちがとくに衝撃をうけた一つのテクノロジーは、横断幕やポスター、プラカード——たいてい手書きの——と、ソーシャルメディアによってシェアされた画像にそれらが写っていることである。この種の看板やポスターの使用はもちろん新しいものではなく、古くから伝統的に、主流の新聞などの出版物の写真にも掲載されていた。しかし比較的新しいのは、それらの看板の画像がさまざまなソーシャルメディアのプラットフォームにおいて、物理的に同じ場所にいなかった閲覧者に広がり、シェアされ、再文脈化されるスピードである。

　したがってこのことは、このコンテクストで電子的に媒介されたテクストを研究するための説得力ある理由を提供する。つまり、物理的な抗議行動の場から、ソーシャルメディアや伝統的なメディアを介して特定の画像を戦略的に（そしておそらく時には偶然によって）流通させることは、社会運動内部での、あるいは複数の社会運動間の、きわめて重要なリンクとなったのである。しかし、抗議行動をする

人々は自分たちのメッセージを伝え、より多くの支援を集め、海外からの援助を要求するといったことをしようとしているのに加えて、ソーシャルメディア企業のために無償で働き、広告収入を生み出しているのである。

　さまざまなコンテクストにおける看板やポスター等の間の強力な間テキスト的・間談話的なつながりについても、さらなる検証が必要とされた。たとえば、2011年2月にタハリール広場で撮影された、手に掲げられたプラカードの一枚の画像には「エジプトはウィスコンシンの労働者を支持する：世界は一つ、痛みをともに（Egypt Supports Wisconsin Workers; One World, One Pain）」というスローガンが掲げられていた。すなわち、当時提出されていた労働権と年金への攻撃となる法律に対して抗議行動をしている米国ウィスコンシン州の労働者への支持を表明しているのである（http://crooksandliars.com/scarce/sign-tahrir-squareを参照）。この間テキスト性の及ぶ範囲は、電子的に媒介されたテクストが抗議行動という物理的環境に持ち込まれたときに、はっきり見えてくる。それは、たとえばフェイスブックの「いいね！」アイコンやツイッターのハッシュタグを示したポスターなどで、写真にとられて、投稿され、ソーシャルメディアを介してシェアされたりすることによって、再び媒介されるのである。さらに、反資本主義の促進、あるいは政治的自由の要求といった、支配的なイデオロギーに挑戦するさまざまな方法は、エジプトの暴動においてチュニジア革命に言及するといった、出来事の間のつながりと同様に、異なってはいるが関連があり、ある程度媒介されたコンテクストのあいだの間テキスト的な橋渡しである。

　第一に、この種のさまざまな抗議行動の間の強力な間テキスト的つながりを可能にしたのが、電子的メディアや社会的メディアの出現なのかどうかを問いたい。テクノロジーが文字通り抗議行動を引き起こすと言うつもりはないが、テクノロジーが政治的機会構造の一部を形成していることは明らかである。しかし、新しい抗議行動をとりまく構造、たとえばフラットなヒエラルキーや意思決定の共有、またウォール街占拠行動がその典型であるようなリーダーの不在などであるが、そうした構造はコミュニケーション構造の変化によって可能になったと言えるかもしれない。それはGraham（2006: 上掲書）が予言したように、感化された個人と集団との関係性を根本的に変化させたのであろう。このことは、スペインの5月の抗議行動（the Spanish May protests）におけるツイッター使用に関するGonzález-Bailón et al.（2011:

5-6) の分析からも支持される。彼らは、ツイッターを介したコミュニケーションは以下のことに関わっていることを明らかにした。

> （うまくつながっているユーザーたちによってコントロールされている）グローバルな架け橋とローカルなネットワークの間の二律背反の関係である。前者は情報伝達において効率的であり、後者は伝達行動において効率的である。このことは、ツイッターがなぜ近年の非常に多くの抗議行動や動員でひときわ重要な役割を果たしてきたかについての一つの理由になる。ツイッターは、放送局の力の及ぶグローバルな守備範囲をローカルで個人的な関係につなげたのである。

しかし、私たちの重要な知見は、世界各地における抗議行動の関係は、グローバル言語（とくに英語）がしばしば支配する言語コミュニティ間の関係と違いがないということである。さらに、グローバルな経済システムに見られる覇権的な権力構造は、部分的にはテクノロジーとテクストが抗議行動の間を流れていくように再生産される。これは、「西洋の」英語での出版が多くの分野でより権威があり、望ましいものとされる（一例として Meriläinen et al. 2008 参照）学術出版のケースと同様である。私たちは、2つの理由で次のように主張したい。第一は、いくつかの研究がタハリール広場でみられる多言語の間テクスト的な看板を指摘している（Aboelezz 2014）一方で、ウォール街の占拠運動やロンドンでの抗議行動が同様に多言語的であるという証拠はほとんどなかったということだ。それらは非常に間テクスト的であった――しかし、これらのコンテクストから明白に抜け落ちていたのは、他のグローバルな抗議行動との深い関わりであった。このことは、「タハリール広場の看板」対「ウォール街占拠運動の看板」の最も一般的な画像検索の結果について、内容と構造を体系的に分析することで容易に裏づけされる。その中の数例を図9.3と9.4で示すが、タンブラー（tumblr）（訳者注：ブログとミニブログ、ソーシャルブックマークを統合したマイクロブログサービス）の 'wearethe99percent' などの画像ブログにも載っている。改めて分析の詳細を示すのはこのケーススタディの範囲を超えているが、その詳細は、看板にどのような言語や言語変種が使用されていたかによってイメージを分類するカテゴリー化に関わっていた。それはまた（体制批判的で、かつ皮肉をこめた

図9.4 「Occupy Wall Street signs（「占拠 ウォール街 看板」）」によるグーグル画像検索の結果（2014年10月8日）。本章で示すのは、修正による再利用のラベルがある画像に限られる。

間テクスト的な言及のような）看板のメッセージに関するデータそのものによって生じる特定のカテゴリーにも関わっていた。

　使用される言語に不均衡があり、抗議の場所への言及と、抗議の場所からの言及との間にも不均衡があるのは、データ収集の期間中にみた抗議行動の写真や記述が、すでにニュース組織やブロガーやツイッターをする人によって媒介されていたという理由からであろう。彼らは当然のことながら世界中からアクセスできるデータ、たとえば「西側」ならば英語でのデータを重視するからである。しかし前から示しているように、抗議行動のあいだのリンクを作り出す可能性を持っているのは、主としてグローバルにアクセス可能な画像や報道なのである。アイコン的なイメージが現れ、またそれが繰り返しシェアされたりリンクされたりすることによって、検索結果のなかでより目立つようになり、再利用されやすくなる。抗議行動をめぐるグローバルな談話を構成するのは、リンクされ、再生産され、再文脈化される、最も一般的な画像なのである。したがって、メディアの生産、消費と「生産消

費活動」のグローバルな流れを考慮する際に、これらの画像は研究それ自体のために適切なサイトであり、レベルが高いとまではいわないとしても、データソースとして同様のレベルの「信ぴょう性」を持つと考えられる。ウォール街の占拠抗議に参加した人や、英国の暴徒に対して行われたインタビューにおいてさえも、アラブの春についての言及は当然あるのである。

アドバスターズ誌（*Adbusters*）は「タハリールの時が来た、準備はいいか？　9月17日、ロウアー・マンハッタン（訳者注：マンハッタン南部）に繰り出せ、テントを張って、キッチンをつくり、穏やかなバリケードを築いてウォール街を占拠せよ」という呼びかけをしたが、この呼びかけをウォール街占拠運動の出発点とするなら、タハリールはウォール街の占拠運動成立の中心にあったわけである。しかし、占拠者によって産出された看板やテクストにおいて、これらの言及は主に2つの方法で手段として利用されていた。1つは、抗議する権利についての議論や、国内では抗議行動を抑圧しながらも、海外では抗議行動を支持するという政府の偽善に光を当てようとする試みにおいて。そして2つ目は、運動は本来、グローバルな性質のものであることを示す象徴的な主張として。とはいえ、それらは必ずしも、これらの抗議者やその他のグローバルな抗議行動のあいだに直接的な関与やリンクがあることを示すものではなかった。

グローバルな覇権主義的な流れに関する私たちの主張の第二の理由は、物理的な抗議行動を拡大させるために用いられるソーシャルメディアのプラットフォームやデジタル機器のためのインフラストラクチャーの多くが、米国や他の「西側」の国々を本拠としていることと、こうしたインフラストラクチャーの多くは、自らの投資への見返りを期待する株主が所有する企業によって運営されていることが重要な意味を持っているということである。これは以下のことを考慮するとき、重要になる。つまり、上で提案したように、ソーシャルメディアが、抗議行動をする人が組織を作るために利用される可能性があるのと同程度に、政府によって抗議行動をする人を調査するためにも効果的に利用されうるということである。さらに、これはとくに「ツイッター革命」あるいは「フェイスブック革命」と名づけられた、「西側」メディアで示された抗議行動について作り上げられた話の重要な一部であった。主流の英語メディアは「自由化や民主化は『西側の』テクノロジーの結果として生じたものである」という、もっともらしい話を伝えてきたが、現実はもちろんもっ

と複雑なものなのである。

　言語的実践に関していえば、使用されている言語形式よりも、コミュニケーションのチャンネルやモードにとくに顕著な変化があるように思われる。しかしそれは社会的闘争だけに限られたものではなく、公共的な分野でのデジタルコミュニケーションの多くの形態に共通するものである。ソーシャルメディアやデジタルメディアは、(Tufekci and Wilson 2012が指摘したように) 抗議行動を組織化し、抗議する人々の見解を公にし、有名人の責任を問うという点で、一つの役割を果たしている。ソーシャルメディアやデジタルメディアが抗議する人々にとってとくに価値があるのは、世界中からローカルな問題への関心を引き寄せ、国家の統制や商業的な利益によって制限される伝統的な情報発信地を回避することができる点であった。それにもかかわらず、メディア自身もやはり国家や商業的統制の影響をうけやすいので、そうしたメディアの役割について夢を描きすぎるべきではない。多言語主義の観点からみて、そこで描かれる絵は複雑である。国際的なビジネスや政治と同様に、抗議の対象となる問題でも、英語はグローバルなコミュニケーションにおいて覇権的な地位を占めている。多言語主義は時には象徴的である――ローカルな抗議の目標として、非常にうまく道具として利用されたり、商品化されたりすることさえあるのである。

まとめ

　ここまでの議論で、CDSの広範な研究プログラムがソーシャルメディアを理論的・方法論的な厳密さをもって分析対象とできる（し、またそうすべきである）と示すことができたと思う。問題への指向性や言語的／談話的特性への注目、仮説生成の重視といった、CDSの中心となる理論的原則は、談話実践の新しい空間にも今なお関連がある。参加型ウェブを社会にとっての権力と影響力の新しい空間に変えるような、ソーシャルメディアをめぐる相当量の談話実践があり、コミュニケーションもそこに集中している。結果として、権力についてのダイナミックな批判は、それでもなお、こうした電子的に媒介された空間におけるコミュニケーションにも当てはまるのである。

オンライン・コンテクストそのもの、そして社会の社会政治的コンテクストの両方で、オーディエンスの社会政治的コンテクストとディスコースのネットワークを適切に利用することによって、こうしたサイトにおいて使用中の言語の文脈化を行う必要性もある。CDS研究者は、社会で実際に使用されている言語に関心を抱いている。つまり、多くの日常的な言語的・視覚的コミュニケーションそれ自体は、たとえ主流のマスメディアが今なお社会政治的な談話において力のある領域であり続けるとしても、さまざまな参加型ウェブのプラットフォームに移行してきたし、このようなパラダイムシフトが進行中であることを示す多くの証拠もある。

　この形式のコミュニケーションが社会や支配的な談話に与える影響は無視できないものがあるため、社会にコミットするアプローチの一つとして、CDAはこのコミュニケーションに従事し、また説明する必要がある。さらに、「誰が誰とどのような状況で、どのように、またどんな目的でコミュニケーションするのか」といったCDSの中心的問題は、社会的メディアに適用されるCDSの重点となるべきである。それは、研究者が制度的コンテクストやメディアの生態などの「マクロな」問題と、コミュニケーション上のアフォーダンスの「ミクロな」ダイナミクスの双方を説明することを可能にする。コンピュータを媒介とした談話分析や談話中心のオンライン・エスノグラフィーのような、とくにコンピューターに媒介された談話のために発展してきたアプローチは、ミクロレベルで大いに貢献しうるだろう。さらに、マルチモーダルな分析への移行は、より一般的にいえば、研究者がソーシャルメディアのさまざまなアフォーダンスを、さらに徹底的にかつ体系的に検証することを可能にする。

　メディアとコミュニケーション、カルチュラルスタディーズ、政治学、社会学の理論的枠組みも、それら自身がメディアの生態の変化への対応で姿を変える過程の途上にあるものの、ソーシャルメディア、より広く言えば電子的に媒介されたコミュニケーションを完全に理解するためになくてはならないものでもある。実際、この章で概観してきたソーシャルメディアへのCDSのアプローチは、テクストや談話実践の流通過程も重視することを追加して、CDSにおける学際性のコアな分野を（再び）強調している。いいかえれば、従来CDSに学際性を求める声は、説明的に十分な談話分析を強化しようとするものであった。すなわち、所与の談話がなぜそのように語られるか、そしてえられた知見がより広いマクロ構造的な意味でど

のように説明されうるかについて、たとえば社会学的、政治学的、心理学的、歴史学的な説明を加えることによって強化しようとしたのである。しかし、ソーシャルメディアのコンテクストを考察する際には、情報科学やコンピュータ科学、その他最も広義でのインターネットに関するほかの種類の研究を含む、メディアテクノロジーのアプローチからの知見を取り入れて学際的な関心を持つことを強調する。しかしCDSにとっての方法論上の拠り所は、テクノロジーそのものではなく、談話への注目であり続けるのである。

　現行のCDSのアプローチは観察調査を歓迎し、取り入れると主張するが、いくつかの例外を除いて、とくに談話の歴史的アプローチでは、概してエリートのテクストの分析に焦点が当てられてきた。テクストは生産された後に分析され、その後コンテクストに戻って関連づけられる。これに対し、ソーシャルメディアのテクストの流動的でダイナミックな特徴は、こうした分析手続きを困難にする。したがって、もし参加型ウェブを考慮するなら、（上述の）アンドルチョプロスが提唱したような観察的アプローチや、ヘリングが提示したようなエスノメソドロジーに触発されたカテゴリーが、よりCDSの中心にならねばならない。デジタルメディアのデータは、時が経てば機能が停止するようなものではなく、どんどん進展していく状況のなかで（リンクしたりシェアしたりすることによって）急速に再文脈化されていくものなのである。以前に比べ、より中心的にテクストやコミュニケーションの生産、流通、消費の実践に関わることが避けられないものとなっている。

　こうした実践を重視することは、メディア研究へのよりエスノグラフィックな、あるいは人類学的なアプローチ（サーベイ、インタビュー、観察）と並んで、CDSのなかでは長い間周縁に位置していたものの、いまやより主要な存在となるべきである、リテラシー研究からも触発されている。多くのソーシャルメディアテクストがマルチモーダルであるという特質は、長い間CDSの一部であったものの、テクストベースの研究への統合の困難さのためにしばしば見過ごされてきた、マルチモーダル分析の新しい枠組みの必要性を高めている。最後に、伝統的なCDSアプローチの折衷主義は、ソーシャルメディアデータを扱うために必要とされる新しい枠組みの重要な一部である。しかし、新しいデータソースやジャンルにアクセスするだけではなく（もちろんそれも有益で重要なことではあるが）、関連するメディアやテクノロジー（その他の）理論に基づく学際的な仮説生成のアプローチを引き続

き発展させるために用いられるべきである。本書の他の章で概説されたさまざまなアプローチが、私たちが本章で述べた追加的な概念や方法のいくつかを利用しながら適用されることを願う。それはCDSが今日の高度に電子的に媒介された世界において適切なアプローチであり続けることを確かにするためである。

さらに知りたい人のための文献

Fuchs, Christian (2014) *Social Media: A Critical Introduction*. London: Sage.

これはソーシャルメディアについての入門書であるが、そのなかでFuchsは電子的に媒介された参加型文化のさまざまな側面を批判理論（Critical Theory）のレンズを通して考察している。彼は、ソーシャルメディアの使用は、狭い意味での「政治」に関連していないときでさえ、常に政治的であることを非常に明確に示している。概してソーシャルメディアのテクストの言語的分析におおむね精通しているが、分析の際により幅広い社会政治的コンテクストをこれまで考慮して来なかった研究者にとって有益であろう。

KhosraviNik, M. (2017) Social Media Critical Discourse Studies (SM-CDS). In: J. Flowerdew and J. E. Richardson (eds), *Handbook of Critical Discourse Analysis*. London: Routledge.

この論文は、ソーシャルメディアのコンテクストにおけるCDAの可能性と課題に関する概説である。理論と方法論が発達し、近年盛んになってきたソーシャルメディアの批判的談話研究（SM-CDS）に組み込むこともできることに注意を向けている。また、実行可能で関連性があり、かつ必要な場合に、CDSを参加型ウェブに応用できるよう発展させるために、多くの考察が求められると主張している。

KhosraviNik, M. and Zia, M. (2014) Persian nationalism, identity and anti-Arab sentiments in Iranian Facebook discourses: Critical Discourse Analysis and social media communication. *Journal of Language and Politics*, 13 (4): 755–80.

この研究論文は、中東の公共空間におけるソーシャルメディア・コミュニケーションの機能について検証している。社会的コミュニケーションを通じて利用可能になった、社会的に生成されたテクスト・言語的データの大きな波——とくにこの場合はフェイスブック——について言及している。公的なコミュニケーションプラットフォーム、すなわちマスメディアへのアクセスがこれまで限定されてきた、一般のイラン人の間にみられる国家主義的な談話を批判的に分析している。

Page, R., Barton, D., Unger, J. W. and Zappavigna, M. (2014) *Researching Language in Social Media*. London: Routledge.

この教科書で、Pageらはソーシャルメディアのコンテクストにおける言語研究の鍵となる問題のいくつかを概説している。倫理、リサーチデザイン、質的研究、エスノグラフィックな研究、ならびに量的なアプローチについての章が設けてある。これまでソーシャルメディアのコンテクストやデータに関わったことのない研究者に

とって、よい出発点となる本である。

Thurlow, C. and Mroczek, K. R. (2011) *Digital Discourse: Language in the New Media*. Oxford: Oxford University Press.

この論文集は、デジタルメディアの（広義での）社会言語学における主要問題のいくつかを概観している。様々な章は、デジタル・メディア言語やジャンルとスタンスのメタ談話に関するいくつかの節や、より方法論を志向する節に分かれているが、適切な方法に関する提案や、研究者が分析可能な特定の言語的・談話的特徴の例を多く提供している。

課題

(注：以下のタスクを完成させる際に影響するかもしれない、あなたの現在の立場における法的問題ならびに倫理に関わる問題も考慮しなさい)

1. あなたが興味をもっている特定の社会問題または不正を1つとりあげ、さまざまなデジタルツール（例：検索エンジン、雑誌データベース）を利用して、その社会問題にまつわる論点を概観しなさい。また、その問題を永続させるために、あるいはその問題に至った条件に異議を唱えるために用いられる、特定のソーシャルメディアのテクストがあるかを考察しなさい。
2. ソーシャルメディアのプラットフォームにおける、既存の文化的、社会的、政治的アイデンティティの表象の総体を調査しなさい。そのアイデンティティはどのようなものか、テキスト、ビジュアル、その他のモダリティを通じてどのように表象されているか、またそれはなぜか（なぜ人々はそのように振る舞うのか、それはどのような社会的・政治的影響を与えるのか、どのような批判がありうるか）を記述しなさい。
3. あなたがよく知っている問題や論点に焦点を当て、参加型のディスカッションフォーラムやグループがローカルな論点についての検討にどのように寄与しうるのか、調査しなさい。どのようなものでもよいが新しい、さまざまなプラットフォームのアフォーダンスを調査し、その内容を分析し、電子的な媒介が社会問題にどのような影響を与えるか議論しなさい。
4. あなたがフェイスブックを使っているなら、政治的抵抗に関するオンライン調査プロジェクトのフェイスブックグループ（http://tinyurl.com/PRORP-FB）にいき、政治的抵抗についての議論に意見を投稿しなさい。

用語解説

アフォーダンス（affordance）

テクノロジーを通じて可能になること（Ryder and Wilson 1996参照）。紙や声のようなデジタルでないテクノロジーも含むことができるが、このコンテクストでは、主にソーシャルメディアのプラットフォームによってユーザーができるようになること（またはできなくなること）を指す。

意味的嗜好性（Semantic preference）

ある語と、ある共通の意味特性を持つカテゴリーとの間に共起パターンがある場合、その語は特定の意味的嗜好性があるという。

意味的韻律（Semantic prosody）

意味的韻律とは、ある言語項目が担う、肯定的または否定的評価のことである。

観点化（Perspectivization）

話し手あるいは書き手の観点からの位置づけと関わりの度合いの表現。

強調あるいは緩和（Intensification or mitigation）

発話内効力、および発話の認識的あるいは義務的な状態の調整（増加あるいは減少）。

共起関係（コロケーション（Collocation））

語彙項目が習慣的に同時に出現すれば、互いに共起する（collocate）という。この現象をコロケーションと呼び、いわゆる中心語（すなわち、検索した語）の付近に典型的に見られる語彙項目を共起語（collocates）という。連語の振舞い（collocational behaviour）という用語を用いることもある。

コンコーダンサー（Concordancer）

コンコーダンス作成プログラム、別名コンコーダンサーとは、検索語を、文脈つき環境で、普通は一行の真んなかに示す（文脈付検索語表示Keyword-in-context形式、KWICとも呼ばれる）ように、テクストデータを表示させるコンピュータ・プ

ログラムのことである。また、コンコーダンサーは、頻度を計算したり、他のさまざまな統計処理を行ったりもする。現在入手可能な良く知られたコンコーダンサーには、WordsmithやAntConcやMonoConc Proなどがある。

コンテクスト（Context）

この用語は「織り交ぜる」「結びつける」という意味のラテン語 contextere に由来する。「コンテクスト」が示すのは、言語／談話と社会は常に交じり合っているという事実、ある特定の発話は他の発話やテクスト、談話の断片に関連しているという事実である。「コンテクスト」の概念には、以下の側面が含まれる。(1) 言語、あるいはテクスト内部の共テクストと共ディスコース、(2) 発話、テクスト、ジャンル、談話の間の間テクスト性と間ディスコース性の関係性、(3) 特定の「状況の文脈」の社会的変数や制度的枠組み、(4) より広範な社会政治的、歴史的文脈（活動の場も含む）。これに談話の実践が埋め込まれており、関連づけられている。

再文脈化（Recontextualization）

ある社会的実践（コミュニケーションの実践を含む）が他の社会的実践のコンテクストで表象される状態。これに伴い、当該の実践やその一部に関して、表象が選択されたり、動機が追加されたりする（それには、評価、目的、正当性または非正当性が含まれる）。これは、その社会的実践が再文脈化されるところでの実践に関する必要性や利害関係によるものである。

非活性化は、社会的行為の偽物化を通して、つまり、名詞化、過程名詞、換喩語を用いて、あるいは、また、記述化を通して、つまり、行為者のどちらかといえば安定していると思われる性格（たとえば、「その人は真実を言う」より「正直だ」など）を通して社会的行為者を再文脈する。

非動作主化は、自然の力や無意識な過程などのように人間の営為を通しては届くことのできない要因によって引き起こされたものとして社会的行為を再文脈化する。

一般化は、ある社会的実践やそのエピソードを作り上げている具体的な行為を取り去り、それらを「全体としての」実践やエピソードのためのラベルに置き換えることで社会的行為を再文脈化する（たとえば、勤務評定、年次総会など）。

抽象化は、与えられたコンテクストのなかでは一定の関連性を持つある質を社会

的行為から取り除くという手段で社会的行為を再文脈化する。

参加型ウェブ（Participatory web）

多くのユーザーによるコンテンツの創造や参加を促進し、またそれらのユーザーによって形成されるソーシャルメディアのプラットフォーム。Wikipediaのような百科事典、TripAdvisorのようなレビューサイト、（地図の誤りをユーザーが修正できる）Wazeのようなナビゲーションアプリ、eBayのようなオークションサイト、Flickrのような写真共有サイトなどが例としてあげられる。これはしばしば「Web2.0」と呼ばれる。これに対し、参加型以前のウェブでは、コンテンツは概して「専門家」や団体によって創造・精選され、「一般の」ユーザーの間のインタラクションの可能性は限定されている。

参照コーパス（Reference Corpus）

参照コーパスとは、比較の基準として使用される大きなコーパスのことである。

装置（Dispositive）

絶えず発達する知識の総合体で、言語的に行われる実践（つまり、考えること、話すこと、書くこと）と非言語的に行われる実践（いわゆる「すること」）と物質化（つまり、自然の物および生産された物）に組み込まれる。

ソーシャルネットワーキングサイト（Social networking sites）

ユーザー間の、しばしば「友達」や「フォロワー」のネットワークのなかのコミュニケーションのためにとくにデザインされた特定のソーシャルメディアプラットフォーム（例：facebook、Weibo、Google+）。

ソーシャルメディア（プラットフォーム）（Social media(platforms)）

個人間または集団間の、1対1（インスタントメッセージ、Skypeなど）、1対多（Twitter、Weiboなど）、多対1（請願サイト、ファンページなど）のコミュニケーションを可能にするサイトやサービス。いくつかのプラットフォームはさまざまな要素が結びついている（例：フェイスブック上で（訳補注：交際中か、既婚かなど

の）ステータスメッセージやプライベートメッセージ、写真の共有、ファンページなどができる、など）。必ずしも、ウェブやインターネットを通じた操作に限定されないサービスも含んでいる――たとえば、ショートメッセージサービス（SMS）、WhatsAppや電子メールもすべてソーシャルメディアのプラットフォームであると考えられる。

視覚的なもの（Visual）

視覚的モードとは、基本的には、私たちが主に視覚を通して認識する意味の資源のことである。連続性や線条性の原理にしたがい機能する音声言語とは対照的に、視覚的な構造は何よりもその即時性と空間的配置をもって意味を産出する。とはいえ、視覚もまた社会的に構築／規制される（すなわち、私たちが何を「見る」ことができるのか、何を「見る」ことが許されているのかは、社会のルールや慣習にしたがう）。視覚的なものにはさまざまな表現形式や構成物が含まれる。それには写真や、テレビやPCなどの画（面）、絵画、線描画、スケッチといった、より「身体的」なジャンル、図表、グラフ、ひな型、書体といった、より「非身体的」なジャンルも含まれる。また、静止画や動画も視覚的なものである。

指名（Nomination）

名前、名詞、動詞、直示体系、比喩といった命名の記号作用的手段によって社会的行為者、モノ、出来事、過程および行為を談話的に構成すること。

社会的認知（Social cognition）

社会集団やコミュニティの成員に共有されている心的表象。たとえば、知識、態度、イデオロギーなど、概して、すべての談話や人のコミュニケーションや相互行為に前提とされているもの。

主体（Subjects）

なんらかの形で感じ、考え、行動する個人や集団（組織、国家など）という社会的構築物。「行為者（actor）」と重なる概念。

叙述（Predication）
　形容詞、前置詞句、関係節、接続詞節、不定詞句、分詞句やその集まりなどのような帰属や属性を表す記号作用の手段によって行われる社会的行為者、出来事、過程、行為の談話的限定。

ストラテジー（Strategy）
　ストラテジーとは、社会的、政治的、心理学的または言語学的ゴールを達成するために打ち出される実践（ディスコースの実践を含む）のいわば計画である。談話ストラテジーは、言語の組織、そして、その複雑さのなか、さまざまなレベルに現われる。談話の歴史的アプローチでは、談話ストラテジーは、指名・叙述・論証・観点化・強調または緩和のように区別されている。

代表性（Representativeness）
　コーパスに含まれるテクストが、当該ジャンルや社会領域のテクスト全体を適切に反映するように選定されている場合、そのコーパスは代表性を有すると考えられる。

特徴語（Keyword）
　あるコーパスのなかで、ある語が頻度から見て他のコーパスにおける頻度と大きく異なる場合、その語は特徴語と考えられる。

知識（Knowledge）
　社会認知的観点から言えば、知識は、認識コミュニティの成員が共有している信念と定義される。知識は、長期記憶で表象されるもので、信頼性の高い観察、談話、推論など、コミュニティの認識基準に沿うものである。また、コミュニティの公的談話において通常前提とされるものであり、談話や相互行為のメンタルモデルの構築にも適用される。

デジタルメディア、電子的に媒介されたテクスト、コンピューターに媒介されたコミュニケーション（Digital media, digitally mediated texts, computer-mediated communication)

コンピューターおよびタブレット端末やスマートフォンのようなモバイル機器などのデジタルなテクノロジーを用いて、人々の間で（または集団のなかで）共有されるテクストやその他の記号的リソース。

トポス（Topos）

トポスとは、論拠と結論を結びつける形式的あるいは内容に関わる結論規則のことである。論拠から要求へと進むことを可能にする前提である。トポスは社会的に慣習化されており、習慣となっている。必ずしも明示的に表現されるものではないが、「もしxなら、yである」、あるいは「yである。なぜならxであるから」のような条件節あるいは因果節にパラフレーズすることによって明示的に表すことができる。

方法論的三角法（Methodological triangulation）

方法論的三角法とは、同一現象を検証するために、複数の方法論やデータセットを用いることを意味する。

マルチ・モダリティ（Multimodality）

マルチ・モダリティという用語が示すのは、コミュニケーションの多くは単一のモードからなっているわけではなく、多様なモードが用いられているという事実である。

したがって、マルチモードなディスコース分析では、人々はさまざまな素材や意味の資源を、同時に、また各々の目的のために利用していることを知っておく必要がある。したがってこうした分析では、それぞれのモードが持つさまざまな機能や、それらの構成や編成、意味の（再）構築に対するそれぞれの役割に重点が置かれる。

メンタルモデル（Mental models）

エピソード記憶における人間の経験の主観的表象。長期記憶の自伝的部分。意味論的メンタルモデルは、わたしたちが参加し、観察し、それについて思考し、コミュニケーションする特定の状況や事象や行動を表象する。語用論的メンタルモデル、

あるいは<u>コンテクストモデル</u>は、談話の適切さを定義し、コミュニケーションの状況に関連あるもの、たとえば、時間的、空間的な場面背景、参加者（そして、その人たちのアイデンティティ、役割、関係）、社会的行動、目標、共有知識などを表象する。

モード（Mode）

モードは、意味産出のために文化的に利用できる資源だといえる。つまり、モードはコミュニケーションで用いられるものということになる。あらゆるモードを網羅したリストは存在しないが、代表的なものとしては、言語テクスト、視覚的なもの、ジェスチャー、空間的レイアウト／デザイン、音などがある。ある社会状況で特定のモードが利用できるのか、またある特定のモードを通してどのような意味が伝達されるのかは、主にコミュニケーションが行われる制度や文化コンテクストの影響を受ける。

論証（argumentation）

論証とは、おおむね一貫性があるといえる発話行為のネットワークにおいて、連続して現れる問題解決の一つの言語的、認知的パターンである。これは、真実や規範的公正さといった妥当性要求（Validity claims）を正当化したり、それに異議を唱えたりすることに役立つものである。その目的は説得することである。真実の妥当性要求（validity claims of truth）は、知識や確実性、理論的見識の問題に関連する。規範的公正さの妥当性要求（validity claims of normative rightness）は、何をなすべきか、何をなさざるべきか、あるいは何をしてはならないかという問題に関連する。

参考文献

Aboelezz, M. (2014) The geosemiotics of Tahrir Square: A study of the relationship between discourse and space. *Journal of Language and Politics*, 13: 599–622.

Agar, M. (2002) *The Professional Stranger*. San Diego, CA: Academic Press.

Aker, J. C. and Mbiti, I. M. (2010) Mobile phones and economic development in Africa. *The Journal of Economic Perspectives*, 24 (3): 207–32.

Altheide, D. L. and Snow, R. P. (1979) *Media Logic*. Beverly Hills, CA: Sage.

Althusser, L. (2006) Ideology and ideological state apparatuses (notes towards an investigation). In: M. G. Durham and D. M. Kellner (eds), *Media and Cultural Studies*. Malden, MA: Blackwell Publishing. pp. 79–87.

Androutsopoulos, J. (2008) Potentials and limitations of discourse-centred online ethnography. *Language@Internet 5*.

Androutsopoulos, J. and Beißwenger, M. (2008) Introduction: Data and methods in computer-mediated discourse analysis. *Language@Internet 5*.

Angermueller, J., Maingueneau, D. and Wodak, R. (2014) The Discourse Studies Reader: An Introduction. In: J. Angermueller, D. Maingueneau and R. Wodak (eds), *The Discourse Studies Reader: Main Currents in Theory and Analysis*. Amsterdam/Philadelphia: John Benjamins. pp. 1–14.

Angouri, J. and Wodak, R. (2014) They became big in the shadow of the crisis: The Greek success story and the rise of the far right. *Discourse & Society*, 25: 540–65.

Anthonissen, C. (2001) On the effectivity of media censorship: An analysis of linguistic, paralinguistic and other communicative devices used to defy media restrictions. PhD thesis, University of Vienna.

Aries, P. (1962) Centuries of Childhood: *A Social History of Family Life*. New York: Vintage Books.

Bachrach, P. and Baratz, M. S. (1962) Two faces of power. *American Political Science Review*, 56: 947–52.

Baker, P. (2006) *Using Corpora in Discourse Analysis*. London, New York: Continuum.

Baker, P. and McEnery, T. (2005) A corpus-based approach to discourses of refugees and asylum seekers in UN and newspaper texts. *Journal of Language and Politics*, 4: 197–226.

Baker, P., Gabrielatos, C., Khosravinik, M., Krzyanowski, M., McEnery, T. and Wodak, R. (2008) A useful methodological synergy? Combining critical discourse analysis and corpus linguistics to examine discourses of refugees and asylum seekers in the UK press. *Discourse & Society*, 19: 273–305.

Baker, P., McEnery, T. and Gabrielatos, C. (2007) Using collocation analysis to reveal the construction of minority groups. The case of refugees, asylum seekers and immigrants in the UK press. Paper presented at Corpus Linguistics 2007.

Balke, F. (1998) Was zu denken zwingt. Gilles Deleuze, Felxi Guattari und das Außen der Philosophie. In: J. Jurt (ed.), *Zeitgenössische Französische Denker: Eine Bilanz*. Freiburg im Bresgau: Rombach Litterae. pp. 187–210.

Barton, D. and Lee, C. (2013) *Language Online: Investigating Digital Texts and Practices*. Abingdon: Routledge.

Bauer, M. W. and Aarts, B. (2000) Corpus construction: A principle for qualitative data collection. In: M. W. Bauer and G. Gaskell (eds), *Qualitative Researching with Text, Image and Sound*. London: Sage. pp. 19–37.

Bednarek, M. and Caple, H. (2014) Why do news values matter? Towards a new methodological framework for analysing news discourse in Critical Discourse Analysis and beyond. *Discourse & Society*, 25: 135–58.

Bell, A. (1994) Climate of opinion: public and media discourse on the global environment. *Discourse & Society*, 5: 33–64.

Bell, E. (2012) Ways of seeing organisational death: A critical semiotic analysis of organisational memorialisation. *Visual Studies*, 27: 4–17.

Berger, P. L. and Luckmann, T. (1966/1967) *The Social Construction of Reality*. Harmondsworth: Penguin.

Berglez, P. (2008) What is global journalism? Theoretical and empirical conceptualizations. *Journalism Studies*, 9: 845–58.

Bernstein, B. B. (1981) Codes, modalities, and the process of cultural reproduction: A model. *Language in Society*, 10: 327–63.

Bernstein, B. B. (1986) On pedagogic discourse. In: J. G. Richardson (ed.), *Handbook for Theory and Research in the Sociology of Education*. Westport, CT: Greenwood Press. pp. 205–40.

Bhaskar, R. (1986) *Scientific Realism and Human Emancipation*. London: Verso.

Billig, M. (2008) Nominalizing and de-nominalizing: a reply. *Discourse & Society*, 19: 829–841.

Blau, P. M. (1964) *Exchange and Power in Social Life*. New York: Wiley.

Blommaert, J. (2005) *Discourse: A Critical Introduction*. Cambridge: Cambridge University Press.

Bohnsack, R. (2007) Die dokumentarische Methode in der Bild- und Fotointerpretation. In: R. Bohnsack, I. Nentwig-Gesemann and A-M. Nohl (eds), *Die dokumentarische Methode und ihre Forschungspraxis*. Wiesbaden: VS Verlag. pp. 69–91.

Boukala, S. (2013) The Greek media discourse and the construction of European identity: Supranational identity, Fortress Europe and Islam as radical otherness. PhD thesis, Lancaster University.

Bourdieu, P. (1977) *Outline of a Theory of Practice*. Cambridge, MA: Cambridge University Press.

Bourdieu, P. (1980) *The Logic of Practice*. Cambridge: Polity Press.

Bourdieu, P. (1982) *Ce que parler veut dire: L'economie des échanges linguistiques*. Paris: Librairie Arthème Fayard.

Bourdieu, P. (1984) *Homo academicus*. Paris: Les Éditions de Minuit.

Bourdieu, P. (1986) The forms of capital. In: J. G. Richardson (ed.), *Handbook of Theory and Research for the Sociology of Education*. New York: Greenwood. pp. 241–58.

Bourdieu, P. (1987) What makes a social class? On the theoretical and practical existence of groups. *Berkeley Journal of Sociology*, 32: 1–18.

Bourdieu, P. (1989) *La Noblesse d'etat. Grands écoles et esprit de corps*. Paris: Edition de

Minuit.
Bourdieu, P. (1990) *In Other Words: Essays Towards a Reflexive Sociology*. Cambridge: Polity Press.
Bourdieu, P. (1991) *Language and Symbolic Power*. Cambridge: Polity Press.
Bourdieu, P. and Passeron, J.-C. (1977) *Reproduction in Education, Society, and Culture*. London: Sage.
Bourdieu, P. and Wacquant, L. J. D. (1992) *An Invitation to Reflexive Sociology*. Chicago, IL: University of Chicago Press.
Boykoff, M. T. (2011) *Who Speaks for the Climate? Making Sense of Media Reporting on Climate Change*. Cambridge: Cambridge University Press.
Boykoff, M. T. and Boykoff, J. M. (2004) Balance as bias: global warming and the US prestige press. *Global Environmental Change*, 14: 125–36.
Brown, G. and Yule, G. (1983) *Discourse Analysis*. Cambridge: Cambridge University Press.
Brown, M. B. and Coates, K. (1996) *The Blair Revelation: Deliverance for Whom?* Nottingham: Spokesman.
Bublitz, H. (1999) *Foucaults Archäologie des kulturellen Unbewußten: Zum Wissensarchiv und Wissensbegehren moderner Gesellschaften*. Frankfurt am Main: Campus.
Bublitz, H. (2011) Differenz und Integration. Zur diskursanalytischen Rekonstruktion der Regelstrukturen sozialer Wirklichkeit. In: R. Keller, A. Hirseland, W. Schneider and W. Viehöver (eds), *Handbuch Sozialwissenschaftliche Diskursanalyse. Band 1: Theorien und Methoden*. Wiesbaden: VS Verlag. pp. 245–82.
Burr, V. (2003) *Social Constructionism*. Hove: Routledge.
Caborn, J. (1999) Die Presse und die ,Hauptstadtdebatte': Konstrukte der deutschen Einheit. In: U. Kreft, H. Uske and S. Jäger (eds), *Kassensturz: Politische Hypotheken der Berliner Republik*. Duisurg: DISS. pp. 61–84.
Caborn, J. (2006) *Schleichende Wende: Diskurse von Nation und Erinnerung bei der Konstituierung der Berliner Republik*. Münster: Unrast-Verlag.
Carter, S. and Little, M. (2007) Justifying knowledge, justifying method, taking action: epistemologies, methodologies, and methods in qualitative research. *Qualitative Health Research*, 17: 1316–28.
Carvalho, A. (2005) Representing the politics of the greenhouse effect: discursive strategies in the British media. *Critical Discourse Studies*, 2: 1–29.
Carvalho, A. (2008) Media(ted) discourse and society: rethinking the framework of critical discourse analysis. *Journalism Studies*, 9: 161–77.
Carvalho, A. and Burgess, J. (2005) Cultural circuits of climate change in UK broadsheet newspapers, 1985–2003. *Risk Analysis*, 25: 1457–69.
Castells, M. (1996) *The Rise of the Network Society*. Oxford: Blackwell.
Castells, M. (2009) *Communication Power*. Oxford: Oxford University Press.
Chilton, P. (2004) *Analysing Political Discourse: Theory and Practice*. London: Routledge.
Chilton, P. (2005) Missing links in mainstream CDA: modules, blends and the critical instinct. In: R. Wodak and P. Chilton (eds), *A New Research Agenda in Critical Discourse*

Analysis: Theory and Interdisciplinarity. Lancaster: John Benjamins. pp. 19–52.

Chilton, P. (2008) *Critical Discourse Analysis*. In: *Cambridge Encyclopedia of the Language Sciences*. Cambridge: Cambridge University Press.

Chilton, P., Tian, H. and Wodak. R. (2010) Reflections on discourse and critique in China and the West. *Journal of Language and Politics*, 9: 489–507.

Chouliaraki, L. (1995) Regulation and heteroglossia in one institutional context: The case of a 'progressivist' English classroom. PhD thesis, University of Lancaster.

Chouliaraki, L. and Fairclough, N. (1999) *Discourse in Late Modernity*. Edinburgh: Edinburgh University Press.

Chouliaraki, L. and Fairclough, N. (2010) Critical discourse analysis in organizational studies: Towards an integrationist methodology. *Journal of Management Studies*, 47: 1213–18.

Church, K. and Hanks, P. (1990) Word association norms: mutual information, and lexicography. *Computational Linguistics*, 16: 22–9.

Clarke, J. and Newman, J. (1998) *A Modern British People? New Labour and the Reconstruction of Social Welfare*. Copenhagen: Department of Intercultural Communication and Management, Copenhagen Business School.

Clear, J. (1993) From Firth principles: Computational tools for the study of collocation. In: M. Baker, G. Francis and E. Tognini-Bonelli (eds), *Text and Technology: In Honour of John Sinclair*. Amsterdam/Philadelphia: John Benjamins. pp. 271–92.

Cole, J. I., Suman, M., Schramm, P., Zhou, L., Reyes-Sepulveda E. and Lebo, H. (2013) *The World Internet Project*. www.worldinternetproject.net/_files/_//307_2013worldinternetreport.pdf, accessed 24 August 2015.

Connolly, W. E. (1991) *Identity/Difference*. Ithaca. NY: Cornell University Press.

Cook, G. (2001) *The Discourse of Advertising*. London: Routledge.

Cook, T. E. (1998) *Governing with the News. The News Media as Political Institution*. Chicago, IL: University of Chicago Press.

Cotterill, J. (2001) Domestic discord, rocky relationships: semantic prosodies in representations of marital violence in the O.J. Simpson trial. *Discourse & Society*, 12: 291–312.

Cottle, S. (2011) Media and the Arab uprisings of 201: Research notes. *Journalism*, 12: 647–59.

Creswell, J. W. and Miller, D. L. (2010) Determining validity in qualitative inquiry. *Theory Into Practice*, 39: 124–30.

Czarniawska, B. (2004) *Narratives in Social Science Research*. London: Sage.

Dahlgren, P. (2009) *Media and Political Engagement: Citizens, Communication, and Democracy*. Cambridge: Cambridge University Press.

Darics, E. (2014) The blurring boundaries between synchronicity and asynchronicity: New communicative situations in work-related instant messaging. *International Journal of Business Communication*, 51: 337–58.

de Beaugrande, R. (1997) The story of discourse analysis. In: T. A. van Dijk (ed.), *Discourse as Structure and Process*. London: Sage. pp. 35–62.

de Cock, C., Baker, M. and Volkmann, C. (2011) Financial phantasmagoria: Corporate image-work in times of crisis. *Organization*, 18: 153–72.

Deleuze, G. (1988) *Foucault*. Minneapolis, MN: University of Minnesota Press.
Döring, H. and Hirschauer, S. (1997) Die Biographie der Dinge: Eine Ethnographie musealer Representation. In: S. Hirschauer and K. Amann (eds), *Die Befremdung der eigenen Kultur*. Frankfurt am Main: Suhrkamp. pp. 267–97.
Dorostkar, N. and Preisinger, A. (2012) CDA 2.0 – Leserkommentarforen aus kritisch-diskursanalytischer Perspektive: Eine explorative Studie am Beispiel der Online-Zeitung der Standard.at. *Wiener Linguistische Gazette*, 7: 1–47.
Dorostkar, N. and Preisinger, A. (2013) Kritische Online-Diskursanalyse: Medienlinguistische und diskurshistorische Ansätze zur Untersuchung von Leserkommentarforen. In: C. Fraas, S. Meier and C. Pentzold (eds), *Online-Diskurse. Theorien und Methoden transmedialer Online-Diskursforschung*. Cologne: Halem. pp. 313–45.
Drews, A., Gerhard, U. and Link, J. (1985) Moderne Kollektivsymbolik: Eine diskurstheoretisch orientierte Einführung mit Auswahlbiographie. *Internationales Archiv für Sozialgeschichte der deutschen Literatur (IASL)*, 1. Sonderheft Forschungsreferate, Tübingen. pp. 256–375.
Dreyfus, H. L. and Rabinow, P. (1982) *Michel Foucault: Beyond Structuralism and Hermeneutics*. Sussex: The Harvester Press.
Drori, G. S., Meyer, J. W. and Hwang, H. (eds) (2006) *Globalization and Organization: World Society and Organizational Change*. Oxford: Oxford University Press.
Duggan, M. and Smith, A. (2013) Pew Internet and American Life Project. In: *Social Media Update 2013*. http://www.pewinternet.org/2013/12/30/social-media-update-2013, accessed 24 August 2015.
Durkheim, E. (1933) *The Division of Labor in Society*. New York: The Free Press.
Durkheim, E. (1976) *The Elementary Forms of Religious Life*. London: Allen and Unwin.
Durkheim, E. and Mauss, M. (1963) *Primitive Classification*. London: Cohen and West.
Ehlich, K. (1983) *Text und sprachliches Handeln. Die Entstehung von Texten aus dem Bedürfnis nach Überlieferung*. Munich: Fink.
Emerson, R. M. (1962) Power-dependence relations. *American Sociological Review*, 27: 31–41.
Emerson, R. M. (1975) Social exchange theory. *Annual Review of Sociology*, 2: 335–62.
Emerson, R. M., Fretz, R. I. and Shaw, L. L. (1995) *Writing Ethnographic Fieldnotes*. Chicago, IL: University of Chicago Press.
Evison, J. (2010) What are the basics of analysing a corpus? In: A. O'Keefe and M. McCarthy (eds), *The Routledge Handbook of Corpus Linguistics*. Abingdon, New York: Routledge. pp. 122–35.
Fahmy, S. (2010) Contrasting visual frames of our times: A framing analysis of English- and Arabic-language press coverage of war and terrorism. *International Communication Gazette*, 72: 695–717.
Fairclough, N. (1991) *Language and Power*. London: Longman.
Fairclough, N. (1992a) *Critical Language Awareness*. London: Longman.
Fairclough, N. (1992b) *Discourse and Social Change*. Cambridge: Polity Press.
Fairclough, N. (1993) Critical discourse analysis and the marketization of public discourse: The

universities. *Discourse & Society*, 4: 133–68.
Fairclough, N. (1995a) *Critical Discourse Analysis*. London: Longman.
Fairclough, N. (1995b) *Media Discourse*. London: Edward Arnold.
Fairclough, N. (1996) A reply to Henry Widdowson's 'Discourse analysis: a critical view'. *Language and Literature*, 5: 49–56.
Fairclough, N. (2000a) *New Labour, New Language?* London: Routledge.
Fairclough, N. (2000b) Represenciones del cambio en discurso neoliberal. *Cuadernos de Relaciones Laborales*, 16: 13–36.
Fairclough, N. (2003) *Analysing Discourse: Text Analysis for Social Research*. London: Routledge.
Fairclough, N. (2005) Critical discourse analysis in transdisciplinary research. In: R. Wodak and P. Chilton (eds), *A New Agenda in (Critical) Discourse Analysis*. Amsterdam/Philadelphia: John Benjamins. pp. 53–70.
Fairclough, N. (2006) *Language and Globalization*. London: Routledge.
Fairclough, N. (2010) *Critical Discourse Analysis: The Critical Study of Language*. London: Routledge.
Fairclough, N., Jessop, B. and Sayer, A. (2004) Critical realism and semiosis. In: J. Joseph and J. M. Roberts (eds), *Realism, Discourse and Deconstruction*. London: Routledge. pp. 23–42.
Fairclough, N. and Wodak, R. (1997) Critical discourse analysis. In: T. van Dijk (ed.), *Discourse as Social Interaction*. London: Sage. pp. 258–84.
Fay, B. (1987) *Critical Social Science*. Cambridge: Polity Press.
Firth, J. R. (1935 [1957]) The technique of semantics. In: *Papers in Linguistics*. London: Oxford University Press. pp. 7–33.
Flick, U. (2004) *Triangulation. Eine Einführung*. Wiesbaden: VS Verlag für Sozialwissenschaften.
Flowerdew, J. (ed.) (2014) *Discourse in Context*. London: Bloomsbury.
Forchtner, B. and Tominc, A. (2012) Critique and argumentation: On the relation between the discourse-historical approach and pragma-dialectics. *Journal of Language and Politics*, 11: 31–50.
Foucault, M. (1963) *Naissance de la clinique*. Une archéologie du retard medical. Paris: P.U.F.
Foucault, M. (1972) *The Archaeology of Knowledge*. New York: Pantheon Books.
Foucault, M. (1975) *Surveiller et punir: Naissance de la prison*. Paris: Gallimard.
Foucault, M. (1977) *Language, Counter-Memory, Practice: Selected Essays and Interviews*. Ithaca, NY: Cornell University Press.
Foucault, M. (1979) *Discipline and Punish: The Birth of the Prison*. Harmondsworth: Penguin Books.
Foucault, M. (1980a) The Confession of the Flesh. In: C. Gordon (ed.), *Power/Knowledge: Selected Interviews and Other Writings 1972–1977 by Michel Foucault*. New York: Pantheon Books. pp. 194–228.
Foucault, M. (1980b) Truth and power. In: C. Gordon (ed.), *Power/Knowledge: Selected*

Interviews and Other Writings 1972–1977 by Michel Foucault. New York: Pantheon Books. 107–33.

Foucault, M. (1982) The subject and power. *Critical Inquiry*: 777–95.

Foucault, M. (1983) *Der Wille zum Wissen: Sexualität und Wahrheit 1*. Frankfurt am Main: Suhrkamp.

Foucault, M. (1990) *Was ist Kritik?* Berlin: Merve.

Foucault, M. (1991) *Remarks on Marx: Conversations with Duccio Trombadori*. New York: Semiotext(e).

Foucault, M. (1996) What is critique? In: J. Schmidt (ed.), *What Is Enlightenment? Eighteenth-Century Answers and Twentieth-Century Questions*. Berkeley, CA: University of California Press. pp. 382–98.

Foucault, M. (2001) *Fearless Speech*. Los Angeles, CA: Semiotext(e).

Foucault, M. (2002) *The Archaeology of Knowledge*. London: Routledge.

Foucault, M. (2004) *Sécurité, Territoire et Population*. Paris: Éditions Gallimard/Édition du Seuil.

Fowler, R., Hodge, R., Kress, G. and Trew, T. (eds) (1979) *Language and Control*. London: Routledge.

French, J. R. P. and Raven, B. (1959) The bases of social power. In: D. Cartwright (ed.), *Studies in Social Power*. Ann Arbor, MI: Institute for Social Research, University of Michigan. pp. 150–67.

Froschauer, U. (2002) Artefaktanalyse. In: S. Kühl and P. Strodtholz (eds), *Methoden der Organisationsforschung*. Reinbek: rororo. pp. 361–95.

Fuchs, C. (2014) *Social Media: A Critical Introduction*. London: Sage.

Fuchs, C. and Sevignani, S. (2013) What is digital labour? What is digital work? What's their difference? And why do these questions matter for understanding social media? *tripleC*, 11: 237–93.

Gaby, S. and Caren, N. (2012) Occupy online: How cute old men and Malcolm X recruited 400,000 US users to OWS on Facebook. *Social Movement Studies*, 11: 367–74.

Gamson, W. A. and Modigliani, A. (1989) Media discourse and public opinion on nuclear power: A constructionist approach. *American Journal of Sociology*, 95: 1–37.

Gee, J. (2004) *Discourse Analysis: Theory and Method*. London: Routledge.

Giddens, A. (1984) *The Constitution of Society. Outline of the Theory of Structuration*. Cambridge: Polity Press.

Gilbert, N. G. (2008) Research, theory and method. In: N. G. Gilbert (ed.), *Researching Social Life*. London: Sage. pp. 21–40.

Girnth, H. (1996) Texte im politischen Diskurs. Ein Vorschlag zur diskursorientierten Beschreibung von Textsorten. *Muttersprache*, 106: 66–80.

Glaser, B. and Strauss, A. L. (1967) *The Discovery of Grounded Theory: Strategies for Qualitative Research*. Chicago, IL: Chicago University Press.

Gleason, H. A., Jr. (1973) Contrastive analysis in discourse structure. In: Á. Makkai and D. G. Lockwood (eds), *Readings in Stratificational Linguistics*. Tuscaloosa, AL: University of

Alabama Press.

Goffman, E. (1979) *Footing*. Semiotica, 25: 1–30.

González-Bailón, S., Borge-Holthoefer, J., Rivero, A., Moreno, Y. (2011) The dynamics of protest recruitment through an online network. *Scientific Reports*, 1: 1–7.

Gore, A. (2007) *Wege zum Gleichgewicht: Ein Marshallplan für die Erde* (trans. F. Hörmann and W. Brumm). Hamburg: Fischer-Rowohlt.

Graham, P. (2006) *Hypercapitalism: New Media, Language, and Social Perceptions of Value*. New York: Peter Lang.

Graham, P. W. and Paulsen, N. (2002) Third-sector discourses and the future of (un)employment: Skilled labor, new technologies, and the meaning of work. *Text*, 22: 443–67.

Graves, O. F., Flesher, D. L. and Jordan, R. E. (1996) Pictures and the bottom line: The television epistemology of U.S. annual reports. *Accounting, Organizations and Society*, 21: 57–88.

Gray, B. and Biber, D. (2011) Corpus approaches to the study of discourse. In: K. Hyland and B. Paltridge (eds), *Continuum Companion to Discourse Analysis*. London, New York: Continuum. pp. 138–52.

Gretzel, U., Yuan, Y.-L. and Fesenmaier, D. R. (2000) Preparing for the new economy: Advertising strategies and change in destination marketing organizations. *Journal of Travel Research*, 39: 146–56.

Grimes, J. E. (1975) *The Thread of Discourse*. The Hague: Mouton.

Habermas, J. (1967) *Erkenntnis und Interesse*. Frankfurt am Main: Suhrkamp.

Habermas, J. (1972) *Knowledge and Human Interests*. London: Heinemann.

Habermas, J. (1996) *Die Einbeziehung des Anderen: Studien zur politischen Theorie*. Frankfurt am Main: Suhrkamp.

Hall, S. (1992) The West and the rest: Discourse and power. In: S. Hall and B. Gieben (eds), *Formations of Modernity*. Oxford: Polity in Association with Open University. pp. 275–332.

Halliday, M. A. K. (1978) *Language as Social Semiotic*. London: Arnold.

Halliday, M. A. K. (1985) *Introduction to Functional Grammar*. London: Arnold.

Halliday, M. A. K. (1994) *An Introduction to Functional Grammar*. London: Arnold.

Hammersley, M. and Atkinson, P. (2007) *Ethnography: Principles in Practice*. London: Routledge.

Hardt-Mautner, G. (1995) Only connect: Critical discourse analysis and corpus linguistics. *UCREL Technical Paper 6*.

Hardy, C. and Phillips, N. (1999) No joking matter: Discursive struggle in the Canadian refugee system. *Organization Studies*, 20: 1–24.

Hart, C. and Cap, P. (eds) (2014) *Contemporary Critical Discourse Studies*. London: Bloomsbury.

Harvey, D. (1996) *Justice, Nature and the Geography of Difference*. Oxford: Blackwell.

Harvey, D. (2003) *The New Imperialism*. Oxford: Oxford University Press.

Hassan, R. and Purser, R. E. (eds) (2007) *24/7: Time and Temporality in the Network Society*. Stanford, CA: Stanford University Press.

Hay, C. (2007) *Why We Hate Politics*. Cambridge: Polity.
Heer, H., Manoschek, W. Pollak, A. and Wodak, R. (eds) (2008) *The Discursive Construction of History: Remembering the Wehrmacht's War of Annihilation*. London: Palgrave.
Herring, S. C. (2004) Computer-mediated discourse analysis: An approach to researching online behavior. In: S. Barab, R. Kling and J. Gray (eds), *Designing for Virtual Communities in the Service of Learning*. Cambridge: Cambridge University Press. pp. 338–76.
Herring, S. C. (2007) A faceted classification scheme for computer-mediated discourse. *Language@Internet*, 4.
Herring, S. C. (2013) Discourse in Web 2.0: Familiar, reconfigured, and emergent. In: D. Tannen and A. M. Trester (eds), *Discourse 2.0: Language and New Media*. Washington, DC: Georgetown University Press. pp. 1–25.
Hitzler, R. and A. Honer (eds) (1997) *Sozialwissenschaftliche Hermeneutik. Eine Einführung*. Opladen: UTB.
Hitzler, R., Reichertz, J. and Schröer, N. (eds) (1999) *Hermeneutische Wissenssoziologie. Standpunkte zur Theorie der Interpretation*. Konstanz: UVK Universitäts-Verlag.
Holcomb, J., Gottfried, J. and Mitchell, A. (2013) *Pew Research Journalism Project*. In: *News use across social media platforms*. www.journalism.org/2013/11/14/news-use-across-social-media-platforms, accessed 24 August 2015.
Höllerer, M. A. (2013) From taken-for-granted to explicit commitment: The rise of CSR in a corporatist country. *Journal of Management Studies*, 50: 573–606.
Höllerer, M. A., Jancsary, D. and Grafström, M. (2014) 'A picture is worth a thousand words': Visually assigned meaning and meta-narratives of the global financial crisis. Working Paper, WU Vienna.
Höllerer, M. A., Jancsary, D., Meyer, R. E. and Vettori, O. (2013) Imageries of corporate social responsibility: Visual re-contextualization and field-level meaning. In: M. Lounsbury and E. Boxenbaum (eds), *Institutional Logics in Action, Part B (Research in the Sociology of Organizations, Vol. 39B)*. Bingley: Emerald. pp. 139–74.
Holzscheiter, A. (2005) Discourse as capability. *Millenium: Journal of International Studies*, 33: 723–46.
Holzscheiter, A. (2012) *Children's Rights in International Politics. The Transformative Power of Discourse*. Basingstoke: Palgrave Macmillan.
Horkheimer, M. (1937) Traditionelle und kritische Theorie. *Zeitschrift für Sozialforschung* 6 / 2, 245–92.
Horkheimer, M. and Adorno, T. W. (1991 [1969, 1974]) *Dialektik der Aufklärung*. Frankfurt am Main: Fischer.
Hundt, M., Nesselhauf, N. and Biewer, C. (2007) *Corpus Linguistics and the Web*. Cambridge: Cambridge University Press.
Hunston, S. (2002) *Corpora in Applied Linguistics*. Cambridge: Cambridge University Press.
Hunston, S. (2004) Counting the uncountable: Problems of identifying evaluation in a text and in a corpus. In: A. Partington, J. Morley and L. Haarman (eds), *Corpora and Discourse*. Berne: Peter Lang. pp. 157–88.

Iedema, R. (1997) Interactional dynamics and social change: Planning as morphogenesis. PhD thesis, University of Sydney.

Iedema, R. and Wodak, R. (1999) Introduction: Organizational discourse and practices. *Discourse & Society* 10: 5–19.

Iețcu, I. (2006) *Discourse Analysis and Argumentation Theory*. Bucharest: Editura Universității din București.

IPCC (2013) Intergovernmental Panel on Climate Change Report 2013. www.ipcc.ch/report.ar5/wg1, accessed 5 November 2014.

Jäger, M. (1996) *Fatale Effekte: Die Kritik am Patriarchat im Einwanderungsdiskurs*. Duisburg: Unrast-Verlag.

Jäger, M. and Jäger, S. (2007) *Deutungskämpfe: Theorie und Praxis Kritischer Diskursanalyse*. Wiesbaden: VS Verlag.

Jäger, S. (2004) *Kritische Diskursanalse. Eine Einführung*. Münster: Unrast-Verlag.

Jäger, S. (2012) *Kritische Diskursanalse. Eine Einführung*. Münster: Unrast-Verlag.

Jäger, S. and Maier, F. (2009) Theoretical and methodological aspects of Foucauldian critical discourse analysis and dispositive analysis. In: R. Wodak and M. Meyer (eds), *Methods of Critical Discourse Analysis*. London: Sage. pp. 34–61.

Jancsary, D. (2013) *Die rhetorische Konstruktion von Führung und Steuerung: Eine argumentationstheoretische Untersuchung deutschsprachiger Führungsgrundsätze*. Frankfurt am Main: Peter Lang.

Jessop, B. (2002) *The Future of the Capitalist State*. Cambridge: Polity Press.

Jessop, B. (2004) Critical semiotic analysis and cultural political economy. *Critical Discourse Studies*, 1: 159–74.

Jessop, B. (2008) The cultural political economy of the knowledge-based economy and its implications for higher education. In: N. Fairclough, B. Jessop and R. Wodak (eds), *Education and the Knowledge-Based Economy in Europe*. Amsterdam: Sense Publishers.

Jewitt, C. (ed.) (2009) *The Routledge Handbook of Multimodal Analysis*. Abingdon: Routledge.

Jurgenson, N. (2012) When atoms meet bits: Social media, the mobile web and augmented revolution. *Future Internet*, 4: 83–91.

Kahn, R. and Kellner, D. (2004) New media and internet activism: From the 'Battle of Seattle' to blogging. *New Media & Society*, 6: 87–95.

Katz, E. and Lazarsfeld, P. F. (1955) *Personal Influence*. Glencoe, IL: Free Press.

Keller, R. (2008) *Wissenssoziologische Diskursanalyse. Grundlegung eines Forschungsprogramms*. Wiesbaden: VS Verlag.

Kelsey, D. and Bennett, L. (2014) Discipline and resistance on social media: Discourse, power and context in the Paul Chambers Twitter Joke Trial. *Discourse, Context & Media*, 3: 37–45.

KhosraviNik, M. (2010) Actor descriptions, action attributions, and argumentation: towards a systematization of CDA analytical categories in the representation of social groups. *Critical Discourse Studies*, 7 (1): 55–72.

KhosraviNik, M. (2014) Critical discourse analysis, power and new media discourse: issues and debates. In: Y. Kalyango and M. W. Kopytowska (eds), *Why Discourse Matters: Negotiating Identity in the Mediatized World*. New York: Peter Lang. pp. 287–305.

KhosraviNik, M. (2015 forthcoming) *Discourse, Identity and Legitimacy: Self and Other in Representations of Iran's Nuclear Programme*. Amsterdam/Philadelphia: John Benjamins.

KhosraviNik, M. and Zia, M. (2014) Persian identity and anti-Arab sentiments in Iranian Facebook discourses: critical discourse analysis and social media communication. *Journal of Language and Politics*, 13: 755–780.

KhosraviNik, M. (2016 forthcoming) Social Media Critical Discourse Studies (SM-CDS): towards a CDS understanding of discourse analysis on participatory web. In: J. Flowerdew and J. E. Richardson (eds), *Handbook of Critical Discourse Analysis*. London: Routledge.

Kienpointner, M. (1992) *Alltagslogik. Struktur und Funktion von Argumentationsmustern*. Stuttgart-Bad Cannstatt: Frommann-holzboog.

Kienpointner, M. (1996) *Vernünftig argumentieren*. Hamburg: Rowohlt.

Kienpointner, M. and Kindt, W. (1997) On the problem of bias in political argumentation: An investigation into discussions about political asylum in Germany and Austria. *Journal of Pragmatics*, 27: 555–85.

Kindt, W. (1992) Argumentation und Konfliktaustragung in Äußerungen über den Golfkrieg. *Zeitschrift für Sprachwissenschaft*, 11: 189–215.

Kitschelt, H. P. (1986) Political opportunity structures and political protest: Anti-nuclear movements in four democracies. *British Journal of Political Science*, 16: 57–85.

Klaus, V. (2007) *Blauer Planet in günen Fesseln! Was ist bedroht: Klima oder Freiheit?* Vienna: Carl Gerold's Sohn Verlagsbuchhandlung.

Klemperer, V. (2000) *Language of the Third Reich*. London: Continuum.

Klemperer, V. (2001) *I Will Bear Witness: A Diary of the Nazi Years*. New York: Modern Library.

Klemperer, V. (2006) *The Language of the Third Reich: LTI – Lingua Tertii Imperii: A Philologist's Notebook*. London: Continuum.

Knight, K. (2006) Transformations of the concept of ideology in the twentieth century. *American Political Science Review*, 100: 619–26.

Knox, J. (2007) Visual-verbal communication on online newspaper home pages. *Visual Communication*, 6: 19–53.

Knox, J. (2009) Punctuating the home page: Image as language in an online newspaper. *Discourse & Communication*, 3: 145–72.

Koester, A. (2010) Building small specialised corpora. In: A. O'Keefe and M. McCarthy (eds), *The Routledge Handbook of Corpus Linguistics*. Abingdon: Routledge. pp. 66–79.

Koller, V. and Mautner, G. (2004) Computer applications in Critical Discourse Analysis. In: A. Hewings, C. Coffin and K. O'Halloran (eds), *Applying English Grammar*. London: Arnold. pp. 216–28.

Kopperschmidt, J. (2000) *Argumentationstheorie zur Einführung*. Hamburg: Junius.

Koteyko, N. (2010) Mining the Internet for linguistic and social data: an analysis of carbon compounds in web feeds. *Discourse & Society*, 21: 655–74.

Kovács, A. and Wodak, R. (eds) (2003) *Nato, Neutrality and National Identity: The Case of Austria and Hungary*. Vienna: Böhlau.

Kress, G. (2010) *Multimodality. A Social Semiotic Approach to Contemporary Communication*. Abingdon: Routledge.

Kress, G. and Hodge, R. (1979) *Language as Ideology*. London: Routledge.

Kress, G. and van Leeuwen, T. (2001) *Multimodal Discourse: The Modes and Media of Contemporary Communication*. London: Hodder Education.

Kress, G. and van Leeuwen, T. (2006) *Reading Images: The Grammar of Visual Design*. London: Routledge.

Krishnamurthy, R. (1996) Ethnic, racial, tribal: The language of racism? In: C. R. Caldas-Coulthard and M. Coulthard (eds), *Texts and Practices: Readings in Critical Discourse Analysis*. London: Routledge. pp. 129–49.

Krzyzanowski, M. (2008) Analyzing focus group discussions. In: *Qualitative Discourse Analysis in the Social Sciences*. Basingstoke: Palgrave Macmillan. pp. 162–81.

Laclau, E. (1980) Populist rupture and discourse. *Screen Education* 34: 87–93.

Lakoff, G. (1987) *Women, Fire and Dangerous Things*. Chicago, IL: University of Chicago Press.

Lakoff, G. and Johnson, M. (1980) *Metaphors We Live By*. Chicago, IL: University of Chicago Press.

Lakoff, G. and Johnson, M. (1999) *Philosophy in the Flesh*. New York: Basic Books.

Latif, M. (2012) *Globale Erwärmung*. Stuttgart: Ulmer.

Latour, B. (2005) *Reassembling the Social: An Introduction to Actor-Network-Theory*. Oxford: Oxford University Press.

Leitch, S. and Palmer, I. (2010) Analysing texts in context: Current practices and new protocols for critical discourse analysis in organization studies. *Journal of Management Studies*, 47: 1194–212.

Lemke, J. L. (1995) *Textual Politics*. London: Taylor & Francis.

Lemke, J. L. (2002) Travels in hypermodality. *Visual Communication* 1: 299–325.

Lenhart, A. (2012) Teens, smartphones and texting. *Pew Internet and American Life Project*. www.away.gr/wp-content/uploads/2012/03/PIP_Teens_Smartphones_and_Texting.pdf, accessed 24 August 2015.

Lévi-Strauss, C. (1964) *Totemism*. Harmondsworth: Penguin.

LeVine, P. and Scollon. R. (eds) (2004) *Discourse and Technology. Multimodal Discourse Analysis*. Washington, DC: Georgetown University Press.

Levinson, S. C. (1983) *Pragmatics*. Cambridge Cambridge University Press.

Link, J. (1982) Kollektivsymbolik und Mediendiskurse. *kulturRRevolution*, 1: 6–21.

Link, J. (1983) Was ist und was bringt Diskurstaktik. *kulturRRevolution*, 2: 60–6.

Link, J. (1988) Literaturanalyse als Interdiskursanalyse. In: J. Fohrmann and H. Müller (eds), *Diskurstheorien und Literaturwissenschaft*. Frankfurt am Main: Suhrkamp.

Link, J. (1992) Die Analyse der symbolischen Komponente realer Ereignisse: Ein Beitrag der Diskurstheorie zur Analyse neorassistischer Äußerungen. In: S. Jäger and F. Januschek (eds), *Der Diskurs des Rassismus*. Oldenburg: Osnabrücker Beiträge zur Sprachtheorie 46. pp. 37–52.

Link, J. (1997) *Versuch über den Normalismus. Wie Normalität produziert wird*. Opladen: Westdeutscher Verlag.

Link, J. and Link-Heer, U. (1990) Diskurs/Interdiskurs und Literaturanalyse. *Zeitschrift für Linguistik und Literaturwissenschaft (LiLi)*, 77: 88–99.

Louw, B. (1993) Irony in the text or insincerity in the writer? The diagnostic potential of semantic prosodies. In: M. Baker, G. Francis and E. Tognini-Bonelli (eds), *Text and Technology: In Honour of John Sinclair*. Amsterdam/Philadelphia: John Benjamins. pp. 157–76.

Luckmann, T. (1983) *Life-world and Social Realities*. London: Heinemann.

Lueger, M. (2004) *Grundlagen qualitativer Feldforschung*. Vienna: WU.

Luhmann, N. (1975) *Macht*. Stuttgart: Enke.

Lukes, S. M. (1974) *Power: A Radical View*. London: Macmillan.

Lukes, S. M. (2005) *Power – A Radical View: The Original Text with two major new chapters*. London: Palgrave Macmillan.

Machin, D. and Mayr, A. (2012) *How to Do Critical Discourse Analysis: A Multimodal Introduction*. London: Sage.

Machin, D. and van Leeuwen, T. (2007) *Global Media Discourse: A Critical Introduction*. London: Routledge.

Maier, F. (2009) Doing hair – doing age: Perspectives of emancipated ageing. In: M. Beisheim et al. (eds), *Perspectives of Women's Age at the Work Place*. Berne: Peter Lang Europäischer Verlag der Wissenschaften. pp. 119–36.

Malinowski, B. (1923) The problem of meaning in primitive languages. In: C. K. Ogden and I. Armstrong Richards (eds), *The Meaning of Meaning*. London: Routledge and Kegan Paul. pp. 296–336.

Malinowski, B. (1935) *Coral Gardens and Their Magic*. London: Allen & Unwin.

Martin, J. R. (1984) Lexical cohesion, field and genre: parceling experience and discourse goals. In: J. E. Copeland (ed.), *Linguistics and Semiotics: Text Semantics and Discourse Semantics*. Houston, TX: Rice University Press.

Martin, J. R. (1992) *English Text: System and Structure*. Amsterdam/Philadelphia: John Benjamins.

Matouschek, B., Wodak, R. and Januschek, F. (1995) *Notwendige Maßnahmen gegen Fremde? Genese und Formen von rassistischen Diskursen der Differenz*. Vienna: Passagen Verlag.

Matsumoto, Y. (2003) Lexical knowledge acquisition. In: R. Mitkov (ed.), *The Oxford Handbook of Computational Linguistics*. Oxford: Oxford University Press. pp. 395–413.

Mautner, G. (2005) Time to get wired: Using web-based corpora in critical discourse analysis. *Discourse & Society*, 16: 809–28.

Mautner, G. (2007) Mining large corpora for social information: The case of 'elderly'. *Language in Society*, 36: 51–72.

Mautner, G. (2008) Analysing newspapers, magazines and other print media. In: R. Wodak and M. Krzyzanowski (eds), *Qualitative Discourse Analysis in the Social Sciences*. Basingstoke: Palgrave Macmillan. pp. 30–53.

Mautner, G. (2010) *Language and the Market Society: Critical Reflections on Discourse and Dominance*. London: Routledge.

McEnery, T. and Hardie, A. (2012) *Corpus Linguistics: Method, Theory and Practice*. Cambridge: Cambridge University Press.

McEnery, T. and Wilson, A. (2001) *Corpus Linguistics: An Introduction*. Edinburgh: Edinburgh University Press.

McEnery, T., Xiao, R. and Tono, Y. (2006) *Corpus-Based Language Studies. An Advanced Resource Book*. London: Routledge.

McQuarrie, E. F. and Phillips, B. J. (2005) Indirect persuasion in advertising: How consumers process metaphors presented in pictures and words. *Journal of Advertising*, 34: 7–20.

Meriläinen, S., Tienari, J., Thomas, R. and Davies, A. (2008) Hegemonic academic practices: Experiences of publishing from the periphery. *Organization*, 15: 584–97.

Merton, R. K. (1967) *On Theoretical Sociology*. New York: Free Press.

Meuser, M. and Sackmann, R. (eds) (1991) *Analyse sozialer Deutungsmuster. Beiträge zur empirischen Wissenssoziologie*. Pfaffenweiler: Centaurus.

Meyer, J. W. (2009) *World Society: The Writings of John W. Meyer*. Oxford: Oxford University Press.

Meyer, J. W. and Jepperson, R. L. (2000) The 'actors' of modern society: The cultural construction of social agency. *Sociological Theory*, 18: 100–20.

Meyer, M., Buber, R. and Aghamanoukjan, A. (2013) In search of legitimacy: managerialism and legitimation in civil society organizations. *Voluntas: International Journal of Voluntary and Nonprofit Organizations*, 24: 167–93.

Meyer, R. E. (2004) *Globale Managementkonzepte und lokaler Kontext. Organisationale Wertorientierung im österreichischen öffentlichen Diskurs*. Vienna: WU.

Meyer, R. E. and Lefsrud, L. M. (2012) Science or science fiction? Professionals' discursive construction of climate change. *Organization Studies*, 33: 1477–506.

Meyer, R. E. and Höllerer, M. A. (2010) Meaning structures in a contested issue field: A topographic map of shareholder value in Austria. *Academy of Management Journal*, 53: 1241–62.

Meyer, R. E.,. Höllerer, M. A., Jancsary, D. and van Leeuwen, T. (2013) The visual dimension in organizing, organization, and organization research: Core ideas, current developments, and promising avenues. *Academy of Management Annals*, 7: 487–553.

Mitchell, W. J. T. (1994) *Picture Theory. Essays on Verbal and Visual Representation*. Chicago, IL: University of Chicago Press.

Morozov, E. (2011) *The Net Delusion: How Not to Liberate the World*. London: Allen Lane.

Moscovici, S. (2000) *Social Representations*. Cambridge: Polity Press.

Mouffe, C. (2005) *On the Political*. London: Routledge.

Mulderrig, J. (2006) The governance of education: A corpus-based critical discourse analysis of UK education policy texts 1972 to 2005. PhD thesis, Lancaster University.

Müller-Doohm, S. (1997) Bildinterpretation als struktural-hermeneutische Symbolanalyse. In: R. Hitzler and A. Honer (eds), *Sozialwissenschaftliche Hermeneutik: Eine Einführung*. Opladen: Leske + Budrich. pp. 81–108.

Mullins, W. E. (1972) On the concept of ideology in political science. *American Political Science Review*, 66: 498–510.

Muntigl, P. (2002a) Policy, politics, and social control: A systemic-functional linguistic analysis of EU employment policy. *Text*, 22: 393–441.

Muntigl, P. (2002b) Politicization and depoliticization: Employment policy in the European Union. In: P. Chilton and C. Schäffner (eds), *Politics as Text and Talk*. Amsterdam/Philadelphia: John Benjamins. pp. 45–79.

Muntigl, P., Weiss, G. and Wodak, R. (2000) *European Union Discourses on Unemployment: An Interdisciplinary Approach to Employment Policy-Making and Organizational Change*. Amsterdam/Philadelphia: John Benjamins.

Nelson, M. (2005) Semantic associations in Business English: A corpus-based analysis. *English for Specific Purposes*, 25: 217–34.

NN (2013) Climate Change 2013: The Physical Science Basis. Contribution of Working Group I to the Fifth Assessment Report of the Intergovernmental Panel on Climate Change. Paper presented at IPCC (Intergovernmental Panel on Climate Change). Cambridge: Cambridge University Press.

O'Halloran, K. L. (ed.) (2004) *Multimodal Discourse Analysis*. London: Continuum.

O'Halloran, K. (2012) Electronic deconstruction: Revealing tensions in the cohesive structure of persuasion texts. *International Journal of Corpus Linguistics*, 17: 91–124.

O'Halloran, K. (2014) Digital argument deconstruction: A practical and ethical software- assisted critical discourse analysis for highlighting where arguments fall apart. In: C. Hart and P. Cap (eds), *Contemporary Critical Discourse Studies*. London: Bloomsbury Continuum. pp. 237–280.

O'Halloran, K. and Coffin, C. (2004) Checking overinterpretation and underinterpretation: Help from corpora in critical linguistics. In: A. Hewings, C. Coffin and K. O'Halloran (eds), *Applying English Grammar*. London: Arnold. pp. 275–97.

O'Reilly, T. (2007) What is Web 2.0: Design patterns and business models for the next generation of software. *Communications and Strategies*, 65: 17–37.

Oevermann, U. (2001) Die Struktur sozialer Deutungsmuster – Versuch einer Aktualisierung. *Sozialer Sinn* Heft, 1: 35–81.

Oevermann, U., Allert, T., Konau, E. and Krambeck, J. (1979) Die Methodologie einer 'objektiven Hermeneutik' und ihre allgemeine forschungslogische Bedeutung in den Sozialwissenschaften. In: H-G. Soeffner (ed.), *Interpretative Verfahren in den Sozial- und Textwissenschaften*. Stuttgart: Metzler. pp. 352–434.

Oreskes, N. (2004) Beyond the ivory tower: The scientific consensus on climate change. *Science*, 306.

Oreskes, N. and Conway, Erik M. (2010) *Merchants of Doubt. How a Handful of Scientists Obscured the Truth on Issues from Tobacco Smoke to Global Warming.* New York: Bloomsbury Press.

Orpin, D. (2005) Corpus linguistics and critical discourse analysis: Examining the ideology of sleaze. *International Journal of Corpus Linguistics*, 10: 37–61.

Page, R., Barton, D., Unger, J. W. and Zappavigna, M. (2014) *Researching Language and Social Media*. London: Routledge.

Palonen, K. (1993) Introduction: From policy and polity to politicking and politicization. In: K. Paolonen and T. Parvikko (eds), *Reading the Political: Exploring the Margins of Politics*. Helsinki: FPSA. pp. 6–16.

Pariser, E. (2011) *The Filter Bubble: What the Internet Is Hiding from You*. New York: Penguin Press.

Parsons, T. (1977) *The Structure of Social Action*. Chicago, IL: Free Press.

Parsons, T. and Shils, E. A. (eds) (1951) *Towards a General Theory of Action*. Cambridge, MA: Harvard University Press.

Partington, A. (2004) Utterly content in each other's company: Semantic prosody and semantic preference. *International Journal of Corpus Linguistics*, 9: 131–56.

Partington, A. (2014) Mind the gaps: The role of corpus linguistics in researching absences. *International Journal of Corpus Linguistics*, 19: 118–46.

Philipps, A. (2012) Visual protest material as empirical data. *Visual Communication*, 11: 3–21.

Pieterse, J. N. (2004) *Globalization or Empire?* London: Routledge.

Pinch, T. and Bijsterveld, K. (eds) (2012) *The Oxford Handbook of Sound Studies*. New York: Oxford University Press.

Popitz, H. (1992) *Phänomene der Macht*. Tübingen: Mohr.

Potts, A. (2013) *At Arm's Length: Methods of Investigating Constructions of the 'Other' in American Disaster and Disease Reporting*. Lancaster: Lancaster University.

Preston, A. M., Wright, C. and Young, J. J. (1996) Imag[in]ing annual reports. *Accounting, Organizations and Society*, 21: 113–37.

Purvis, T. and Hunt, A. (1993) Discourse, ideology, ideology, discourse, ideology... *British Journal of Sociology*, 44: 473–99.

Rahmstorf, S. and Schellnhuber, H.-J. (2012) *Der Klimawandel – Diagnose, Prognose, Therapie*. Munich: Beck.

Rancière, J. (1995) *On the Shores of Politics*. London: Verso.

Rancière, J. (2006) *Hatred of Democracy*. London: Verso.

Reeves, F. (1983) *British Racial Discourse: A Study of British Political Discourse about Race and Related Matters*. Cambridge: Cambridge University Press.

Reisigl, M. (2003) *Wie man eine Nation herbeiredet: Eine diskursanalytische Untersuchung zur sprachlichen Konstruktion der österreichischen Identität in politischen Gedenkreden*. Vienna: WU.

Reisigl, M. (2007) *Nationale Rhetorik in Gedenk – und Festreden*. Tubingen: Stauffenberg.

Reisigl, M. (2011) Grundzüge der Wiener Kritischen Diskursanalyse. In: R. Keller, A.

Hirseland, W. Schneider and W. Viehöver et al. (eds), *Handbuch Sozialwissenschaftliche Diskursanalyse. Band 1: Theorien und Methoden*. Wiesbaden: VS Verlag für Sozialwissenschaften. pp. 459–97.

Reisigl, M. (2014) Argumentation analysis and the Discourse-Historical Approach: A methodological framework. In: C. Hart and P. Cap (eds), *Contemporary Critical Discourse Studies*. London: Bloomsbury. pp. 69–98.

Reisigl, M. and Wodak, R. (2001) *Discourse and Discrimination. Rhetorics of Racism and Antisemitism*. London: Routledge.

Renkema, J. (ed.) (2004) *Introduction to Discourse Studies*. Amsterdam/Philadelphia: John Benjamins.

Richardson, J. E., Krzyzanowski, M., Machin, D. and Wodak, R. (eds) (2013) *Advances in Critical Discourse Studies*. London: Routledge.

Ritzer, G. and Jurgenson, N. (2010) Production, consumption, prosumption: The nature of capitalism in the age of the digital prosumer. *Journal of Consumer Culture*, 10: 13–36.

Rowlinson, M., Casey, A., Hansen, P. H. and Mills, A. J. (2014) Narratives and memory in organizations. *Organization*, 21: 441–6.

Royce, T. D. and Bowcher, W. L. (eds) (2007) *New Directions in the Analysis of Multimodal Discourse*. Mahwah, NJ: Lawrence Erlbaum.

Rubinelli, S. (2009) *Ars Topica: The Classical Technique of Constructing Arguments from Aristotle to Cicero*. Dordrecht/Cambridge: Springer.

Ryder, M. and Wilson, B. (1996) Affordances and constraints of the internet for learning and instruction. Paper presented to a joint session of the Association for Educational Communications Technology, Indianapolis.

Sauvêtre, P. (2009) Michel Foucault: problématisation et transformation des institutions. *Tracés: Revue de Sciences humaines*, 17: 165–77.

Sayer, A. (2009) Who's afraid of critical social science? *Current Sociology*, 57: 767–86.

Schank, R. C. and Abelson, R. B. (1977) *Scripts, Plans, Goals and Understanding*. Hillsdale, NJ: Lawrence Erlbaum.

Schiffrin, D. (1994) *Approaches to Discourse* Oxford: Basil Blackwell.

Schroeder, J. E. and Zwick, D. (2004) Mirrors of masculinity: Representation and identity in advertising images. *Consumption Markets & Culture*, 7: 21–52.

Scollon, R. and Scollon, S. W. (2004) *Nexus Analysis: Discourse and the Emerging Internet*. London: Routledge.

Scott, M. (2010) What can corpus software do? In: A. O'Keefe and M. McCarthy (eds), *The Routledge Handbook of Corpus Linguistics*. Abingdon: Routledge. pp. 122–35.

Seargeant, P. and Tagg, C. (2014) *The Language of Social Media: Identity and Community on the Internet*. London: Palgrave Macmillan.

Sedlaczek, A. (2012) Die visuelle repräsentation des klimawandels in dokumentarfilmen: Eine multimodale kritische diskursanalyse. MA dissertation, University of Vienna.

Sedlaczek, A. (2014) Multimodale Repräsentation von Klimawandel und Klimaschutz. *Wiener Linguistische Gazette*, 78a: 14–33.

Siles, I. and Boczkowski, P. J. (2012) Making sense of the newspaper crisis: A critical assessment of existing research and an agenda for future work. *New Media & Society*, 14: 1375–94.

Slutskaya, N., Simpson, A. and Hughes, J. (2012) Lessons from photoelicitation: Encouraging working men to speak. *Qualitative Research in Organizations and Management: An International Journal*, 7: 16–33.

Snelling, D. (2014) *END OF THE WORLD Top scientist reveals "We're f*****!"*. In: *Daily Star (digital version)*, 8 August 2014. www.dailystar.co.uk/tech/393400/END-OF-THE-WORLD-Top-global-warming-scientist-reveals-We-re-f-ked, accessed 24 August 2015.

Sondermann, K. (1997) Reading politically: national anthems as textual Icons. In: T. Carver and M. Hyvärinen (eds), *Interpreting the Political: New Methodologies*. London: Routledge. pp. 128–42.

Spradley, J. P. (1979) *The Ethnographic Interview*. New York: Holt, Rinehart and Winston.

Spradley, J. P. (1980) *Participant Observation*. Fort Worth. TX: Harcourt Brace Jovanovich College Publishers.

Strauss, A. (1987) *Qualitative Analysis for Social Scientists*. Cambridge: Cambridge University Press.

Strauss, A. and Corbin, J. (1990) *Basics of Qualitative Research*. Newbury Park, CA: Sage.

Street, J. (2001) *Mass Media, Politics, and Democracy*. Basingstoke: Palgrave.

Stubbs, M. (1997) Whorf's children: Critical comments on critical discourse analysis. In: A. Ryan and A. Wray (eds), *Evolving Models of Language*. Clevedon: Multilingual Matters. pp. 100–16.

Stubbs, M. (2001) *Words and Phrases: Corpus Studies of Lexical Semantics*. Oxford/Cambridge, MA: Blackwell.

Styhre, A. (2010) *Visual Culture in Organizations: Theory and Cases*. London: Routledge.

Talbot, M. R. (2003) *Language and Power in the Modern World*. Edinburgh: Edinburgh University Press.

Teubert, W. (1999) Zum Verlust von Pluralität im politisch-gesellschaftlichen Diskurs: Das Beispiel Besitzstände. In: U. Kreft, H. Uske and S. Jäger (eds), *Kassensturz: Politische Hypotheken der Berliner Republik*. Duisburg: DISS. pp. 29–48.

Teubert, W. and Cermakova, A. (2004) *Corpus Linguistics. A Short Introduction*. London/New York: Continuum.

Thompson, J. B. (1988) *Critical Hermeneutics*. Cambridge: Cambridge University Press.

Thompson, J. B. (1990) *Ideology and Modern Culture*. Cambridge: Cambridge University Press.

Thurlow, C. (2012) Fakebook: synthetic media, pseudo-sociality and the rhetorics of Web 2.0. In: D. Tannen and A. M. Trester (eds), *Discourse 2.0: Language and New Media*. Washington, DC: Georgetown University Press. pp. 225–49.

Thurlow, C. and Mroczek, K. R. (2011) *Digital Discourse: Language in the New Media*. Oxford: Oxford University Press.

Titscher, S., Meyer, M. and Mayrhofer, W. (2008) *Organisationsanalyse: Konzepte und Methoden*. UTB Facultas.

Titscher, S., Meyer, M., Wodak, R. and Vetter, E. (2000) *Methods of Text and Discourse Analysis*.

London: Sage.

Tognini-Bonelli, E. (2001) *Corpus Linguistics at Work*. Amsterdam/Philadelphia: John Benjamins.

Toolan, M. J. (ed.) (2002) *Critical Discourse Analysis: Critical Concepts in Linguistics*. London: Routledge.

Tuchmann, G. (1973) Making news by doing work: Routinizing the unexpected. *American Journal of Sociology*, 79: 110–31.

Tufekci, Z. and Wilson, C. (2012) Social media and the decision to participate in political protest: Observations from Tahrir Square. *Journal of Communication*, 62: 363–79.

Unger, J. W. (2013) *The Discursive Construction of the Scots Language: Education, Politics and Everyday Life*. Amsterdam/Philadelphia: John Benjamins.

Unsworth, L. and Cléirigh, C. (2009) Multimodality and reading: The construction of meaning through image-text interaction. In: C. Jewitt (ed.), *The Routledge Handbook of Multimodal Analysis*. Abingdon: Routledge. pp. 151–63.

Vaara, E. and Monin, P. (2010) A recursive perspective on discursive legitimation and organizational action in mergers and acquisitions. *Organization Science*, 21: 3–22.

van Dijk, T. A. (1980) *Macrostructures: An Interdisciplinary Study of Global Structures in Discourse, Interaction, and Cognition*. Hillsdale, NJ: Lawrence Erlbaum.

van Dijk, T. A. (1984) *Prejudice in Discourse*. Amsterdam/Philadelphia: John Benjamins.

van Dijk, T. A. (1988) *News as Discourse*. Hillsdale, NJ: Lawrence Erlbaum.

van Dijk, T. A. (1993) Principles of critical discourse analysis. *Discourse & Society*, 4: 249–83.

van Dijk, T. A. (ed.) (1997) *Discourse as Structure and Process*. London: Sage.

van Dijk, T. A. (1998) *Ideology: A Multidisciplinary Approach*. London: Sage.

van Dijk, T. A. (ed.) (2007) *Discourse Studies*. London: Sage.

van Dijk, T. A. (2008) *Discourse and Context: A Sociocognitive Approach*. Cambridge: Cambridge University Press.

van Dijk, T. (2013) *CDA is NOT a method of critical discourse analysis. In: EDISO Debate – Asociacion de Estudios Sobre Discurso y Sociedad*. www.edisoportal.org/debate/115-cda-not-method-critical-discourse-analysis, accessed 24 August 2015.

van Eemeren, F. H. and Grootendorst, R. (1992) *Argumentation, Communication and Fallacies. A Pragma-Dialectical Perspective*. Hillsdale, NJ: Lawrence Erlbaum.

van Eemeren, F. H., Garssen, B. and Meuffels, B. (2009) *Fallacies and Judgments of Reasonableness: Empirical Research Concerning the Pragma-Dialectical Discussion Rules*. Dordrecht: Springer.

van Leeuwen, T. (2005) *Introducing Social Semiotics*. London: Routledge.

van Leeuwen, T. (2006) Critical Discourse Analysis. In: K. Brown (ed.), *Encyclopedia of Language and Linguistics*. Oxford: Elsevier. pp. 290–4.

van Leeuwen, T. (2007) Legitimation in discourse and communication. *Discourse & Communication*, 1: 91–112.

van Leeuwen, T. (2008) *Discourse and Practice: New Tools for Critical Discourse Analysis*. New York: Oxford University Press.

van Leeuwen, T. and Wodak, R. (1999) Legitimizing immigration control: a discourse-historical analysis. *Discourse Studies*, 1: 83–118.

Viehöver, W. (2003/2010) Die Wissenschaft und die Wiederverzauberung des sublunaren Raumes: Der Klimadiskurs im Licht der narrativen Diskursanalyse. In: R. Keller, A. Hirseland, W. Schneider and W. Viehöver (eds), *Handbuch Sozialwissenschaftliche Diskursanalyse*. Wiesbaden: VS. pp. 233–70.

Wacquant, L. (2004) *Body & Soul: Notebooks of an Apprentice Boxer*. Oxford: Oxford University Press.

Waldenfels, B. (1991) Ordnung in Diskursen. In: F. Ewald and B. Waldenfels (eds), *Spiele der Wahrheit: Michel Foucaults Denken*. Frankfurt am Main: Suhrkamp. pp. 277–97.

Warren, S. (2002) 'Show me how it feels to work here': Using photography to research organizational aesthetics. *ephemera*, 2: 224–45.

Warren, S. (2005) Photography and voice in critical qualitative management research. *Accounting, Auditing & Accountability Journal*, 18: 861–82.

Webb, E. J, Campbell, D. T., Schwartz, R. D. and Sechrest, L. (1966) *Unobstrusive Measures. Nonreactive Research in the Social Sciences*. Chicago, IL: Rand–McNally.

Weber, M. (1980) *Wirtschaft und Gesellschaft*. Tübingen: Mohr.

Weick, K. E. (1974) Middle range theories of social systems. *Behavioral Science*, 357–67.

Weingart, P., Engels, A. and Pansegrau, P. (2008) *Von der Hypothese zur Katastrophe: Der anthropogene Klimawandel im Diskurs zwischen Wissenschaft, Politik und Massenmedien*. Opladen: Leske and Budrich.

Wengeler, M. (2003) *Topos und Diskurs. Begründung einer argumentationsanalytischen Methode und ihre Anwendung auf den Migrationsdiskurs (1960-1985)*. Tübingen: Niemeyer.

Wetherell, M., Taylor, S. and Simeon, Y. (eds) (2001) *Discourse as Data*. London: Sage.

Whorf, B. L. (1956) *Language, Thought and Reality*. Cambridge, MA: MIT Press.

Widdowson, H. G. (1995) Discourse analysis: A critical view. *Language and Literature*, 4: 157–72.

Widdowson, H. G. (2004a) Text, context, pretext. *International Journal of Applied Linguistics*, 15: 421–4.

Widdowson, H. G. (2004b) *Text, Context, Pretext: Critical Issues in Critical Discourse Analysis*. Oxford: Blackwell.

Wittgenstein, L. (1989 [1952]) Philosophischen Untersuchungen. In: L. Wittgenstein (ed.), *Werkausgabe Band 1: Tractatus logico-philosophicus – Tagebücher 1914–1916 – Philosophische Untersuchungen*. Frankfurt am Main: Suhrkamp. pp. 224–580.

Wodak, R. (ed.) (1989) *Language, Power and Ideology*. Amsterdam/Philadelphia: John Benjamins.

Wodak, R. (1996) *Disorders in Discourse*. London: Longman.

Wodak, R. (2001) What CDA is about – a summary of its history, important concepts and its developments. In: R. Wodak and M. Meyer (eds), *Methods of Critical Discourse Analysis*. London: Sage. pp. 1–13.

Wodak, R. (2004) Critical discourse analysis. In: C. Seale, G. Gobo, J. F. Gubrium and D. Silverman (eds), *Qualitative Research Practice*. London: Sage. pp. 197–213.

Wodak, R. (2006a) Dilemmas of discourse (analysis). *Language in Society*, 35: 595–611.

Wodak, R. (2006b) Critical linguistics and critical discourse analysis. In: J.-O. Östman and J. Verschueren (eds), *Handbook of Pragmatics*. Amsterdam/Philadelphia: John Benjamins. pp. 1–24.

Wodak, R. (2007) Pragmatics and Critical Discourse Analysis. *Pragmatics and Cognition*, 15: 203–25.

Wodak, R. (2011a) Critical discourse analysis. In: K. Hyland and B. Paltridge (eds), *The Continuum Companion to Discourse Analysis*. London: Continuum. pp. 38–53.

Wodak, R. (2011b) *The Discourse of Politics in Action: Politics as Usual*, 2nd rev. edn. Basingstoke: Palgrave Macmillan.

Wodak, R. (ed.) (2012a) *Critical Discourse Analysis* (Sage Major Works, 4 volumes). London: Sage.

Wodak, R. (2012b) Critical Discourse Analysis: overview, challenges, and perspectives. In: G. Ajimer and K. Andersen (eds), *Pragmatics of Society*. Berlin: De Gruyter.

Wodak, R. (2012c) Editor's Introduction: Critical Discourse Analysis – challenges and perspectives. In: R. Wodak (ed.), *Critical Discourse Analysis*. London: Sage. pp. xix–xliii.

Wodak, R. (2014) Political discourse analysis – Distinguishing frontstage and backstage contexts. A discourse-historical approach. In: J. Flowerdew (ed.) *Discourse in Context*. London: Bloomsbury. pp. 522–49.

Wodak, R. (2015a) *The Politics of Fear: Understanding the Meanings of Right-wing Populist Discourses* London: Sage.

Wodak, R. (2015b, in press) Argumentation, political. In: *International Encyclopedia of Political Communication*. Oxford: Elsevier.

Wodak, R. and Chilton, P. (eds) (2005) *A New Agenda in (Critical) Discourse Analysis*. Amsterdam: John Benjamins.

Wodak, R. and Krzyzanowski, M. (2008) *Qualitative Discourse Analysis in the Social Sciences*. Basingstoke: Palgrave Macmillan.

Wodak, R. and van Leeuwen, T. (2002) Discourse of un/employment in Europe: The Austrian case. *Text*, 22: 345–67.

Wodak, R. and Wright, S. (2006) The European Union in cyberspace: multilingual democratic participation in a virtual public sphere? *Journal of Language and Politics*, 5: 251–75.

Wodak, R., De Cillia, R., Reisigl, M. and Liebhart, K. (1998) *Zur diskursiven Konstruktion nationaler Identität*. Berlin: Suhrkamp.

Wodak, R., De Cillia, R., Reisigl, M. and Liebhart, K. (1999) *The Discursive Construction of National Identity*. Edinburgh: Edinburgh University Press.

Wodak, R., De Cillia, R., Reisigl, M. and Liebhart, K. (2009) *The Discursive Construction of National Identity, 2nd rev. edn. Edinburgh: Edinburgh University Press.

Wodak, R., Nowak, P., Pelikan, J., Gruber, H., de Cillia, R. and Mitten, R. (1990) *'Wir sind *alle unschuldige Täter'. Diskurshistorische Studien zum Nachkriegsantisemitismus.* Frankfurt: Suhrkamp.

Wright, W. (1975) *Sixguns and Society – A Structural Study of the Western.* Berkeley and Los Angeles, CA: University of California Press.

Yates, J. and Orlikowski, W. J. (1992) Genres of organizational communication: A structurational approach to studying communication and media. *Academy of Management Review*, 17: 299–326.

Young, L. and Fitzgerald, B. (2006) *The Power of Language: How Discourse Influences Society.* London: Equinox.

訳者あとがき

　本書の編著者であるヴォダック／マイヤーの*Methods of Critical Discourse Analysis*の訳書、『批判的談話分析入門』(三元社) が2010年に出版されてからかなりの年月が経った。内容的にも変更されたり、新たなアプローチが加わったりした第3版を訳すことに決め、翻訳作業に入った。メンバーは第1版と一部重なるが、新たに数名が加わった。

　第1版を訳した当時は、政治に全く関わらない言語学研究に「批判的談話分析」の存在を世に広めたいとの思いからの作業であったが、この間、批判的談話分析に関心を抱く人が増えてきているようである。この第3版では、関心を抱くだけでなく、批判的談話研究を実践する人が増えることを願っている。政治、メディア、あるいは教育等で用いられる日本語、日常的に交わされる日本語の支配的な談話、新たな談話に目を向けてほしい。

　書名が第1版の*Methods of Critical Discourse Analysis*から*Methods of Critical Discourse Studies*に変更されたが、それは、批判的談話分析が、言語を分析する「方法」ではなく、なんらかの社会的問題を解決する意思を持って談話を分析するものであり、アプローチは様々であるが、そこで共有されるのは批判的態度だということを強調するためだった。Studiesと複数形になっているのもそのことを示す。

　本書の内容は以下の通りである。なお原書のdiscourseの訳語の選択は各章の翻訳担当者に任せた。

　1章は全体の序の部分で、前半はCDS研究の全体像の紹介、後半は本書掲載論文の解説となっている。前半では、CDSの共通点、他の談話分析との相違点が挙げられる。また、CDS誕生の歴史、慣れ親しんだ名称のCDAからCDSに変更する理由などが述べられた後、「談話」「批判」「権力」「イデオロギー」の概念が説明される。その後、CDSで多く扱われる研究課題が紹介され、方法論に関する議論が行われる。後半では、本書で扱うそれぞれのアプローチの源流や言語学的関与、データ収集などに関し、それぞれのアプローチの方向が示される。

　2章はヴォダックの提唱する「ディスコースの歴史的アプローチDHA」の最新版

である。ヴォダックはここ数年、とりわけヨーロッパの右傾化に関するディスコースにDHAの手法を応用した論文を数多く世に問うているが、その途上でその理論の精緻化が試みられている。2章はツイッターという新しいコミュニケーション手段への適用で、地球温暖化の影響で地球壊滅が近いと煽るメディアとそれに惑わされる読者の反応が詳しく分析されている。

　第3章の「批判的談話研究——社会認知的アプローチ」は、改版ごとに内容が充実し、ヴァン・デイクの論考が非常に成熟した形で示されている。ヴァン・デイクは、談話と社会と認知の関係性から社会政治的問題を見つめ続けている。この論文では、人種差別主義・人種差別反対主義の談話を取り上げ、談話を通して人々の解釈や認知のあり様を解明し、人種差別問題の根底にある社会構造やイデオロギーを浮き彫りにすることに成功している。

　第4章では、批判的ディスコース分析の「弁証法的関係アプローチ」について、その理論の紹介と実際のデータ分析が行われている。フェアクラフは、社会的プロセスの一要素である記号作用と他の社会的要素との弁証法的関係に焦点を当てる。そして社会構造と社会的出来事を「仲介する」社会的実践において、記号作用と他の社会的要素との関係性や記号作用自体の変化の分析について論じるとともに、具体的な政治問題研究への応用を提示した。

　第5章は、フーコーの権力と知に関する考察を基に、批判的談話分析の理論と方法論を発展させたものである。言語的に行われる談話的実践に関する諸概念を用意し、構造分析、詳細分析、総合分析の手順やガイドラインを示す。また、総合的に知と権力を捉えるため、言語のみならず、非言語的に行われる談話的実践、そして人工物などの物質化を統合した装置分析にも挑んでいる。

　第6章は、ディスコースを「社会的に構築された、現実の一定の側面を知る種々の方法」として捉えたうえで、ディスコースと社会的実践との関連性に着目し、とりわけディスコースが社会的実践を再コンテキスト化したものであることを論じる。この観点から、リーダーシップをめぐるディスコースの事例に焦点を絞り、Voicesと呼ばれる質問票を分析しながら、いかにしてディスコースが社会的行為を変容させるかを例証してみせている。

　7章はコーパス言語学の手法がCDA（原書のママ）にどのように貢献できるかを扱っている。本章は初版にはなく、この貢献は、億単位の語数を有する大規模コ

ーパスとPCの普及とともに可能になったと言える。共起語の量的抽出と用例分析を、汎用コーパスと特定の新聞のテクストコーパスに限って行う実践例を挙げて、CDA研究の主張の補完、両研究の融合の可能性を示している。同時にCDAにコーパス言語学の手法を組込む際の課題も論じられている。

　第8章ではマルチモーダルなテクストを対象とする批判的分析について論じられている。意味は言語を通してのみならず、それ以外のモードを通しても伝えられるため、マルチモダリティの導入は批判的談話分析の可能性を広げる。実際に、言語と視覚の両モードからなるテクストを用いて、分析手順の5つの段階が指針となる問いとともに順をおって説明されており、読者は自らの関心に合わせて分析を行うことが可能になる。

　最後の第9章は、ソーシャルメディアに関する談話分析である。近年、フェイスブックをはじめとするソーシャルメディアが急速に発展しているが、ウェブ上のデータは従来の言語的データとは異なる特徴を有している。また、ソーシャルメディアにおける力や参加の様相も、従来のコミュニケーションとは多くの点で異なっている。9章は2つのケーススタディを通じて、批判的談話研究のソーシャルメディア研究への適用を、主に方法論の側面から検討している。

　最後に、本書の出版にあたって、版権の取得から最終校正に至るまで辛抱強く作業に当たってくださった石田俊二氏をはじめ三元社の皆さんに心から感謝したいと思います。

2017年12月13日
訳者一同

あ

アイデンティティ政治（identity politics）141
アイデンティフィケーション（identification）105
新しい労働党（New Labour）132, 139, 143, 144, 146, 151, 153, 154, 159
アフォーダンス（affordances）（304, 309, 312-316, 328, 335, 341
アラブの春（Arab Spring）311, 327, 330, 331
アラブの春の運動（Arab Spring uprisings）174
アリストテレス（Aristotle）140
アルチュセール、L.（Althusser, L.）164
アンドルチョプロス、J.（Androutsopoulos, J）306, 313, 318
暗黙の知（tacit knowledge）168, 193
イェーガー、S.（Jäger, S.）176, 185
イェーツ、J.（Yates, J.）280
一般化（generalization）220, 222, 224
イデオロギー（の定義）（ideologies definition of—）11-13, 17-18, 27-28
イデオロギーの四角形（ideological square）106
意味記憶（semantic memory (SM)）94
意味的韻律（semantic prosody）236-238, 246, 250, 259
意味の当然視（naturalization of meanings）153
意味論的モデル（semantic models）95
ヴァインガルト（ワインガルト）、P.（Weingart, P.）79
ヴァルトハイム（ワルトハイム）、K.（Waldheim, K.）44
ヴァン・デイク（ダイク）、T. A.（van Dijk, T.A.）2, 5, 6, 7, 12, 26, 29, 31, 205, 231
ヴァン・レーヴェン、L.（van Leeuwen, T.）5, 210, 211, 226, 239, 270, 279, 332
ウィルソン、C.（Wilson, C.）312, 319, 331, 335, 340
ウェカント、L.（Wacquant, L.）193
Voices（質問票の名前）（Voices (questionnaire)）202, 203, 208-210, 213, 214, 216, 220, 221
「ウォール街を占拠せよ」（Occupy Wall Street）321, 330, 339
ウォーレン、S.（Warren, S.）277
ヴォダック、R.（Wodak, R.）5, 26, 29, 231, 306, 308, 310, 320, 321
エピソード記憶（episodic memory (EM)）94
オーリコフスキー、W. J.（Orlikowski, W. J.）280
オハロラン、K.（O'Halloran, K.）228
「恩顧主義的」関係（clientelist' relations）154

か

解釈学的循環（hermeneutic circle）28
解釈のパターン（Deutungsmuster）296

下位政治（subpolitics）141
会話分析（conversation analysis）2, 18
学際性（interdisciplinarity）45
過剰決定（overdetermination）221, 222
カップ、P.（Cap, P.）5
寡頭政治（oligarchy）140-141
ガバナンス（governance）144-145
カレン、N.（Caren, N.）334
『監獄の誕生』（書名）（Discipline and Punish）195
間談話（interdiscourse）177
間談話性、間ディスコース性（interdiscursivity）34, 40-41, 130-131, 139
間テクスト性、間テクスト的（intertextuality, intertextual）34, 40, 43-45, 55, 63-64, 69, 75, 77
観点化（perspectivization）47, 62
緩和と強調（強調と緩和）（mitigation and intensification（intensification and mitigation））46-47, 62, 66-67
記憶（memory）94
企業文化（enterprise culture）131
記号作用（semiosis）126-128, 130-131, 135, 137-139, 143-149, 152-155
記号作用的（semiotic）126-130, 132, 133, 135, 136, 145-147, 149, 156
記号作用的（な）入口点（semiotic point of entry）125, 137, 138, 142-143
記号作用と他の社会的要素との関係（relations between semiotic and other social elements）127, 128, 131, 136, 155
記号作用の様態（semiotic modalities）126
気候変動（climate change）18, 48-52
記号論（semiotics）2, 6-7, 265
記号論的な行為（semiotic actions）217-218, 222
記号論的分析（semiotic analysis）136
記述化（descriptivization）219, 223, 225
キッチェルト、H. P.（Kitschelt, H. P.）335
キナリア、A.（Chinaglia, A.）113
規範と価値観（norms and values）106, 120-121
ギャビー、S.（Gaby, S.）334
極右の国家主義（extreme right nationalism）141
偶像破壊（iconoclasm）267
「草の根」政治活動（grassroots politics）141
具体化（される）（materialized）130, 139, 147
具体的な発話（エノンシアシオン）（énonciations）177
クラーク、J.（Clarke, J.）151

グライムス、J.E.（Grimes, J. E.）205
グラウンディド・セオリー（Grounded Theory）29
グラハム、P.（Graham, P.）308-309, 336
グラムシ、A.（Gramsci, A.）12
グリーソン、H. A. Jr.（Gleason, H. A., Jr.）205
クレス、G.（Kress, G.）5, 9, 205, 267, 272, 279, 291, 332
クレンペラー、V.（Klemperer, V.）173, 195
グローバリゼーション、グローバル化（globalization）261, 321, 341, 351
グローバル化された経済（globalized economy）155, 159
グローバル経済（global economy）134-137, 141, 143, 145-147, 152-153, 155
グローバルな談話（global discourse）183-184
契機（moment）133
系譜学（genealogy）172, 184
権威化（authorization）142
研究課題（research questions）48, 51, 53-56
言語学的分析（linguistic analysis）137
言語的実現（linguistic realizations）46
言語的手段（linguistic means）46
現実（reality）164-168, 171-172, 180
現代アメリカ英語コーパス（COCA）（Corpus of Contemporary American English）240, 242
言表（エノンセ）（enoncés）177
権力（power）
　　―関係（― relations）170
　　―作用／―効果（― effects）163, 173
　　―テクノロジー（technologies of ―）15
　　―と談話（ディスコース）（― and discourse(s)）15, 171
　　―の定義（definitions of ―）7, 11, 13-19, 37,
行為者（actor(s)）164-165
行為者性（actorhood）165, 172
行為主体、動作主、社会的な行為主体（agent）129, 130, 149-151, 290
抗議活動（protest movements）330-331, 334-335
公共圏（public sphere）140, 142
構造分析（structural analysis）187-190
行動の場（fields of action）41, 63, 78
合理化（rationalization）142, 147
コーパス言語学（CL）（corpus linguistics）228-
　　―とディスコース（― and discourse(s)）229-231
　　―とデータ収集（― and data collection）252-253
　　―に関わる批判（critique of ―）250-259

―の実践例（examples of ―）229-230, 232-238, 243-250,
　　―の中心的概念（key concepts in ―）232-243
　　―の批判的談話研究における役割（― role in critical discourse studies）228-231
国家的資本主義（national capitalism）159
コトゥル、S.（Cottle, S.）311, 312
ことばの民族誌（ethnography of speaking）2
語用論（pragmatics）2, 3, 24-26, 28
語用論的モデル（pragmatic models）96
コンコーダンス・プログラム（コンコーダンス作成ソフト）（concordance programs）228, 232-238, 254, 258
ゴンザレス-バイヨン、S.（González-Bailón, S.）336
コンテクスト（context）38, 40, 43-44, 46, 48, 51, 60, 65-66, 75, 78
コンテクストモデル（context models）96

さ

サージェント、P.（Seargeant, P.）303
サーロウ、C.（Thurlow, C.）302, 318, 344
再帰的近代化（reflexive modernity）141
再構造化（re-structuring）144-145
再コンテクスト化／再文脈化（recontexualization）127, 129, 132, 145, 149, 152, 201, 204, 206, 209, 213, 214
再スケール化（re-scaling）144-145
作業記憶（working memory (WM)）94
搾取（exploitation）304, 322
差し迫った必要性（urgent need [urgence]）170
三角法、トライアンギュレーション（triangulation）38, 44, 80, 229, 257, 318
サン紙（新聞名）（The Sun (newspaper)）243-245, 250-251
ジェパーソン、R. L.（Jepperson, R. L.）165
視覚イメージ（visual images）126, 137
市場経済（market economy）130-131
時制（tense）150
支配（domination）101-102
支配的ディスコース（dominant discourse）138
支配的な談話（hegemonic discourse）173, 183
資本主義グローバリゼーション（capitalist globalization）153
指名（nomination）46-47, 49, 61-62, 65, 71, 86
社会言語学（sociolinguistics）2, 17, 25, 29
社会構造（social structures）128
社会的認知（social cognition）95, 99, 101

社会的現実（social reality）128、ほか多数
社会的実践（social practices）206-211, 216, 221
社会的出来事（social events）128, 139, 145
社会的場（social fields）16-17
社会認知的アプローチ（sociocognitive approach）90-
　　―におけるイデオロギー（ideologies in ―）91, 93, 98-100
　　―における権力（power in ―）101-102
　　―におけるディスコース（discourse(s) in ―）103-106
　　―における媒介（mediation in ―）28
社会分析（social analysis）137
社会問題、社会的不正（social wrongs）133, 135-138, 143-146, 152-153
ジャンルネットワーク（genre networks）145-146
集合シンボル（collective symbols）170, 173, 180, 187, 189
修辞ストラテジー（rhetorical）147
主体（subjects）165
シュレーダー、J. E.（Schroeder, J. E.）274
状況モデル（situation models）95
詳細分析（detailed analysis）187-190
象徴化（symbolization）221
情報主導型経済（knowledge-driven economy）157, 158
植民地化（colonization）129
叙述（predication）47, 49, 61, 65, 66, 68, 70, 71, 86
触覚的モード（haptic mode）283
資料的アプローチ（documenting approach）273
素人大工的（bricolage）167, 195
人工物分析（artefact analysis）193, 195
新自由主義（neoliberalism）146
新自由主義ディスコース（neo-liberal discourse）126, 145
新自由主義的原理（neoliberal principles）138
人種差別主義（racism）133
人種差別主義の談話（racist discourse）91-92
人種差別反対主義（anti-racism）108-122
心理言語学（psycholinguistics）2
ズウィック、D.（Zwick, D.）274
スコロン、R.（Scollon, R.）308
スコロン、S.W.（Scollon, S. W.）308
スタイル（styles）128-131, 137, 139, 145, 286-287
スタッブズ、M.（Stubbs, M.）236
ステージ（stage）126, 133, 136-138, 143-144, 153

ステップ（step）126, 132-134, 136-138, 143-144, 147
スネリング、D.（Snelling, D.）41, 54, 58, 75-78
スルツカヤ、N.（Slutskaya, N.）276
生活政治（life politics）141
政治化（politicization）141-144, 147, 154-156
政治ディスコース（political discourse）126, 132, 139, 142, 146.148.152-153
政治的行動（political action）41-42, 54, 56, 63, 78
政治的抵抗に関するオンラインリサーチプロジェクト（Political Resistance Online Research Project (PRORP)）320, 344
政治分析（political analysis）126, 141
正当化（legitimation）146-147, 152, 160
正当化戦略、正当化ストラテジー（legitimation strategies）142, 147, 152, 296
『性の歴史』（書名）（The History of Sexuality）171
セイヤー、A.（Sayer, A.）10
セヴィニャーニ、S.（Sevignani, S.）303-304
節合（せつごう）されている（articulated）131, 137
説明的批判（explanatory critique）125, 133
「占拠せよ」運動（Occupy movement）174
全体的な社会的談話（overall societal discourse）183-184
前提（premises）142, 147-148
総合分析（synoptic analysis）190
操作化（operationalization）19-21, 29, 31, 139, 142, 145, 160
操作化される（operationalized）130
装置（dispositives）162-163, 165-166, 168, 170-171, 175-176, 191
装置分析（dispositive analysis）162-164, 166-168, 174, 176, 191, 194-195
ソーシャルメディア（social media）
　　コミュニケーションと―（communication and ―）302-303
　　コミュニケーションの力と―（communicative power and ―）309
　　―のケーススタディ（case studies ―）320-340
　　―への批判的談話アプローチ（critical discursive approach to ―）312

た

対抗談話（counter-discourse）183
態度（attitudes）95, 98
タイムズ紙（新聞名）（The Times (newspaper),）233-237, 248, 250
代名詞（pronouns）105
大理論（Grand Theories）19, 24, 31
タッグ、C.（Tagg, C.）303
脱差別化（dedifferentiate）148

脱主体的行為化（de-agentialization）219, 220
脱政治化（depoliticization）141-144, 147-149, 155-156
タッチマン、G.（Tuchmann, G.）284
ダリックス、E.（Darics, E.）319, 329
短期記憶（short term memory (STM)）94
談話（ディスコース）（の）（discourse(s) / discursive）
　　―研究（― studies）2
　　―処理（― processing）95
　　―セクター（― sectors）184
　　―対イデオロギー（― vs. ideology）8, 13, 17-18
　　―中心のオンラインエスノグラフィー（― -centred online ethnography (DCOE)）313, 318, 341
　　―的つながり（― relations）168
　　―的出来事（― events）181-182
　　―と現実（reality and ―）164, 171
　　―の絡まり（― knot）179
　　―の限界（― limits）174, 178
　　―の権力（power of ―）171
　　―のコンテクスト（― context）181-182
　　―のせめぎ合い（― struggle）182
　　―の束（― strands）177-180, 182-190, 279
　　―の束の絡み合い（entanglements of ― strands）179
　　―の秩序（orders of ―）129
　　―の定義（definitions of ―）7, 15
　　―のポジション（― positions）182-183, 188-190
　　―片（― fragments）178-179, 187-189
　　―レベル（― planes）177, 180-181, 184, 186
　　―を支配する権力（power over ―）173
談話-認知-社会の三角形（Discourse–Cognition–Society triangle）90-91
小さな道具箱（little toolbox）176, 185
知識、知（knowledge）92, 94-95, 97, 100-103, 107, 115-116, 162, 165-168, 171, 174, 178, 191-195
知識集約型経済（knowledge-based economy (KBE)）18
知識装置（knowledge device (K-device)）97
『知の考古学』（書名）（Archaeology of Knowledge）167
仲介する（mediate）128, 137
中間レベル（interlevel）137
抽象化（abstraction）209, 220
長期記憶（long term memory (LTM)）94-95

超国家的企業（transnational companies）154, 159
超国家的資本（transnational capital）154, 159
チョウリアラキ、L.（Chouliaraki, L.）126-129, 132, 257
チルトン、P.（Chilton, P.）156
ツイッター（Twitter）303, 319, 324, 336-339
ディスコース（群）(discourses) 128-131, 136-137, 145, 152
　　社会的行為と―（social actions and ―）216-217, 219, 221
　　社会的実践と―（social practices and ―）206-211, 216, 221
　　―上の韻律（― prosody）236-237
　　―ストラテジー（discursive strategies）46-47, 49
　　―対テクスト（― vs. text）215
　　―伝達の次元（― carrying dimensions）275, 296
　　―トピック（― topics）41-43, 62
Discourse & Society（雑誌名）(Discourse & Society) 6
ディスコースの歴史的アプローチ（discourse-historical approach）34-
　　―におけるイデオロギー（ideologies in ―）34, 36, 38, 57, 61-62
　　―における権力（power in ―）34-35, 37
　　―におけるジャンル（genres in ―）34, 41, 43-45, 48-49, 54, 78
　　―における段階（steps in ―）48
　　―におけるディスコース（discourse(s) in ―）38-43
　　―におけるデータ収集（data collection in ―）49
　　―におけるテクスト（text in ―）38-44
　　―における媒介（mediation in ―）28
　　―における批判（critique in ―）35, 48, 79
　　―のキー概念（key concepts in ―）34
　　―の原則と分析のためのツール（principles and tools of analysis of ―）44
　　―の強味（strengths of ―）80
データ収集（の概説）(data collection (overview)) 20-21, 27, 29-30
敵対的政治（adversarial politics）138, 141-142
テクスト（の定義）(definitions of texts) 4, 8-9, 13-14, 17, 20, 21, 27-30
テクスト対ディスコース（texts vs. discourse）200, 203
デジタルで伝えられるコミュニケーション（digitally mediated communication）19
デジタル労働（digital labour）303
デュルケム、E.（Durkheim, E.）204
デリダ、J.（Derrida, J.）228
電子的に媒介された抵抗（digitally mediated protest）325-326
ド・ボーグランド、R.（de Beaugrande, R.）228
闘争的均衡状態（conflictual equibruium）141
トゥフェチ、Z.（Tufekci, Z.）312, 319, 331, 335, 340

トグニーニ・ボネリ、E.（Tognini-Bonelli, E.）237
特別談話（special discourses）177
トポス（topoi）49-51, 76, 179, 275, 289, 296
富を持たざるもの（aporoi）140
富を持つもの（euporoi）140,
トンプソン、J. B.（Thompson, J. B.）36

な

二極化（polarization）105, 118
2014年の欧州議会選挙（2014 European Parliament elections）92-93, 108, 124
ニューエコノミー（new economy）149, 151
ニューマン、J.（Newman, J.）151
認識論（epistemology）13, 19, 22-24
人称的直示（personal deixis）148-149
認知科学（cognitive sciences）2, 19
認知構造（cognitive structures）94-100
ネオリベラリズム（neoliberalism）18

は

パーヴィス、T.（Purvis, T.）13
バーガー、P.L.（Berger, P. L.）216
パーソンズ、T.（Parsons, T.）204
ハーディー、A.（Hardie, A.）242, 256-257
ハーディー、C.（Hardy, C.）271-272, 274
パーティントン、A.（Partington, A.）228
ハート、C.（Hart, C.）5, 13, 26
ハーバーマス、J.（Habermas, J.）4, 9, 18
パーマー、I.（Palmer, I.）257
バーンスタイン、B. B.（Bernstein, B. B.）127, 204
媒介（mediation）19, 27-28
バイスヴェンガー、M.（Beißwenger, M）318
パイン、P.（Paim, P.）113
バスカー、R.（Bhaskar, R.）133, 159
ハビトゥス（habitus）16
ハリデー、M. A. K.（Halliday, M. A. K.）7, 26-28
パレーシアスト（parrhesiasts）175
反転（inversion）221
ハント、A.（Hunt, A.）13
非言語的に行われる行為（non-linguistically performed action）165

必要領域（realm of necessity）152
批判的（critical）127
批判的言語意識（critical language awareness）131
批判的言語学（Critical Linguistics）7, 9
批判的実在論（critical realism）132, 159
批判的社会研究（critical social research）127
批判的談話研究（critical discourse studies (CDS)）2-
　　―におけるイデオロギーと権力（ideology and power in ―）11
　　―における研究課題（research agenda and challenges in ―）24-29
　　―における研究プロセス（research process in ―）21
　　―における談話（discourse in ―）8
　　―におけるデータ収集（data collection in ―）21, 27, 29-30
　　―における批判の原動力（critical impetus in ―）11
　　―における理論的基礎と目的（theoretical grounding and objectives of ―）23
　　―の主なアプローチ（major approaches to ―　See also specific approach）2, 4-6, 8-10, 13, 19, 23-30
　　―の原則とソーシャルメディア（― and socail media）305
　　―の目的と目標（aims and goals of ―）3
　　―の用語の使用（use of term ―）4
　　―の歴史（history of ―）5
批判的談話分析（critical discourse analysis / CDA）3- , 265
　　―の用語の使用（use of term ―）4
批判理論（critical theory）9-10, 26, 31, 35
ピンチ、T.（Pinch, T.）273
ファラシー（誤謬）（fallacies）47, 49-51, 62, 66, 71-72, 74-76, 78
フィーヘーバー、W.（Viehöver, W.）79
フィリップス、N.（Phillips, N.）271-272, 274
フーコー、M.（Foucault, M.）162
フーコー派アプローチ（Foucauldian approach）
　　―における談話（discourse(s) in ―）162 -
　　―におけるテクスト（texts in ―）178-179
　　―における批判（critique in ―）174-175
　　―における理論的基礎（theoretical foundations of ―）165
フェアクラフ、N.（Fairclough, N.）5, 26, 31, 205, 226, 231, 237, 257
不確実性と討議の領域（realm of contingency and deliberation）152
フックス、C.（Fuchs, C.）303-304, 343
物質化（materializations）165-166, 168, 172, 176, 191, 193-195
物質過程（material processes）150
物質的現実（material reality）164, 168

フランクフルト学派（Frankfurt School）9
ブリティッシュ・ナショナル・コーパス（BNC）（British National Corpus）240, 242, 251, 254
ブルデュー、P.（Bourdieu, P.）9-10, 16, 204
ブレア、T.（Blair, T.）139, 143-144, 146, 148-149, 151-154, 158
フロシャウアー、U.（Froschauer, U.）193
文化政治的経済（cultural political economy）127, 132, 159
分割の誤謬（fallacy of division）148
文脈化（contextualize）144
ベイカー、P.（Baker, P.）229, 236, 258
ベイステルフェルト、K.（Bijsterveld, K.）273
ヘゲモニー（hegemony）12, 153, 270, 272
ヘリング、S. C.（Herring, S. C.）306, 317-319
ベル、A.（Bell, A.）56
ベル、E.（Bell, E.）276
ヘレラー、M. A.（Höllerer, M. A.）275
弁証法的関係（dialectical relations）125-128, 131, 136-139, 144-145, 156-157
弁証法的関係アプローチ（dialectical relational approach）126-
　　―における媒介（mediation in ―）27-28
　　―における批判（critique of ―）88, 156-157
　　―の適用分野（fields of application of ―）131
　　―の方法論（methodology of ―）126, 132
法助動詞（modal verb）150
方法（methods）3, 4, 19-20, 22-23, 28-29
ボーンサック、R.（Bohnsack, R.）280
ボックス、J.（Box, J.）43, 58-59, 61, 63-64, 66-72, 77, 85
ボディランゲージ（body language）126
ホルクハイマー、M.（Horkheimer, M.）9
ホルコム、J.（Holcomb, J.）302
ホルツシャイター、A.（Holzscheiter, A.）15

ま

マーチャント、B.（Merchant, B.）69
マーティン、J. R.（Martin, J. R.）205
マートン、R. K.（Merton, R. K.）24
マイヤー、A.（Mayr, A.）270
マイヤー、F.（Maier, F.）193
マイヤー／ジェパーソン（Meyer & Jepperson）165
マウトナー、G.（Mautner, G.）237, 241, 306-307

マクロ・トピック（macro-topics）38, 75
マクロストラテジー（macro-strategies）142-143, 147-148, 152-154
マケナリー、T.（McEnery, T.）229、242, 256-257
マチン、D.（Machin, D.）270
マリノフスキー、B.（Malinowski, B.）226
マルチモーダル（multimodal）129, 311, 341-342
マルチモーダルなCDA（multimodal Critical Discourse Analysis）
　　―におけるキー概念（key concepts in ―）269-273
　　―における権力（power in ―）270-278
　　―におけるジャンル（genres in ―）280-282
　　―における分析手順（analytical procedures in ―）278-296
　　―への考古学的アプローチ（archaeological approach to ―）274-275
　　―への対話的アプローチ（dialogical approach to ―）275-278
ミュラー＝ドーム、S.（Müller-Doohm, S.）279
民主政治（democracy）140-142
民族誌的（の）インタビュー（ethnographic interviews）192, 195
ムバラク、H.（Mubarak, H.）331-332
ムロチェック、K. R.（Mroczek, K. R.）318, 344
明白に述べられる知（explicit knowledge）168
メイヤー、R. E.（Meyer, R. E.）273
メディアディスコース（media discourse）131
メンタルモデル（mental models）94-96
モダリティ（modality）149-151

や

有形的な行為（material actions）217
有効性（validity）162, 175
有効な知（valid knowledge）162
ユルゲンソン、N.（Jurgenson, N.）207, 303-304, 313, 328

ら

ライト、S.（Wright, S.）308, 310
ライチ、S.（Leitch, S.）257
ラツアー、B.（Latour, B.）165
ランシエール、J.（Rancière, J.）140
濫喩（イメージ・フラクチャー）（catachreses (image fractures)）180
利害（interests）106
リッツァー、G.（Ritzer, G.）303-304
リューガー、M.（Lueger, M.）193

理論的秩序（theoretical order）133
理論的なサンプル抽出法（theoretical sampling）20
リンク、J.（Link, J.）163
ルッペル、C.（Ruppel, C.）60-61, 63, 70, 72, 77
ルラ・ダ・シルヴァ、L.I.（Lula da Silva, L. I.）113
レムケ、J.L.（Lemke, J. L.）8
連合王国独立党（United Kingdom Independence Party (UKIP)）92-93, 95-96, 98-99, 122
ロミンガー・インターナショナル（Lominger-International）202, 214
論証（argumentation）47, 49-51, 62-64, 78
　　結果に訴える—（argumentum ad consequentiam）71
　　権威に訴える—（argumentum ad verecundiam）66-69, 71-72, 75, 78
　　自然に訴える—（argument from nature）75
　　無知に訴える—（argument from ignorance）76
論証ストラテジー（argumentation strategy）147

わ

ワードバンクス・オンライン（コーパス名）（Wordbanks Online）232-235, 240, 242, 246-252, 254
『私は証言する——ナチス時代の日記［1933-1945年］』（書名）（Diary of the Nazi Years）195

執筆者紹介

ノーマン・フェアクラフ（Norman Faircloug）
英国ランカスター大学（Lancaster University）名誉教授（言語学）。批判的談話分析の分野での著作が豊富である。主要著書としては、*Language and Power* (1989)、*Discourse and Social Change* (1992)、*Media Discourse* (1995)、*Critical Discourse Analysis* (1995)、*Discourse in Late Modernity* (1999)、（Lilie Chaouliarakiとの共著）、*New Labour, New Language?* (2000) がある。「グローバリゼーション」「ネオリベラリズム」「新資本主義」「知識企業」などと称される現代の社会変化において、その要因となっている言語（談話）に現在の関心の中心がある。
Emai: n.fairclough@lancaster.ac.uk

マルクス・ヘレラー（Markus Höllerer）
ウィーン経済経営大学（WU,Vienna University of Economics and Business）公共経営ガバナンス研究所教授、オーストリアのニュー・サウス・ウェールズ大学（UNSW, University of New South Wales）経営学大学院の組織論の上級研究員である。専門は組織制度論で、幅広い経験的現象や環境を対象としている。具体的には、その学術的な関心は、グローバルな思想の広がりや地域ごとのその適応、とりわけ多様な理論化や地域ごとの意味の違いに、またさまざまな管理上の概念間の関係やその土台となる公的・民間部門におけるガバナンスやビジネスのモデルに向けられている。近年は、ディスコースのフレーミングや、視覚を用いたマルチモードな修辞法について研究を行っている。彼の研究は、*Academy of Management Annals*、*Academy of Management Journal*、*Journal of Management Studies*、*Public Administration*、*Research in the Sociology of Organizations*などの学術雑誌，また書籍や論集で公表されている。
Email: markus.hoellerer@wc.ac.at

ジークフリート・イェーガー（Siegfried Jäger）
1972年からドイツのデュースブルク・エッセン大学（University of Duisburg/Essen）のドイツ語学教授。また、1987年からはデュースブルク言語社会研究所（Duisburg Institute of Linguistic and Social Research）所長でもある。主な研究分野はミッシェル・フーコーの理論に基づく談話理論および批判的談話分析である。これまでに幅広くさまざまなトピックを扱うプロジェクトを行ってきた。たとえば、マスメディアや日常的な会話における言語障壁、極右、移民、人種差別、犯罪のメディア報道、19世紀ユダヤ人の出版物、ドイツおよびポーランドにおけるキリスト教原理主義と反ユダヤ主義など。彼の業績に関しては、diss-duisburg.deを参考のこと。
Email: s.jaeger@diss-duisburg.de

デニス・ジャンクサリー（Dennis Jancsary）
ウィーン経済経営大学（WU, Vienna University of Economics and Business）の組織学研究

所およびコペンハーゲン経営学大学院（Copenhagen Business School）の組織学研究科のポスト・ドクター研究員である．専門は制度や知識の出現，拡散，変化における修辞法や言語使用で，近年は，質的および解釈的な研究戦略を中心として，権力や権威，正統性の産出や（再）構築，特に議論や説得の利用における言語的および視覚的な修辞法についての分析を行っている．
Email: dennis.jancsary@wc.ac.at

マイ・コスラヴィニク（Majid KhosraviNik）
英国ニューカッスル大学（New Castle University）のメディア・談話研究の講師。談話と（国民的・民族的・集団的）アイデンティティとの交差を含む、メディアの談話と広汎なトピックにおける批判的談話研究の理論と方法および応用に関心がある。過去にマスメディアにおける移民のアイデンティティ談話に関して出版を行っている。ここ数年は、ソーシャルメディアなどのデジタルな参加環境に関するCDAの理論と応用を研究。*Critical Discourse Studies*、*Journal of Language and Politics* をはじめとする多くの国際ジャーナルの委員を務めるほか、ニューカッスル談話グループ（New Castle Discourse Group）の共同設立者でもある。2013年には、Bloomsbury Academicより Ruth Wodak、Brigitte Mralとの共編で *Right-Wing Populism in Europe: Politics and Discourse* を出版。現在、DAPSACのシリーズ本として、イランの核計画に関するイランと英国の出版界の談話に関する原稿の最終まとめに取りかかっている。
Email: majid.khosravinik@newcastle.ac.uk

フロレンティン・マイヤー（Florentine Maier）
ウィーン経済経営大学（WU, Vienna University of Economics and Business）准教授。非営利マネジメントに関して研究し、教鞭をとる。研究の中心は非営利部門のビジネス的な発想や方法の広がり、そしてそれに取って代わる、より民主的で平等主義的な組織形態についてである。こうしたコンテクストで問題を考察するために談話分析的方法を用いることが多い。
Email: florentine.maier@wu.ac.at

ゲルリンデ・マウトナー（Gerlinde Mautner）
ウィーン経済経営大学（WU= Vienna University of Economics and Business）の英語ビジネス・コミュニケーション学科教授、ロンドン・シティ大学カス・ビジネス・スクール（Cass Business School at City University London）名誉客員教授。研究の関心は、言語、社会、ビジネスにまたがる分野にある。方法論的問題に焦点をあて、学際的な（例えば、批判的談話分析と批判的経営研究間、CDAとコーパス言語学間の）協力の機会や挑戦を探求している。最近の研究では、自由市場化した言語のさまざまな生活領域への流入、経営の教科書における言語の扱い、および談話、空間、法則間の相互関係を調査してきた。
Email: gerlinde.mautner@wu.ac.at

ミヒャエル・マイヤー（Michael Meyer）

ウィーン経済経営大学（WU= Vienna University of Economics and Business）経営学部経営管理学教授。非営利マネジメント研究所所長。研究の中心は、非営利組織における管理主義と管理ツールの拡散についてである。また、キャリア、非営利ガバナンス、市民参加（ボランティア、寄付）、社会的起業家精神にも関心を抱く。
Email: michael.meyer@wu.ac.at

レナーテ・マイヤー（Renate Meyer）

ウィーン経済経営大学（WU= Vienna University of Economics and Business）の組織研究学の教授、コペンハーゲン経営学大学院（Copenhagen Business School）組織研究科の常任客員教授。2008年からは、ヨーロッパ組織研究グループ（EGOS=European Group for Organization Studies）の理事も務めている。専門は現象論的な観点からの制度研究で、近年は，フレーミングや正統化戦略、視覚的なものを用いた修辞法、アイデンティティ、新しい組織形態を中心に研究を行っている。彼女の研究は *Academy of Management Journal*、*Academy of Management Annals*、*Organization Studies*、*Journal of Management Studies*、*Critical Perspectives on Accounting*、*Research in the Sociology of Organizations*、*Journal of Management Inquiry*、*Organization*、*Public Administration* などの学術雑誌で公表されている。また、著者や共著者としての書籍や章も多数ある。
Email: renate.meyer@wc.ac.at

マーティン・ライジグル（Martin Reisigl）

応用言語学博士で、現在ベルン大学ドイツ学研究所（Institute for German Studies of the University Bern）社会言語学准教授。2009年10月から2010年9月までハンブルク大学（University of Hamburg）のドイツ語学代理教授を務め、2009年から2011年にはブタペストにある中央ヨーロッパ大学（CEU=Central European University）でナショナリズム研究の客員教授を務めた。長年にわたり、ウィーン大学の応用言語学の講師であった。2006年5月から2007年2月までローマにある「ラ・サピエンツァ」（La Sapienza）大学客員教授、2007年2月から6月まではウィーンにある人文科学研究所（IWM, Institutes for Human Sciences）の客員フェローを務めた。研究の関心は（批判的）談話分析、談話理論、テクスト言語学、社会言語学、語用論、政治言語学（あるいは政治コミュニケーション）、修辞学、言語と歴史、言語学と文学、論証分析や意味論である。
Email: martin.reisigl@germ.unibe.ch

ヨハン・W・ウンガー（Johann W. Unger）

ランカスター大学（Lancaster University）言語学・英語学部門講師およびサマープログラム・アカデミックディレクター。批判的談話研究の観点から、主に言語政策とデジタル的に媒介された政治について研究している。近著に論文 'Rebranding the Scottish Executive'（*Journal of Language and Politics* 所収）、著書 *The Discursive Construction of Scots: Education, Politics and Everyday Life*、共編書 *Multilingual Encounters in Europe's Institutional Spaces*、共著による教科書 *Researching Language and Social Media: A Student Guide* がある。また、

シリーズ本 *Discourse Approaches to Politics, Society and Culture* の編者を務めている。
Email: j.unger@lancaster.ac.uk

テウン A・ヴァン・デイク（Teun A. van Dijk）
2004年までアムステルダム大学（University of Amsterdam）の談話研究の教授、かつ1999年以来、バルセロナのポンペウ・ファブラ大学（Universitat Pompeu Fabra）教授。生成詩学、テクスト文法、テクスト処理心理学などの初期の研究に続いて、1980年以降は、より批判的な視点に立ち、談話における人種差別、報道ニュース、イデオロギー、知識、コンテクストに取り組んでいる。これらのほとんどの分野での著書があり、6つの国際誌を創刊し、編集してきた。そのうち、*Discourse & Society*、*Discourse Studies*、*Discourse & Communication*、およびオンラインジャーナル Discurso & Sociedad（www.dissoc.org）の4つの学術誌では、現在も編者である。テウン A. ヴァン・デイクは3つの名誉博士号を取得しており、1995年には、アドリアナ・ボリバル（Adriana Bolivar）とともに「ラテンアメリカ談話研究学会」（Asociacion Latino-americana de Estudios del Discurso: ALED）を創設した。最近の英文の研究書は、*Ideology*（1998）、*Racism and Discourse in Spain and Latin America*（2005）、*Discourse and Power*（2008）、*Discourse and Context*（2008）、*Society and Discourse*（2009）、*Discourse and Knowledge*（2014）がある。業績一覧は、www.discourses.org.を参照されたい。
Email: vandijk@discourses.org

テオ・ヴォン・レーウェン（Theo von Leeuwen）
シドニー工科大学（University of Technology, Sydney）名誉教授で、現在は南デンマーク大学（University of Southern Denmark）言語学・コミュニケーション学教授。批判的談話分析、マルチモード性、視覚的記号論に関する様々な論考を発表している。著書に *Reading Images*（Gunther Kress との共著）や *Discourse and Practice* がある。学術雑誌 *Visual Communication* 創刊時の編集者を務めた。
Email: theodoorjacob@gmail.com

ルート・ヴォダック（Ruth Wodak）
英国ランカスター大学の談話研究のディスティングイッシュトプロフェッサー（Distinguished Professor 訳注：在職教授の中から選ばれる功績の卓越した抜群教授の意。日本の抜群教授、卓越研究者の概念に近い）である。研究の関心は、談話研究、アイデンティティの政治学、言語と政治、政治における言語、偏見と差別である。雑誌 *Discourse & Society*、*Critical Discourse Studies* および *Language and Politics* の共同編集者である。近著に、*The Politics of Fear: What Right-Wing Populist Discourses Mean*（SAGE, 2015）、*Analysing Fascist Discourse: European Fascism in Talk and Text*（John Richardson と共著; Routledge, 2013）、*Right Wing Populism in Europe: Politics and Discourse*（Majid KhosraviNik. Brigitte Mral と共著; Bloomsbury Academic, 2013）および *The Discourse of Politics in Action: Politics as Usual*（Palgrave, 2011）がある。
Email: r.wodak@lancaster.ac.uk

訳者紹介 （五十音順）

石部 尚登（いしべ　なおと）
現職：日本大学・理工学部・助教
専門分野：言語文化学、社会言語学
主要業績：[著書]『ベルギーの言語政策 方言と公用語』（大阪大学出版会、2011）、『「ベルギー」とは何か？——アイデンティティの多層性』（共著、松籟社、2013）、『ことばの「やさしさ」とは何か——批判的社会言語学からのアプローチ』（共著、三元社、2015）[翻訳]『言語帝国主義：英語支配と英語教育』（共訳、三元社、2013）

梅咲 敦子（うめさき　あつこ）
現職：関西学院大学商学部、言語コミュニケーション文化研究科　教授
専門分野：コーパス言語学、コロケーション研究
主要業績：[論文] "Syntactic Boundaries and Prosodic Features in English" (*English Corpus linguistics in Japan*, Rodopi, 2002)、[著書]『英語コーパス言語学——基礎と実践』（共著、研究社、2005）、[翻訳] ダグラス・バイバー他著『コーパス言語学——言語構造と用法の研究』（共訳、南雲堂、2003）など

神田 靖子（かんだ　やすこ）
現職：大阪学院大学名誉教授
専門分野：日本語学、談話分析
主要業績：[著書]『3.11原発事故後の公共メディアの言説を考える』（共編著、ひつじ書房、2015）、『それって本当？　メディアで見聞きする改憲の論理』（共編著、かもがわ出版、2016）、『メディアのことばを読み解く7つのこころみ』（共著、ひつじ書房、2017）、[翻訳] Ruth Wodak (2015) *Politics of Fear*（共編訳、明石書店より近刊）

木部 尚志（きべ　たかし）
現職：国際基督教大学教授
専門分野：政治学（政治理論、政治思想史）
主要業績：[著書]『ルターの政治思想』（早稲田大学出版部、2000年）、『平等の政治理論』（風行社、2015年）、"Can Tabunkakyosei Be a Public Philosophy of Integration?" in W. Reinhardt et al (eds.), *Governing Insecurity in Japan*（共著、London: Routledge, 2014）、「多文化の共存」（共著、川崎修編『岩波講座　政治哲学　第6巻』、2014年）

嶋津 百代（しまづ　ももよ）
現職：関西大学外国語学部/外国語教育学研究科准教授
専門分野：日本語教育学、教師教育学、談話分析
主要業績：[著書]『ナラティブ研究の最前線——人は語ることで何をなすのか』（共著、ひつじ書房、2013）、『第二言語リテラシーとストーリーテリング——次世代の日本語学習者のコ

ミュニケーションのために』(J&C、2015)、『インターカルチュラル・コミュニケーションの理論と実践』(共著、くろしお出版、2016)

高木 佐知子（たかぎ　さちこ）
現職：大阪府立大学現代システム科学域教授
専門分野：談話研究、社会言語学
主要業績：［著書］*Discourse Analysis of Japanese TV Interviews: Interviewers' Strategies to Develop Conversations*（大阪公立大学共同出版会、2010）、『3.11原発事故後の公共メディアの言説を考える』（共著、ひつじ出版、2015）、『ディスコース分析の実践――メディアが作る「現実」を明らかにする』（共編著、くろしお出版、2016）

野呂 香代子（のろ　かよこ）
現職：ベルリン自由大学言語センター日本語講座専任講師
専門分野：社会言語学（批判的談話研究）、日本語教育
主要業績：野呂香代子／山下仁編著『正しさへの問い』（三元社、2009）、「批判的談話分析」（渡辺学／山下仁編『講座ドイツ言語学3　ドイツ語の社会語用論』ひつじ書房、2014）、「『環境・エネルギー・原子力・放射線教育』から見えてくるもの」（名嶋義直／神田靖子編『3.11原発事故後の公共メディアの言説を考える』ひつじ書房、2015）、「『硬直した道』から『やさしい道』へ」（義永美央子／山下仁編『ことばの『やさしさ』とは何か――批判的社会言語学からのアプローチ』三元社、2015）、ルート・ヴォダック／ミヒャエル.マイヤー著、野呂香代子監訳『批判的談話分析入門――クリティカル・ディスコース・アナリシスの方法』（三元社、2010）など

義永 美央子（よしなが　みおこ）
現職：大阪大学国際教育交流センター教授
専門分野：日本語教育学、応用言語学
主要業績：［著書］『インタラクションと学習』（共著、ひつじ書房、2017）、『インターカルチュラル・コミュニケーションの理論と実践』（共編著、くろしお出版、2016）、『日本語教材研究の視点』（共著、くろしお出版、2016）、『ことばの「やさしさ」とは何か――批判的社会言語学からのアプローチ』（共編著、三元社、2015）、『日本語教育学の歩き方――初学者のための研究ガイド―』（共著、大阪大学出版会、2014）、［翻訳］ルート・ヴォダック＆ミヒャエル・マイヤー編著『批判的談話分析入門――クリティカル・ディスコース・アナリシスの方法』（共訳、三元社、2010）など

批判的談話研究とは何か

発行日	2018年4月10日　初版第1刷発行
編　者	ルート・ヴォダック＋ミヒャエル・マイヤー
訳　者	野呂香代子、神田靖子、嶋津百代、高木佐知子、木部尚志、梅咲敦子、石部尚登、義永美央子
発行所	株式会社 三元社
	〒113-0033 東京都文京区本郷1-28-36 鳳明ビル
	電話／03-5803-4155　FAX／03-5803-4156
印　刷 製　本	モリモト印刷 株式会社

Japanese edition ©Sangensha Publishers Inc. 2018
printed in Japan
ISBN978-4-88303-453-6
http://www.sangensha.co.jp